임동훈 지음

딥러닝

with 텐서플로와 케라스

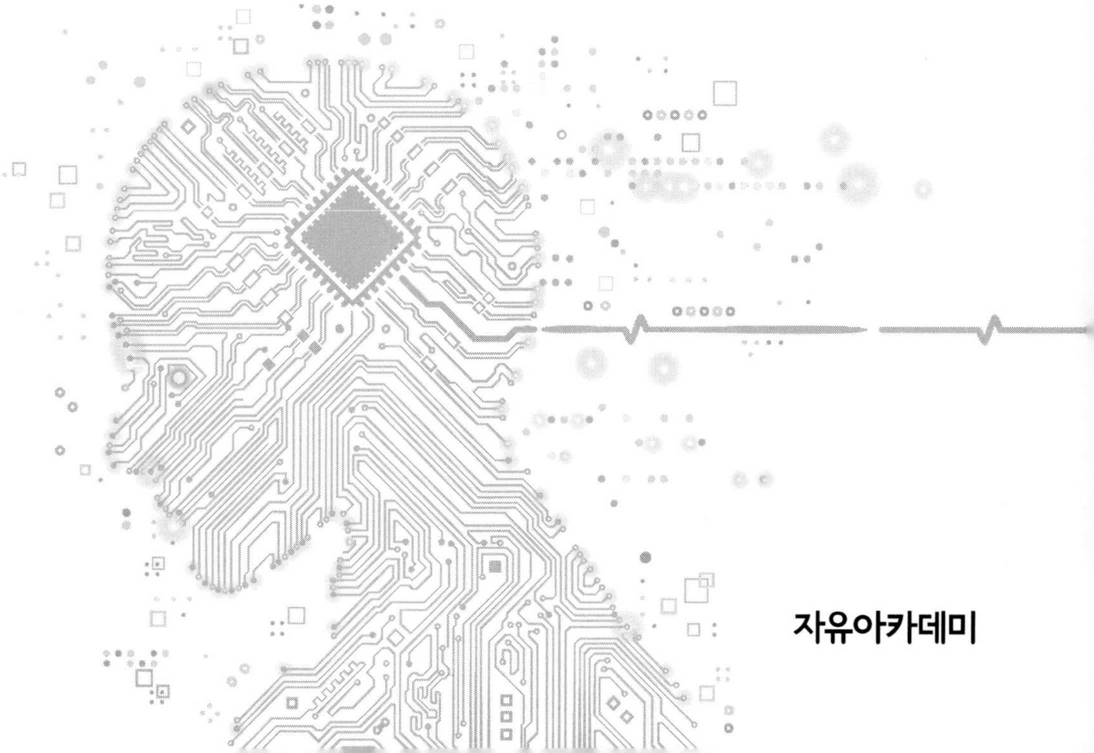

자유아카데미

머리말

요즘 인공지능(artificial Intelligence, AI), 머신러닝(machine learning), 딥러닝(deep learning)이 사방에서 난리다. 특히 딥러닝이라는 괴물은 빅데이터와 함께 여러 군데에서 이미 괴력을 발휘하고 있다. 그럼, 딥러닝이란 무엇인가? 딥러닝은 오늘날의 인공지능을 이끄는 첨단 기술이라고 할 수 있다. 인공지능은 사람처럼 사고하고 행동하는 기술을 말한다. 최근 딥러닝과 더불어 주목을 받는 머신러닝은 인공지능의 한 분야로서 컴퓨터가 스스로 학습할 수 있도록 하는 알고리즘과 기술을 개발하는 분야이고, 딥러닝은 사람의 뇌 구조와 같은 깊은 신경망(neural network)을 기반으로 하는 머신러닝의 한 방법을 말한다. 따라서, 이들 간에는 다음과 같은 집합관계를 갖고 있다.

$$\text{딥러닝} \subset \text{머신러닝} \subset \text{인공지능}$$

딥러닝은 영상 인식(image recognition), 음성 인식(speech recognition), 기계 번역(machine translation) 등에서 탁월한 성능을 보이고 있고, 이런 분야들을 통합하여 챗봇(chatbot), 챗GPT(ChatGPT), 인공지능 비서, 자율 주행차(autonomous driving car, self-driving car) 등의 분야에서 딥러닝의 잠재력이 현실화되고 있다.

국내에서는 지난 2016년 구글의 딥마인드(DeepMind)가 딥러닝 기술로 개발한 AI '알파고(AlphaGo)'와 이세돌 9단의 바둑 대결 이후 인공지능과 딥러닝 열풍이 불고 있다. 요즘 여기저기에서 딥러닝이란 단어가 많이 들려온다. 딥러닝 기술이 놀라운 속도로 발전함에 따라 지금까지는 기술의 미성숙으로 인해 현실적으로 적용되지 못했던 분야에 성공적으로 적용되기 시작하면서 일각에서는 무엇이든 딥러닝으로 해결하려는 '딥러닝 만능주의' 경향도 나타나고 있다. 저자는 여러 가지 딥러닝 모델, 즉 DNN, CNN, RNN, RBM, DBN, GAN 등에 대해 연구를 수행하고 있으며, 다양한 분야에서 우수한 성과를 나타내고 있다. 이에 독자들의 전공과 관계없이 관련 분야에 딥러닝 기술을 적용하려는 시도가 많이 있었으면 하는 바람으로 이 책을 집필하였다.

독자들은 딥러닝을 위해 어떤 프레임워크를 사용하는 것이 좋은가? 지금까지 학계와 기업 모두에서 가장 인기 있는 프레임워크는 텐서플로(TensorFlow)이다. 이 책은 텐서플로를 백엔드 엔진으로 사용하는 딥러닝 프레임워크, 즉 케라스(Keras)를 사용한다. 케라스는 딥러닝 비전문가라도 각자 분야에서 손쉽게 딥러닝 모델을 개발하고 활용하는 데 가장 좋은 도구로 널리 권할 만한 것이다. 이 책을 다 읽고 나면 딥러닝이 무엇이고, 왜 중요하며, 어떻게 작동하는지를 이해할 수 있을 것이다.

이 책은 총 10개의 장으로 구성되어 있다. 제1장에서는 전반적인 딥러닝 개요에 대해 소개하고, 제2장에서는 딥러닝 실습을 위한 환경에 대해 다룬다. 제3장에서는 딥러닝의 기반이 되는 인공 신경망에 대해 다루며, 제4장에서는 딥러닝 기본 절차에 대해 다루고, 제5장에서는 케라스에 대해 다룬다. 제6장에서는 딥러닝의 모델 중 DNN 모델에 대해 다루고, 제7장에서는 영상 인식에 사용되는 CNN 모델, 제8장에서는 자연어 처리 모델, 제9장에서는 순차 데이터에 적합한 RNN 모델과 LSTM 모델, 그리고 제10장에서는 딥러닝에서 '실제같이 보이는 허구'를 만들어내는 GAN 모델에 대해 다룬다.

이 책은 인공지능, 머신러닝과 딥러닝에 관심이 있는 누구나 대상 독자이다. 저자는 독자들이 이 책을 통해 딥러닝의 맛을 느낄 수 있도록 집필하였으며, 누구나 쉽게 배울 수 있도록 상세하게 설명하려고 노력하였다. 하지만 여전히 책 내용에 오류가 있고 부족한 부분이 많을 것으로 생각한다. 따라서 독자들의 애정 어린 충고와 지속적인 지도편달을 바라며 미흡한 부분은 계속 보완해 나가고자 한다. 책의 소스 및 데이터파일과 출간 후에라도 나올 수 있는 수정사항 등은 자유아카데미 홈페이지(www.freeaca.com) 자료실에 제공할 예정이니 참고하기를 바란다.

끝으로 책을 출간하는 데 도움을 주신 자유아카데미 출판사 여러분께 깊은 감사의 말씀을 드리고, 이 책이 나오기까지 많은 관심과 도움을 준 가족들에게도 감사를 표하고자 한다.

2023년 11월

저자 임동훈 씀

이 저서는 정부(과학기술정보통신부)의 재원으로 한국연구재단의 지원을 받아 수행된 연구임 (No. NRF-2022R1A2C1011140)

차 례

8장 • 자연어 처리 모델

9장 • RNN 모델과 LSTM 모델

10장 • GAN 모델

1장

딥러닝 개요

1.1 딥러닝의 역사

(1) 퍼셉트론 개발(1958년)

퍼셉트론(Perceptron)이란 생물학적인 신경계(Neural Network)의 기본 단위인 신경세포 즉, 뉴런(neuron)의 동작 과정을 모델링한 알고리즘이다. 그림 1.1은 생물학적 뉴런의 구조를 나타내고 있다. 사람의 뇌는 1,000억 개 정도의 뉴런들이 서로 복잡하게 연결되어 있다.

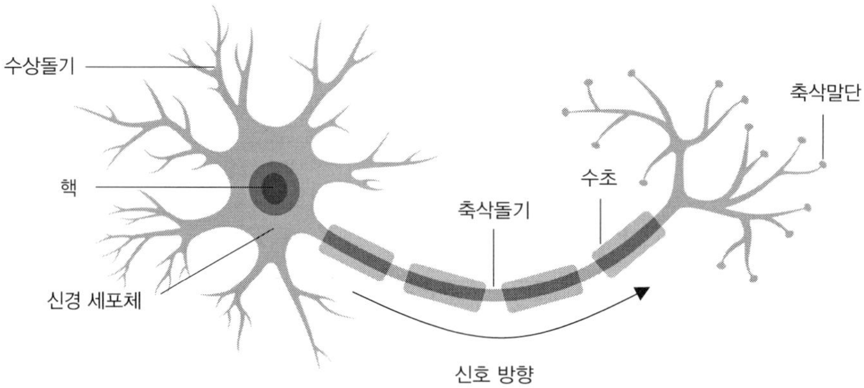

그림 1.1 뉴런의 생물학적 구조

1958년 프랑크 로젠블라트(Frank Rosenblatt, 딥러닝의 할아버지)는 그림 1.2과 같은 퍼셉트론이라는 초기 형태의 인공 신경망(artificial neural network)을 개발하였다. 바로 퍼셉트론이 인공 신경망, 오늘날 딥러닝의 기원이 되는 알고리즘이다.

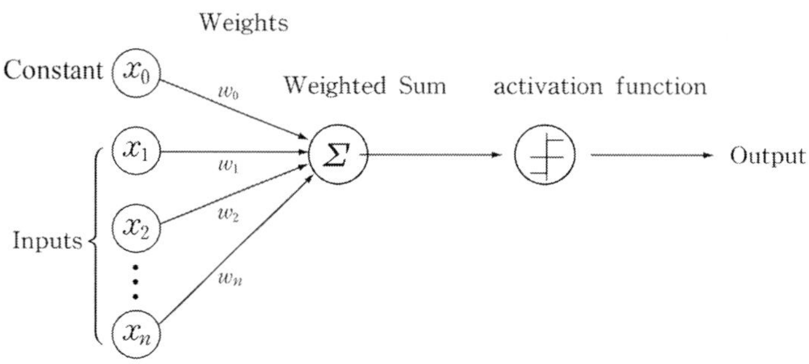

그림 1.2 퍼셉트론 구조

그림 1.2의 퍼셉트론의 작동 원리는 입력값(inputs) $x_0, x_1, \cdots, x_n$과 가중치(weights) $w_0, w_1, \cdots, w_n$의 곱을 모두 더한 값, 즉 가중합(weighted sum) $\sum_{i=0}^{n} w_i x_i$에 활성화 함수(activation function)를 적용하여 얻은 값이 최종 출력값(output)이 된다. 여기서 x_0는 바이어스(bias, 편향)의 입력값을 나타내며 보통 $x_0 = 1$이다. 활성화 함수는 뉴런에서 입력받은 신호의 가중합을 변경시키는 함수로 초기 인공 신경망 모델인 퍼셉트론은 계단 함수(step function)를 활성화 함수로 사용하였다. 참고로, 일반적인 신경망은 시그모이드 함수(sigmoid function), 하이퍼볼릭탄젠트 함수(hyperbolic tangent function, tanh) 등 다양한 활성화 함수를 사용한다.

퍼셉트론의 종류는 입력층(Input Layer)과 출력층(Output Layer) 사이에 은닉층(Hidden Layer)의 존재 여부에 따라 단층 퍼셉트론(Single-Layer Perceptron)과 다층 퍼셉트론(Multi-Layer Perceptron; MLP)으로 나눈다. 은닉층 없이 입력층과 출력층만 있는 퍼셉트론을 단층 퍼셉트론이라 부르고, 입력층과 출력층 사이에 1개 이상의 은닉층이 있는 퍼셉트론을 다층 퍼셉트론이라 부른다. 모델의 층 개수를 셀 때 보통 입력층을 생략하므로, 단층 퍼셉트론은 층을 1개 갖는 퍼셉트론이라 할 수 있다.

단층 퍼셉트론은 주어진 데이터에서 직선의 식을 구하여 문제를 해결한다. 직선의 식을 이용한 문제, 즉, 선형문제의 대표적인 AND 혹은 OR 연산은 그림 1.3에서 보는 것처럼 단층 퍼셉트론의 학습에 의해 선형 분류가 가능함을 보여주고 있다. 이처럼 퍼셉트론의 학습을 통해 AND 혹은 OR 연산이 가능함에 따라 많은 사람들은 기계/컴퓨터의 학습 가능성에 대해 큰 기대를 갖게 되었다.

첫 번째 인공지능 붐을 맞이하다.

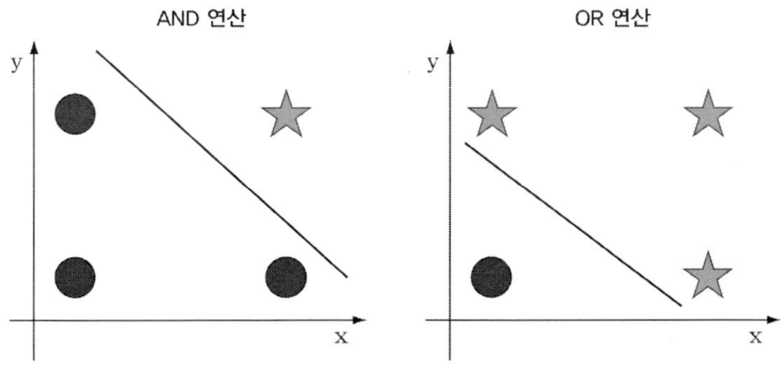

그림 1.3 퍼셉트론의 선형 분류: AND 논리연산과 OR 논리연산

(2) 첫 번째 AI 겨울(1969년)

1969년 MIT의 민스키(Marvin Lee Minsky)와 파퍼트(Seymour Papert) 교수는 「Perceptrons」라는 저서를 통해 '현재의 퍼셉트론으로는 그림 1.4의 XOR 문제를 절대 해결할 수 없다.'라는 것을 수학적으로 증명하였다.

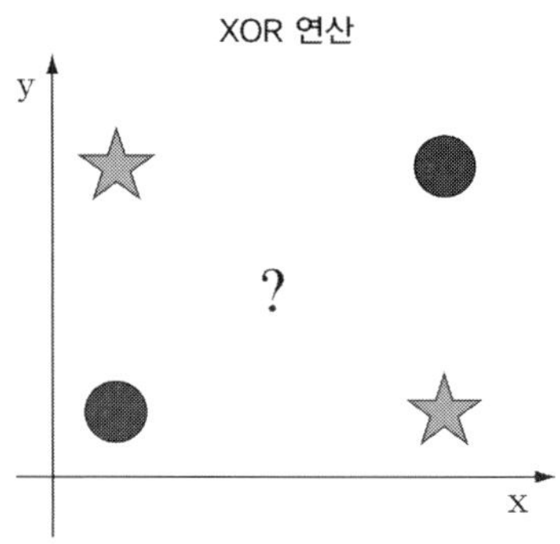

그림 1.4 XOR 연산

따라서 그림 1.5의 다층 퍼셉트론은 단층 퍼셉트론에 은닉층을 하나 추가하여 XOR 문제를 해결하였다.

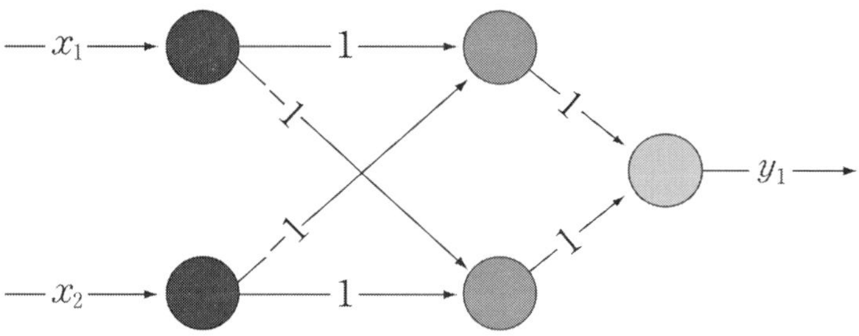

그림 1.5 XOR 문제를 위한 다층 퍼셉트론 구조

그러나 '다층 퍼셉트론에서 가중치(weight)와 바이어스(bias)를 학습시킬 방법이 없다.'라는 결론을 내렸다. 즉, 다층 퍼셉트론은 이론적으로 XOR 논리연산의 구현은 가능하지만 알고리즘을 통해 학습방법을 찾아내지 못하였다.

첫 번째 인공지능 빙하기를 맞이하다.

(3) 역전파 알고리즘 개발(1986년)

1986년 캐나다 토론토 대학의 제프리 힌튼(Geoffrey Hinton, 딥러닝의 아버지)의 역전파 알고리즘(backpropagation algorithm)이 개발되면서 다층 퍼셉트론의 학습 문제가 해결되었다.

두 번째 인공지능 붐을 맞이하다.

다층 퍼셉트론을 학습시킨다는 것은 그림 1.6에서 보는 것처럼 최종 출력값과 실제값의 오차(error)가 최소화되도록 가중치와 바이어스를 반복해서 업데이트시킨다는 것이다.

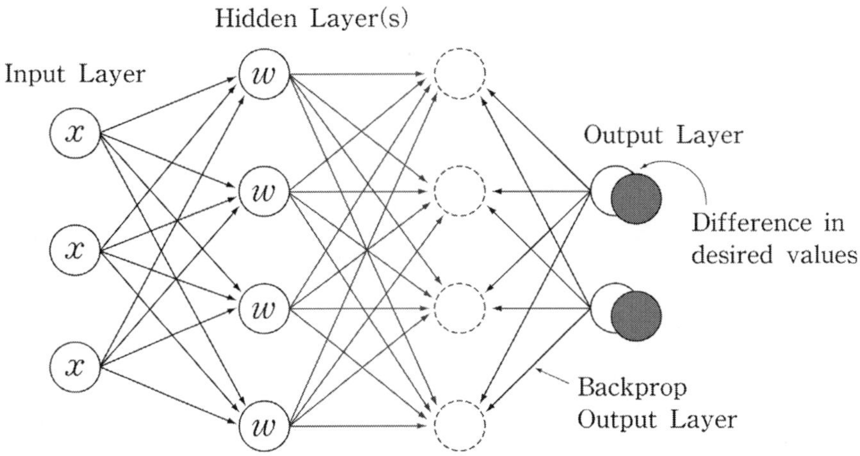

그림 1.6 다층 퍼셉트론에서 역전파 알고리즘

그림 1.6에서 순전파(Feedforward, Forward propagation) 과정에서 발생한 오차(error)를 줄이기 위해 역방향 즉, 출력층에서 은닉층, 그리고 입력층 방향으로 오차를 전파하면서 각 층의 가중치를 업데이트하여 학습하는 과정을 역전파 알고리즘이라고 한다. 이러한 역전파 알고리즘에 의한 학습은 오차가 최소가 될 때까지 반복한다.

(4) 기울기 소실 문제와 오버피팅 문제 등장(~1993년)

다층 퍼셉트론의 활성화 함수로서 시그모이드 함수를 포함하여 다양한 함수를 사용함으로써 영상분류 등과 같은 복잡한 비선형 문제를 풀 수 있는 잠재력을 지니고 있지만, 실제 문제에 적용하는 데 있어서 성능의 한계가 나타났다. 다층 퍼셉트론에서 은닉층의 개수를 추가하거나 은닉층의 노드를 늘리는 경우 성능이 더 저하되는 경향이 있다. 이것은 기울기 소실 문제(vanishing gradient problem)와 오버피팅(overfitting, 과적합, 과대적합) 현상 때문이다.

① 기울기 소실 문제

기울기 소실 문제(vanishing gradient problem)는 역전파(Backpropagation) 과정에서 그림 1.7과 같이 출력층에서 멀어질수록 기울기(gradient)가 점차적으로 작아지는 현상을 말한다. 즉, 출력층에서 멀리 떨어질수록 신경망의 출력 오차가 전달되지 않아 제대로 학습이 되지 않는 현상을 말한다.

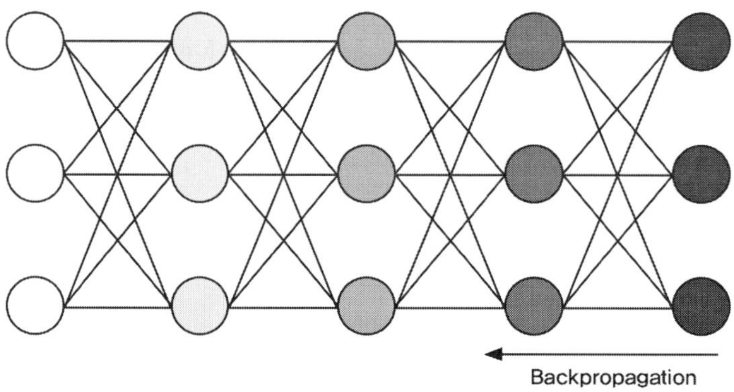

그림 1.7 기울기 소실 문제

따라서 신경망이 깊어질수록 원하는 결과를 얻을 수 없다. 오히려 성능이 저하되는 경우가 발생한다.

두 번째 인공지능 빙하기를 맞이하다.

인공지능 침체기에 돌입하다.

② 오버피팅

오버피팅(overfitting)은 학습 데이터(training data)에 대해서는 학습이 너무 과하게 되어 높은 성능을 나타내지만, 실제 데이터에 적용 시에는 모델이 일반화(generalization)가 되지 않아 성능이 떨어지는 현상을 말한다. 그림 1.8은 여러 가지 모델 적합도를 보여주고 있다.

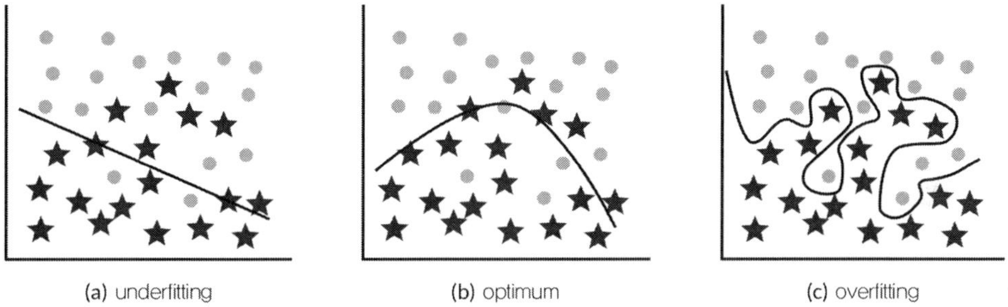

그림 1.8 여러 가지 형태의 모델 적합도

그림 1.8(a)은 모델의 언더피팅(underfitting, 과소적합), 그림 1.8(c)은 모델의 오버피팅(overfitting) 그리고, 그림 1.8(b)은 모델의 최적(optimum)을 보여주고 있다. 따라서 머신러닝, 딥러닝에서 우리의 목표는 데이터에서 일반적인 패턴을 찾는 것이기 때문에 1.8(b)과 같은 일반화된 모델이 좋은 모델이다.

그림 1.9는 모델 복잡도 면에서 언더피팅과 오버피팅과의 트레이드-오프(trade-off, 절충) 관계를 보여주고 있다.

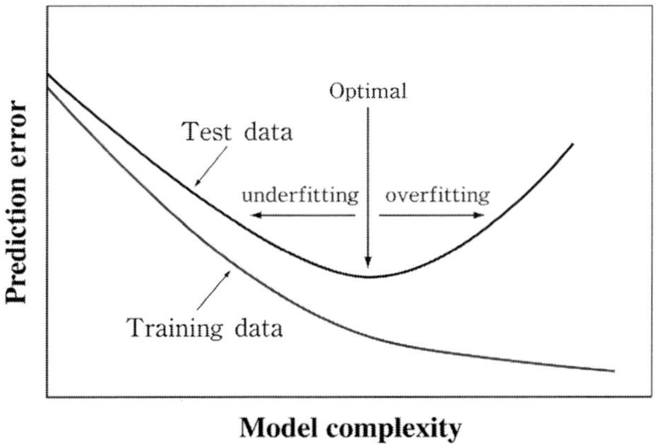

그림 1.9 언더피팅과 오버피팅과의 트레이드-오프 관계

모델이 복잡할수록 학습 데이터에서 예측 오차(prediction error)는 점점 작아진다. 바꿔 말하면, 모델이 단순할수록 학습 데이터에서 예측 오차는 점점 커진다. 따라서 학습 데이터만 고려하는 경우 복잡한 모델일수록 예측 오차가 작아 좋은 모델이라 할 수 있다. 물론, 테스트 데이터에서도 예측 오차가 작은 모델이 좋은 모델이라 할 수 있지만 대개 모델이 복잡할수록 예측 오차는 점점 작아지다가 다시 커지는 현상이 발생한다. 이것이 오버피팅 현상이다. 그림 1.9의 테스트 데이터에서 예측 오차가 최소가 되는 최적의 모델(optimal model)보다 단순하면 언더피팅이 발생하고, 복잡하면 오버피팅이 발생한다. 따라서 모델 선택(model selection)하는 데 언더피팅과 오버피팅을 피할 수 있는 최적의 모델을 찾는 것이 중요하다.

(5) DBN 모델 개발(2006년)

2006년 역전파(Backpropagation)를 고안하였던 제프리 힌튼(Geoffrey Hinton)이 "A fast learning algorithm for deep belief nets"라는 논문을 통해 가중치(weight)의 초깃값(initial value)을 제대로 설정하면 DBN(Deep Belief Network, 심층 신뢰 신경망) 모델의 학습이 가능하다는 것을 보였다. 이 논문에서 "Deep Network", "Deep Learning"이라는 용어가 사용되기 시작하였다.

'Deep'이라는 용어를 처음 사용하다.

(6) 알렉스넷 모델 개발(2012년)

2012년 이미지넷(ImageNet)이라는 이미지 인식 경진 대회(ImageNet Large Scale Visual Recognition Challenge, ILSVRC)에서 캐나다 토론토 대학의 제프리 힌튼 교수의 제자 알렉스 크리제브스키(Alex Krizhevsky, 그림 1.10)가 알렉스넷(AlexNet)이라는 CNN(Convolutional Neural Network) 기반 딥러닝 모델을 개발하여 84.7%의 정확도를 보였다. 당시 80% 이상의 영상 인식률은 거의 불가능하다는 인식이 있었기 때문에 충격적인 사건이었고, 2012년 이후 대부분의 참가팀 들은 딥러닝을 이용하여 알고리즘 성능을 높이고 있다.

딥러닝, 세상에 알려지게 되다.

그림 1.10 알렉스 크리제브스키
출처: www.artificial-intelligence.blog

1.2 머신러닝과 딥러닝 관계

머신러닝(machine learning, 기계학습)은 인공지능(artificial intelligence, AI)의 한 분야로, 데이터를 이용하여 컴퓨터가 학습하는 분야이다. 즉, 사람이 학습하듯이 기계/컴퓨터가 데이터로부터 학습(learning, 러닝)을 통해 일정한 규칙(rule)이나 패턴(pattern)을 찾아내서 미래에 대해 예측하는 분야이다. 학습을 통해 생성된 모델(model)은 새로운 데이터에 대해 미래의 값을 예측하는 데 사용된다.

머신러닝(machine learning, 기계학습)이 인공지능(artificial intelligence, AI), 딥러닝(deep learning)과의 관계에 대해 살펴보고자 한다. 그림 1.11은 이들의 관계를 그림으로 나타내고 있다.

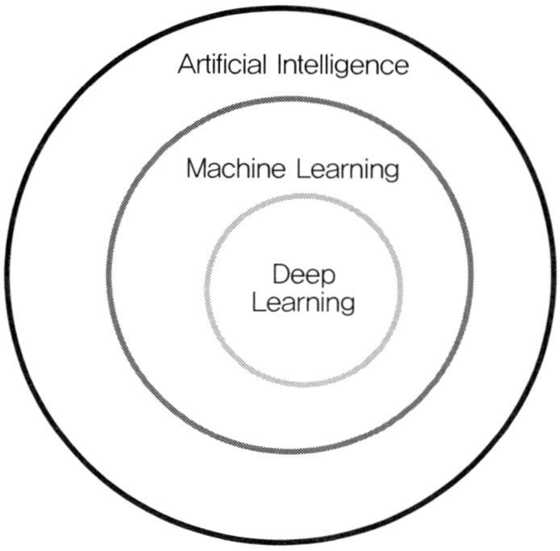

그림 1.11 머신러닝, 인공지능, 딥러닝의 관계

그림 1.11에서 보면 인공지능이라는 전체집합 안에 머신러닝이라는 부분집합이 있고, 머신러닝 집합 안에 딥러닝이라는 부분집합이 있다. 즉, 머신러닝은 인공지능의 부분집합이고, 또한 딥러닝은 머신러닝의 부분집합이다. 수학의 집합 기호 ⊂을 통해 이들의 관계를 다음과 같이 나타낼 수 있다.

딥러닝 ⊂ 머신러닝 ⊂ 인공지능

그림 1.12는 머신러닝과 딥러닝의 관계를 벤다이어그램(venn diagram)으로 나타낸 것이다.

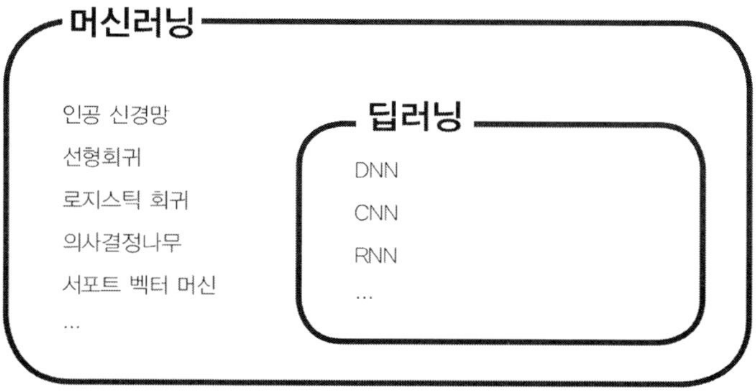

그림 1.12 머신러닝과 딥러닝 관계

머신러닝은 기계/컴퓨터가 데이터를 통해 스스로 학습하여 예측하는 기술로서 인공 신경망(Artificial Neural Network), 선형 회귀(Linear Regression), 로지스틱 회귀(Logistic Regression), 의사결정나무(Decision Tree), 서포트 벡터 머신(Support Vector Machine, SVM) 등이 여기에 속한다.

머신러닝에서는 데이터(sample data)와 예상된 결과(expected result)로부터 컴퓨터가 스스로 학습을 통해 모델(model)을 만들고, 만든 모델에 새로운 데이터(new data)를 적용하여 결과(result)를 예측한다. 예를 들면, 머신러닝에서는 입력으로 x의 값 {1, 3, 4, 6}과 y의 값 {3, 9, 12, 18}이 주어지는 경우 x와 y 사이 관계식, 즉 모델 $y = ax$에서 $a = 3$을 찾는다. 여기서 기울기 $a = 3$을 주어진 데이터로부터 얻는 과정이 머신러닝이다.

딥러닝은 인공 신경망에 바탕을 둔 기술로 DNN(Deep Neural Network, 심층 신경망), CNN(Convolution Neural Network, 컨볼루션 신경망), RNN(Recurrent Neural Network, 순환신경망), GAN(Generative Adversarial Network) 등이 있다. 딥러닝은 새로운 개념이 아닌 기존의 인공 신경망에서 발전된 형태로 인공 신경망의 여러 한계점을 극복하여 문제를 해결한 알고리즘이다.

그림 1.13은 분류 문제에서 머신러닝과 딥러닝의 접근 방법에 차이를 보여주고 있다.

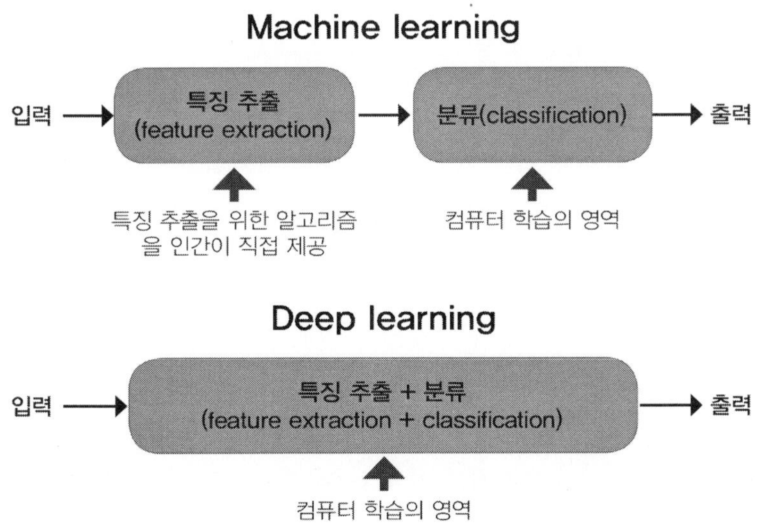

그림 1.13 분류 문제에서 머신러닝과 딥러닝 차이

그림 1.13에서 보면, 머신러닝에서는 인간이 특징 추출(feature extraction)을 하고, 분류

(classification)는 컴퓨터가 처리하는 반면에, 딥러닝에서는 특징 추출과 분류 모두 컴퓨터가 처리한다. 머신러닝에서 특징 추출을 위한 알고리즘을 인간이 직접 제공한다. 따라서 머신러닝에서는 해당 분야에 대한 지식, 직관, 알고리즘 구축을 위한 상당한 노력이 필요하다.

그림 1.14는 영상인식(image recognition), 여기서는 자동차 인식에서 머신러닝과 딥러닝의 접근 방법에 차이를 보여주고 있다.

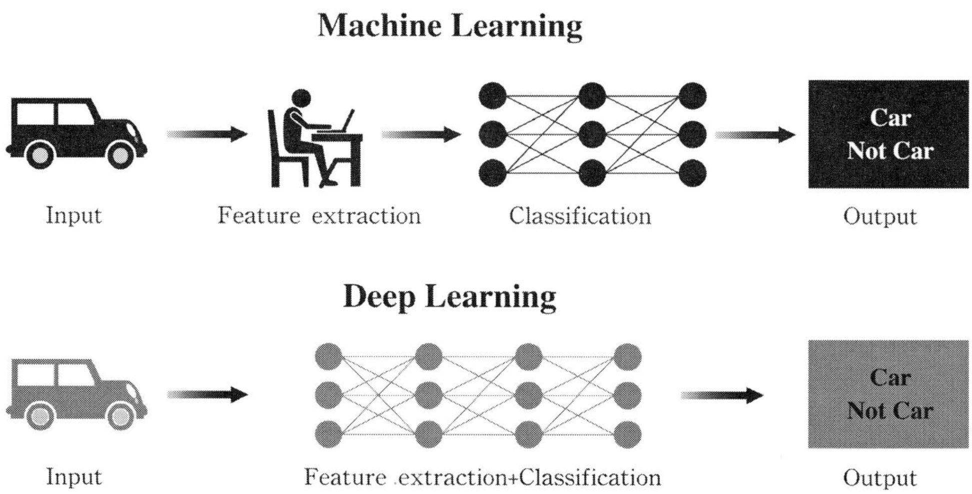

그림 1.14 영상인식에서 머신러닝과 딥러닝 차이
출처: softwaretestinghelp.com

그림 1.14에서 머신러닝과 딥러닝은 모두 컴퓨터의 학습을 통해 데이터를 분류하는 기술이지만, 인간의 개입 정도에 따라 차이가 확연히 나타난다. 예컨대, 자동차 인식 작업에서 머신러닝의 경우 자동차의 특징(feature, 특성)에 대한 데이터를 시스템에 입력하는 작업이 필요하다. 컴퓨터는 이후 축적된 데이터를 바탕으로 학습을 통해 작업을 수행한다. 반면 딥러닝은 주어진 작업을 인간이 먼저 처리하는 과정이 생략된다. 방대한 데이터 속에서 자동차를 인식할 수 있는 특징을 직접 찾아내는 것이다.

그림 1.15는 개, 고양이, 쥐 분류에서 머신러닝과 딥러닝의 접근 방법에 차이를 보여주고 있다.

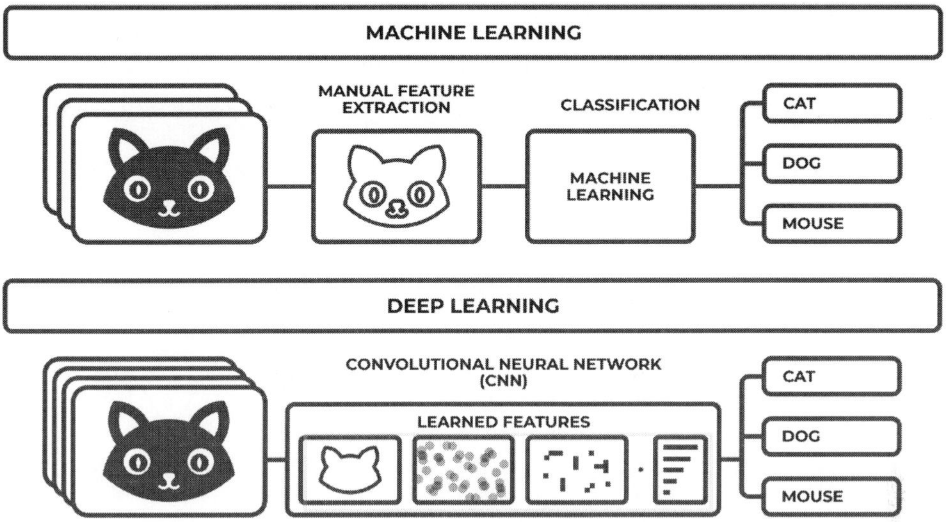

그림 1.15 개, 고양이, 쥐 분류에서 머신러닝과 딥러닝의 차이
출처: TESLA TECH

그림 1.15의 개, 고양이, 쥐 사진을 구분하는 작업에서 머신러닝의 경우 개, 고양이, 쥐 각각 특징을 수작업에 의해 제공하고 제공된 특징에 의해 분류한다. 딥러닝은 개, 고양이, 쥐의 특징을 학습에 의해 스스로 추출하고 학습된 특징에 의해 분류한다.

1.3 여러 가지 딥러닝 모델

(1) DNN(Deep Neural Network, 심층 신경망)

DNN은 입력층과 출력층 사이에 여러 개의 은닉층을 포함하는 인공 신경망의 한 종류이다. 여러 개의 은닉층을 포함하여 다양한 비선형적 관계를 학습할 수 있지만, 학습을 위한 많은 연산량과 과하게 학습하여 실제 데이터에 대해 오차가 증가하는 오버피팅(overfitting), 기울기 소실 문제(vanishing gradient problem) 등이 발생할 수 있다. 2000년

대 이후 ReLU(Rectified Linear Unit) 활성화 함수, 드롭아웃(Dropout), 배치 정규화(Batch Normalization) 등의 기법이 적용되면서 딥러닝의 핵심 모델로 활용되고 있다.

딥러닝은 기울기 소실 문제 완화를 위해 활성화 함수를 시그모이드 함수 대신 ReLU 함수를 많이 사용한다. ReLU 함수는 시그모이드 함수보다 오차가 훨씬 더 잘 전달된다.

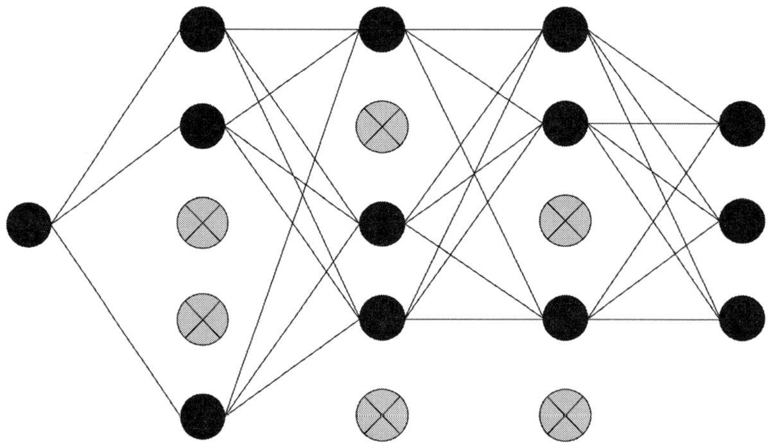

그림 1.16 드롭아웃을 갖는 DNN

딥러닝은 그림 1.16과 같이 드롭아웃을 이용해 오버피팅 문제를 해결하였다. 드롭아웃은 신경망의 노드 중 무작위로 일부를 비활성화(출력을 0으로 만듦)시켜 연산에서 제외한다. 비활성화되는 노드는 학습 때마다 달라져, 신경망이 오버피팅에 빠지는 걸 효과적으로 예방할 수 있다. 드롭아웃의 비율은 은닉층의 경우는 50% 정도이고, 입력 노드에 적용하는 경우에는 25% 정도가 일반적이다.

딥러닝의 배치 정규화(Batch Normalization: BN)는 미니 배치(mini-batch)의 데이터를 평균이 0, 분산이 1인 데이터로 변환, 즉 표준화하는 것을 말한다. 여기서 미니 배치란 전체 데이터를 작은 단위로 나누는 것을 말한다. 배치 정규화가 필요한 이유는 다음과 같다.

(1) 학습을 빨리 진행할 수 있다(학습 속도 향상).

(2) 초깃값에 크게 의존하지 않는다(초깃값 선택 문제 해결).

(3) 오버피팅을 방지한다(드롭아웃 등의 필요성 감소).

(2) CNN(Convolution Neural Network, 컨볼루션 신경망)

CNN은 영상처리, 특히 영상분류, 영상인식에 특화된 딥러닝이다. CNN은 그림 1.17에서처럼 특징 추출(Feature Extraction)을 하는 부분과 분류(Classification)하는 부분으로 나누어진다.

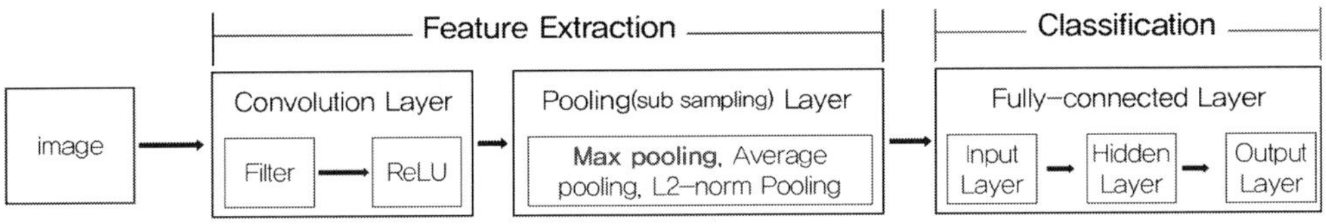

그림 1.17 CNN 구조

CNN을 이용하여 영상분류를 하는 경우, 컨볼루션 층(Convolution Layer)을 통해서 입력받은 영상에 대한 특징(feature)을 추출하고, 추출된 특징들은 필요에 따라 풀링 층(Pooling Layer, 일명 Subsampling Layer(서브 샘플링 층))을 통해 영상의 크기를 줄여준 후 이를 바탕으로 완전 연결 층(Fully-connected Layer)을 통해 영상에 대한 분류(classification)를 수행한다. 여기서 완전 연결 층은 인접하는 계층의 모든 뉴런과 서로 연결 관계가 존재하는 경우를 말한다. 그림 1.18은 영상분류에 사용된 CNN 구조를 보여주고 있다.

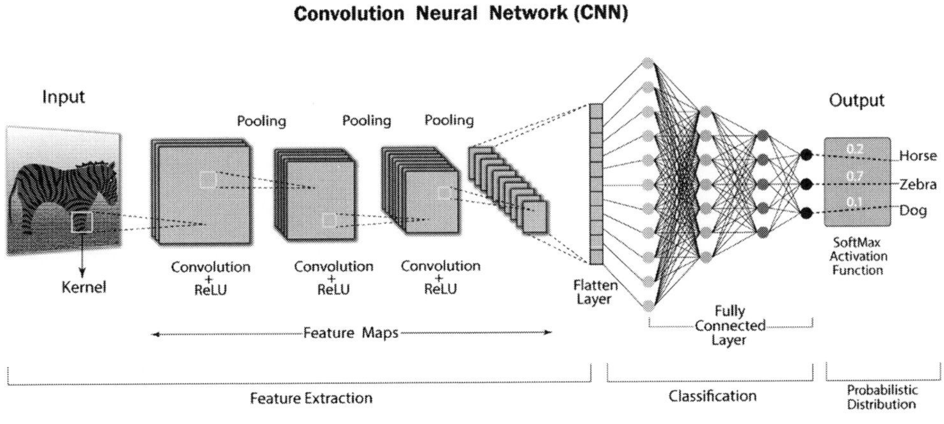

그림 1.18 CNN 모델

출처: developersbreach.com

그림 1.18처럼 영상 특징을 추출하는 부분과 영상 분류하는 부분 사이에 영상 형태의 데이터를 1차원 배열 형태로 평탄화하는 Flatten 층(Flatten Layer)이 위치한다.

(3) RNN(Recurrent Neural Network, 순환 신경망)

RNN은 순차 데이터(sequence data, sequential data, 서열 데이터) 분석에 적합한 딥러닝 모델이다. 순차 데이터는 순서를 가진 데이터로서 대표적인 예로는 텍스트(text) 혹은 기상, 주가와 같은 시계열(time series) 데이터를 둘 수 있다.

순차 데이터는 데이터 집합 내의 객체들이 어떤 순서를 가진 데이터로서 그 순서가 변경될 경우 고유의 특성을 잃어버리는 특성이 있다. 순차 데이터의 쉬운 예로 '도'와 '시'라는 글자 객체들로 '도시'와 '시도'라는 단어들의 조합이 가능하지만, 이들은 서로 다른 의미를 갖는다. 순차 데이터의 예로서 문서 데이터, 음성신호, 주가 변동, 지진파, 센서 데이터, DNA 염기서열 등 실세계의 대다수 데이터가 여기에 포함된다.

그림 1.19는 RNN 기본구조를 보여준다. 일반적으로 RNN을 그림으로 나타낼 때는 그림 1.19의 왼쪽 그림처럼 순환구조를 가지고 나타내지 않고, 오른쪽 그림처럼 시간축에 따라 인공 신경망을 펼쳐 놓은 형태로 나타낸다.

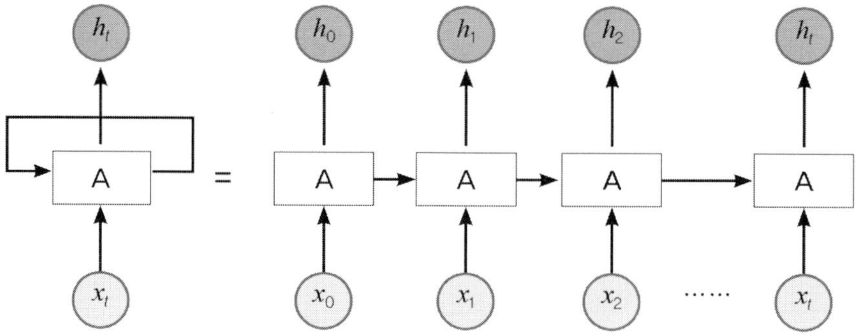

그림 1.19 RNN 기본구조

입력 데이터들의 시간적인 순서를 고려하기 위해 시점(time step: 타임 스텝)을 사용하여 셀(cell)의 은닉상태를 표현하면, 타임 스텝 t에서 셀의 은닉상태 h_t는 타임 스텝 t에서의 입력 x_t과 이전 타임 스텝의 은닉상태 h_{t-1}에 대한 함수로 나타낸다. 즉,

$$h_t = f(h_{t-1}, x_t)$$

예를 들어, 텍스트 "I work at google"에서 4개의 단어를 입력받아 그중에서 "work"와 "google"의 품사가 무엇인지 RNN를 이용하여 예측하는 경우, "work"와 "google" 단어의 품사는 앞 단어의 품사에 따라 영향을 받는다. 그림 1.20은 "I work at google"에서 품사 분류를 위한 RNN의 구조를 보여주고 있다.

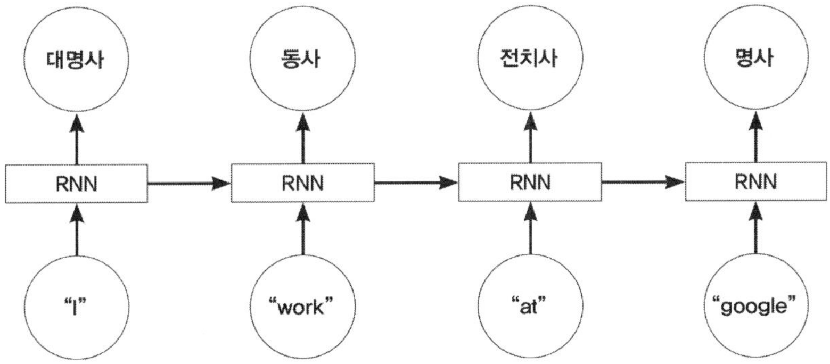

그림 1.20 품사 분류를 위한 RNN의 구조

그림 1.20에서 "I"가 입력되었을 때 '대명사'라고 예측되었다고 가정한다. 다음 "work"를 입력받는데, 이전 "I"라는 은닉상태가 영향을 준다. 따라서 "work"가 대명사 "I" 다음에 왔으므로 "동사"라고 판단하게 된다. 다음 "at"을 입력받는데, 이전 "I work"라는 은닉 상태가 영향을 준다. 따라서 "at"이 동사 "work" 다음에 왔으므로 "전치사"라고 판단하게 된다. 다음 "google"을 입력받는데, 전치사 "at"이 왔기 때문에 그 뒤는 "명사"가 올 것이라고 추론할 수 있다.

(4) GAN(Generative Adversarial Network, 생성적 적대 모델)

GAN은 생성자(Generator)와 판별자(Discriminator, 식별자)가 서로 경쟁하며 판별이 어려운 수준, 즉 '실제같이 보이는 허구'를 만들어내는 딥러닝 기법이다. 그림 1.21은 GAN에 의해 생성된 진짜 같은 가짜 사람 얼굴 사진이다.

그림 1.21 진짜 같은 가짜 얼굴 사진[1)]

GAN에서 생성자와 판별자는 적대적 경쟁 관계이다. 그림 1.22에서 보는 것처럼 이는 위조지폐범(counterfeiter)과 경찰(police)과의 관계로 비유할 수 있다.

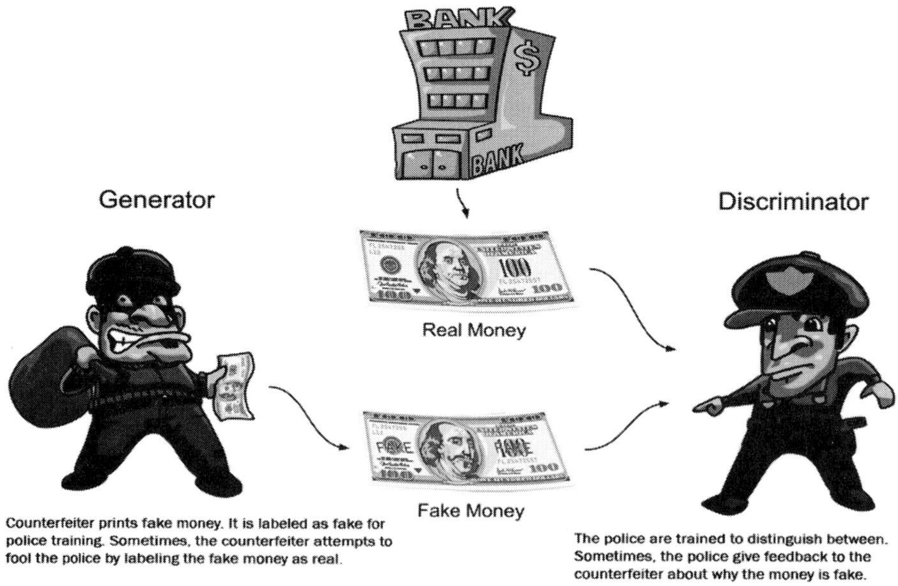

그림 1.22 GAN에서 위조지폐범과 경찰의 관계[2)]

1) Karras et al.(2018), Progressive Growing of GANs for improved Quality, Stability, and Variation
2) Atienza Rowel (2020), Advanced Deep Learning with Keras

GAN은 위조지폐범에 해당하는 생성자와 경찰에 해당하는 판별자를 경쟁적으로 학습시킨다. 생성자의 목적은 그럴듯한 위조지폐를 만들어서 판별자를 속이는 것이며, 판별자의 목적은 생성자가 만든 위조지폐와 진폐를 구분하는 것이다. 이 둘을 적대적으로 경쟁을 하면서 위조지폐범의 실력이 향상되어 진폐와 구별이 어려운 위조지폐를 만들 수 있는 수준까지 도달한다. 이런 학습이 바로 GAN의 핵심적인 아이디어인 적대적 학습(Adversarial Training)이라 할 수 있다.

연습문제

1-1 단층 퍼셉트론은 AND, OR 연산에 대해서는 학습이 가능하지만, XOR 연산에 대해서는 학습이 불가능하다. 그 이유에 대해 설명하시오.

1-2 다층 퍼셉트론은 XOR 연산에 대해 학습이 가능하다. 그 이유에 대해 설명하시오.

1-3 머신러닝과 딥러닝을 이용하여 키(height)를 기반으로 몸무게(weight)를 예측하는 시스템을 개발하고자 한다. 접근 방법의 차이에 대해 설명하시오.

1-4 다층 퍼셉트론은 비선형적 관계를 학습할 수 있다. 그 이유에 대해 설명하시오.

2장

실습환경 만들기

2.1 아나콘다 설치

텐서플로(TensorFlow)는 파이썬(Python) 환경에서 딥러닝을 쉽게 구현할 수 있도록 다양한 기능을 제공하는 구글(Google)에서 만든 오픈소스 라이브러리이다. 텐서플로를 이용하여 실습하기 위해서는 파이썬 개발 환경이 필요하다. 따라서 단순히 파이썬만을 이용하는 것은 파이썬 공식 사이트로부터 다운로드받아 설치하면 되지만, 파이썬 기반 딥러닝을 이용하기 위해서는 여러 파이썬 패키지들도 함께 설치하는 것이 좋다.

아나콘다(Anaconda)는 파이썬을 포함해서 NumPy("넘파이"), SciPy("사이파이"), Pandas("판다스"), Jupyter("주피터"), Matplotlib("맷플롯리브") 등을 비롯한 많은 패키지를 포함하고 있다. 따라서 여기서는 아나콘다(Anaconda)라는 통합 패키지를 설치하는 것을 추천한다. 다만, 텐서플로는 별도로 설치해야 한다.

아니콘다를 설치하면 다음의 주요 패키지가 자동으로 설치된다.

• NumPy 패키지

파이썬에서 수치 계산용 패키지이다. NumPy의 핵심이라고 할 수 있는 다차원 배열구조인 ndarray를 통해 벡터 및 행렬을 사용하는 선형 대수 계산에서 주로 사용된다.

• SciPy 패키지

고급 수학 함수, 수치적 미적분, 미분 방정식 계산, 최적화, 신호 처리 등에 사용하는 다양한 과학 기술 계산 기능을 제공한다.

• Pandas 패키지

테이블 형태의 데이터를 다루는 데이터프레임(DataFrame) 자료형을 제공한다. 자료의 탐색이나 정리에 아주 유용하여 데이터를 분석하는데 필수적인 패키지이다. NumPy 패키지와 함께 많이 쓰인다.

• Jupyter 패키지

주피터노트북(Jupyter Notebook)을 사용할 수 있는 패키지이다. 주피터노트북은 파이썬 코드를 웹브라우저에서 작성 및 실행할 수 있는 툴이다.

• Matplotlib 패키지

파이썬에서 각종 그래프나 차트 등을 그려주는 시각화 기능을 제공한다.

Tip! pip 명령어와 conda 명령어

아나콘다에 포함되지 않는 패키지들은 별도로 설치하고자 하는 경우 pip 명령어와 conda 명령어를 사용하여 사용자가 직접 설치할 수 있다. pip은 파이썬의 정식 지원을 받는 패키지만을 관리하는 관리자이고, conda는 아나콘다에서 지원받는 패키지만을 관리하는 관리자이다. 따라서 아나콘다에서는 pip 명령어보다 conda 명령어를 선호하는 편이다.

지금부터 아나콘다 최신 버전을 설치하는 방법에 대해 알아보고자 한다.

① 아나콘다 웹사이트에 접속하여 다운로드받는다. 여기서는 웹브라우저 크롬에서 아나콘다 사이트에 접속한다.

https://www.anaconda.com/

그림 2.1의 아나콘다 웹사이트에서 상단 우측에 있는 [Free Download]를 클릭한다.

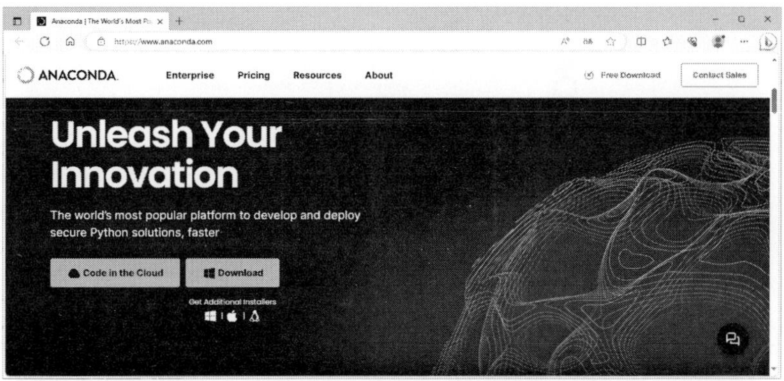

그림 2.1 아나콘다 웹사이트

② 그림 2.1의 아나콘다 웹사이트에서 Download 버튼을 클릭하면 그림 2.2의 오른쪽 상단에 다운로드되는 아나콘다 실행파일이 보인다.

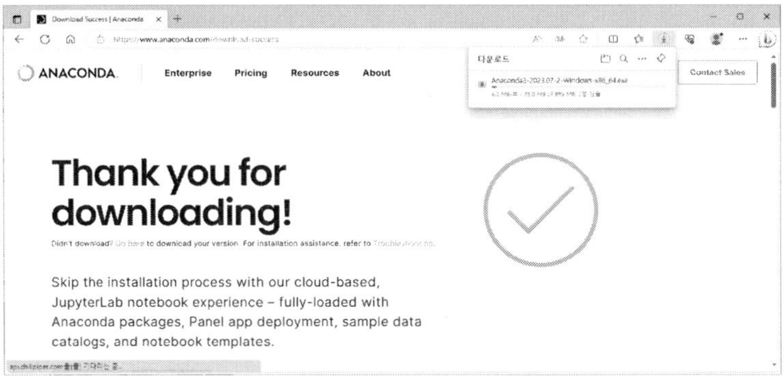

그림 2.2 아나콘다 다운로드

그림 2.2에서 다운로드된 실행파일은 [내컴퓨터] → [다운로드] 폴더에 들어있다. 현재 실행파일은 "Anaconda3-2023.07-2-Windows-x86_64.exe"이다.

③ 다운로드받은 아나콘다 설치 파일을 실행하기 위해 그림 2.2의 아나콘다 다운로드 창에서 오른쪽 상단에 다운로드된 실행파일을 더블클릭하던지 혹은 [내컴퓨터] → [다운로드] 폴더에 있는 파일 "Anaconda3-2023.07-2-Windows-x86_64.exe"을 더블클릭한다. 그러면 그림 2.3과 같이 아나콘다 설치 화면이 나타나고, [Next] 버튼을 클릭하여 다음 과정으로 넘어간다.

그림 2.3 아나콘다 설치 화면

④ 그림 2.4의 아나콘다 라이선스 동의 화면에서 약관을 확인하고, 설치를 계속 진행하려면 [I Agree] 버튼을 클릭한다.

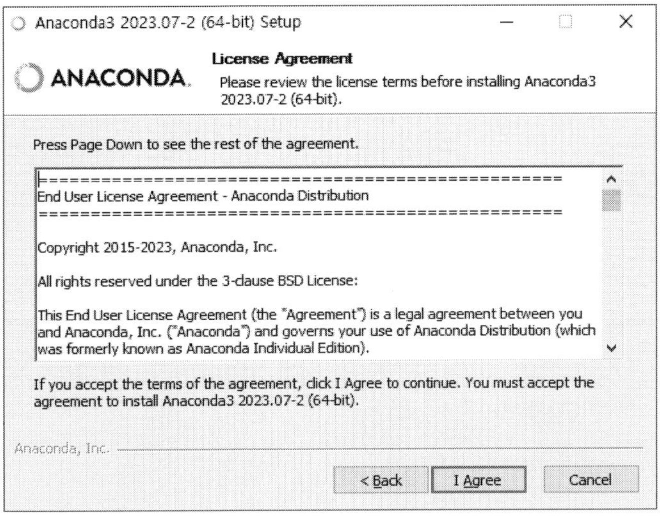

그림 2.4 라이선스 동의 화면

⑤ 그림 2.5는 아나콘다 사용자 설치 타입을 선택하는 화면이다.

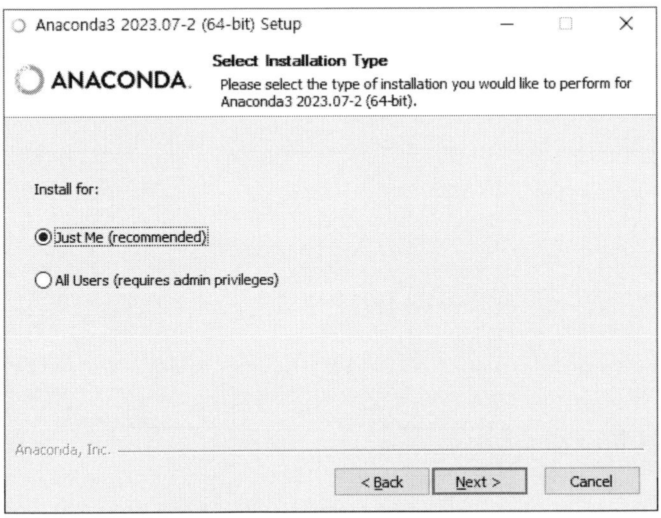

그림 2.5 아나콘다 사용자 설치 타입

그림 2.5에서 아나콘다 사용하는 데 있어 사용자 본인만을 위해 설치할 것인지 혹은 모든 사용자를 위해 설치할 것인지를 선택한다. 여기서는 기본적으로 "Just Me"가 선택된 상태에서 [Next] 버튼을 클릭한다.

⑥ 그림 2.6은 컴퓨터에 아나콘다 설치 경로를 지정하기 위한 화면이다.

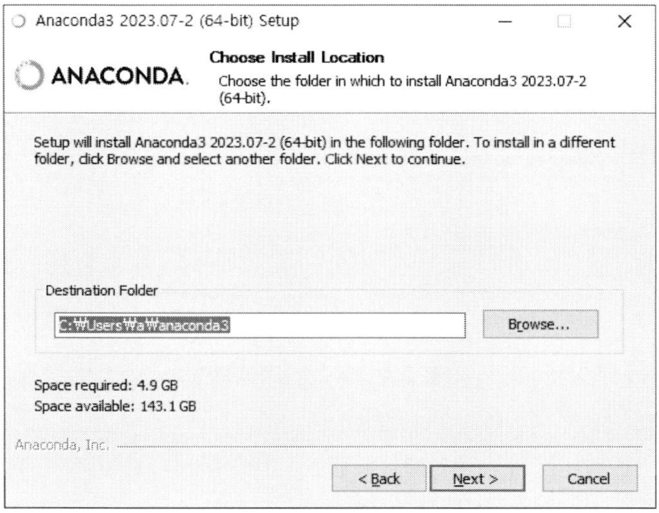

그림 2.6 아나콘다 설치 경로 지정

그림 2.6을 보면, 현재 기본적으로 지정된 경로는 "C:\Users\a\anaconda3"이다. 물론 원하는 경로, 예를 들면 "C:\Anaconda3" 등으로 변경할 수 있다. 여기서는 원래 지정된 경로에 아나콘다를 설치하기 위해 [Next] 버튼을 클릭한다.

⑦ 그림 2.7은 아나콘다를 시스템 PATH 환경변수 추가와 관련된 고급 설치 옵션이다.

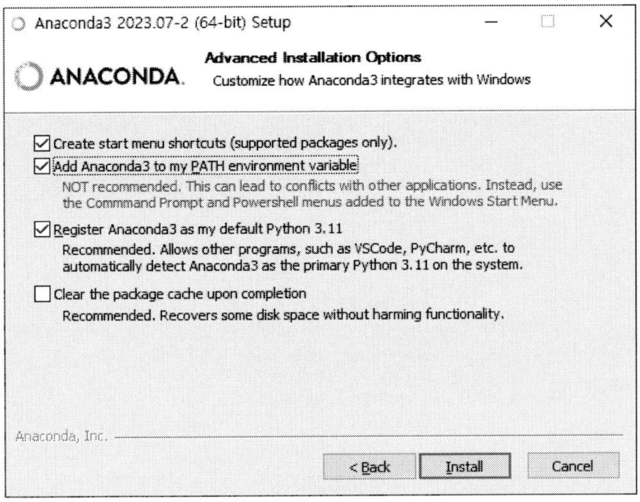

그림 2.7 고급 설치 옵션

그림 2.7의 4개의 옵션 중에서 첫 번째 옵션은 시작메뉴 바로가기를 생성하는 옵션이고, 두 번째 옵션은 아나콘다를 PATH 환경변수에 추가하는 경우이고, 세 번째 옵션은 아나콘다에 기본적으로 설치된 파이썬 버전 3.11을 설정하는 경우이다. 여기서는 위 3개의 옵션을 모두 선택한 다음 [Install] 버튼을 클릭한다.

⑧ 그림 2.8은 아나콘다 설치 중을 나타내는 화면이다. 아나콘다 설치가 끝나면 [Next] 버튼을 클릭하여 다음 과정으로 넘어간다.

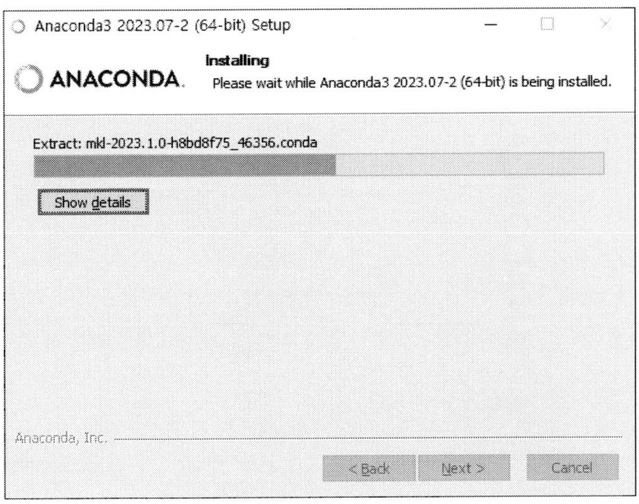

그림 2.8 아나콘다 설치 중 화면

⑨ 그림 2.9는 클라우드 환경에서 아나콘다 설치와 관련된 선택 화면이다. 만약 설치를 원한다면 아래의 사이트를 클릭한다.

https://www.anaconda.com/code-in-the-cloud

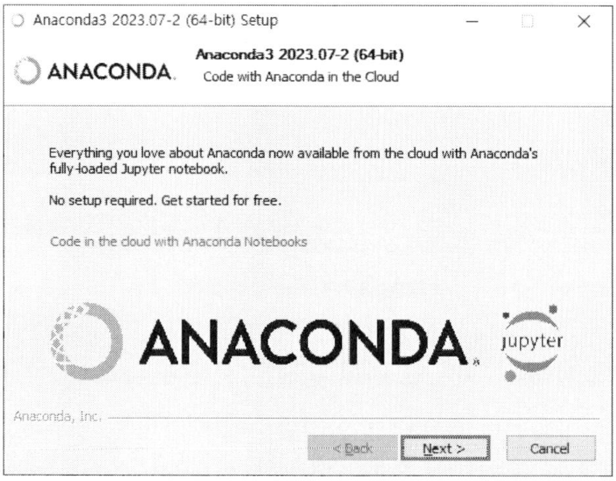

그림 2.9 클라우드 환경에서 아나콘다 설치 여부 선택

여기서는 클라우드 환경에서 아나콘다 설치를 원치 않기 때문에 [Next] 버튼을 클릭한다.

⑩ 그림 2.10에서 [Finish] 버튼을 선택하여 아나콘다 설치를 완료한다.

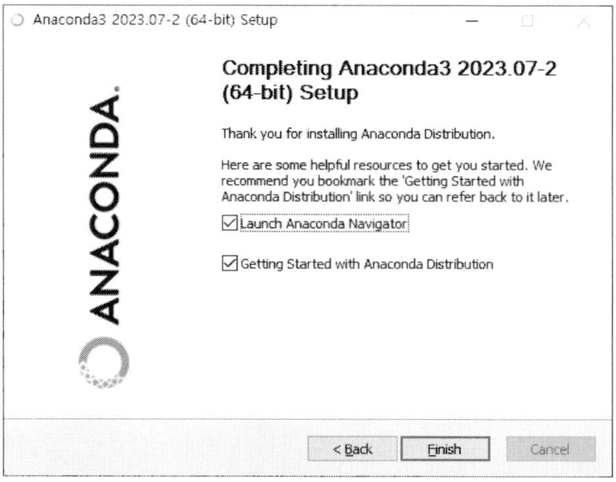

그림 2.10 아나콘다 설치 완료

⑪ 파이썬의 버전을 확인하기 위해 그림 2.11과 같이 시작메뉴에서 [Anaconda3 (64-bit)] → [Anaconda Prompt] 항목을 선택한다.

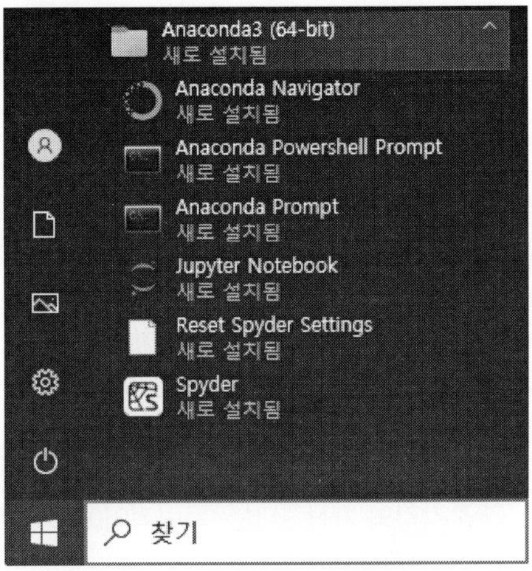

그림 2.11 Anaconda3 (64-bit) 메뉴

그림 2.12와 같이 아나콘다 프롬프트 창에서 설치된 파이썬 버전을 확인하기 위해 "python --version"을 입력한다.

```
(base) C:\Users\user>python --version
```

그림 2.12 파이썬 버전 확인

그림 2.12에서 설치된 파이썬 버전은 3.10.9임을 알 수 있다.

2.2 텐서플로 설치

아나콘다에는 텐서플로가 포함되어 있지 않다. 따라서 별도로 텐서플로를 설치하여야 한다. 텐서플로를 직접 설치할 수도 있고, 가상 환경(virtual environment)을 생성하여 설치할 수도 있다. 여기서는 가상 환경을 생성하여 텐서플로를 설치하고자 한다.

Tip! 왜 가상 환경이 필요한가?

가상 환경이란 원하는 패키지들 (또는 원하는 특정 버전)만을 모아 놓은 가상의 환경을 말한다. 여러 개의 가상 환경을 생성하는 경우 각각의 가상 환경은 독립적이어서 서로 다른 가상 환경에 영향을 주지 않는다. 예를 들면, 가상 환경 1에서는 패키지 A의 1.0 버전을, 가상 환경 2에서는 패키지 A의 2.0 버전을 따로 설치하여 사용할 수 있다. 하나의 컴퓨터에서 여러 개의 프로젝트를 진행하는 경우 프로젝트끼리 충돌을 일으킬 수 있다. 이런 경우 가상 환경을 여러 개 만들고 각각의 가상 환경에서 프로젝트를 수행하면 충돌을 피할 수 있다. 가상 환경을 생성하면 기존 시스템에 영향을 받지 않고 독립적인 환경을 구성할 수 있어 안정적이다.

(1) 가상 환경 생성하기

① 아나콘다 패키지 업데이트

현재 설치된 아나콘다의 버전을 아나콘다 프롬프트(Anaconda Prompt) 창에서 conda 명령어를 사용하여 다음과 같이 확인할 수 있다.

```
conda --version
```

가상 환경을 생성하기 전에 아나콘다 자체를 최신 버전으로 업데이트한다. 아나콘다 패키지가 오래된 경우 업데이트가 필요하다. 아나콘다 패키지 전부를 업데이트할 수 있지만 여기서는 아나콘다 패키지의 코어에 해당되는 기본(base)만을 업데이트하고자 한다. 이를 위한 conda 명령어의 사용형식은 다음과 같다.

conda update -n base conda

여기서 특정 환경을 지정하고자 하는 경우 옵션 -n을 사용한다.

참고로, 아나콘다 패키지 전체를 업데이트하는 명령은 다음과 같다.

conda update --all

시작메뉴에서 Anaconda3 (64-bit) 메뉴에 있는 Anaconda Prompt를 실행한 다음 그림 2.13과 같이 아나콘다 패키지의 기본만을 업데이트한다.

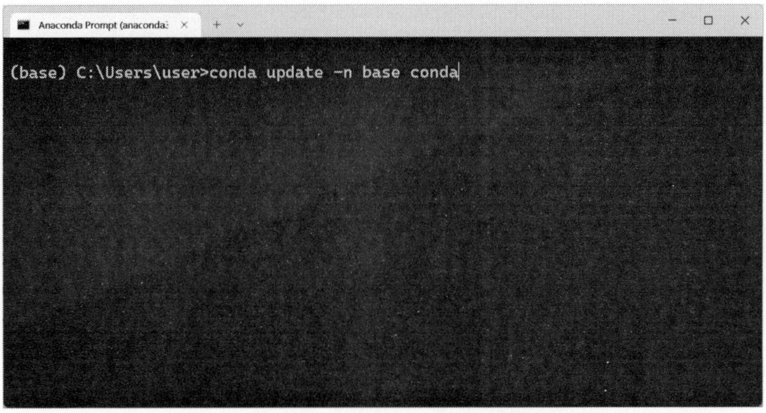

그림 2.13 아나콘다 패키지의 기본 업데이트

그림 2.13의 업데이트 중 다음과 같은 문구가 뜰 것이다. 그러면 다음과 같이 'y'를 입력하고 Enter 키를 누르거나, 바로 Enter 키만 눌려도 된다.

```
Proceed ([y]/n)? y
```

② 가상 환경 목록 확인

conda 명령어를 이용하여 현재의 가상 환경 목록(virtual environment list)을 알 수 있다. 이를 위한 명령은 다음과 같다.

conda env list 또는 conda info --envs

시작메뉴에서 Anaconda3 (64-bit) 메뉴에 있는 Anaconda Prompt를 실행한 다음 그림 2.14과 같이 가상 환경 목록을 확인한다.

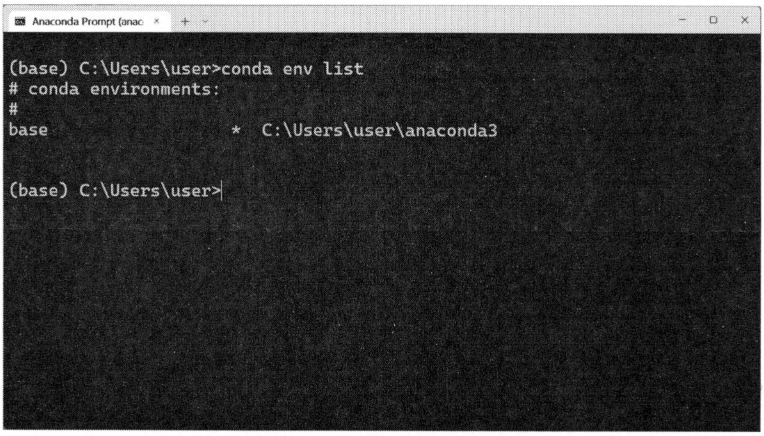

그림 2.14 가상 환경 목록 확인

그림 2.14에서 보는 것처럼 별도의 가상 환경을 생성하지 않는 경우 기본적으로 'base' 라는 이름으로 표시가 된다. 이것은 가상 환경 상태가 아닌 기본적으로 주어진 환경 상태를 나타낸다. 여기서 (*) 표시는 현재 활성화(activate)되어 있는 가상 환경을 표시한다.

③ 새로운 가상 환경 생성

conda 명령어를 이용하여 다음과 같이 새로운 가상 환경을 생성한다.

conda create -n [가상 환경 이름]

혹은

conda create -n [가상 환경 이름] python=3.8

위와 같이 파이썬 버전을 명시적으로 지정하면 해당 버전의 파이썬이 자동으로 설치되어 가상 환경을 생성하게 된다. 여기서는 가상 환경 이름을 'tensorflow'의 줄임말인 'tf'를 입력하여 새로운 가상 환경을 생성한다.

conda create -n tf python=3.8

그림 2.15는 파이썬 3.8 버전이 설치된 새로운 가상 환경 'tf' 생성을 나타내고 있다.

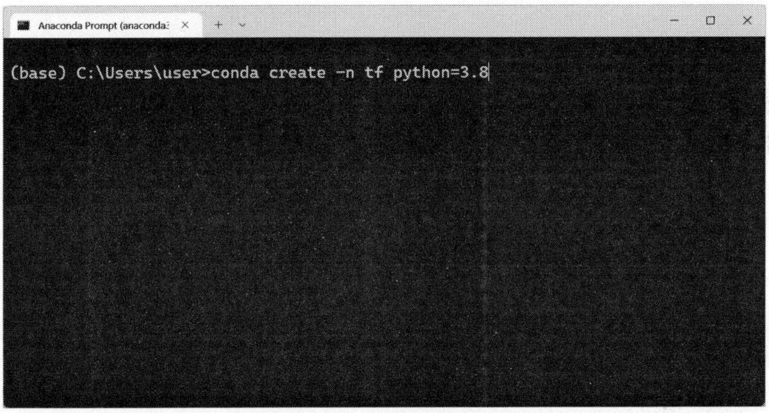

그림 2.15 가상 환경 tf 생성

그림 2.15의 가상 환경 'tf' 생성 중 아래와 같은 문구가 뜰 것이다. 그러면 다음과 같이 'y'를 입력하고 Enter 키를 누르거나, 바로 Enter 키만 눌려도 된다.

```
Proceed ([y]/n)? y
```

④ 생성된 가상 환경 확인

현재 가상 환경 목록을 확인하기 위해 다음의 명령을 입력한다.

conda env list

그림 2.16의 가상 환경 목록에서 'tf'라는 새로운 가상 환경이 생성된 것을 보여주고 있다.

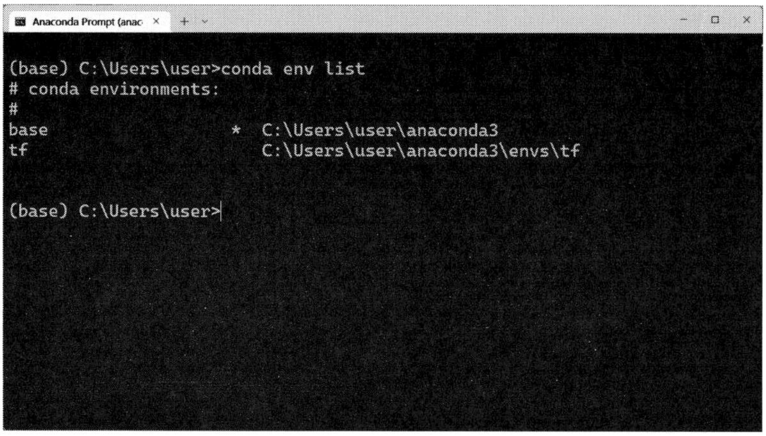

그림 2.16 생성된 가상 환경 확인

그림 2.16을 보면 'base'에 (*)표시가 되어 있는데, 이것은 'base' 환경이 현재 활성화된 가상 환경임을 나타낸다.

Tip! **가상 환경 삭제**

conda 명령어를 이용하여 생성된 가상 환경을 삭제할 수 있다. 예를 들어, 'tf'라는 가상 환경을 삭제하고자 하는 경우 명령어는 다음과 같다.

conda env remove -n tf

또한, 가상 환경이 설치된 폴더를 삭제하면 가상 환경을 삭제할 수 있다. 가상 환경이 설치된 폴더는 다음과 같다.

C:₩Users₩[컴퓨터 이름]₩anaconda3₩envs₩[가상 환경 이름]

그림 2.16에서 생성된 가상 환경의 폴더는 다음과 같다.

C:₩Users₩user₩anaconda3₩envs₩tf

⑤ 특정 가상 환경 활성화

가상 환경을 생성하였다면 이를 이용하기 위해서는 활성화하여야 한다. 이를 위해 conda activate 명령어를 이용한다. 다음은 conda activate 명령어를 사용하여 특정 가상 환경을 활성화하는 방법이다.

conda activate [가상 환경 이름]

여기서는 새로 생성된 'tf'라는 가상 환경을 활성화하고자 한다. 이를 위한 명령어는 다음과 같다.

conda activate tf

그림 2.17은 'tf'라는 가상 환경을 활성화하는 것을 보여주고 있다.

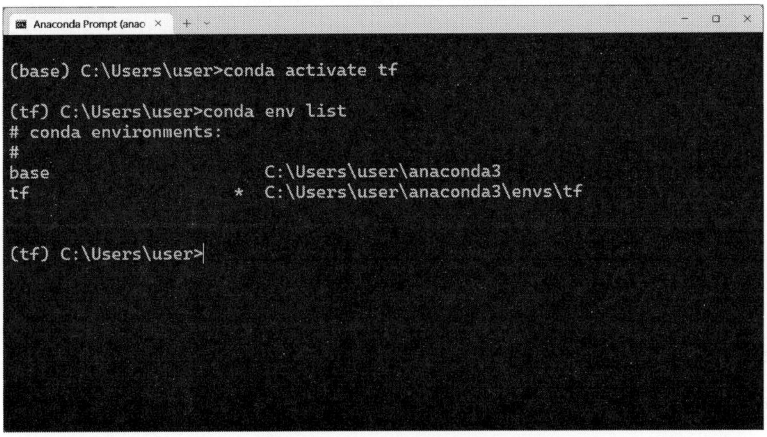

그림 2.17 가상 환경 활성화

그림 2.17을 보면 'tf'에 (*)표시가 붙어있는 것을 알 수 있는데, 이것은 가상 환경 'tf'가 활성화 상태임을 나타낸다.

여러 개의 가상 환경이 존재하는 경우 특정 가상 환경이 필요한 경우에는 사용 중인 현재의 가상 환경을 비활성화한 후 특정 가상 환경을 활성화하여야 한다. 현재의 가상 환경을 비활성화하고자 하는 경우 명령어는 다음과 같다.

conda deactivate

그림 2.18은 conda deactivate 명령어를 사용하여 현재 사용중인 가상 환경을 비활성화 하는 것을 보여주고 있다.

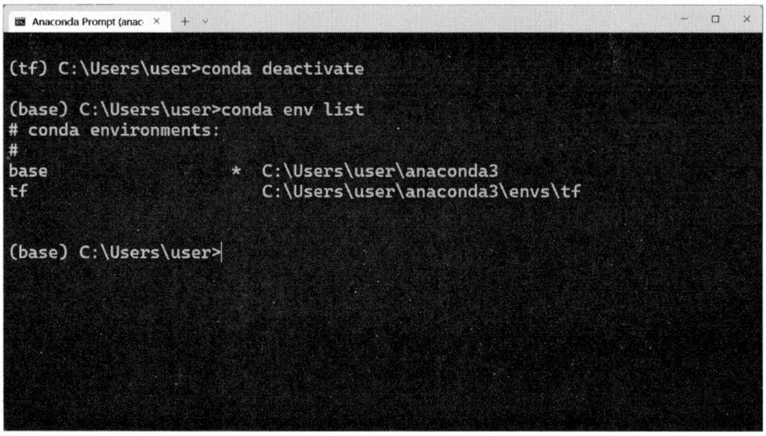

그림 2.18 가상 환경 비활성화

그림 2.18에서 보면, 가상 환경 'tf'가 비활성화 상태이고, 기본 환경 'base'가 활성화 상태임을 보여주고 있다.

(2) 텐서플로 설치하기

① conda를 이용한 텐서플로 설치

conda install 명령어를 이용하여 다음과 같이 텐서플로를 설치한다.

```
conda install tensorflow
```

가상 환경이 활성화 상태에서 텐서플로를 설치한다. 이를 위해 먼저 그림 2.19와 같이 conda activate 명령어를 이용하여 가상 환경 'tf'를 활성화한 후 conda install 명령어를 이용하여 텐서플로를 설치한다.

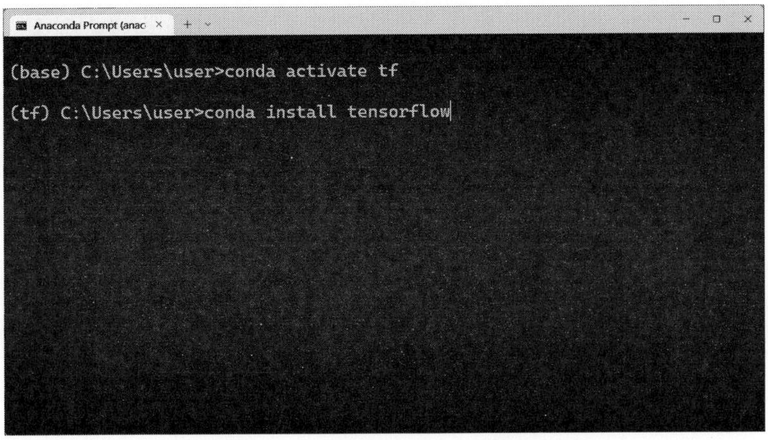

그림 2.19 가상 환경 하에서 텐서플로 설치

텐서플로 설치 중 아래와 같은 문구가 뜰 것이다. 그러면 다음과 같이 'y'를 입력하고 Enter 키를 누르거나, 바로 Enter 키만 눌러도 된다.

```
Proceed ([y]/n)? y
```

② 텐서플로 설치 확인

그림 2.20과 같이 가상 환경하에서 파이썬을 실행하고 텐서플로가 정상적으로 설치되었는지를 다음과 같이 확인한다.

```
>>> import tensorflow as tf
>>> print(tf.__version__)
```

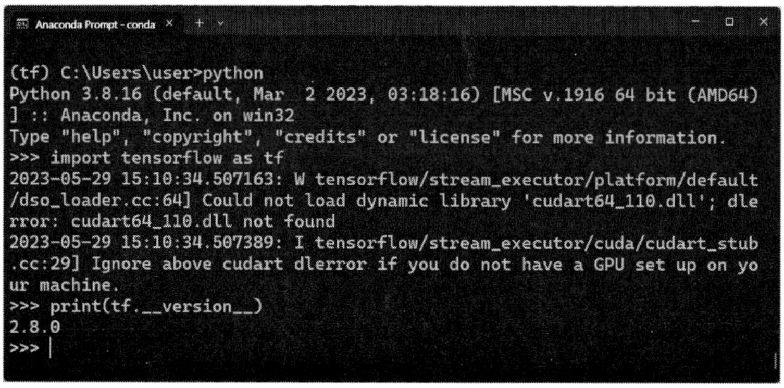

그림 2.20 텐서플로 설치 확인

그림 2.20을 통해 설치된 텐서플로 버전이 2.8.0임을 알 수 있다. 파이썬의 종료는 quit() 명령어를 입력하거나 단축키 Ctrl+Z를 사용한다.

2.3 케라스 설치

Tip! 케라스, 왜 필요한가?

케라스(Keras)는 텐서플로 위에서 동작하는 라이브러리이다. 텐서플로는 뛰어난 프레임워크이지만, 아직까지 사용하기에는 어려운 부분이 많다. 특히, 처음으로 머신러닝, 딥러닝을 사용하는 이들에게는 더욱 그렇다.

반면, 케라스는 텐서플로보다 사용자 입장에서 친밀한 프레임워크이다. 즉, 케라스는 사용자 친화적으로 개발되었기 때문에 사용이 매우 편리하다. 그림 2.21은 케라스와 텐서플로의 관계를 나타내고 있다.

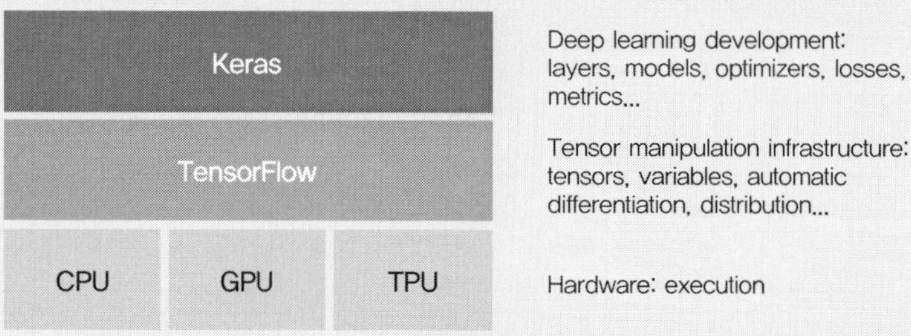

그림 2.21 케라스와 텐서플로의 관계

케라스는 텐서플로를 백엔드(backend)로 사용하고 있다. 그림 2.21을 보면 케라스 밑에 텐서플로가 있고, 그 밑에 CPU, GPU, TPU가 있다. 따라서 텐서플로가 실질적으로 하드웨어(Hardware)를 제어한다면, 케라스는 하드웨어를 제어하는 텐서플로를 제어한다.

① conda를 이용한 케라스 설치

conda install 명령어를 이용하여 다음과 같이 케라스를 설치한다.

```
conda install keras
```

가상 환경이 활성화 상태에서 케라스를 설치한다. 이를 위해 먼저 그림 2.22와 같이 가상 환경 'tf'를 활성화한 상태에서 conda install 명령어를 이용하여 케라스를 설치한다.

그림 2.22 가상 환경하에서 케라스 설치

② 케라스 설치 확인

그림 2.23과 같이 가상 환경하에서 파이썬을 실행하고 케라스가 정상적으로 설치되었는지를 다음과 같이 확인한다.

```
>>> import keras
>>> print(keras.__version__)
```

```
(tf) C:\Users\user>python
Python 3.8.16 (default, Jan 17 2023, 22:25:28) [MSC v.1916 64 bit (
AMD64)] :: Anaconda, Inc. on win32
Type "help", "copyright", "credits" or "license" for more informati
on.
>>> import keras
2023-01-30 13:25:39.134671: W tensorflow/stream_executor/platform/d
efault/dso_loader.cc:64] Could not load dynamic library 'cudart64_1
10.dll'; dlerror: cudart64_110.dll not found
2023-01-30 13:25:39.134767: I tensorflow/stream_executor/cuda/cudar
t_stub.cc:29] Ignore above cudart dlerror if you do not have a GPU
set up on your machine.
>>> print(keras.__version__)
2.8.0
>>> |
```

그림 2.23 케라스 설치 확인

그림 2.23을 통해 설치된 케라스 버전이 2.8.0임을 알 수 있다. 파이썬 실행화면에서 빠져나오기 위해서는 quit() 명령어를 입력하든지 혹은 단축키 Ctrl+Z를 사용한다.

2.4 주피터 노트북 설치

Tip! 주피터 노트북 왜 필요한가?

주피터 노트북(Jupyter Notebook)은 노트북이라는 말 그대로 공책을 사용하듯이 코드를 작성하면서 설명도 함께 넣을 수 있다. 주피터 노트북은 웹브라우저 기반의 소스 편집 도구이다. 웹브라우저상에서 파이썬 코드를 작성하고 단계적으로 실행할 수 있도록 하는 개발자 도구이다. 주피터 노트북은 코드의 실행 결과를 확인할 수 있고 문서화하여 다른 사람과 공유하기가 편리하고, 데이터 분석 및 결괏값에 대한 그래프 그리기와 같은 시각화를 시킬 때 유용하다.

주피터 노트북은 아나콘다 설치 시 자동으로 설치가 된다. 이는 그림 2.11의 시작메뉴의 Anaconda3 (64-bit) 메뉴에서 확인할 수 있다.

가상 환경 'tf'에서 주피터 노트북을 설치하기 위해 가상 환경 'tf'를 활성화 상태에서 다음과 같이 명령을 입력한다.

conda install jupyter notebook

그림 2.24는 가상 환경 'tf'하에서 주피터 노트북을 설치하는 화면이다.

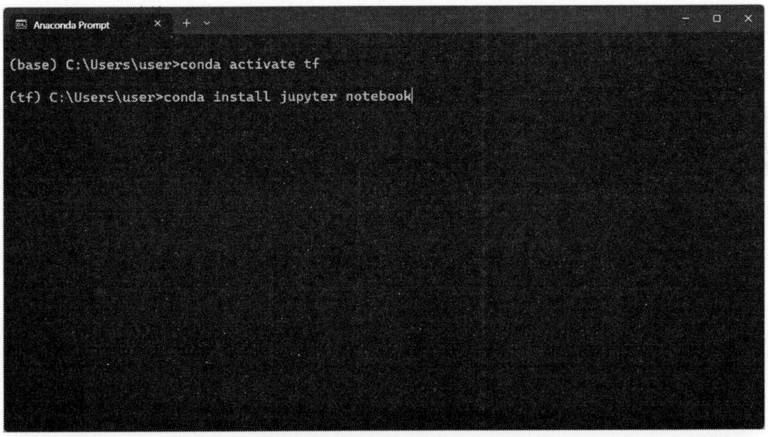

그림 2.24 주피터 노트북 설치

아나콘다 이전 버전 사용자는 가상 환경 상태에서 주피터 노트북을 사용하기 위해서는 별도의 작업이 필요하다. 예를 들면, 다운로드받은 아나콘다 파일 즉,

Anaconda3-202x.xx-Windows-x86_64.exe

를 사용하여 아나콘다를 설치한 경우 가상 환경하에서 주피터 노트북을 사용하기 위해서는 가상 환경 상태에서 주피터 노트북을 연결해주어야 한다. 이를 위해 가상 환경 커널(kernel)을 생성하여 주피터 노트북에 추가함으로써 쉽게 연결할 수 있다.

• 가상 환경 커널을 위한 파이썬 모듈 ipykernel 설치

주피터 노트북에 가상 환경 커널을 등록하기 위해서는 먼저, 주피터 노트북에 있는 파이썬 모듈 ipykernel을 설치하여야 한다. 이때 ipykernel은 IPython Kernel을 나타낸다.

해당 모듈이 없을 경우 conda install 명령어를 이용하여 다음과 같이 모듈을 설치한다.

```
conda install ipykernel
```

혹은 주피터 노트북을 설치하면 해당 모듈 ipykernel이 포함되어 있다. 여기서 IPython Kernel은 주피터 노트북에서 백엔드로 파이썬 코드를 효과적으로 실행시켜 주는 계산 엔진이다.

그림 2.25는 가상 환경 커널을 위한 파이썬 모듈 ipykernel 설치를 보여주고 있다.

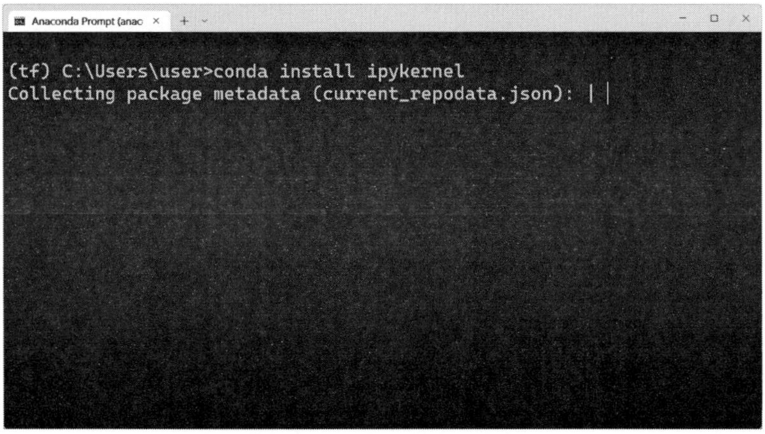

그림 2.25 파이썬 모듈 ipykernel 설치

그림 2.25의 파이썬 모듈 ipykernel 설치 중 아래와 같은 문구가 뜰 것이다. 그러면 다음과 같이 'y'를 입력하고 Enter 키를 누르거나, 바로 Enter 키만 눌려도 된다.

```
Proceed ([y]/n)? y
```

- 주피터 노트북에 가상 환경 커널 추가

가상 환경 커널을 주피터 노트북에 추가하기 위한 명령은 다음과 같다.

```
python -m ipykernel install --user --name [가상 환경 이름] --display-name "[표시할 이름]"
```

여기서 [가상 환경 이름]은 우리가 생성한 가상 환경 이름이고, [표시할 이름]은 주피터 노트북에 보이는 명칭을 나타낸다. 예를 들면, 사용 예는 다음과 같다.

```
python -m ipykernel install --user --name tf --display-name "tensorflow"
```

여기서는 생성한 가상 환경 이름은 tf이고, 표시할 이름을 "tensorflow"로 지정하였다. 그림 2.26은 이에 대한 그림이다.

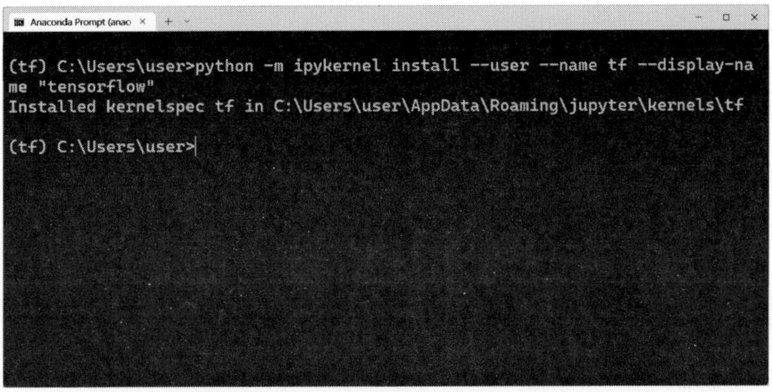

그림 2.26 주피터 노트북에 가상 환경 커널 추가

그림 2.26을 보면, 생성된 가상 환경 'tf'하에서 주피터 노트북에 가상 환경 커널을 추가하고 있다.

• 가상 환경 커널 목록 보기

jupyter kernelspec list 명령어를 이용하여 가상 환경 커널 목록을 볼 수 있다.

그림 2.27은 주피터 노트북에 설치된 커널 목록과 각 커널의 설치 위치를 확인할 수 있다.

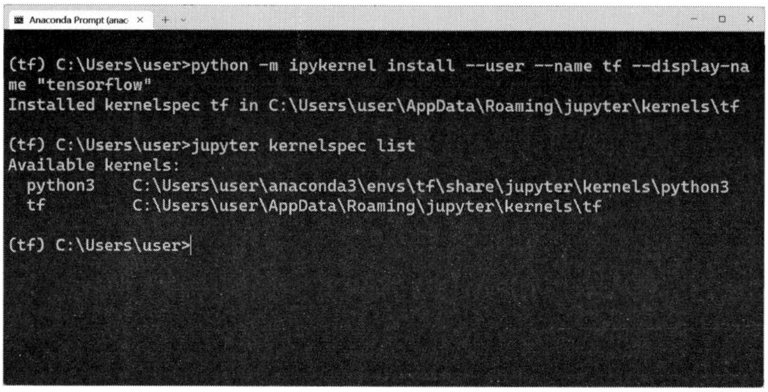

그림 2.27 가상 환경 커널 추가

그림 2.27을 보면 2개의 커널 리스트가 있다. 가상 환경하에서 커널 'tf'가 설치되어 있는 것을 확인할 수 있다. 그리고 이 커널의 설치 경로는 "C:\Users\user\AppData\Roaming\jupyter\kernels\tf"이다.

Tip! **커널 삭제 방법**

가상 환경하에서 커널을 삭제하는 방법은 다음과 같다.

jupyter kernelspec uninstall [가상 환경 이름]

그림 2.28은 'tf'라는 가상 환경 커널을 삭제하고 있다.

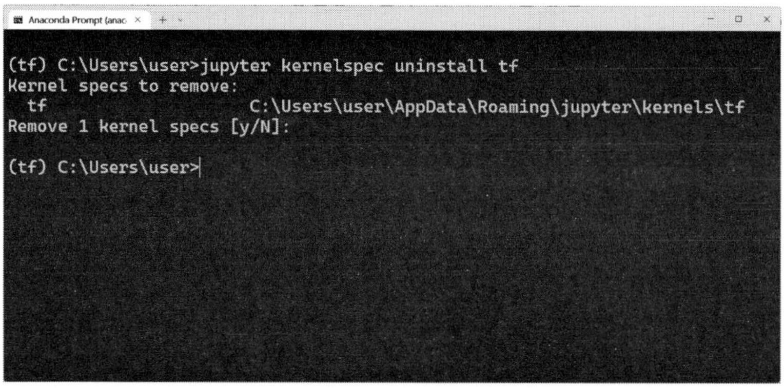

그림 2.28 주피터 노트북에 추가된 가상 환경 커널 삭제

① 주피터 노트북 실행

가상 환경하에서 주피터 노트북을 실행시키기 위해 그림 2.29와 같이 가상 환경 'tf'를 활성화한 다음 jupyter notebook 명령어를 입력한다.

jupyter notebook

그림 2.29 주피터 노트북 실행

위와 같이 jupyter notebook 명령어를 입력한 후, 잠시 기다리면 그림 2.30의 주피터 노트북 화면이 나타난다. 혹은 시작메뉴에서 [Anaconda3 (64-bit)]→ [Jupyther Notebook (tf)] 항목을 선택하면 그림 2.30의 주피터 노트북 화면이 나타난다.

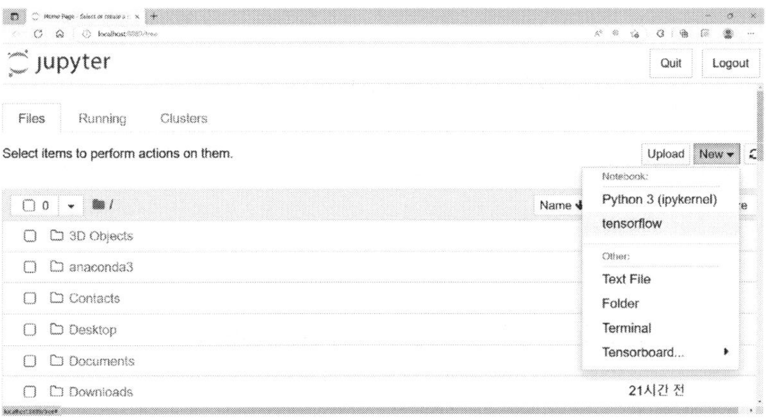

그림 2.30 주피터 노트북 화면

그림의 우측 상단에 있는 New 드롭다운 메뉴에서 “tensorflow”라는 가상 환경 커널이 만들어진 것을 볼 수 있다. “tensorflow”을 더블클릭하면 그림 2.31과 같은 새 주피터 노트북 화면이 나타난다.

다음은 주피터 노트북이 설치가 잘 되었는지 확인하고자 한다. 이를 위해 아래 코드를 입력한다.

```
# TensorFlow
import tensorflow as tf

# Helper libraries
import numpy as np
import matplotlib.pyplot as plt

print(tf.__version__)
```

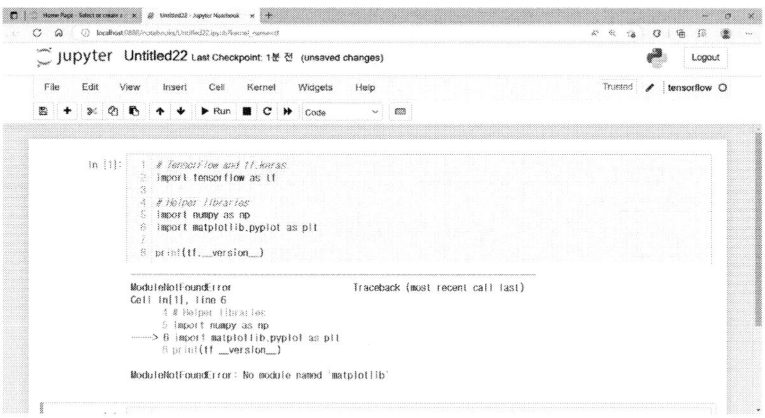

그림 2.31 주피터 노트북 테스트 화면

입력된 코드를 실행시키기 위해 단축키 Shift+Enter 키를 누른다. 그런데 그림 2.31을 보면 다음과 같이 오류가 발생하였다.

ModuleNotFoundError: No module named ‘matplotlib’

여기서 오류는 주피터 노트북의 설치가 잘못된 것은 아니고, ‘matplotlib’ 모듈이 없기 때문에 발생한 오류이다. 이를 해결하기 위해 그림 2.32와 같이 가상 환경하에서 'matplotlib' 모듈을 설치한다.

```
conda install matplotlib
```

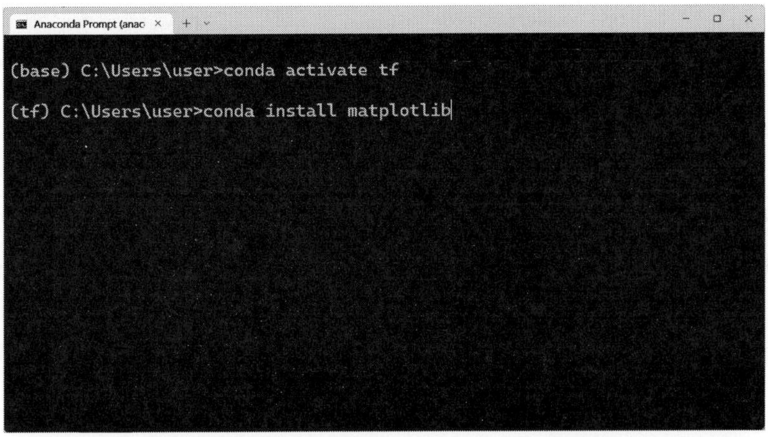

그림 2.32 가상 환경하에서 'matplotlib' 모듈 설치

가상 환경하에서 matplotlib 모듈 외에 특정 모듈, 예를 들면, pandas 모듈, scikit-learn 모듈 등이 필요한 경우 conda install 명령을 이용하여 설치하면 된다. 그림 2.33에서 주피터 노트북이 정상적으로 작동하는 것을 확인할 수 있다.

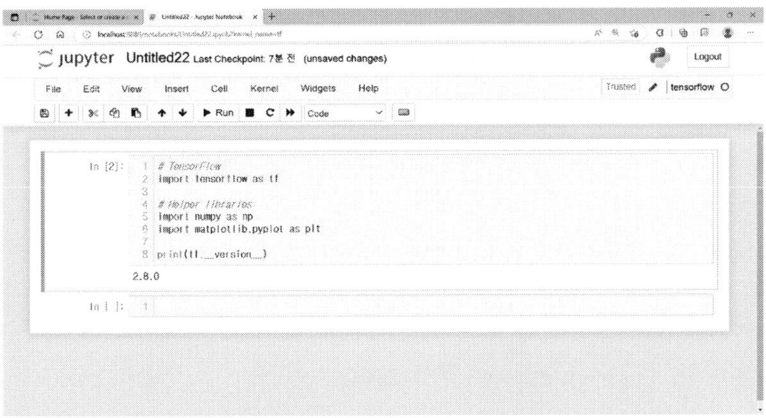

그림 2.33 주피터 노트북 정상 확인

② 작업 디렉터리 변경

• 현재 작업 디렉터리 확인

셀에서 현재 작업 디렉터리를 확인하기 위해 다음의 명령어를 입력한다.

```
import os
os.getcwd()
```

입력한 명령어를 실행시키기 위해 단축키 Shift+Enter 키를 누른다. 그림 2.34는 현재 작업 디렉터리를 보여주고 있다.

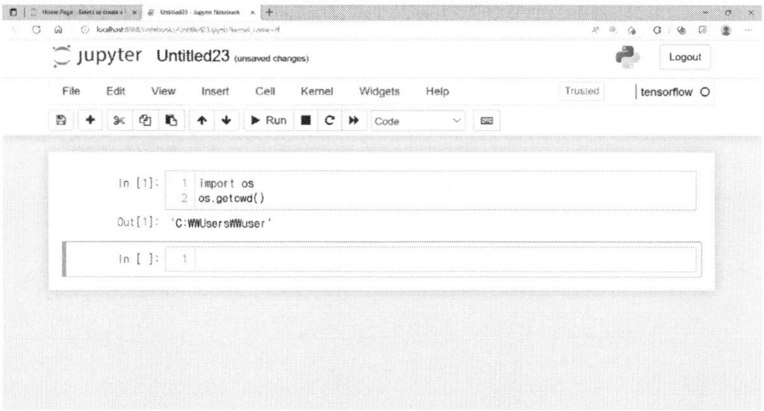

그림 2.34 작업 디렉터리 확인

그림 2.34를 보면 현재 기본 디렉터리는 다음과 같이 설정되어 있으며, 여기서 user는 컴퓨터의 이름을 나타낸다.

C:\\Users\\user

• 기본 디렉터리 변경

현재의 기본 디렉터리를 다음과 같이 원하는 디렉터리로 변경하고자 한다.

D:/TensorFlow

이 경우 D: 드라이브에 TensorFlow 폴더가 이미 생성되어 있어야 한다.

1. 시작메뉴에서 “Jupyter Notebook (tf)”을 선택한 후 그림 2.35와 같이 팝업메뉴의 [기타] → [파일 위치 열기]를 선택한다.

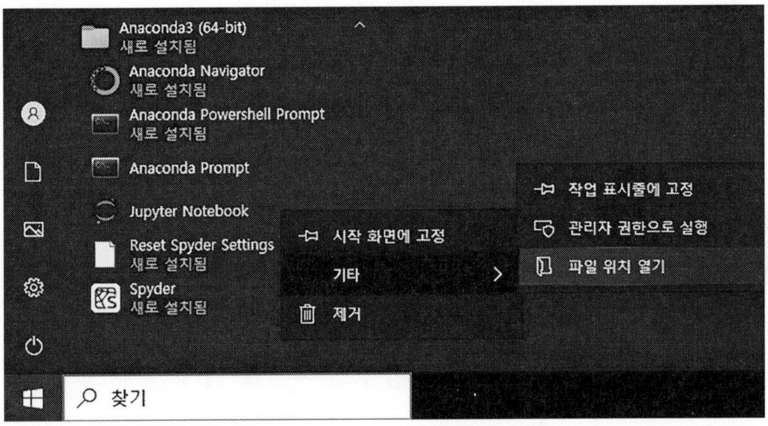

그림 2.35 [파일 위치 열기] 선택

그림 2.36은 파일 위치를 나타내고 있다.

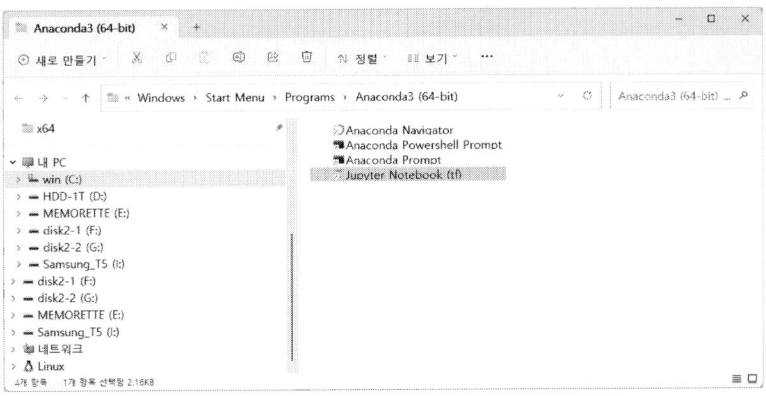

그림 2.36 파일 위치

2. 그림 2.37과 같이 Jupyter Notebook (tf) 파일의 팝업메뉴에서 [속성]을 선택한다.

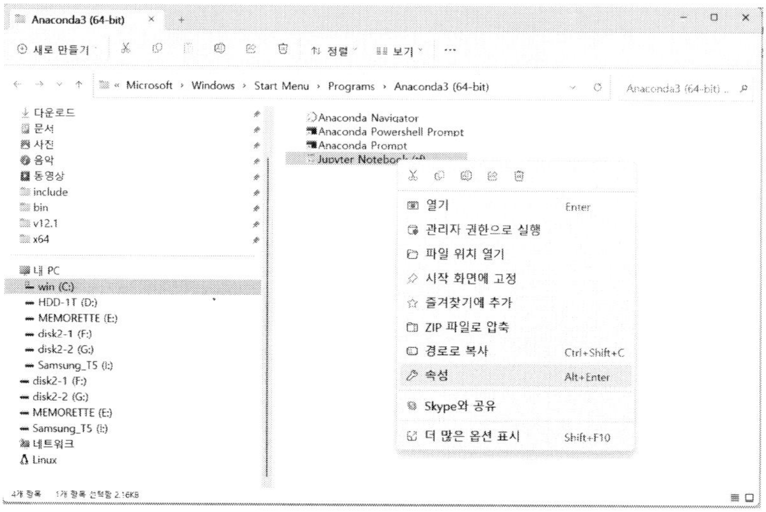

그림 2.37 팝업메뉴에서 [속성] 선택

3. 그림 2.38은 Jupyter Notebook 속성 창을 보여주고 있다.

그림 2.38 Jupyter Notebook 속성 창

그림 2.38의 대상 디렉터리에서 기본적으로 마지막 부분에 “%USERPROFILE%/”가 설정되어 있다.

4. 그림 2.39에서 대상 디렉터리에서 “%USERPROFILE%/”를 다음과 같이 원하는 작업 디렉터리로 수정하고 [적용(A)]과 [확인] 버튼을 클릭한다.

“D:/TensorFlow”

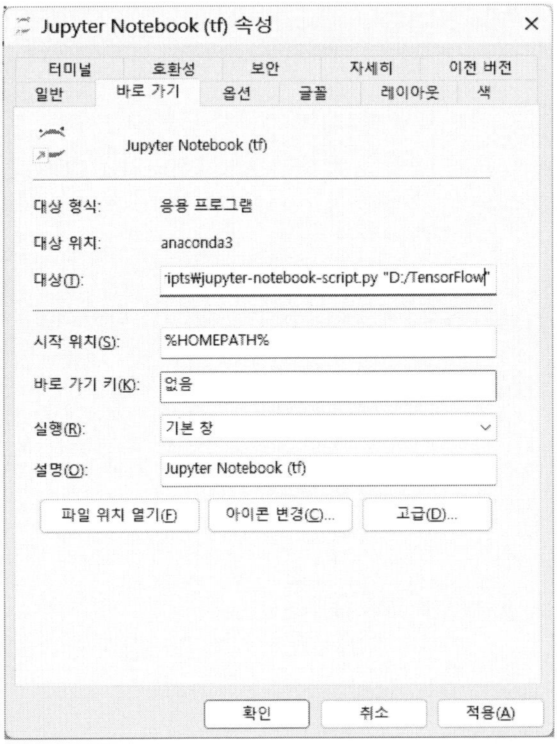

그림 2.39 Jupyter Notebook 속성에서 디렉터리 수정

5. 다시 시작메뉴에서 Jupyter Notebook (tf)를 실행시킨 다음 그림 2.40과 같이 작업 디렉터리를 확인한다.

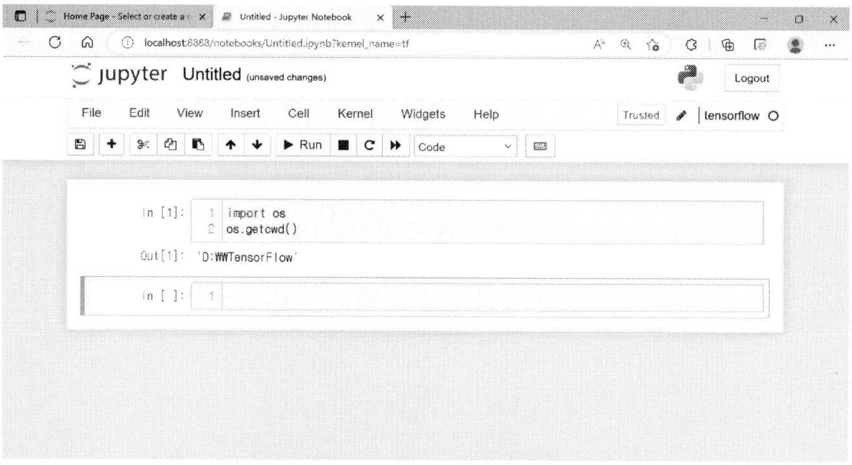

그림 2.40 작업 디렉터리 확인

그림 2.40에서 os.getcwd() 명령을 통해 작업 디렉터리가 “D:/TensorFlow”로 변경된 것을 확인할 수 있다.

Tip! **주피터 노트북 단축키**

1. 셀 선택 모드(Command Mode)
   c : 셀 복사하기
   v : 셀 붙여넣기
   x : 셀 잘라내기
   dd : 셀 삭제하기
   p : 셀 아래에 붙여넣기

2. 코드 입력 모드(Edit Mode)
   Ctrl + Enter : 입력 셀 실행
   Shift + Enter : 입력 셀 실행 후 아래 셀로 이동
   Ctrl + a : 선택 셀의 코드 전체 선택
   Ctrl + z : 선택 셀 내 실행 취소

연습문제

2-1 텐서플로를 설치하는 경우 가상 환경을 생성하여 텐서플로를 설치하는 경우와 그렇치 않는 경우가 있다. 장단점에 대해 설명하시오.

2-2 케라스는 텐서플로를 백엔드로 사용하고 있다. 이 말의 의미를 설명하시오.

2-3 주피터 노트북에서 시작 폴더 위치를 변경하는 이유에 대해 설명하시오.

2-4 주피터 노트북에서 다음의 코드를 실행시켜 결과를 확인하시오.

```
print("Hello World")
```

3장

딥러닝의 기원 - 인공 신경망

3.1 퍼셉트론

(1) 퍼셉트론의 개념

퍼셉트론(perceptron)은 1958년 프랑크 로젠블라트(Frank Rosenblatt, 딥러닝의 '할아버지')가 제안한 초기 형태의 인공 신경망(artificial neural network, ANN)이다. 퍼셉트론은 실제 뇌를 구성하는 생물학적 뉴런(biological neuron)을 모방하여 만든 모델이다. 사람의 뇌는 약 1,000억 개의 뉴런(neuron)이라는 신경세포로 이루어져 있다. 그림 3.1은 생물학적 뉴런의 구조와 시냅스를 나타내고 있다.

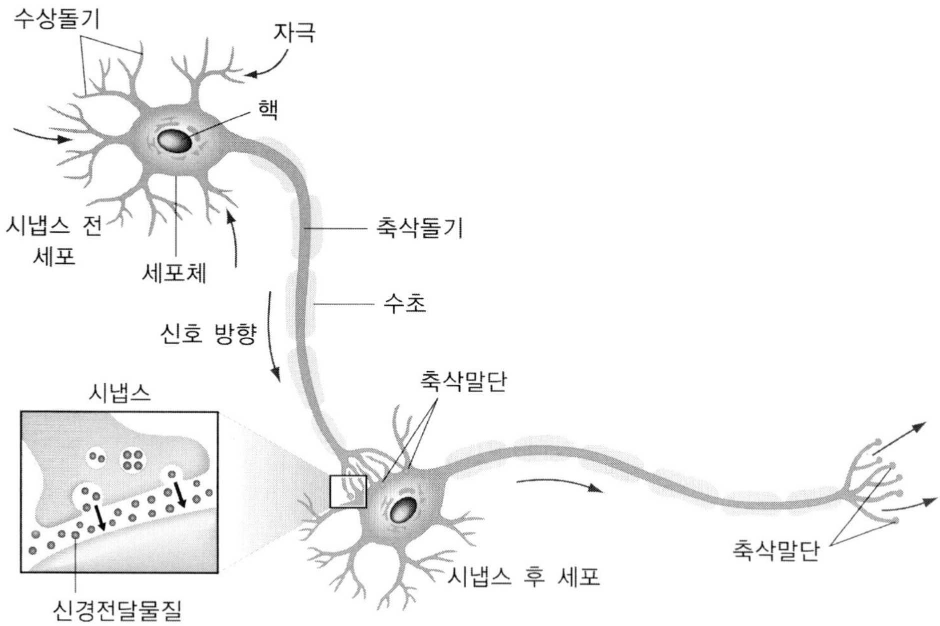

그림 3.1 생물학적 뉴런의 구조와 시냅스

그림 3.1의 뉴런의 구조를 보면 크게 신경 세포체(cell body 또는 soma), 수상돌기(dendrite, 가지돌기), 축삭돌기(axon, 축색돌기)로 구성되어 있다. 뉴런의 기본기능은 외부로부터 자극을 받았을 때 전기를 발생시켜 다른 세포로 정보를 전달하는 것으로서

신경 세포체는 핵이 있는 곳으로 뉴런의 중심이 되는 곳이고, 수상돌기는 다른 뉴런에서 전달되는 입력 신호를 받아들이는 역할을 수행하고, 축삭돌기는 수상돌기에서 입력받은 신호를 다른 뉴런으로 전달하는 역할을 수행한다.

뉴런과 뉴런 사이의 신호 전달은 시냅스(synapse)를 통해 이루어진다. 그림 3.1에서 보는 것처럼, 시냅스는 뉴런의 축삭돌기 말단(축삭말단)과 다음 뉴런의 수상돌기 사이의 연결부위이다. 즉, 시냅스는 신경세포들의 가지와 가지를 이어주어 신호를 주고받는 부위이다. 시냅스는 일정한 세기 이상이 되어야 수상돌기로 전달된다.

뉴런은 전기 신호를 전달받고 바로 반응하여 신호를 전달하는 것이 아니라 입력으로 들어온 신호가 일정 용량 이상일 경우 신호를 출력한다. 즉, 입력된 신호의 값이 특정 임계값(threshold, 임계치)에 도달되는 경우 신호가 출력된다는 것을 의미한다. 인공 신경망은 이러한 생물학적 뉴런의 정보처리 및 전달 과정을 모방하여 구현한 것이다. 표 3.1은 생물학적인 신경망과 인공 신경망의 유사점을 나타내고 있다.

표 3.1 생물학적인 신경망과 인공 신경망의 비교

생물학적 신경망	인공 신경망
신경 세포체	뉴런(neuron)
수상돌기(가지돌기)	입력(input)
축삭돌기(축색돌기)	출력(output)
시냅스	가중치(weight)

인공 신경망은 입력 신호를 받는 입력층(input layer), 가중치와 활성화 함수를 이용하여 예측값을 생성하는 은닉층(hidden layer), 출력신호를 출력하는 출력층(output layer)으로 구성된다. 각 층은 노드와 각 노드들을 연결하는 가중치(weight)로 구성된다. 은닉층의 경우 여러 층으로 나뉠 수 있는데, 이를 다층 퍼셉트론(multi-layer perceptron)이라고 한다. 오늘날 단층 신경망이 초기 형태의 퍼셉트론인 단층 퍼셉트론(single-layer perceptron)에 해당되고 다층 신경망이 다층 퍼셉트론에 해당된다. 그림 3.2는 단층 퍼셉트론과 다층 퍼셉트론의 예를 나타내고 있다.

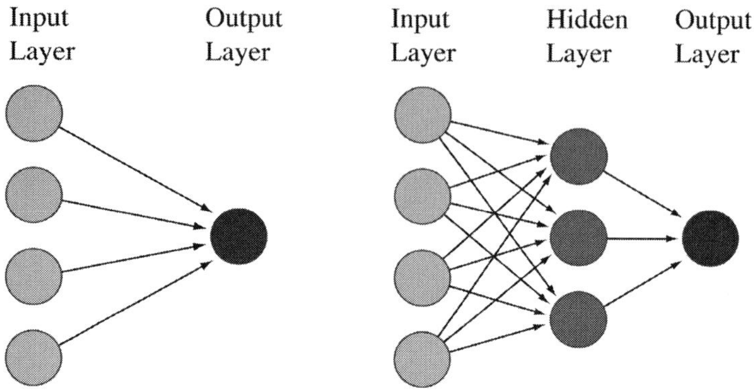

(a) 단층 퍼셉트론 (b) 다층 퍼셉트론

그림 3.2 단층 퍼셉트론과 다층 퍼셉트론

신경망에서 유용한 다층 신경망(혹은 다층 퍼셉트론)에 대한 이해를 돕기 위해 실제 유용하지는 않지만 단순한 형태의 신경망인 단층 신경망(혹은 단층 퍼셉트론)에 대해 논의하고자 한다. 그림 3.3은 단층 퍼셉트론의 절차를 보여주고 있다.

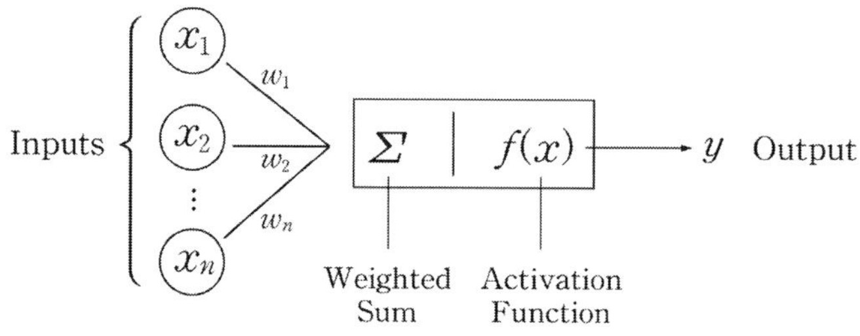

그림 3.3 단층 퍼셉트론의 절차

그림 3.3에서 입력층은 n개의 입력 노드(input node)(혹은 유닛(unit)) $x_1, \dots, x_n$과 출력층은 1개의 노드로 구성되어 있다. 여기서 n개의 입력 노드와 1개의 출력 노드는 가중치(weight)(혹은 연결강도(connection strength)) $w_1, \dots, w_n$을 가지고 연결되어 있다. 그림 3.3은 입력값들이 각각 부여된 가중치에 대해 가중합(weighted sum, 기호 Σ)을 구한 다음 활성화 함수(activation function, 기호 $f(x)$)을 적용하여 출력값(기호 y)이 얻어지는 과정을 나타낸다. 이때 각각의 가중치는 해당 입력신호가 출력신호에 얼마나 영향을 주는가를 나타낸다. 연결강도 면에서 설명하면, 입력 신호와 출력신호와의 연결

정도의 강도(strength)를 나타낸다. 가중치가 클수록(혹은 연결 강도가 강할수록) 해당 입력 신호가 출력신호에 영향을 많이 준다고 할 수 있다. 따라서, 가중치가 크면 뉴런이 활성화(activation)하는데 해당 입력 신호의 역할이 크다는 것을 나타낸다. 퍼셉트론은 가중치를 파라미터(parameter, 매개변수)로 취급하여 학습을 통해 업데이트한다.

신경망에서 입력값들로부터 구한 가중합은 곧바로 다음 층(layer)으로 전달하지 않고 활성화 함수를 거치는데 주로 비선형 함수(non-linear function)를 거쳐 전달한다. 활성화 함수는 입력값들의 계산 결과에 대한 활성화 정도, 혹은 활성화 여부를 결정한다. 여기서 주로 비선형함수를 사용하는 이유는 선형함수(linear function)를 사용하면 층을 깊게 하는 의미가 줄어들기 때문이다. 예를 들면, 3-층 신경망에서 연속으로 선형함수 $f(x) = ax$을 활성화 함수로 사용하는 경우 최종 출력값은 $y = f(f(f(x))) = a^3x$이다. 즉, $y = kx$의 형태이므로 y는 x의 선형함수이다. 여기서 $k = a^3$이다. 이 경우 선형함수를 사용한 은닉층을 1회 추가한 것과 연속으로 추가한 것과 차이가 없어진다.

다층 신경망을 사용하는 이유에 대해 생각해보고자 한다. 직선에 의해 이진 분류(binary classification)가 가능한 단순한 데이터인 경우, 단층 퍼셉트론을 사용하여 얻어진 선형함수의 활성화 함수에 의해 쉽게 분류할 수 있지만, 태극 문양과 유사한 곡선 모양을 갖는 복잡한 데이터인 경우, 선형함수의 활성화 함수로는 이진 분류가 불가능하다. 이런 복잡한 데이터인 경우는 여러 층에 걸쳐 층마다 비선형함수의 활성화 함수를 적용함으로써 분류할 수 있다.

그림 3.4는 단층 퍼셉트론에서 활성화 함수로서 사용되는 계단함수(step function)를 보여주고 있다.

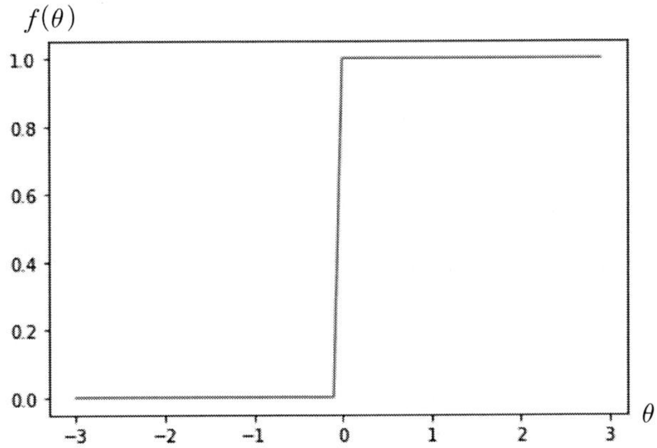

그림 3.4 계단함수

계단함수는 임계값(threshold)보다 크면 활성화되고 그렇지 않으면 활성화가 되지 않는다. 그림 3.4에서 임계값은 $\theta = 0$이다. 즉, 0을 기준으로 함수의 출력값이 0, 1이 된다. 다시 말하면, 입력값 x_i와 가중치 w_i를 전부 곱해서 더한 총합, 즉 가중합 $\sum_{i=1}^{n} w_i x_i$을 활성화 함수 f에 넣어서 나온 결과값은 0, 1이다. 즉,

$$y = f\left(\sum_{i=1}^{n} w_i x_i\right) \tag{3.1}$$

에서

$$y = \begin{cases} 1, \sum_{i=1}^{n} w_i x_i > \theta \\ 0, \sum_{i=0}^{n} w_i x_i \leq \theta \end{cases} \tag{3.2}$$

이다. 그림 3.5는 그림 3.3에 바이어스(bias, 편향)가 추가된 단층 퍼셉트론의 절차를 나타내고 있다. 바이어스는 입력 신호와 별개로 해당 뉴런이 활성화 여부에 영향을 주는 파라미터이다. 보통, 바이어스는 입력 신호 $x_0 = 1$이고 가중치는 b 혹은 w_0으로 나타낸다. 직선의 경우 y절편을 나타낸다.

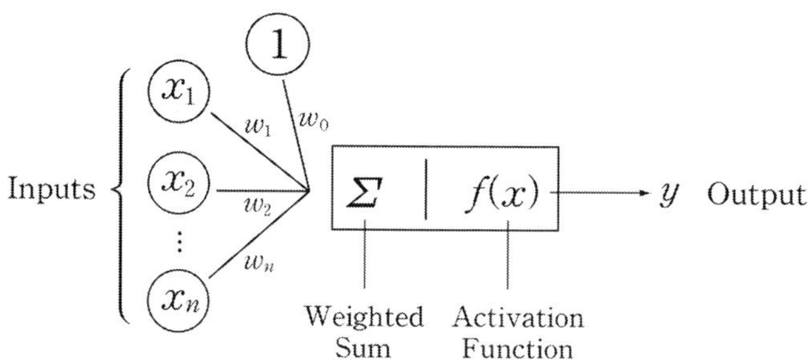

그림 3.5 바이어스가 있는 단층 퍼셉트론의 절차

그림 3.5에서 입력 신호 $x_0, x_1, \ldots, x_n$과 가중치 $w_0, w_1, \ldots, w_n$들의 가중합(weighted sum) $\sum_{i=0}^{n} w_i x_i$을 임계값 θ과 비교해 임계값보다 크면 1을 출력하고, 이하이면 0을 출력한다. 여기서 $x_0 = 1$로 놓으면 가중합은 다음과 같이 표현할 수 있다.

$$\sum_{i=0}^{n} w_i x_i = \sum_{i=1}^{n} w_i x_i + w_0$$

따라서 바이어스를 포함한 단층 퍼셉트론에서 식 (3.1)과 식 (3.2)에 대응되는 각각의 식은 다음과 같다.

$$y = f(\sum_{i=1}^{n} w_i x_i + w_0) \tag{3.3}$$

에서

$$y = \begin{cases} 1, & \sum_{i=1}^{n} w_i x_i + w_0 > \theta \\ 0, & \sum_{i=0}^{n} w_i x_i + w_0 \le \theta \end{cases} \tag{3.4}$$

(2) 단층 퍼셉트론의 선형분리 가능 연산

단층 퍼셉트론은 학습에 의해 선형분리 가능(linear separability) 문제를 해결할 수 있다. 선형분리 가능 문제란 직선에 의해 두 영역의 구분이 가능한 문제를 말한다. 표 3.2는 AND 논리연산과 OR 논리연산을 보여주고 있다.

표 3.2 AND 논리연산과 OR 논리연산

x_1	x_2	$x_1 \text{AND}\, x_2$	$x_1 \text{OR}\, x_2$
0 (F)	0 (F)	0 (F)	0 (F)
0 (F)	1 (T)	0 (F)	1 (T)
1 (T)	0 (F)	0 (F)	1 (T)
1 (T)	1 (T)	1 (T)	1 (T)

여기서 참(true, T)은 1, 거짓(false, F)을 0을 나타낸다. 그림 3.6은 AND 논리연산과 OR 논리연산은 선형분리 가능 문제임을 보여주고 있다.

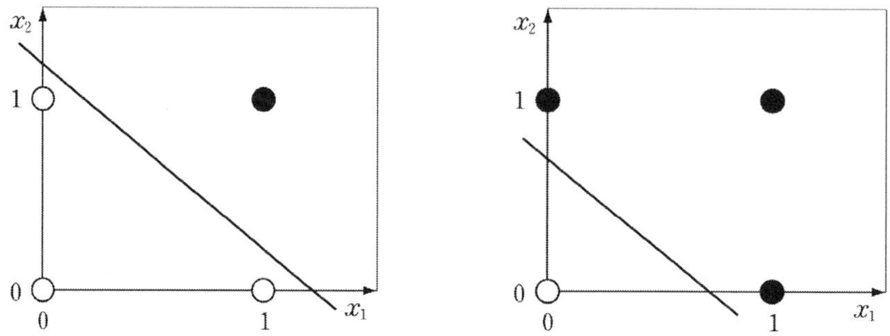

(a) AND 논리연산 (b) OR 논리연산

그림 3.6 AND 논리연산과 OR 논리연산의 선형분리 가능 문제

AND 논리연산과 OR 논리연산을 수행하기 위한 단층 퍼셉트론을 만들고자 한다. 이를 위해 그림 3.7과 같은 바이어스를 고려한 단층 퍼셉트론의 구조를 생각하자.

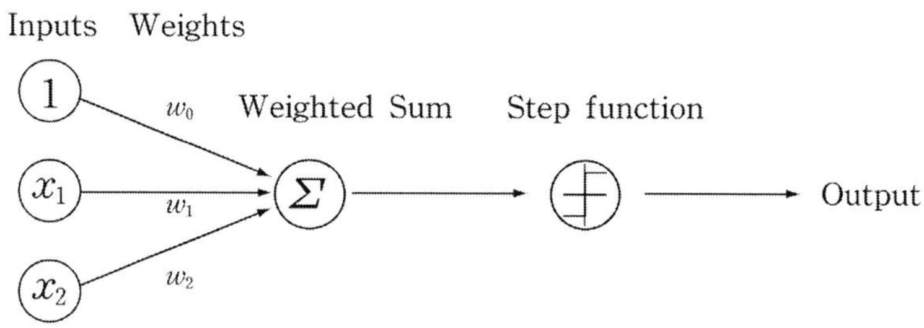

그림 3.7 AND 논리연산과 OR 논리연산을 위한 단층 퍼셉트론의 구조

그림 3.7에서 x_1, x_2은 입력값이고 w_1, w_2은 가중치이고 y은 출력값이다. 여기서 바이어스의 가중치는 w_0이다. AND 논리연산에서 가중치 w_1, w_2와 w_0는 다음과 같이 주어졌다고 가정한다.

$$w_1 = 0.5,\ w_2 = 0.5,\ w_0 = -0.7$$

실제 w_1, w_2와 w_0은 학습을 통해 구해야 하는 파라미터이다.

다음 [코드 3.1.1]은 AND 논리연산을 위한 단층 퍼셉트론을 파이썬으로 구현한 코드이다.

[코드 3.1.1]

```
theta =0
def AND(x1, x2):
    w1,w2,w0=0.5, 0.5, -0.7
    sum=w1*x1+w2*x2+w0
    if sum > theta :
        return 1
    else :
        return 0

print("AND(0,0)=",AND(0,0))
print("AND(0,1)=",AND(0,1))
print("AND(1,0)=",AND(1,0))
print("AND(1,1)=",AND(1,1))
```

```
AND(0,0)= 0
AND(0,1)= 0
AND(1,0)= 0
AND(1,1)= 1
```

→ AND 연산은 직선 $y = 0.5x_1 + 0.5x_2 - 0.7$에 의해 두 영역 즉, 0과 1을 구분 할 수 있다.

다음은 OR 논리연산을 위한 단층 퍼셉트론을 파이썬으로 구현하고자 한다. 여기서는 가중치 w_1, w_2와 w_0는 다음과 같이 주어졌다고 가정한다.

$$w_1 = 0.5,\ w_2 = 0.5,\ w_0 = -0.2$$

실제 w_1, w_2과 w_0은 학습을 통해 구해야 하는 파라미터이다.

다음 [코드 3.1.2]는 OR 논리연산을 위한 단층 퍼셉트론을 파이썬으로 구현한 코드이다.

[코드 3.1.2]

```
theta =0
def OR(x1,x2):
    w1,w2,w0=0.5, 0.5, -0.2
    sum=w1*x1+w2*x2+w0
    if sum > theta :
        return 1
    else :
        return 0

print("OR(0,0)=",OR(0,0))
print("OR(0,1)=",OR(0,1))
print("OR(1,0)=",OR(1,0))
print("OR(1,1)=",OR(1,1))
```

```
OR(0,0)= 0
OR(0,1)= 1
OR(1,0)= 1
OR(1,1)= 1
```

→ OR 논리연산은 직선 $y = 0.5x_1 + 0.5x_2 - 0.2$에 의해 두 영역 즉, 0과 1을 구분 할 수 있다.

(3) 단층 퍼셉트론의 학습 알고리즘

우리는 앞에서 단층 퍼셉트론을 이용하여 AND 논리연산과 OR 논리연산에서 선형분리가 가능함을 보였다. 이 경우 이미 주어진 가중치를 이용하여 단층 퍼셉트론을 수행하였다. 그러나 실제 퍼셉트론에서는 주어진 데이터로부터 학습에 의해 가중치를 구한다. 이 절에서는 단층 퍼셉트론에서 지도 학습을 통해 가중치를 구하는 퍼셉트론의 학습규칙(learning rule)에 대해 살펴보고자 한다.

단층 퍼셉트론에서 출력층 뉴런의 출력값 y과 목표값 t의 차이인 학습오차(training error) $e = t - y$가 허용오차보다 크면 출력층 뉴런의 가중치를 업데이트한다. 그렇다면 가중치를 어떻게 업데이트할 것인가? 퍼셉트론이 학습할 때 오차가 발생한 데이터에 기반하여 가중치를 업데이트한다. 단층 퍼셉트론에서 가중치를 업데이트하는 델타 규칙(delta rule)은 식 (3.5)와 같이 정의된다.

$$w_i \leftarrow w_i + \Delta w_i \tag{3.5}$$

여기서 Δw_i는 i번째 반복했을 때 가중치의 갱신값이다. 가중치 갱신값은 식 (3.6)과 같이 계산한다.

$$\Delta w_i = \alpha\, e\, x_i \tag{3.6}$$

여기서 $\alpha \in (0,1)$은 학습률(learning rate)을 나타낸다. 일반적으로 델타 규칙은 식 (3.5)와 식 (3.6)으로부터 식 (3.7)과 같이 나타낼 수 있다.

$$w_i \leftarrow w_i + \alpha(t-y)x_i \tag{3.7}$$

따라서 가중치를 어느 정도 업데이트할 것인가는 α(learning rate), 오차(error) $e = t - y$ 그리고 입력값 x_i에 의해 결정된다.

Tip! 일반적인 델타 규칙

학습 데이터 $D = \{(\boldsymbol{x}, t)\}$에서 가중치 $\boldsymbol{w}$에 대한 가중합을 계산하고 활성화 함수가 선형함수인 경우 출력값은 다음과 같다.

$$y = \sum_{i=1}^{n} w_i x_i$$

오차에 대한 손실함수 $L(w_i)$이라 하고 다음과 같이 정의한다.

$$L(w_i) = \frac{1}{2}(t-y)^2$$

델타 규칙은 오차를 줄여주는 방향으로 가중치를 조정한다.

$$w_i \leftarrow w_i + \Delta w_i$$

$$\Delta w_i = -\alpha \frac{\partial L(w_i)}{\partial w_i}$$

먼저 손실함수 L을 가중치 w_i에 대해서 미분한다. 즉,

$$\frac{\partial L(w_i)}{\partial w_i} = \frac{\partial L(w_i)}{\partial y}\frac{\partial y}{\partial w_i} = \frac{\partial}{\partial y}\frac{1}{2}(t-y)^2\frac{\partial y}{\partial w_i}$$
$$= \frac{1}{2}(-2)(t-y)x_i = -(t-y)x_i$$

따라서 i번째 가중치 w_i의 학습식은 다음과 같다.

$$w_i \leftarrow w_i + \alpha(t-y)x_i$$

단층 퍼셉트론에서 학습 알고리즘을 단계별로 설명하면 다음과 같다.

- Step 1: 가중치를 적당한 값으로 초기화한다. 보통, 가중치는 −0.5 ~ 0.5 사이의 값으로 설정하고, 바이어스는 임의의 값으로 설정한다. 여기서는 1로 설정한다.
- Step 2: 출력값 y와 목표값 t를 비교하여 오차 $e=t-y$를 계산하고 오차가 최소가 될 때까지 가중치를 업데이트한다.
- Step 3: 모든 데이터에 대하여 오차가 없으면 종료하고, 그렇지 않으면 Step 2로 돌아가 모든 데이터에 대하여 반복한다.

예제 3.1

단층 퍼셉트론에서 델타학습 규칙에 의해 표 3.3의 AND 논리연산을 학습시키고자 한다. 여기서 학습률은 $\alpha=0.05$, 임계값은 0으로 설정한다.

표 3.3 AND 논리연산

x_1	x_2	x_1 AND x_2
0 (F)	0 (F)	0 (F)
0 (F)	1 (T)	0 (F)
1 (T)	0 (F)	0 (F)
1 (T)	1 (T)	1 (T)

풀이

① 에포크 1:

- Step 1: 가중치와 바이어스 가중치를 다음과 같이 설정한다. 그리고 바이어스 입력값은 $x_0=1$로 초기화한다.

$$w_1 = 0.4,\ w_2 = 0.1,\ w_0 = -0.3$$

- Step 2: 각 학습 데이터에 대한 출력값 계산하고 목표값과 비교하여 오차를 계산한다.

i=1인 첫 번째 학습 데이터 $(x_1, x_2, t) = (0,0,0)$에 대하여

가중합 $\sum_{i=1}^{n} w_i x_i + w_0 = -0.3$이고 $y = f(\sum_{i=1}^{n} w_i x_i + w_0) = 0$이다. 따라서 $e = t - y = 0$

→ 출력값이 목표값과 일치하므로 가중치를 업데이트하지 않는다.

i=2인 두 번째 학습 데이터 $(x_1, x_2, t) = (0,1,0)$에 대하여

가중합 $\sum_{i=1}^{n} w_i x_i + w_0 = -0.2$이고 $y = f(\sum_{i=1}^{n} w_i x_i + w_0) = 0$이다. 따라서 $e = t - y = 0$

→ 출력값이 목표값과 일치하므로 가중치를 업데이트하지 않는다.

i=3인 세 번째 학습 데이터 $(x_1, x_2, t) = (1,0,0)$에 대하여

가중합 $\sum_{i=1}^{n} w_i x_i + w_0 = 0.1$이고 $y = f(\sum_{i=1}^{n} w_i x_i + w_0) = 1$이다. 따라서 $e = t - y = -1$

→ 출력값이 목표값과 다르므로 가중치를 다음과 같이 업데이트한다.

$$w_1 = w_1 + \alpha(t-y)x_1 = 0.4 + 0.05 \times (0-1) \times 1 = 0.35$$
$$w_2 = w_2 + \alpha(t-y)x_2 = 0.1 + 0.05 \times (0-1) \times 0 = 0.1$$
$$w_0 = w_0 + \alpha(t-y)x_0 = -0.3 + 0.05 \times (0-1) \times 1 = -0.35$$

i=4인 네 번째 학습 데이터 $(x_1, x_2, t) = (1,1,1)$에 대하여 적용할 가중치는 다음과 같다.

$$w_1 = 0.35,\ w_2 = 0.1,\ w_0 = -0.35$$

가중합 $\sum_{i=1}^{n} w_i x_i + w_0 = 0.1$이고 $y = f(\sum_{i=1}^{n} w_i x_i + w_0) = 1$이다. 따라서 $e = t - y = 0$

→ 출력값이 목표값과 일치하므로 가중치를 업데이트하지 않는다.

- Step 3: 출력값과 목표값이 다른 학습 데이터 즉, 세 번째 학습 데이터가 존재하므로 다시 이 과정을 반복한다.

② 에포크 2:

- Step 1: 1 에포크에서 얻어진 수정된 가중치와 바이어스 가중치는 다음과 같다.

$$w_1 = 0.35,\ w_2 = 0.1,\ w_0 = -0.35$$

• Step 2: 각 학습 데이터에 대한 출력값 계산하고 목표값과 비교하여 오차를 계산한다.

i=1인 첫 번째 학습 데이터 $(x_1, x_2, t) = (0,0,0)$에 대하여

가중합 $\sum_{i=1}^{n} w_i x_i + w_0 = -0.35$이고 $y = f(\sum_{i=1}^{n} w_i x_i + w_0) = 0$이다. 따라서 $e = t - y = 0$

→ 출력값이 목표값과 일치하므로 가중치를 업데이트하지 않는다.

i=2인 두 번째 학습 데이터 $(x_1, x_2, t) = (0,1,0)$에 대하여

가중합 $\sum_{i=1}^{n} w_i x_i + w_0 = -0.25$이고 $y = f(\sum_{i=1}^{n} w_i x_i + w_0) = 0$이다. 따라서 $e = t - y = 0$

→ 출력값이 목표값과 일치하므로 가중치를 업데이트하지 않는다.

i=3인 세 번째 학습 데이터 $(x_1, x_2, t) = (1,0,0)$에 대하여

가중합 $\sum_{i=1}^{n} w_i x_i + w_0 = 0$이고 $y = f(\sum_{i=1}^{n} w_i x_i + w_0) = 1$이다. 따라서 $e = t - y = -1$

→ 출력값이 목표값과 다르므로 가중치를 다음과 같이 업데이트한다.

$$w_1 = w_1 + \alpha(t-y)x_1 = 0.35 + 0.05 \times (0-1) \times 1 = 0.3$$

$$w_2 = w_2 + \alpha(t-y)x_2 = 0.1 + 0.05 \times (0-1) \times 0 = 0.1$$

$$w_0 = w_0 + \alpha(t-y)x_0 = -0.35 + 0.05 \times (0-1) \times 1 = -0.4$$

i=4인 네 번째 학습 데이터 $(x_1, x_2, t) = (1,1,1)$에 대하여 적용할 가중치는 다음과 같다.

$$w_1 = 0.3,\ w_2 = 0.1,\ w_0 = -0.4$$

가중합 $\sum_{i=1}^{n} w_i x_i + w_0 = 0$이고 $y = f(\sum_{i=1}^{n} w_i x_i + w_0) = 1$이다. 따라서 $e = t - y = 0$

→ 출력값이 목표값과 일치하므로 가중치를 업데이트하지 않는다.

• Step 3: 출력값과 목표값이 다른 학습 데이터 즉, 세 번째 학습 데이터가 존재하므로 다시 이 과정을 반복한다.

③ 에포크 3:

• Step 1: 2 에포크에서 얻어진 수정된 가중치와 바이어스 가중치는 다음과 같다.

$$w_1 = 0.3,\ w_2 = 0.1\ ,\ w_0 = -\ 0.4$$

• Step 2: 각 학습 벡터에 대한 출력값 계산하고 목표값과 비교하여 오차를 계산한다.

i=1인 첫 번째 학습 데이터 $(x_1, x_2, t) = (0,0,0)$에 대하여

가중합 $\sum_{i=1}^{n} w_i x_i + w_0 = -\ 0.40$이고 $y = f(\sum_{i=1}^{n} w_i x_i + w_0) = 0$이다. 따라서 $e = t - y = 0$

→ 출력값이 목표값과 일치하므로 가중치를 업데이트하지 않는다.

i=2인 두 번째 학습 데이터 $(x_1, x_2, t) = (0,1,0)$에 대하여

가중합 $\sum_{i=1}^{n} w_i x_i + w_0 = -\ 0.3$이고 $y = f(\sum_{i=1}^{n} w_i x_i + w_0) = 0$이다. 따라서 $e = t - y = 0$

→ 출력값이 목표값과 일치하므로 가중치를 업데이트하지 않는다.

i=3인 세 번째 학습 데이터 $(x_1, x_2, t) = (1,0,0)$에 대하여

가중합 $\sum_{i=1}^{n} w_i x_i + w_0 = -\ 0.1$이고 $y = f(\sum_{i=1}^{n} w_i x_i + w_0) = 0$이다. 따라서 $e = t - y = 0$

→ 출력값이 목표값과 일치하므로 가중치를 업데이트하지 않는다.

i=4인 네 번째 학습 데이터 $(x_1, x_2, t) = (1,1,1)$에 대하여

가중합 $\sum_{i=1}^{n} w_i x_i + w_0 = 0$이고 $y = f(\sum_{i=1}^{n} w_i x_i + w_0) = 1$이다. 따라서 $e = t - y = 0$

→ 출력값이 목표값과 일치하므로 가중치를 업데이트하지 않는다.

• Step 3: 모든 학습 데이터에 대해 출력값과 목표값이 모두 같다. 따라서 학습을 종료한다.

위에서 AND 논리연산에서 에포크가 3일 때 얻어진 퍼셉트론의 가중치는 다음과 같다.

$$w_1 = 0.3,\ w_2 = 0.1\ ,\ w_0 = -\ 0.4$$

따라서 퍼셉트론 학습 알고리즘에 의해 얻어진 위의 가중치 $w_1 = 0.3,\ w_2 = 0.1$, $w_0 = -\ 0.4$로부터 얻어진 직선 $y = 0.3x_1 + 0.1x_2 - 0.4$에 의해 AND 논리연산의 출력값 0과 1을 구분할 수 있다. 표 3.4는 위의 AND 논리연산을 위한 학습 절차를 정리한 표이다.

표 3.4 AND 논리연산을 위한 학습 절차

	입력값		목표값	초기 가중치			출력값	오차	최종 가중치		
에포크	x_1	x_2	t	w_1	w_2	w_0	y	e	w_1	w_2	w_0
1	0	0	0	0.4	0.1	−0.3	0	0	0.4	0.1	−0.3
	0	1	0	0.4	0.1	−0.3	0	0	0.4	0.1	−0.3
	1	0	0	0.4	0.1	−0.3	1	−1	0.35	0.1	−0.35
	1	1	1	0.35	0.1	−0.35	1	0	0.35	0.1	−0.35
2	0	0	0	0.35	0.1	−0.35	0	0	0.35	0.1	−0.35
	0	1	0	0.35	0.1	−0.35	0	0	0.35	0.1	−0.35
	1	0	0	0.35	0.1	−0.35	1	−1	0.3	0.1	−0.4
	1	1	1	0.3	0.1	−0.4	1	0	0.3	0.1	−0.4
3	0	0	0	0.3	0.1	−0.4	0	0	0.3	0.1	−0.4
	0	1	0	0.3	0.1	−0.4	0	0	0.3	0.1	−0.4
	1	0	0	0.3	0.1	−0.4	0	0	0.3	0.1	−0.4
	1	1	1	0.3	0.1	−0.4	1	0	0.3	0.1	−0.4

다음 [코드 3.1.3]은 예제 3.1의 AND 논리연산에 대한 단층 퍼셉트론의 학습 알고리즘을 구현한 것이다. 여기서 가중치에 대한 초기값은 다음과 같다. 여기서는 epochs=3으로 설정하였다.

$$w_1 = 0.4,\ w_2 = 0.1\ ,\ w_0 =-\ 0.3$$

[코드 3.1.3]

```
import numpy as np
from numpy import dot

training_data = [
    (np.array([0,0,1]), 0),
    (np.array([0,1,1]), 0),
    (np.array([1,0,1]), 0),
    (np.array([1,1,1]), 1),
]

#print('input data :', training_data)
#print('input data type :', type(training_data))
#step function
```

```
#step = lambda x: 0 if x < 0 else 1

def step (x):
    if x >= 0:
        return 1
    else:
        return 0
#initial weights
w=np.array([0.4, 0.1, -0.3])

learning_rate = 0.05
epochs = 3

for epoch in range(epochs):
    for i in range(len(training_data)):
        x, target = training_data[i]
        weighted_sum = dot(w, x)
        error = target - step(weighted_sum)
        w += learning_rate * error * x
        print('epoch={}, {}-th data, weights={}'.format(epoch,i+1,w))
    print("")
```

```
epoch=0, 1-th data, weights=[ 0.4  0.1 -0.3]
epoch=0, 2-th data, weights=[ 0.4  0.1 -0.3]
epoch=0, 3-th data, weights=[ 0.35  0.1  -0.35]
epoch=0, 4-th data, weights=[ 0.35  0.1  -0.35]

epoch=1, 1-th data, weights=[ 0.35  0.1  -0.35]
epoch=1, 2-th data, weights=[ 0.35  0.1  -0.35]
epoch=1, 3-th data, weights=[ 0.3  0.1 -0.4]
epoch=1, 4-th data, weights=[ 0.3  0.1 -0.4]

epoch=2, 1-th data, weights=[ 0.3  0.1 -0.4]
epoch=2, 2-th data, weights=[ 0.3  0.1 -0.4]
epoch=2, 3-th data, weights=[ 0.3  0.1 -0.4]
epoch=2, 4-th data, weights=[ 0.3  0.1 -0.4]
```

→ 위 코드에서 epoch=2일 때 (실제는 3 epoch에서) 얻어진 퍼셉트론의 가중치는 다음과 같다.

$$w_1 = 0.3,\ w_2 = 0.1\ ,\ w_0 =- 0.4$$

위 [코드 3.1.3]에 의해 얻어진 가중치를 이용하여 주어진 데이터에 대해 예측하고자 한다.

```
print('weights={}'.format(w))
for x, _ in training_data:
    weighted_sum = dot(w, x)
    print("{}: {} -> {}".format(x[:2], weighted_sum, step(weighted_sum)))
```

```
weights=[ 0.3  0.1 -0.4]
[0 0]: -0.39999999999999997 -> 0
[0 1]: -0.29999999999999993 -> 0
[1 0]: -0.09999999999999992 -> 0
[1 1]: 5.551115123125783e-17 -> 1
```

[코드 3.1.3 설명]

바이어스를 포함한 퍼셉트론을 고려한다. 여기서 바이어스에 해당되는 입력값은 1이다. 따라서 입력 데이터의 형태는 리스트이고 다음과 같다.

```
training_data = [
   (np.array([0,0,1]), 0),
   (np.array([0,1,1]), 0),
   (np.array([1,0,1]), 0),
   (np.array([1,1,1]), 1),
]
```

가중합을 dot 연산자를 이용하여 다음과 같이 계산한다.

```
w = np.array([0.4, 0.1, -0.3])
x = np.array([0, 0, 1])
weighted_sum = dot(w, x)
print(weighted_sum )
```

```
-0.3
```

일반적으로 퍼셉트론의 결과는 가중치 초기값, 학습률, 에포크 등 매개변수에 의해 영향을 받는다. 위 [코드 3.1.3]에서는 가중치를 특정한 값으로 설정하였다. 실제 머신러닝에서는 난수를 이용하여 가중치를 초기화한다.

다음 [코드 3.1.4]는 [코드 3.1.3]에서 초기 가중치를 난수에 의해 초기화한 수정된 코드이다. 여기서는 epochs= 100으로 설정하였다.

[코드 3.1.4]

```
import numpy as np
from numpy import dot, random

training_data = [
    (np.array([0,0,1]), 0),
    (np.array([0,1,1]), 0),
    (np.array([1,0,1]), 0),
    (np.array([1,1,1]), 1),
]

#step function
#step = lambda x: 0 if x < 0 else 1

def step (x):
    if x >= 0:
        return 1
    else:
        return 0

random.seed(1)
w = random.rand(3)
learning_rate = 0.05
epochs = 100

for epoch in range(epochs):
    for i in range(len(training_data)):
        x, target = training_data[i]
        weighted_sum = dot(w, x)
        error = target - step(weighted_sum)
        w += learning_rate * error * x
#         print('epoch={}, {}-th data, weights={}'.format(epoch+1,i+1,w))

print('weights={}'.format(w))
for x, _ in training_data:
    weighted_sum = dot(w, x)
    print("{}: {} -> {}".format(x[:2], weighted_sum, step(weighted_sum)))
```

```
weights=[ 0.267022    0.42032449 -0.49988563]
[0 0]: -0.49988562518265506 -> 0
[0 1]: -0.07956113174049712 -> 0
[1 0]: -0.23286362048008102 -> 0
[1 1]: 0.18746087296207686 -> 1
```

[코드 3.1.4 설명]

가중치 초기값은 다음과 같이 난수에 의해 얻어진다.

w = random.rand(3)

epochs=100인 경우 학습에 의해 얻어진 가중치는 다음과 같다.

weights=[0.267022 0.42032449 −0.49988563]

[코드 3.1.4]으로부터 얻어진 가중치 $w_1 = 0.267022, w_2 = 0.42032449, w_0 = -0.49988563$ 로부터 얻어진 직선 $y = 0.267022x_1 + 0.42032449x_2 - 0.49988563$ 에 의해 AND 논리연산의 출력값을 구분할 수 있다.

(4) 단층 퍼셉트론의 한계

지금까지 살펴본 퍼셉트론은 입력층과 출력층만으로 구성된 단층 퍼셉트론이다. 우리는 단층 퍼셉트론을 이용하여 AND 논리연산과 OR 논리연산이 가능함을 보였다. 단층 퍼셉트론을 이용하여 표 3.5의 XOR 논리연산이 가능할까? 에 대해 생각해보고자 한다.

표 3.5 XOR 논리연산

x_1	x_2	$x_1 \text{XOR } x_2$
0 (F)	0 (F)	0 (F)
0 (F)	1 (T)	1 (T)
1 (T)	0 (F)	1 (T)
1 (T)	1 (T)	0 (F)

여기서 논리적인 XOR 연산은 2개의 입력이 같으면 0 (F)이고 2개의 입력이 서로 다르면 1 (T)이 되는 연산이다.

그림 3.8은 XOR 논리연산을 시각화한 그림이다.

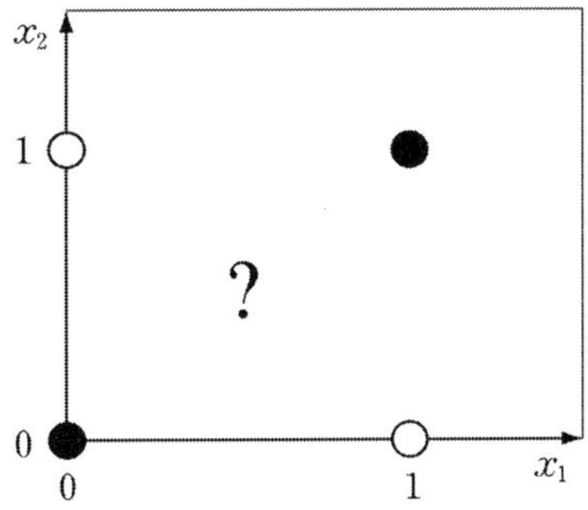

그림 3.8 XOR 논리연산

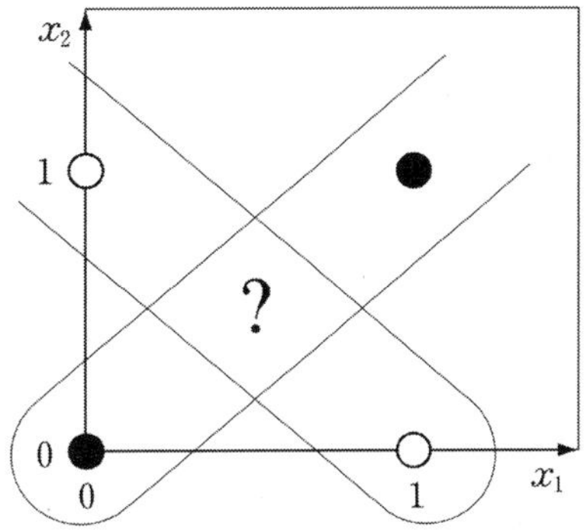

그림 3.9 XOR 논리연산의 선형분리 불가능

그림 3.8은 직선 하나로 검은색 원과 흰색 원을 나누는 것이 가능한가에 대한 그림이고, 그림 3.9는 선형분리가 불가능함을 보여주는 그림이다. 따라서 XOR 논리연산은 하나의 직선으로 구분할 수 없다. 이것이 단층 퍼셉트론의 한계이다.

그림 3.9는 곡선을 사용한다면 검은색 원과 흰색 원을 나눌 수 있음을 보여주고 있다. 따라서 다층 퍼셉트론 도입으로 XOR 논리연산이 가능하다.

3.2 다층 퍼셉트론

(1) 다층 퍼셉트론의 개념

단층 퍼셉트론은 입력층과 출력층만 존재하지만, 다층 퍼셉트론은 입력층과 출력층 사이에 은닉층이 존재하는 퍼셉트론이다. 즉, 다층 퍼셉트론은 중간에 은닉층이 존재한다는 점이 단층 퍼셉트론과 다르다. 다층 퍼셉트론은 줄여서 MLP(Multi-Layer Perceptron)라고 부른다.

지금부터 다층 퍼셉트론을 이용하여 XOR 문제를 어떻게 푸는지에 대해 살펴보고자 한다. XOR 논리연산은 표 3.6에서 보는 것처럼 AND 논리연산, NAND 논리연산, OR

논리연산을 조합하여 만들 수 있다.

표 3.6 XOR 논리연산 과정

x_1	x_2	x_1 AND x_2	x_1 NAND x_2	x_1 OR x_2	(x_1 NAND x_2)AND(x_1 OR x_2)	x_1 XOR x_2
0 (F)	0 (F)	0 (F)	1 (T)	0 (F)	0 (F)	0 (F)
0 (F)	1 (T)	0 (F)	1 (T)	1 (T)	1 (T)	1 (T)
1 (T)	0 (F)	0 (F)	1 (T)	1 (T)	1 (T)	1 (T)
1 (T)	1 (T)	1 (T)	0 (F)	1 (T)	0 (F)	0 (F)

여기서 x_1 NAND x_2은 $\sim(x_1 \text{ AND } x_2)$이다.

그림 3.10은 XOR 논리연산을 논리회로를 가지고 도식화한 것이다.

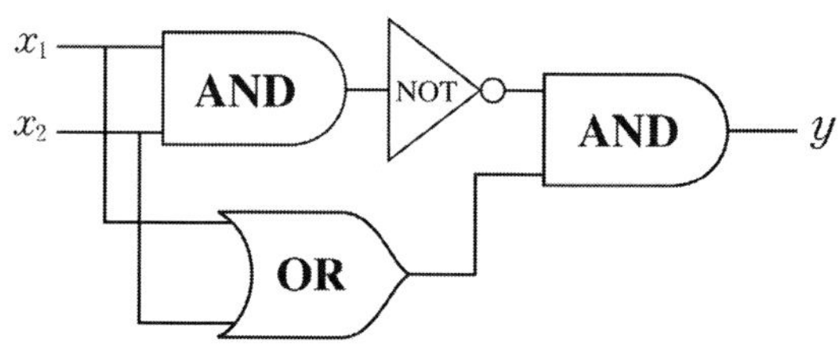

그림 3.10 XOR 논리회로

그림 3.10에서 보는 것처럼 XOR 논리회로는 AND의 NOT인 NAND 논리회로와 OR 논리회로의 AND 논리회로로 이루어진 이중 구조이다.

퍼셉트론 관점에서 보면, XOR 논리회로는 기존의 입력층과 출력층 사이에 층(layer)을 하나 더 추가하면 구현할 수 있다는 것을 나타낸다. 즉, XOR 논리회로는 단층 퍼셉트론에 의해 NAND 논리회로와 OR 논리회로를 구현한 후 각각의 결과값을 입력으로 다시 단층 퍼셉트론을 이용하여 AND 논리회로를 구현하면 된다.

XOR 논리연산은 은닉층 1개만으로 문제를 해결할 수 있었지만, 다층 퍼셉트론은 본래 은닉층이 1개 이상인 퍼셉트론을 말한다. 그림 3.11은 XOR 논리연산을 위한 다층 퍼셉트론을 보여주고 있다.

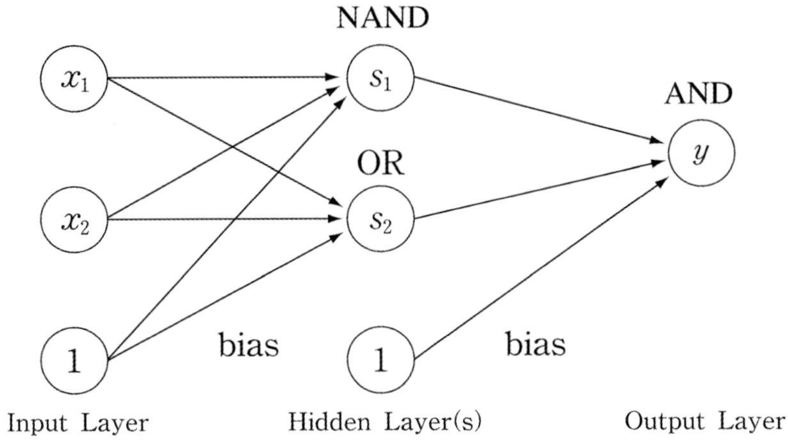

그림 3.11 XOR 논리연산을 위한 다층 퍼셉트론

은닉층에서 첫 번째 노드와 두 번째 노드의 출력값을 S_1, S_2라 할 때 이들 출력값은 각각 다음과 같다.

$$S_1 = f(w_{11}x_1 + w_{21}x_2 + b_1)$$
$$S_2 = f(w_{12}x_1 + w_{22}x_2 + b_2)$$

출력층에서 출력노드의 출력값 y은 다음과 같다.

$$y = f(w_{31}S_1 + w_{32}S_2 + b_3)$$

그림 3.12는 다층 퍼셉트론에서 많이 사용하는 활성화 함수인 시그모이드 함수와 하이퍼볼릭 탄젠트 함수의 그래프이다.

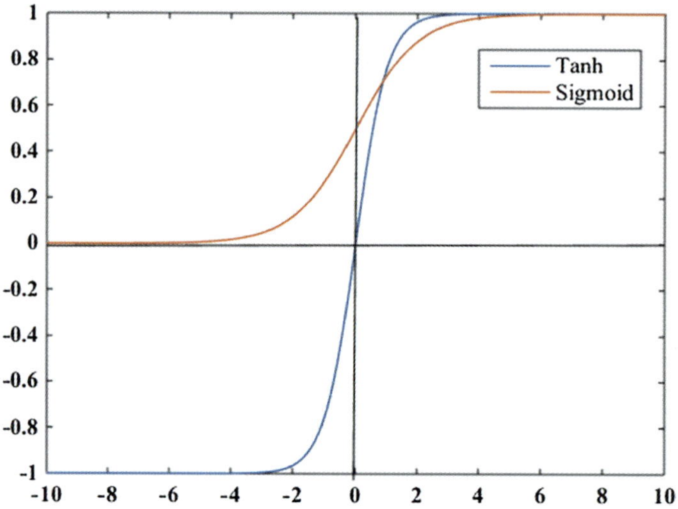

그림 3.12 다층 퍼셉트론에서 대표적인 활성화 함수

표 3.7은 다층 퍼셉트론에서 대표적인 활성화 함수식과 이에 대한 설명이다.

표 3.7 다층 퍼셉트론에서 대표적인 활성화 함수

활성화 함수	활성화 함수의 식	범위
시그모이드 함수 (sigmoid function, 로지스틱 함수)	$f(x)=\frac{1}{1+e^{-x}}$	(0, 1)
하이퍼볼릭 탄젠트 함수 (hyperbolic tangent function, tanh)	$f(x)=\frac{e^{x}-e^{-x}}{e^{x}+e^{-x}}$	(−1, 1)

표 3.7에서 시그모이드 함수는 다층 퍼셉트론에서 주로 이용하는 활성화 함수로 단층 퍼셉트론에서 사용한 계단함수에 비해 완만한 곡선 형태의 비선형함수이다. 따라서 계단 함수의 단점인 미세한 값을 생성할 수 있다. 하이퍼볼릭 탄젠트 함수는 시그모이드 함수와 유사한 형태로 시그모이드 함수의 출력값이 0과 1 사이인 반면에 -1과 1 사이의 값을 갖는다.

Tip! 왜 활성화 함수가 필요할까?

1. 선형 변환을 여러 개 연결해도 얻을 수 있는 것은 선형 변환뿐이다.
2. 층 사이에 비선형성을 추가하지 않으면 아무리 층을 많이 쌓아도 하나의 층과 같아진다. 이런 층으로는 복잡한 문제를 풀 수 없다.

다음 [코드 3.2.1]은 그림 3.11의 XOR 논리연산에 대해 다층 퍼셉트론을 이용하여 파이썬으로 구현한 코드이다.

[코드 3.2.1]

```
import numpy as np
theta =0
def AND(x1, x2):
    X=np.array([x1, x2])
    W=np.array([0.5, 0.5])
    b= -0.7
    sum=np.dot(W,X)+b
    if sum > theta :
        return 1
    else :
        return 0
```

```
theta =0
def NAND(x1, x2):
    X=np.array([x1, x2])
    W=np.array([-0.5, -0.5])
    b= 0.7
    sum=np.dot(W,X)+b
    if sum > theta :
        return 1
    else :
        return 0
```

```
def OR(x1, x2):
    X=np.array([x1, x2])
    W=np.array([0.5, 0.5])
    b= -0.2
    sum=np.dot(W,X)+b
    if sum > theta :
        return 1
    else :
        return 0
```

```
def XOR(x1, x2):
    s1=NAND(x1, x2)
    s2=OR(x1, x2)
    y=AND(s1,s2)
    return y
```

```
print("XOR(0,0)=",XOR(0,0))
print("XOR(0,1)=",XOR(0,1))
print("XOR(1,0)=",XOR(1,0))
print("XOR(1,1)=",XOR(1,1))
```

```
XOR(0,0)= 0
XOR(0,1)= 1
XOR(1,0)= 1
XOR(1,1)= 0
```

(2) 다층 퍼셉트론의 학습 문제

[코드 3.2.1]의 XOR 논리연산에서 가중치가 미리 주어졌지만, 실제 퍼셉트론에서는 학습에 의해 가중치를 구한다. 단층 퍼셉트론에서는 입력층과 출력층만이 존재하여 출력층에서 출력값 y과 목표값 t의 오차 $e=t-y$을 계산하여 이에 비례하여 가중치를 델타 규칙에 의해 식 (3.8)에 의해 업데이트하였다.

$$w_i = w_i + \alpha(t-y)x_i \tag{3.8}$$

여기서 α는 학습률을 나타낸다.

다층 퍼셉트론은 데이터가 입력되는 입력층, 결과값을 출력하는 출력층 사이에 그림 3.13과 같이 여러 은닉층이 존재한다. 따라서 은닉층에 속하는 노드의 출력값은 오차를 측정할 기준이 없기 때문에 단층 퍼셉트론처럼 델타 규칙에 의해 단순히 가중치를 업데이트할 수 없다.

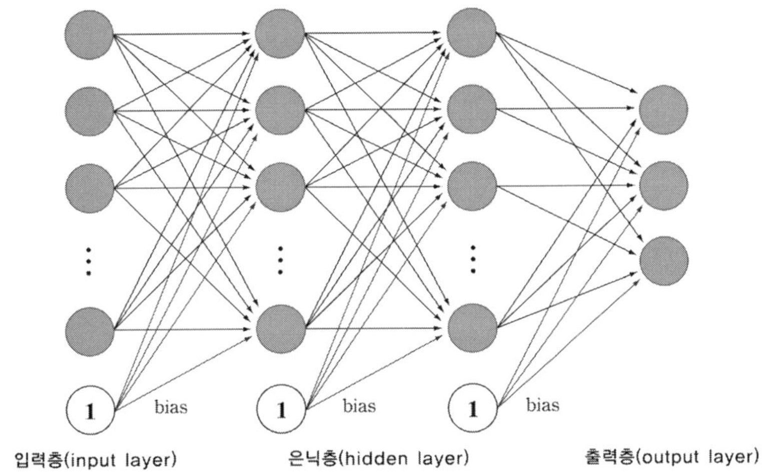

그림 3.13 다층 퍼셉트론

1986년 캐나다 토론토 대학의 제프리 힌튼(Geoffrey Hinton, 딥러닝의 '아버지', 그림 3.14)의 오차 역전파(error back propagation) 알고리즘, 줄여서 역전파(backpropagation) 알고리즘이 개발되면서 다층 퍼셉트론의 학습 문제가 해결되었다.

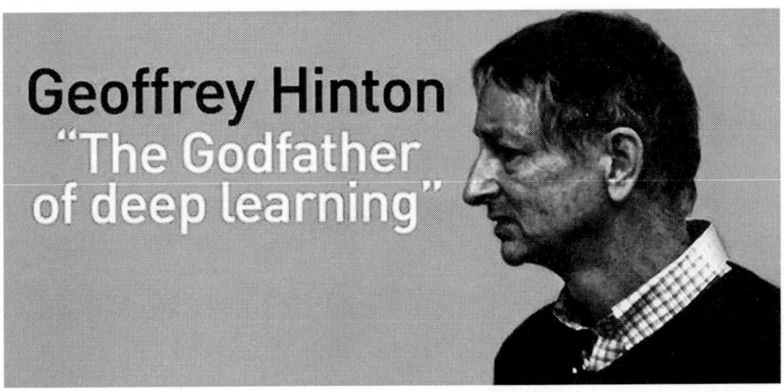

그림 3.14 제프리 힌튼 교수[1)]

---

1) https://www.cs.toronto.edu/~hinton

역전파 알고리즘은 출력층에서 발생한 오차를 출력층에서 입력층의 방향으로 전달되면서, 은닉층의 노드 사이의 가중치를 갱신한다. 역전파 알고리즘을 사용하면 수많은 층이 쌓인 다층 퍼셉트론도 학습시킬 수 있을 것으로 기대하였다.

3.3 역전파 알고리즘

(1) 역전파 알고리즘이란 무엇인가?

역전파 알고리즘(Backpropagation), 구체적으로 오차 역전파 알고리즘(Error Back-propagation)은 오늘날 인공 신경망을 학습시키는 데 사용되는 방법이다. 인공 신경망을 학습시킨다는 것은 모델의 출력값(output)과 목표값(target)을 비교하여 차이, 즉 오차(error)를 줄여나가는 방향으로 가중치를 업데이트해나가는 것을 말한다. 그림 3.15는 인공 신경망에서 학습 과정을 보여주고 있다. 인공 신경망의 학습은 순전파(Forward propagation, Feed-forward) 과정과 역전파(Backward propagation, Backpropagation) 과정을 반복하면서 학습이 이루어진다.

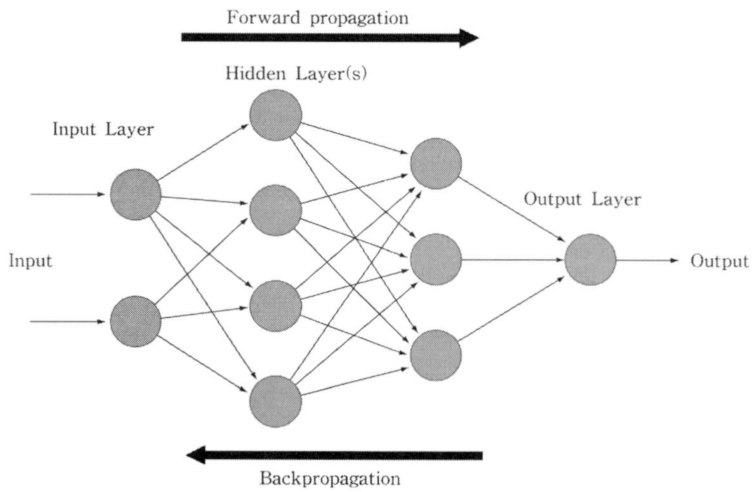

그림 3.15 인공 신경망에서 학습 과정

- 순전파(Forward propagation) 과정: 입력값을 입력층(input layer) → 은닉층(hidden layer) → 출력층(output layer) 방향으로 전달하면서 예측값을 계산하는 과정이다. 그리고 모델의 예측값과 목표값 간의 차이 즉, 오차를 계산한다.
- 역전파(Backpropagation) 과정: 순전파 과정에서 발생한 오차를 역방향, 즉 출력층(output layer) → 은닉층(hidden layer) → 입력층(input layer) 방향으로 전파하면서 오차가 줄어드는 방향으로 가중치를 업데이트하는 과정이다.

인공 신경망의 학습 과정에서 순전파 과정은 입력층에서 출력층 방향으로 값을 전달하고 예측값을 출력하는 과정이라면 역전파 과정은 그 예측값과 실제값의 차이, 즉 오차를 줄이기 위해 손실함수를 이용해서 역방향으로 가중치를 업데이트하는 과정이다. 인공 신경망의 학습은 오차를 최소화하는 가중치를 찾는 목적으로 순전파 과정과 역전파 과정을 반복하는 것을 말한다.

역전파 알고리즘에 의해 각 층에서 가중치에 대한 손실함수(혹은 비용함수)의 기울기(gradient, 경사)를 계산한다. 그 기울기 값을 이용하여 최적화 알고리즘, 여기서는 그림 3.16의 경사 하강법(gradient descent method)에 의해 가중치를 업데이트한다. 즉, 각 층에서 기울기 값을 구하는 이유는 경사 하강법을 이용하여 가중치를 업데이트하기 위함이다. 경사 하강법의 기본 개념은 함수의 최솟값 위치를 찾기 위해 해당 함수의 기울기를 구하여 기울기가 낮은 쪽으로 계속 이동시켜 최솟값에 이를 때까지 반복하는 것이다.

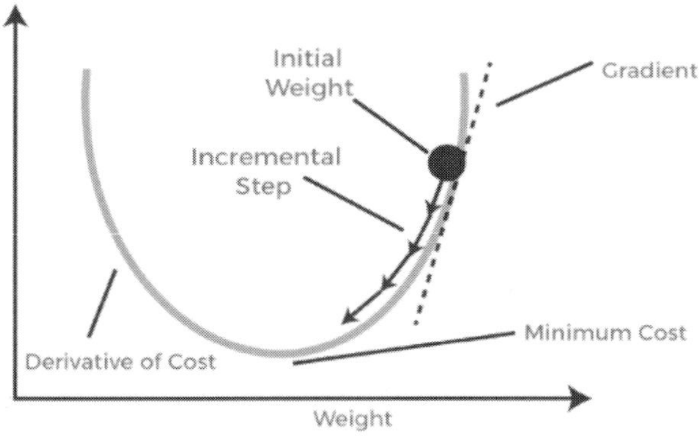

그림 3.16 경사 하강법[2]

2) https://www.javatpoint.com/gradient-descent-in-machine-learning

그림 3.16의 경사 하강법에서 우리가 얻고자 하는 것은 Minimum Cost, 즉 손실함수(혹은 비용함수)를 최소화하는 것이다. 이를 위해 먼저 Initial Weight(최초 가중치)에서 시작하여 Minimum Cost에 도달하기 위해 위 빨간 화살표처럼 Weight(가중치)를 업데이트한다. 다음은 경사 하강법에 의해 Weight(가중치)를 업데이트하는 방법을 단계별로 설명하고 있다.

- Step 1: Initial Weight에서 Gradient(기울기)를 구한다. Gradient는 Weight 지점에서 해당 손실함수의 편미분을 통해 구한다.
- Step 2: Weight 지점을 기울기가 작아지는 방향으로 Increment Step(Learning Step, 한 걸음)만큼 이동한다. 여기서 Increment Step은 Step 1에서 구한 Gradient와 학습률에 의해 결정된다.
- Step 3: Minimum Cost에 도달할 때까지 Step 1과 Step 2 작업을 반복한다.

경사 하강법을 수식으로 표현하면 식 (3.9)와 같다.

$$w_i \leftarrow w_i - \alpha \frac{\partial L(w_i)}{\partial w_i} \tag{3.9}$$

위 식이 수렴할 때까지 반복 수행된다.

이때 각 가중치 w_i에 대한 손실함수의 기울기 $\frac{\partial L(w_i)}{\partial w_i}$을 구하기 위해 미분의 Chain Rule(연쇄법칙) 성질을 이용한다.

Tip! Chain Rule

Chain Rule은 합성함수들의 미분을 계산하는 공식이다. 여기서 합성함수란 함수 안에 다른 함수들의 결합되어 있는 함수이다. 예를 들면, 다음의 합성함수가 주어졌다고 가정한다.

$$z = g(y), y = f(x)$$
$$z = (g \cdot f)(x) = g(f(x))$$

z을 x에 대해 미분하고자 한다.

$$z' = (g \circ f)'(x) = g'(y) f'(x)$$

z의 편미분은 Chain rule에 의해 다음과 같다.

$$\frac{\partial z}{\partial x} = \frac{\partial z}{\partial y} \times \frac{\partial y}{\partial x}$$

z을 x에 대해 미분한 결과는 z을 y에 대해 미분한 결과와 y을 x에 대해 미분한 결과를 곱하여 구할 수 있다.

(2) 역전파 알고리즘의 동작 원리

다음은 인공 신경망에서 역전파 알고리즘이 어떻게 동작되는지 알아보고자 한다. 사실 다층 신경망에서 역전파 알고리즘이 어떻게 동작되는지 알 필요가 있으나 여기서는 단순히 역전파 알고리즘의 동작원리만을 이해하기 위해 단순한 단층 신경망을 가지고 알아보고자 한다.

예제 3.2

그림 3.17은 2개의 입력 x_1, x_2과 바이어스 b을 갖고 있는 단층 신경망이다. 역전파 알고리즘에 의해 가중치를 구하고자 한다. 여기서 $x_1 = 0.1$, $x_2 = 0.3$, 목표값 $t = 0.03$이다. 학습률은 $\alpha = 0.01$이고 활성화 함수로서 시그모이드 함수를 사용한다.

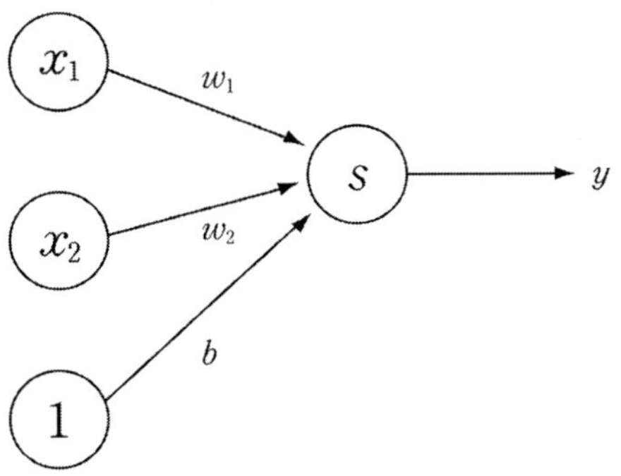

그림 3.17 역전파 알고리즘 동작 원리 이해를 위한 단층 신경망

풀이

초기 가중치 w_1과 w_2 그리고 바이어스 b는 다음과 같다고 가정한다.

$$w_1 = 0.5,\ w_2 = 0.2,\ b = 1.83$$

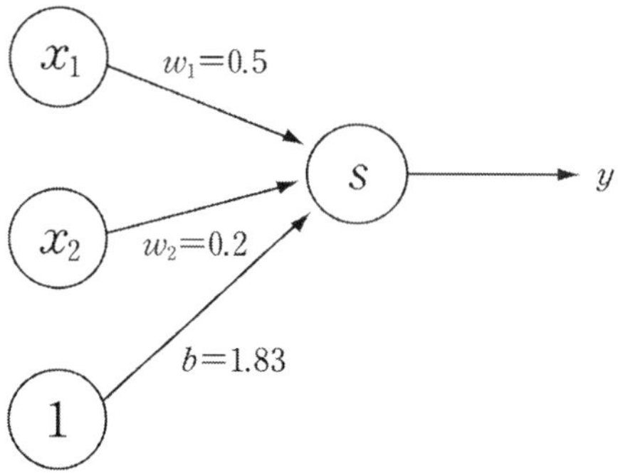

그림 3.18 단층 신경망의 학습 초기 단계

① 순전파(Forward propagation) 과정

출력층에서 가중합 s을 계산한다.

$$s = w_1 x_1 + w_2 x_2 + b$$

$$s = 0.05 * 0.1 + 0.2 * 0.3 + 1.83$$

$$s = 1.94$$

가중합에 시그모이드 함수를 적용시킨다.

$$\sigma(x) = \frac{1}{1 + e^{-1.94}} = 0.87435$$

따라서 예측값은 $y = \sigma(x) = 0.87435$이다.

손실함수를 오차 $e = t - y$로 부터 다음과 같이 정의한다.

$$L = \frac{1}{2}(t - y)^2$$

여기서 $\frac{1}{2}$은 나중에 L이 미분될 때 즉, $\frac{\partial L}{\partial y}$이 계산에서 $\frac{1}{2} * 2 = 1$이 되기 위해 도입하였다. 그리고 이것은 학습률과 곱해짐으로써, 즉 $\alpha * \frac{\partial L}{\partial y}$이 계산되어 중요하지 않다.

따라서 출력층에서 손실함수의 값은 다음과 같다.

$$L = \frac{1}{2}(0.03 - 0.87435)^2$$
$$= 0.35646$$

② 역전파 (Backpropagation) 과정

- w_1 계산

$$\frac{\partial L}{\partial w_1} = \frac{\partial L}{\partial y} * \frac{\partial y}{\partial s} * \frac{\partial s}{\partial w_1}$$

여기서

$$\begin{aligned}\frac{\partial L}{\partial y} &= \frac{\partial}{\partial y}\frac{1}{2}(t-y)^2 \\ &= -(t-y) \\ &= 0.87435 - 0.03 = 0.844435\end{aligned}$$

$$\begin{aligned}\frac{\partial y}{\partial s} &= \frac{1}{1+e^{-s}}(1-\frac{1}{1+e^{-s}}) \\ &= \frac{1}{1+e^{-1.94}}(1-\frac{1}{1+e^{-1.94}}) \\ &= 0.10986\end{aligned}$$

Tip! 시그모이드 함수의 미분

$$\sigma(x) = \frac{1}{1+e^{-x}} = (1+e^{-x})^{-1}$$

$$\sigma'(x) = \sigma(x)[1-\sigma(x)]$$

$$\begin{aligned}\therefore \quad \sigma'(x) &= -1(1+e^{-x})^{-2}e^{-x}(-1) \\ &= \frac{e^{-x}}{(1+e^{-x})^2} = \frac{1+e^{-x}-1}{(1+e^{-x})^2} \\ &= \frac{1+e^{-x}}{(1+e^{-x})^2} - \frac{1}{(1+e^{-x})^2} \\ &= \frac{1}{1+e^{-x}}[1-\frac{1}{1+e^{-x}}] \\ &= \sigma(x)[1-\sigma(x)]\end{aligned}$$

$$\begin{aligned}\frac{\partial s}{\partial w_1} &= \frac{\partial}{\partial w_1}(w_1x_1 + w_2x_2 + b) \\ &= x_1 = 0.1\end{aligned}$$

따라서

$$\frac{\partial L}{\partial w_1} = \frac{\partial L}{\partial y} * \frac{\partial y}{\partial s} * \frac{\partial s}{\partial w_1} = 0.084435 * 0.10986 * 0.1 = 0.009276$$

$\frac{\partial L}{\partial w_1} = 0.009276$이므로 w_1이 1만큼 증가 증가할 때 손실함수 L은 0.009276093만큼 증가한다는 뜻이다. 즉, 경사 하강법에 의해 w_1는 다음과 같다.

$$\begin{aligned} w_1 &= w_1 - \alpha \frac{\partial L}{\partial w_1} \\ &= 0.5 - 0.01 * 0.009276093 \\ &= 0.49990723907 \end{aligned}$$

- w_2 **계산**

 w_1 계산과 똑같은 방법에 의해

$$\frac{\partial L}{\partial w_2} = \frac{\partial L}{\partial y} * \frac{\partial y}{\partial s} * \frac{\partial s}{\partial w_2}$$

여기서

$$\begin{aligned} \frac{\partial L}{\partial y} &= \frac{\partial}{\partial y} \frac{1}{2}(t-y)^2 \\ &= -(t-y) \\ &= 0.87435 - 0.03 = 0.844435 \end{aligned}$$

$$\begin{aligned} \frac{\partial s}{\partial w_2} &= \frac{\partial}{\partial w_2}(w_1 x_1 + w_2 x_2 + b) \\ &= x_2 = 0.3 \end{aligned}$$

$$\frac{\partial L}{\partial w_2} = \frac{\partial L}{\partial y} * \frac{\partial y}{\partial s} * \frac{\partial s}{\partial w_2} = 0.844352143 * 0.109860473 * 0.3 = 0.027828278$$

$\frac{\partial L}{\partial w_2} = 0.027828278$이므로 w_2이 1만큼 증가 증가할 때 손실함수 L은 0.027828278만큼 증가한다는 뜻이다. 즉, 경사 하강법에 의해 w_2는 다음과 같다.

$$\begin{aligned} w_2 &= w_2 - \alpha \frac{\partial L}{\partial w_2} \\ &= 0.2 - 0.01 * 0.027828278 \\ &= 0.1997217172 \end{aligned}$$

- b **계산**

w_1과 w_2 계산과 똑같은 방법에 의해

$$\frac{\partial L}{\partial b} = \frac{\partial L}{\partial y} * \frac{\partial y}{\partial s} * \frac{\partial s}{\partial b}$$

$$\begin{aligned}\frac{\partial s}{\partial b} &= \frac{\partial}{\partial b}(w_1 x_1 + w_2 x_2 + b) \\ &= 1\end{aligned}$$

$$\frac{\partial L}{\partial b} = \frac{\partial L}{\partial y} * \frac{\partial y}{\partial s} * \frac{\partial s}{\partial b} = 0.844352143 * 0.109860473 * 1 = 0.09276$$

즉, 경사 하강법에 의해 b는 다음과 같다.

$$\begin{aligned}b &= b - \alpha \frac{\partial L}{\partial b} \\ &= 1.83 - 0.01 * 0.09276 \\ &= 1.829072\end{aligned}$$

따라서 1 에포크인 경우 역전파 알고리즘에 의해 구한 w_1, w_2, b로부터 얻어진 신경망은 그림 3.19와 같다.

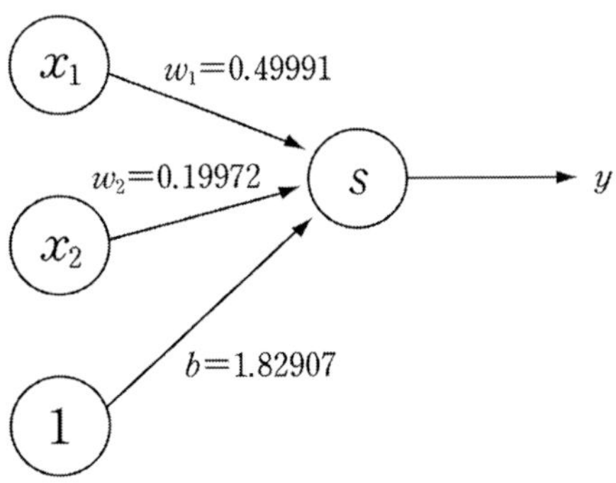

그림 3.19 1 에포크인 경우의 단층 신경망

예제 3.3

[예제 3.2]를 파이썬으로 구현하고자 한다. 여기서는 1 에포크인 경우 [예제 3.2]의 결과와 같은지 확인하고자 한다.

[코드 3.3.1]

```
import numpy as np

def sigmoid(x):
    return 1.0/(1+np.exp(-1*x))

def Loss_function(predicted, target):
    return (1/2)*np.power(predicted-target, 2)

def Loss_function_deriv(predicted, target):
    return (predicted-target)

def sigmoid_deriv(x):
    return sigmoid(x)*(1.0-sigmoid(x))

def s_w_deriv(x):
    return x

def update_w(w, grad, learning_rate):
    return w - learning_rate*grad


x1=0.1
x2=0.3
x0 =1
target = 0.03
learning_rate = 0.01

#w1=numpy.random.rand()
#w2=numpy.random.rand()

w1=0.5
w2=0.2
b=1.83
```

```
print("Initial weights : {},  {}, bias : {}".format(w1, w2, b))

#epochs = 10000
epochs=1
for epoch in range(epochs):
    print("\nepoch = {:}".format(epoch))
    # Forward Pass
    print("\nForward propagation process")
    s = w1*x1 + w2*x2 + b
    print('weighted sum :',s)
    y_pred = sigmoid(s)
    print("y_pred : {:.5f}".format(y_pred))

    Loss = Loss_function(y_pred, target)
    print("Loss : {:.5f}".format(Loss))

    # Backward Pass
    print("\nBackpropagation process")
    g1 = Loss_function_deriv(y_pred, target)
    print("dL/dy = {:.5f}".format(g1))
    g2 = sigmoid_deriv(s)
    print("dy/ds = {:.5f}".format(g2))
    g3w1 = s_w_deriv(x1)
    g3w2 = s_w_deriv(x2)
    g3b = s_w_deriv(x0)
    print("ds/dw1 = {:.5f}".format(g3w1))
    print("ds/dw2 = {:.5f}".format(g3w2))
    print("ds/db = {:.5f}".format(g3b))

    gradw1 = g3w1*g2*g1
    gradw2 = g3w2*g2*g1
    gradb = g3b*g2*g1

    print("\ndL/dw1 = dL/dy*dy/ds*ds/dw1 = {:.5f}".format(gradw1))
    print("dL/dw2 = dL/dy*dy/ds*ds/dw2 = {:.5f}".format(gradw2))
    print("dL/db = dL/dy*dy/ds*ds/db = {:.5f}".format(gradb))

    w1 = update_w(w1, gradw1, learning_rate)
    w2 = update_w(w2, gradw2, learning_rate)
    b = update_w(b, gradb, learning_rate)
    print("\nw1 = w1 - alpha*dL/dw1 = {:.5f}".format(w1))
    print("w2 = w2 - alpha*dL/dw2 = {:.5f}".format(w2))
    print("b = b - alpha*dL/db = {:.5f}".format(b))
```

```
Initial weights : 0.5,  0.2, bias : 1.83

epoch = 0

Forward propagation process
weighted sum : 1.9400000000000002
y_pred : 0.87435
Loss : 0.35647

Backpropagation process
dL/dy = 0.84435
dy/ds = 0.10986
ds/dw1 = 0.10000
ds/dw2 = 0.30000
ds/db = 1.00000

dL/dw1 = dL/dy*dy/ds*ds/dw1 = 0.00928
dL/dw2 = dL/dy*dy/ds*ds/dw2 = 0.02783
dL/db = dL/dy*dy/ds*ds/db = 0.09276

w1 = w1 - alpha*dL/dw1 = 0.49991
w2 = w2 - alpha*dL/dw2 = 0.19972
b = b - alpha*dL/db = 1.82907
```

→ epoch = 0인 경우 역전파 알고리즘에 의해 구한 w_1, w_2, b는 다음과 같다.

$$w_1 = 0.49991,\ w_2 = 0.19972,\ b = 1.82907$$

예제 3.4

[예제 3.2]에서 역전파 알고리즘에 의해 w_1, w_2, b을 구하고자 한다. 여기서는 10000 epoch를 설정한다.

[코드 3.3.2]

```
import numpy as np
from numpy import random

def sigmoid(x):
    return 1.0/(1+np.exp(-1*x))
```

```
def Loss_function(predicted, target):
    return (1/2)*np.power(predicted-target, 2)

def Loss_function_deriv(predicted, target):
    return (predicted-target)

def sigmoid_deriv(x):
    return sigmoid(x)*(1.0-sigmoid(x))

def s_w_deriv(x):
    return x

def update_w(w, grad, learning_rate):
    return w - learning_rate*grad

x1 = 0.1
x2 = 0.3
x0 = 1
target = 0.03
learning_rate = 0.01

random.seed(1)
w1=np.random.rand()
w2=np.random.rand()
b=np.random.rand()
#w1=0.5
#w2=0.2
#b=1.83

print("initial weights  w1={:.5f}, w2={:.5f}, b={:.5f}".format(w1,w2,b))
epochs_loss = []
epochs = 10000
for epoch in range(epochs):

    # Forward Pass
    s = w1*x1 + w2*x2 + b
    y_pred = sigmoid(s)

    Loss = Loss_function(y_pred, target)

    epochs_loss.append(Loss)

    # Backward Pass
    g1 = Loss_function_deriv(y_pred, target)
```

```
    g2 = sigmoid_deriv(s)

    g3w1 = s_w_deriv(x1)
    g3w2 = s_w_deriv(x2)
    g3b = s_w_deriv(x0)

    gradw1 = g3w1*g2*g1
    gradw2 = g3w2*g2*g1
    gradb = g3b*g2*g1

    w1 = update_w(w1, gradw1, learning_rate)
    w2 = update_w(w2, gradw2, learning_rate)
    b = update_w(b, gradb, learning_rate)

print("w1 = w1 - alpha*dL/dw1 = {:.5f}".format(w1))
print("w2 = w2 - alpha*dL/dw2 = {:.5f}".format(w2))
print("b = b - alpha*dL/db = {:.5f}".format(b))
```

```
initial weights  w1=0.41702, w2=0.72032, b=0.00011
w1 = w1 - alpha*dL/dw1 = 0.18426
w2 = w2 - alpha*dL/dw2 = 0.02205
b = b - alpha*dL/db = -2.32748
```

```
import matplotlib.pyplot

matplotlib.pyplot.figure()
matplotlib.pyplot.plot(epochs_loss)
matplotlib.pyplot.title("Epochs vs Loss")
matplotlib.pyplot.xlabel("Epochs")
matplotlib.pyplot.ylabel("Loss")
```

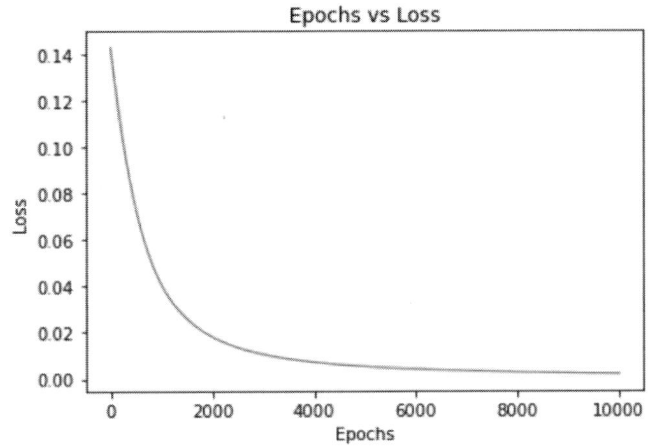

그림 3.20 에포크에 따른 손실함수 그래프

→ 그림 3.20으로부터 에포크가 클수록 손실함수가 작아짐을 알 수 있다. 따라서 학습이 제대로 이루어짐을 알 수 있다.

그림 3.21은 10000 에포크인 경우 역전파 알고리즘에 의해 구한 w_1, w_2, b로부터 얻어진 단층 신경망이다.

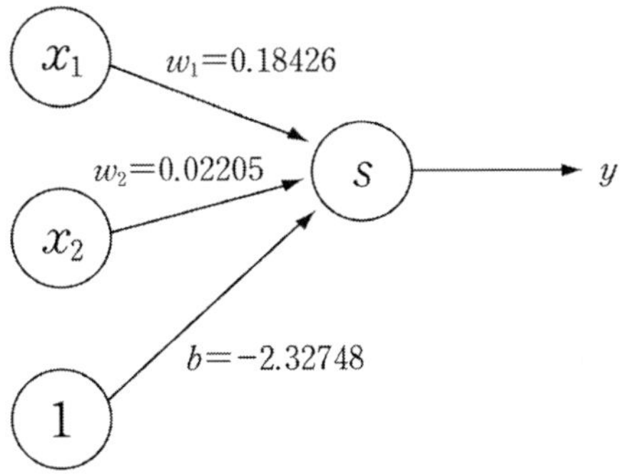

그림 3.21 10000 에포크인 경우의 단층 신경망

연습문제

3-1 표 3.8의 NAND 연산을 위한 단층 퍼셉트론을 파이썬으로 구현하시오.

표 3.8 NAND 논리연산

x_1	x_2	x_1 NAND x_2
0 (F)	0 (F)	1 (T)
0 (F)	1 (T)	1 (T)
1 (T)	0 (F)	1 (T)
1 (T)	1 (T)	0 (F)

3-2 다층 퍼셉트론의 학습에서 단층 퍼셉트론의 델타 규칙을 적용시킬 수 없다. 그 이유를 설명하시오.

3-3 표 3.9의 학습 데이터에 대해 아래 신경망에서 역전파 알고리즘을 적용하여 학습하시오. 여기서 시그모이드 활성화 함수를 사용한다.

표 3.9 신경망 학습 데이터

Inputs		Tagets	
x_1	x_2	t_1	t_2
3	1	1	0
−1	4	0	1

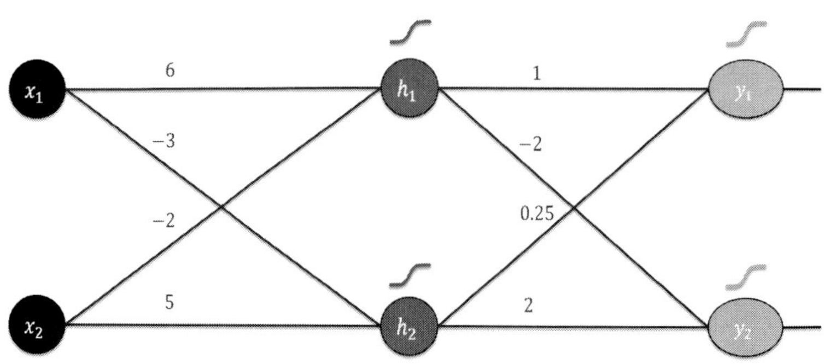

3-4 표 3.10은 8개의 치즈에 대한 소비자 평가점수이다. 2개의 변수, Fat Score와 Salt Score는 치즈에 들어있는 각각 fat과 salt에 대한 함유량을 0과 1 사이의 값으로 나타낸 것이다. 소비자의 선호도(Acceptance)를 "Like (1)"와 "Dislike (2)"로 표시하였다. 다층 퍼셉트론을 이용하여 분류하시오.

표 3.10 치즈에 대한 소비자 선호도

Observation	Fat Score	Salt Score	Acceptance
1	0.2	0.9	Like (1)
2	0.1	0.1	Dislike (2)
3	0.6	0.2	Dislike (2)
4	0.2	0.5	Dislike (2)
5	0.4	0.5	Like (1)
6	0.3	0.8	Like (1)
7	0.7	0.1	Dislike (2)
8	0.8	0.4	Like (1)

4장

딥러닝의 기본 절차

4.1 딥러닝의 6단계 과정

딥러닝은 그림 4.1과 같이 크게 6단계 과정으로 구성된다.

Step 1. 데이터 셋 생성하기
Step 2. 모델 생성하기
Step 3. 모델 컴파일하기
Step 4. 모델 학습하기
Step 5. 모델 평가하기
Step 6. 모델 예측하기

그림 4.1 딥러닝의 기본 절차 6단계

• **Step 1. 데이터 셋 생성하기**

딥러닝은 데이터를 기반으로 학습이 이루어진다. 이를 위해 전체 데이터를 train 데이터와 test 데이터로 분할한다. 혹은 train 데이터, validation 데이터, 그리고 test 데이터로 분할하여 학습한다.

• **Step 2. 모델 생성하기**

새로운 데이터에 대해 예측을 하기 위한 모델을 생성한다. 예측 목적에 맞는 모델을 생성하고, 적절한 하이퍼 파라미터(hyper-parameter, 초매개변수)를 설정한다. 하이퍼 파라미터는 모델링할 때 사용자가 직접 설정해주는 값으로 딥러닝 모델 구조와 관련된 하이퍼 파라미터로는 은닉층의 뉴런(hidden unit) 개수, 드롭아웃(dropout), 가중치 초기화(weight initialization) 등이 있고, 학습에 사용되는 하이퍼 파라미터로는 학습률(learning rate), 에포크(epoch), 배치 사이즈(batch size), 손실함수(loss function) 등이 있다.

• **Step 3. 모델 컴파일하기**

모델을 학습하기 위해서는 컴파일(compile)을 해야 한다. 모델 컴파일(compile)이란 모델을 학습시키기 위한 학습 과정을 설정하는 것을 말한다. 여기서는 모델 학습시키기 전, 학습에 대한 손실함수(loss function), 옵티마이저(optimizer, 최적화) 그리고 학습 과정을 모니터링하기 위한 평가지표(metrics)를 지정한다. 여기서 옵티마이저란 손실함수가 최소가 되는 지점 즉, 최적의 파라미터를 찾는 과정을 말한다.

- Step 4. **모델 학습하기**
  본격적으로 train 데이터를 사용하여 모델을 훈련시키는 단계이다.

- Step 5. **모델 평가하기**
  test 데이터를 가지고 학습한 모델을 평가하는 단계이다.

- Step 6. **모델 예측하기**
  학습한 모델을 이용하여 새로운 데이터에 대해 예측하는 단계이다.

4.2 데이터 셋 생성하기

(1) 전체 데이터를 train 데이터와 test 데이터로 분할

딥러닝에서 모델을 학습시키고 평가하기 위해서는 전체 데이터를 적절하게 분할(split)하는 작업이 필요하다. 일반적으로 그림 4.2과 같이 전체 데이터를 train 데이터(train data, 학습데이터, 훈련 데이터)와 test 데이터(test data, 테스트 데이터)로 분할한다. 전체 데이터 셋을 train 데이터와 test 데이터로 분할하지 않고 동일한 데이터 셋에서 학습과 예측을 하면 높은 성능을 얻을 수 있다. 이 경우 모델이 train 데이터에 맞춰 학습이 이루어졌기 때문에 같은 test 데이터에 적용하는 경우 이미 답을 아는 상태에서 예측한 것과 마찬가지이기 때문에 예측이 의미가 없다. 따라서 모델을 이용하여 예측하기 위해서는 데이터를 train 용과 test 용으로 분할할 필요가 있다.

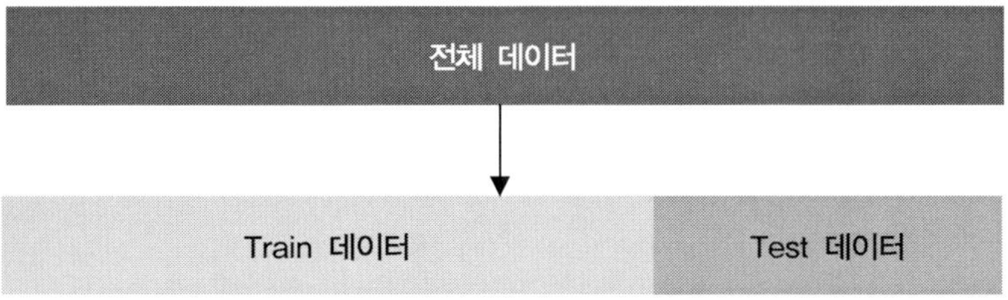

그림 4.2 전체 데이터를 train 데이터와 test 데이터로 분할

train 데이터는 모델을 생성하는 데 사용되는 데이터이고, test 데이터는 생성된 모델을 성능 평가(performance evaluation)하는데 사용하는 데이터이다. 다시 말하면, train 데이터에서 모델을 개발하고 test 데이터에서 개발된 모델을 평가한다. 그림 4.3은 train 데이터와 test 데이터 용도에 대한 설명을 나타내는 그림이다.

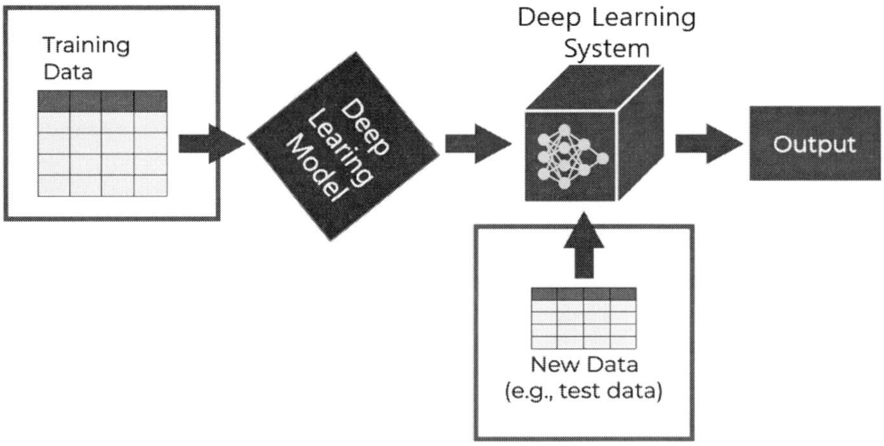

그림 4.3 train 데이터와 test 데이터의 용도

전체 데이터가 100%라면 train 데이터와 test 데이터를 분할하는 비율은 정해진 규칙은 없지만 3/4과 1/4에 해당되는 75% : 25% 비율, 혹은 보통 80% : 20% 비율로 나눈다.

파이썬에 있는 사이킷런(scikit-learn) 패키지의 model_selection 모듈 안에 train_test_split( ) 함수를 이용하면 train 데이터와 test 데이터를 편리하게 분할할 수 있다. 그림

4.4는 train_test_split( ) 함수를 이용하여 데이터 분할을 나타내는 그림이다.

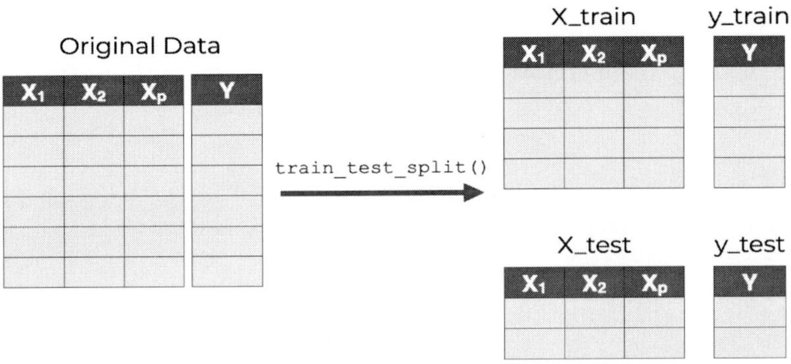

그림 4.4 사이킷런 패키지의 train_test_split( ) 함수의 사용 예

그림 4.4에서는 train_test_split( ) 함수를 사용하여 전체 데이터를 2/3 : 1/3 비율로 분할하고 있다.

(2) 전체 데이터를 train 데이터, validation 데이터와 test 데이터로 분할

만약, 여러 모델의 성능을 평가하여 그중에서 가장 좋은 모델을 선정하여 미지의 데이터(unseen data)에 대해 예측하고 싶은 경우 별도의 validation 데이터(검증 데이터)가 필요하다. 그림 4.5는 train 데이터로부터 validation 데이터를 따로 분리하여 전체 데이터를 train 데이터, validation 데이터와 test 데이터로 분할하고 있다.

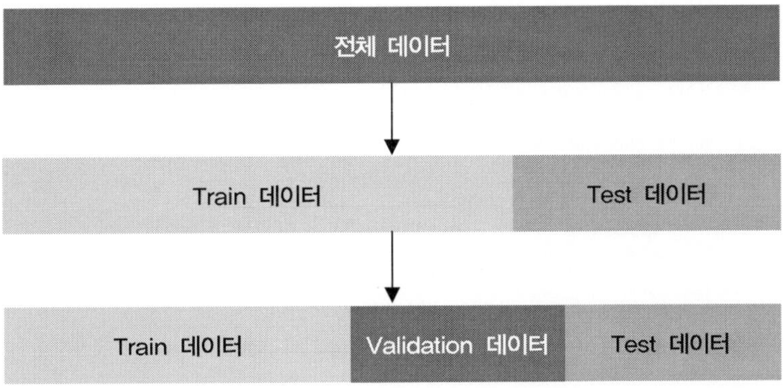

그림 4.5 전체 데이터를 train 데이터, validation 데이터와 test 데이터로 분할

validation 데이터는 train 데이터로부터 생성된 여러 모델 중에서 최종 모델을 선정하기 위한 성능평가에 관여한다. 따라서 validation 데이터는 학습(training) 과정에 관여하며 학습이 된 여러 모델 중 가장 좋은 하나의 모델을 선정하기 위한 데이터이다. 그림 4.6은 train 데이터, validation 데이터 그리고 test 데이터 차이를 설명하고 있다.

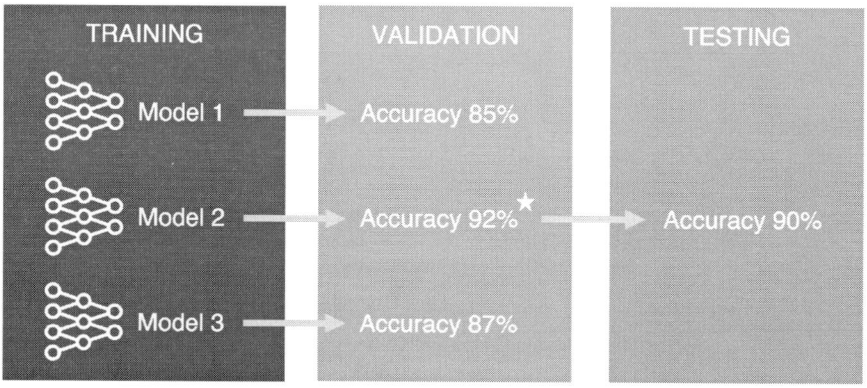

그림 4.6 train 데이터, validation 데이터 그리고 test 데이터 차이[1]

보통, 전체 데이터가 100%라면 train 데이터, validation 데이터와 test 데이터 비율에 대한 정해진 규칙은 없지만 보통 60% : 20% : 20% 비율로 나눈다. validation 데이터에서 여러 모델 중 가장 좋은 하나의 모델을 선정하기 위해 하이퍼 파라미터(hyper-parameter)의 튜닝(tuning) 작업을 수행한다. 여기서 하이퍼 파라미터의 튜닝이란 모델에서 하이퍼 파라미터, 예를 들어 레이어(layer, 층)의 수나 레이어의 노드(node, 유닛) 수 등을 조정하는 것을 말한다. validation 데이터에서 튜닝 작업을 통해 가장 성능이 좋은 모델을 선정한다. validation 데이터에서 결정된 모델을 test 데이터에 적용하여 최종 모델의 성능을 측정한다.

1) https://modern-manual.tistory.com/19

4.3 모델 생성하기

모델을 생성하는 방법에는 크게 Sequential API(시퀀셜 API)를 이용하는 방법, Functional API(함수형 API)를 이용하는 방법 그리고 Model 클래스 상속(서브클래싱(Subclassing) API)을 이용하는 방법이 있다. 본 책에서는 Model 클래스 상속을 이용하는 방법에 대한 설명은 생략하고자 한다. 여기서 Sequential API를 이용하여 생성된 모델을 Sequential 모델이라 하고, Functional API를 이용하여 생성된 모델을 Functional 모델이라 부른다.

(1) Sequential 모델

Sequential 모델은 레이어(layer, 층) 들을 순차적으로 쌓아 생성하는 모델로 하나의 입력과 하나의 출력이 있는 단순한 경우에 적합한 모델이다. 이 모델은 직관적이고 편리하여 초보자에게 적합한 방법이다. 대부분 모델은 이 방법에 의해 생성할 수 있다. 그런데 Sequential 모델은 여러 층을 공유하거나 여러 개의 입력과 출력을 필요로 하는 복잡한 모델을 생성하는 경우 한계가 있다.

(2) Functional 모델

Functional 모델은 여러 개의 입력과 출력이 있는 모델을 생성하거나, 여러 층을 공유하는 복잡한 모델을 생성하는데 최적의 방법이다. Functional 모델은 각 층을 일종의 함수(function) $y = f(x)$처럼 정의하여 이전층을 다음층 함수의 입력으로 사용하고, 최종적으로는 Model() 함수에 입력층과 출력층을 지정해줌으로써 모델을 생성한다.

4.4 모델 컴파일하기

(1) 손실함수

손실함수(loss function)는 지도학습(supervised learning) 시 모델이 예측한 값과 실제 정답의 차이를 비교하기 위한 함수이다. 즉, '학습 중에 모델이 얼마나 잘못 예측하는지를 나타내는 정도'를 나타내며 이를 최소화하는 것이 목적인 함수이다. 그래서 손실함수를 목적함수(objective function)라고도 부른다. 이외에도 손실함수는 분야에 따라 비용함수(cost function), 에너지 함수(energy function) 등으로 부르기도 한다. 손실함수를 통해 모델 학습 중에 손실(loss)이 커질수록 학습이 잘 안 되고 있다는 것을 나타내고, 반대로 손실이 작아질수록 학습이 잘 이루어지고 있다는 것을 나타낸다. 이처럼, 손실함수는 모델 학습의 길잡이 역할을 하는 중요한 역할을 담당한다. 그림 4.7은 신경망에서 손실함수 값이 어떻게 얻어지는지를 시각화한 그림이다.

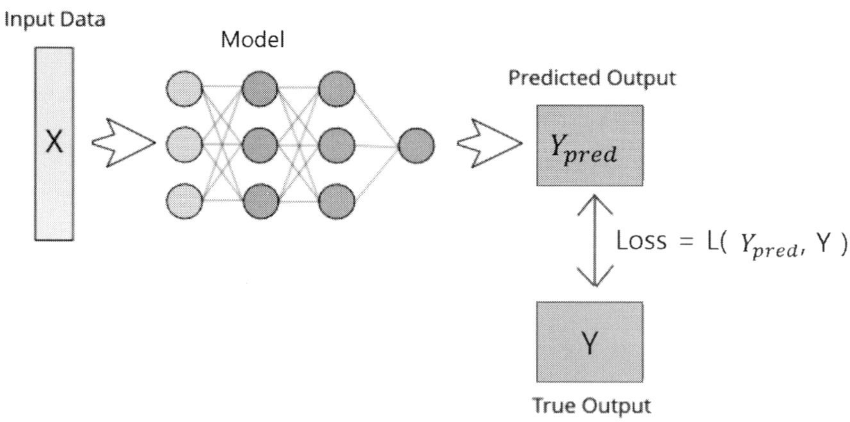

그림 4.7 신경망에서 손실함수를 얻는 과정

그림 4.7에서 손실함수 $Loss = L(Y_{pred} - Y)$는 예측 결과값(Predicted Output) Y_{pred}와 실제 결과값(True Output) Y의 차이로부터 정의되는 함수이다.

회귀모델에 쓰이는 손실함수에는 MSE(Mean Squared Error, 평균제곱오차), MAE

(Mean Absolute Error, 평균절대오차) 등이 있으며, 분류모델에 쓰이는 손실함수에는 이진 교차 엔트로피 오차(binary cross-entropy error, BCEE), 범주형 교차 엔트로피 오차(categorical cross-entropy error, CCEE) 등이 있다.

① 회귀모델에서 손실함수

회귀분석(regression analysis)에서 두 개의 변수 x와 y사이의 관계가 선형관계이면 식 (4.1)과 같이 선형 회귀 모델(linear regression model)을 설정하여 분석한다.

$$y = \alpha x + \beta + \epsilon \tag{4.1}$$

여기서 α, β는 모델 파라미터(model parameter, 모수)이고 ϵ는 오차항을 나타낸다. 회귀모델에서 모델 파라미터를 회귀계수(regression coefficient)라고 부른다.

데이터가 주어진 경우, 식 (4.1)의 회귀모델로부터 파라미터 α, β의 값을 추정해야 한다. 주어진 데이터로부터 α, β의 추정량을 각각 a, b라 하면 추정된 회귀직선(estimated regression line) 혹은 적합된 회귀직선(fitted regression line)은 식 (4.2)와 같이 표현할 수 있다.

$$\hat{y} = ax + b \tag{4.2}$$

여기서 a는 직선의 기울기(slope)에 해당되고, b는 직선의 절편(intercept)에 해당된다.

머신러닝 기반 회귀분석에서는 데이터로부터 학습을 통해 식 (4.2)의 a, b을 구한다. 그러면 a, b을 어떻게 구하는가? 이를 위해 목적함수(objective function)가 필요하다. 여기서는 모델의 예측값과 실제값의 차이를 최소화하기 위해 이들 차이로부터 계산되는 손실함수(loss function)(혹은 비용함수(cost function))를 목적함수로 정의한다. 회귀 문제에서 손실함수로서 식 (4.3)에 주어진 MSE(Mean Squared Error, 평균제곱 오차)를 주로 사용한다.

$$L(a,b) = \frac{1}{n}\sum_{i=1}^{n}(y_i - \hat{y_i})^2 = \frac{1}{n}\sum_{i=1}^{n}(y_i - ax_i - b)^2 \tag{4.3}$$

혹은 식 (4.4)에 주어진 MAE(Mean Absolute Error, 평균절대오차)를 사용하기도 한다.

$$L(a,b) = \frac{1}{n}\sum_{i=1}^{n}|y_i - \hat{y_i}| = \frac{1}{n}\sum_{i=1}^{n}|y_i - ax_i - b|| \tag{4.4}$$

손실함수는 모델의 예측값과 실제값을 비교하는 함수로 모델을 훈련시킬 때 오차를 최소화시키기 위해 사용된다. 따라서 우리의 목적은 식 (4.3) 혹은 식 (4.4)에 주어진 $L(a,b)$이 최소가 되는 a, b을 찾는 것이다. 그림 4.8은 손실함수 $L(a,b)$의 그래프를 나타낸다.

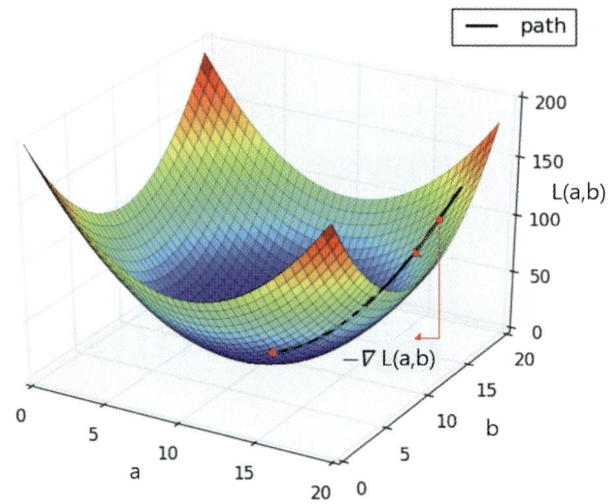

그림 4.8 손실함수 $L(a,b)$의 그래프

그림 4.8의 손실함수 $L(a,b)$의 그래프에서 맨 아래 빨간 점이 바로 $L(a,b)$의 최소가 되는 a, b이다. a, b의 값은 반복적인 방법(iterative approach)을 통해서 $L(a,b)$을 미분해서 0이 되는 지점을 근사적(approximate)으로 찾는다. 경사 하강법(gradient descent method)은 이러한 방법 중 하나이다.

② 분류모델에서 손실함수

회귀모델은 종속변수가 연속형 변수(continuous variable)인 반면에 분류모델은 종속변수가 범주형 변수(categorical variable)를 갖는다. 즉, 회귀모델은 예측값으로 연속적인 값을 출력하고, 분류모델은 예측값으로 이산적인 값을 출력한다. 분류모델로는 의사결정트리(decision trees), 서포트 벡터 머신(support vector machine, SVM), 신경망(neural network), 로지스틱 회귀분석(logistic regression) 등이 대표적인 방법이다.

머신러닝 기반 로지스틱 회귀분석이란 데이터로부터 학습을 통해 적합한 로지스틱 회귀모델을 찾는 것을 말한다. 종속변수 y 값이 0과 1의 두 개의 범주를 갖는 경우, 종속변수가 1의 값을 가질 확률을 $p = P(y=1)$이라고 하자. 로지스틱 회귀모델은 식 (4.6)과 같이 나타낸다.

$$p = \frac{e^{\alpha x + \beta + \epsilon}}{1 + e^{\alpha x + \beta + \epsilon}} \tag{4.6}$$

또는 식 (4.7)과 같이 나타낼 수 있다.

$$p = \frac{1}{1 + e^{-(\alpha x + \beta + \epsilon)}} \tag{4.7}$$

데이터가 주어진 경우, 식 (4.6), 식 (4.7)의 로지스틱 회귀모델로부터 파라미터 α, β의 값을 추정해야 한다. 주어진 데이터로부터 α, β의 추정량을 각각 a, b라 하면 추정된 로지스틱 회귀직선(estimated logistic regression line) 혹은 적합된 로지스틱 회귀직선(fitted logistic regression line)은 식 (4.8), 식 (4.9)와 같이 표현할 수 있다.

$$\hat{p} = \frac{e^{ax + b}}{1 + e^{ax + b}} \tag{4.8}$$

또는

$$\hat{p} = \frac{1}{1 + e^{-(ax + b)}} \tag{4.9}$$

우리는 학습에 의해 a, b을 찾고자 한다. 이를 위해 최적의 a, b을 찾을 수 있는 손실함수(loss function)(혹은 비용함수(cost function))를 정의해야 한다. 참고로, 일반 회귀문제에서 주로 손실함수로서 MSE(mean squared error, 평균제곱 오차)를 사용하였다. 그 이유는 이 손실함수는 파라미터 a, b에 대해 볼록함수(convex function)이기 때문이다. 그림 4.9에서 보는 것처럼 볼록함수인 경우는 글로벌 최저점(global minimum)을 갖는 a, b을 찾을 수 있다. 그러나, 로지스틱 회귀분석에서 손실함수로서 MSE는 비볼록함수(non-convex function)이다. 즉, $\sigma(ax+b)$, 시그모이드 함수(sigmoid function) $\sigma(x)$에

$ax+b$을 적용하여 얻어진 함수는 비볼록함수이다. 따라서 비볼록함수는 여러 개의 로컬 최저점(local minimum)을 갖고 있어서 시작점에 따라 글로벌 최저점을 찾지 못할 수 있다. 따라서, 로지스틱 회귀분석에서 손실함수로서 MSE는 적당하지 않다.

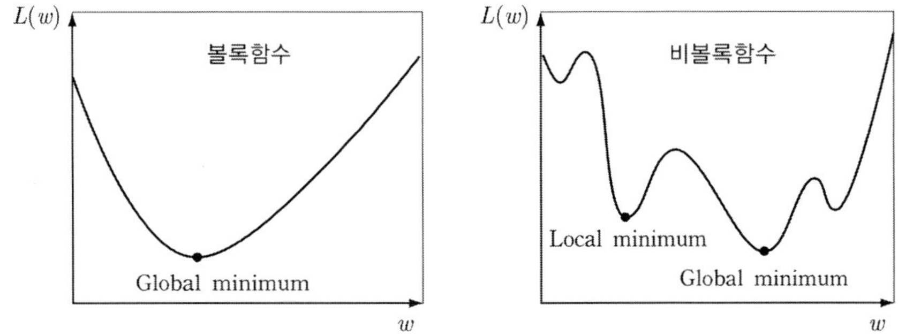

그림 4.9 볼록함수와 비볼록함수

로지스틱 회귀분석에서 최적의 a, b을 찾을 수 있는 손실함수를 어떻게 정의할 것인가? 이에 대한 정답은 로그-우도함수(log-likelihood function)이다. 로그-우도함수는 언제나 볼록함수이다. 로그-우도함수를 그래프로 나타내면 볼록함수에 대한 이해를 쉽게 할 수 있을 것이다. 시그모이드 함수 $\sigma(x)$의 범위는 0과 1 사이이므로 실제 $y=1$인 경우 $\hat{p}(x)=\sigma(ax+b)$가 0으로 예측하면 손실함수의 값은 크도록 손실함수를 정의하고 또한, 실제 $y=0$인 경우 $\hat{p}(x)=\sigma(ax+b)$가 1로 예측하면 손실함수의 값은 크도록 손실함수를 정의해야 한다. 그림 4.10은 이를 위한 로지스틱 회귀모델의 손실함수인 로지스틱 손실함수(logistic loss function)이다.

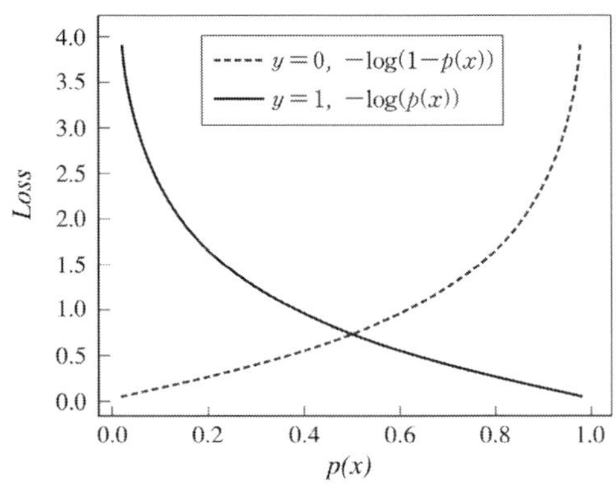

그림 4.10 로지스틱 손실함수

그림 4.10에서 $-\log_e(\hat{p}(x))$을 나타내는 실선은 실제 $y=1$인 경우 예측값 $\hat{p}(x)$이 1로 가까워지면 손실함수는 점점 작아지고, 즉 $-\log_e(\hat{p}(x))\to 0$, 반대로 예측값 $\hat{p}(x)$이 0으로 가까워지면 무한대로 커짐을 보여주고 있다. 즉, $-\log_e(\hat{p}(x))\to\infty$ 이 된다. 반대로 $-\log_e(1-\hat{p}(x))$을 나타내는 점선은 $y=0$인 경우 예측값 $\hat{p}(x)$ 이 0으로 가까워지면 손실함수는 점점 작아지고, 즉 $-\log_e(1-\hat{p}(x))\to 0$이 되고, 반대로 예측값 $\hat{p}(x)$이 1로 가까워지면 무한대로 커짐을 보여주고 있다. 즉, $-\log_e(1-\hat{p}(x))\to\infty$ 이 된다. 위를 수식으로 표현하면 다음과 같다.

$$loss_e(y,\hat{p}(x)) = \begin{cases} -\log_e(\hat{p}(x)), & \text{if } y=1 \\ -\log_e(1-\hat{p}(x)), & \text{if } y=0 \end{cases}$$

여기서 $\hat{p}(x)=\sigma(ax+b)$이다. 두 개의 식을 결합하여 하나의 식으로 표현하면 다음과 같다.

$$loss(y,\hat{p}(x)) = -y\log_e\hat{p}(x)-(1-y)\log_e(1-\hat{p}(x))$$

n개의 관측값에 대한 로지스틱 손실함수는 식 (4.10)과 같다.

$$loss(y,\hat{p}(x)) = -\frac{1}{n}\sum_{i=1}^{n}[y_i\log_e\hat{p}(x_i)+(1-y_i)\log_e(1-\hat{p}(x_i))] \tag{4.10}$$

식 (4.10)은 선형회귀의 손실함수인 평균제곱오차(MSE)와 같이 전체 데이터에 대해 손실함수값을 더하고 데이터 개수로 나눈 평균 손실함수값을 나타낸다.

Tip! 교차 엔트로피 손실함수

교차 엔트로피 손실함수(Cross-Entropy loss function, 크로스 엔트로피 손실함수)는 머신러닝/딥러닝의 분류모델에서 일반적으로 사용되는 손실함수이다. 앞에서 논의한 로지스틱 회귀분석에서 사용된 손실함수, 즉 로지스틱 손실함수도 교차 엔트로피 손실함수에 해당된다.

- **엔트로피**

엔트로피(Entropy)는 정보이론(information theory)에서 불확실성(uncertainty)을 나

타내는 척도이다. 불확실성이란 어떤 상황이 발생할 가능성을 명확히 측정할 수 없는 상태를 뜻한다. 불확실성이 높으면 정보량이 많다고 할 수 있다. 따라서 엔트로피는 정보량을 나타내는 지표이다. 예를 들어, 두 개의 실험, 하나는 동전 던지는 실험에서 앞면/뒷면을 맞추는 실험, 다른 하나는 주사위 던지는 실험에서 주사위의 눈(1부터 6까지 숫자)을 맞추는 실험을 생각해보자. 동전을 던졌을 때 앞/뒷면이 나올 확률은 모두 1/2이고 주사위를 던졌을 때 각 눈의 숫자를 맞출 확률은 모두 1/6이다. 주사위 던지는 실험에서 숫자 맞추는 것이 동전 던지기 실험에서 앞면/뒷면을 맞추는 것보다 불확실성이 더 크다. 따라서 주사위 던지는 실험에서 숫자 맞추기 위한 엔트로피가 동전 던지기 실험에서 앞면/뒷면을 맞추기 위한 엔트로피보다 더 높다고 할 수 있다.

• 엔트로피 계산

어떤 사건 X가 일어날 확률 $P(X)$가 높을수록 정보량은 적어진다. 다시 말하면, 일어날 확률이 낮을수록 정보량이 많다.

엔트로피는 표본공간 S에 있는 모든 사건에 대한 정보량의 평균적인 기댓값으로 정의한다.

$$H(X) = E[\log_e \frac{1}{P(X)}] = \sum_{X \in S} P(X) \log_e \frac{1}{P(X)} = -\sum_{X \in S} P(X) \log_e P(X)$$

다시 말하면, 엔트로피는 평균적인 정보량(정보량의 기댓값)을 나타낸다. 예를 들면, 공정한 동전(fair coin, 페어코인) 던지기에서 앞면(H)/뒷면(T)을 맞추는 엔트로피를 계산해 보자.

$$\begin{aligned} & P(X=H) = P(X=T) = \frac{1}{2}, \\ & H(X) = -\sum_{X \in S = \{H, T\}} P(X) \log_e P(X) \\ & \qquad = -[P(X=H) \log_e P(X=H) + P(X=T) \log_e P(X=T)] \\ & \qquad = -[\frac{1}{2} \log_e \frac{1}{2} + \frac{1}{2} \log_e \frac{1}{2}] = 0.6931 \end{aligned}$$

이번에는 굽힌 동전(biased coin) 던지기에서 앞면(H)/뒷면(T)을 맞추는 엔트로피를 계산해 보자. 예를 들면 $P(X=H) = 0.8$, 앞$P(X=T) = 0.2$라고 가정한다.

$$
\begin{aligned}
H(X) &= -\sum_{X \in S = \{H, T\}} P(X)\log_e P(X) \\
&= -\left[P(X=H)\log_e P(X=H) + P(X=T)\log_e P(X=T)\right] \\
&= -\left[0.8\log_e 0.8 + 0.2\log_e 0.2\right] = 0.5004
\end{aligned}
$$

따라서 공정한 동전 던지기에서 앞면(H)/뒷면(T)을 맞추는 엔트로피가 굽힌 동전 던지기에서 앞면(H)/뒷면(T)을 맞추는 엔트로피보다 높다.

- **교차 엔트로피 손실함수**

교차 엔트로피는 하나의 사건 X에 대한 실제 분포 P에 대하여 알지 못하는 상태에서, 예측 모델을 통하여 구한 확률분포인 Q를 통하여 P를 예측하고자 하는 경우, 두 확률분포의 차이를 구하기 위하여 사용된다. 딥러닝에서는 실제 데이터의 확률분포와 학습된 모델에 의해 얻어진 예측 분포의 차이를 구하는 데 사용된다.

교차 엔트로피 손실함수의 공식은 식 (4.11)과 같다.

$$
H(P, Q) = \sum_{X \in S} P(X)\log_e \frac{1}{Q(X)} = -\sum_{X \in S} P(X)\log_e Q(X) \tag{4.11}
$$

여기서 Q는 예측 모델에 의해 얻어진 확률분포를 나타내고, P는 실제 분포를 나타낸다. 여기서는 정답 레이블로서 정답만 1이고 나머지는 0인 원-핫 벡터(one-hat vector)를 사용한다.

따라서 교차 엔트로피 손실은 딥러닝을 통한 예측 모델링에서 실제값과 예측값이 차이가 없는 경우에는 0으로 수렴하고, 차이가 큰 경우에는 큰 값을 갖는다.

다음은 교차 엔트로피 손실함수의 값을 어떻게 계산하는지에 대해 살펴보고자 한다. 예를 들면, 1개의 데이터를 읽어 개/고양이/소/말을 분류하는 4개의 클래스를 갖는 다중 분류 문제를 생각해 보자. 예측 모델에 의해 주어진 데이터로부터 얻어진 예측 분포 Q와 실제 분포 P는 다음과 같다.

$$
Q = [0.1,\ 0.2,\ 0.6,\ 0.1],\ \ P = [0,\ 0,\ 1,\ 0],
$$

따라서

$$H(P, Q) = -\sum_{X \in S} P(X) \log_e Q(X)$$
$$= -[0^* \log_e(0.1) + 0^* \log_e(0.2) + 1^* \log_e(0.6) + 0^* \log_e(0.1) = 0.5108$$

다음은 최종 모델의 예측값을 소프트맥스(softmax) 함수를 사용하는 경우 교차 엔트로피 손실함수의 값을 계산하고자 한다. 여기서 소프트맥스 함수는 식 (4.12)과 같이 정의된다.

$$softmax(x_i) = \frac{e^{x_i}}{\sum_{j=1}^{n} e^{x_j}}, i = 1, \ldots, n \tag{4.12}$$

소프트맥스는 입력받은 값을 0 ~ 1 사이의 출력이 되도록 정규화하여 출력값들의 총합이 항상 1이 되는 특성을 갖는 함수이다. 소프트맥스는 보통 딥러닝에서 출력노드의 활성화 함수로 많이 사용한다. 따라서 예측 모델의 출력값 $Q = [0.1, 0.2, 0.6, 0.1]$에 대한 소프트맥스값은 식(4.12)에 의해 다음과 같다.

$$softmax(x_i) = [0.2104,\ 0.2325,\ 0.3468,\ 0.2104]$$

따라서

$$H(P, Q) = -\sum_{X \in S} P(X) \log_e Q(X)$$
$$= -[0^* \log_e(0.2104) + 0^* \log_e(0.2325)$$
$$+ 1^* \log_e(0.3468) + 0^* \log_e(0.2104)$$
$$= 1.0590$$

Tip! **이진 교차 엔트로피 손실함수(Binary Cross-Entropy loss function)**

이진 분류에서 사용되는 교차 엔트로피 손실함수이다. 교차 엔트로피에서 두 분포가 확률변수를 단 2개를 갖는다고 하자. 예를 들면, 동전의 앞면과 뒷면에서 앞면이 나올 확률이 $P(X)$라고 한다면 뒷면이 나올 확률은 $1-P(X)$가 된다. 반면, 앞면이 나올 것으로 예측할 확률이 $Q(X)$라고 한다면 뒷면이 나올 것으로 예측한 확률은 $1-Q(X)$가 된다.

이진 교차 엔트로피 손실함수의 공식은 식 (4.13)과 같다.

$$
\begin{aligned}
H(P, Q) &= -\sum_{X\in S} P(X)\log_e Q(X) \\
&= -(P(X)\log_e Q(X) + (1-P(X))\log_e(1-Q(X)))
\end{aligned} \tag{4.13}
$$

식 (4.13)은 배치 사이즈가 1인 경우이다. 만약, 배치 사이즈가 n인 경우, 이진 교차 엔트로피 손실함수의 공식은 식 (4.14)와 같이 배치 사이즈에 대해 이진 교차 엔트로피 손실함수를 전부 더해서 배치 사이즈로 나눈 평균 엔트로피 손실함수를 취한다. 즉,

$$
\begin{aligned}
H(P, Q) &= \frac{1}{n}\sum_{i=1}^{n}[-\sum_{X\in S} P(X^{(i)})\log_e Q(X^{(i)})] \\
&= \frac{1}{n}\sum_{i=1}^{n}[-(P(X^{(i)})\log_e Q(X^{(i)}) + (1-P(X^{(i)}))\log_e(1-Q(X^{(i)})))]
\end{aligned} \tag{4.14}
$$

예를 들어, 이진 교차 엔트로피 손실함수의 계산에 대해 살펴보고자 한다. 여기서는 배치 사이즈가 1, 클래스가 2인 이진 분류 경우이다.

$$Q = [0.6, 0.4],\ P = [1, 0],$$

혹은 이진 분류이므로 다음과 같이 표기할 수 있다.

$$Q = [0.6],\ P = [1] \text{ 혹은 } Q = [0.4],\ P = [0]$$

따라서 식 (4.13)에 의해 다음과 같이 구한다.

$$
\begin{aligned}
H(P, Q) &= -\sum_{X\in S} P(X)\log_e Q(X) \\
&= -(P(X)\log_e Q(X) + (1-P(X))\log_e(1-Q(X))) \\
&= -(1^*\log_e(0.6) + (1-1)^*\log_e(0.4)) \\
&= 0.5108
\end{aligned}
$$

(2) 옵티마이저

딥러닝에서 학습의 목적은 손실함수의 값을 최소로 하는 매개변수를 찾는 데 있다. 매개변수의 최적값을 찾는 과정, 즉 옵티마이저(optimizer, 최적화)에는 3장에서 언급한 경사 하강법(Gradient Descent method, GD)을 기본으로 여러 가지 종류가 있다. 그림 4.11은 여러 가지 옵티마이저를 보여주고 있다.

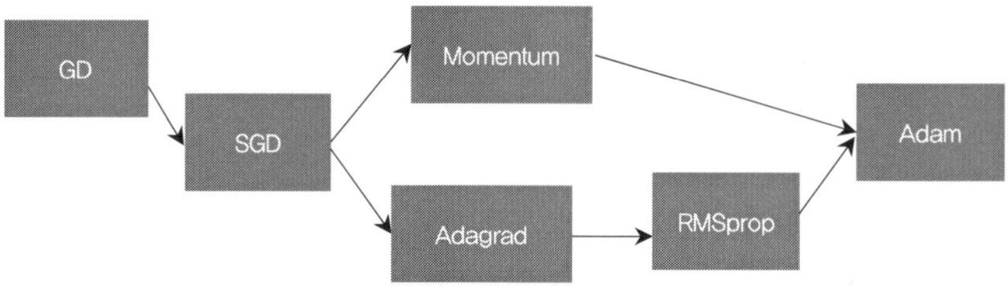

그림 4.11 여러 가지 옵티마이저

그림 4.11에서 SGD는 확률적 경사 하강법(Stochastic Gradient Descent), Momentum은 모멘텀 SGD, Adagrad는 아다그라드(Adaptive Gradient), RMSprop은 알엠에스프롭(Root Mean Square Propagation), 그리고 Adam은 아담(Adaptive Moment)을 나타낸다.

(1) 확률적 경사 하강법(Stochastic Gradient Descent, SGD)

GD는 함수의 경사(gradient, 그레디언트, 기울기)를 이용하여 최적의 파라미터를 찾는 방법이다. 이를 위해 모델의 예측값과 실제값과의 차이로부터 손실함수를 정의하고, 손실함수가 최소가 되도록 파라미터를 다음과 같이 갱신한다.

$$w_i \leftarrow w_i - \alpha \frac{\partial L(w_i)}{\partial w_i}$$

여기서 GD는 손실함수(혹은 손실함수의 그레디언트)를 한번 계산하는 데 혹은 파라미터를 한번 갱신하는 데 전체 데이터를 사용한다. 예를 들면, 100만 개의 데이터가 있는 경우 한 번에 100만 개의 데이터 모두 사용하여 손실함수의 값을 구한 뒤 이를 이용하여 파라미터를 갱신한다. 빅데이터인 경우 손실함수(혹은 손실함수의 그레디언트)를 계산하는 데 너무 많은 시간이 걸려서 현실적으로 이용하는 데 한계가 있다. 이런 문제를 해결하기 위해서 등장한 것이 확률적 경사 하강법(Stochastic Gradient Descent, SGD)이다. SGD는 전체 데이터 중 단 한 개의 데이터를 확률적으로 추출하여 사용하는 방법이다. SGD는 훨씬 적은 계산으로 손실함수(혹은 손실함수의 그레디언트)를 얻기 때문에 보통의 GD보다 학습 속도가 훨씬 빠르다. 하지만 선택된 데이터가 노이즈(noise, 잡음), 혹은 이상값(outlier)인 경우 손실함수의 값이 급격히 증가하며 학습이 불안정해지는 단점을 갖고 있다. 그림 4.12는 GD와 SGD의 최적점 수렴과정을 나타낸 그림이다.

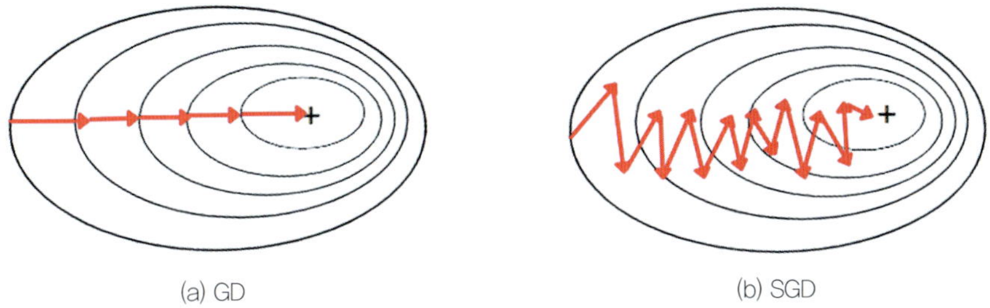

그림 4.12 GD와 SGD의 최적점 수렴 과정

그림 4.12(a)의 GD는 전체 데이터에 대해 미분을 해서 파라미터 갱신을 통해 최적점을 찾는다. 하지만 학습 데이터 셋이 커지면 한 번 갱신하는 데 엄청난 시간이 걸릴 것이다. 반대로 그림 4.12(b)의 SGD는 램덤하게 추출된 데이터에 대해 미분을 해서 파라미터 갱신을 통해 최적점을 찾는다. 그런데 한 번 갱신할 때마다 데이터를 하나만 사용하기 때문에 계산이 매우 빠르다. 그런데 4.12(b)에서 보는 것처럼 SGD는 학습 과정 중 손실함수의 값이 심한 파동에 의하여 로컬 최소점(local minimum)으로 수렴할 가능성도 있다. 즉, 글로벌 최소점(global minimum)에 정확히 도달하지 못할 가능성이 있다.

(2) 모멘텀(momentum)

모멘텀(momentum)은 관성이라는 물리학의 법칙을 응용한 방법이다. 모멘텀 혹은 모멘텀 SGD(SGD with momentum)은 SGD에 관성을 더해주는 방법이다. 이렇게 하면 마치 언덕에서 공이 내려올 때, 중간에 작은 웅덩이에 빠지더라도 관성의 힘으로 넘어서는 효과를 줄 수 있다. 모멘텀 SGD는 SGD의 학습 과정 중 손실함수값의 변동이 심하다는 문제가 발생하기 때문에 이를 보완하기 위해 등장하였다. 기존 SGD에 모멘텀을 사용하면 SGD가 가지고 있는 로컬 최소점(local minimum)으로 수렴 문제를 해결할 수 있다. 모멘텀 SGD은 기존의 SGD에 속도(velocity)를 도입하여 다음과 같이 수학적으로 나타낼 수 있다.

$$v_i \leftarrow \rho v_i - \alpha \frac{\partial L(w_i)}{\partial w_i}$$

$$w_i \leftarrow w_i + v_i$$

여기서 ρ는 속도를 조절하는 모멘텀 계수를 나타내고(보통 $\rho = 0.9$), α은 학습률을 나타낸다. 모멘텀 SGD는 진행하던 속도에 관성을 적용하여 로컬 최소점에 빠지더라도 그 지점을 벗어날 수 있다.

그림 4.13은 기존 SGD에 모멘텀 사용 유무에 따라 최적점 수렴과정을 나타낸 그림이다.

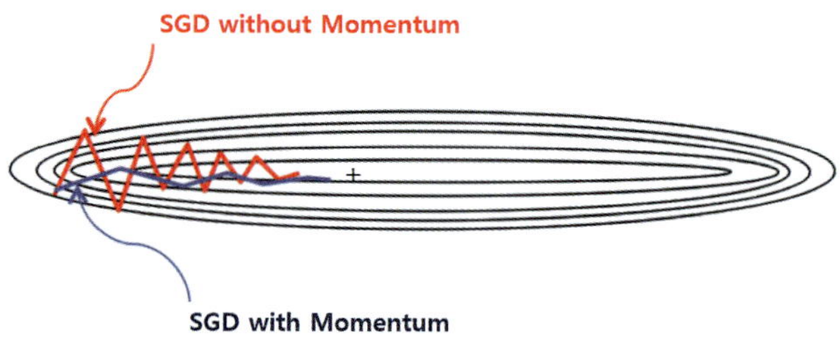

그림 4.13 모멘텀 사용 유무에 따른 최적점 수렴 과정

그림 4.13의 모멘텀 SGD(SGD with Momentum)는 SGD(SGD without Momentum)와 비교하여 관성에 의해 지그재그의 비율이 줄어들어 더 빨리 최적점을 찾을 수 있다.

(3) Adagrad(Adaptive Gradient)

신경망 학습에서 학습률(learning rate)을 적절하게 설정하는 것이 중요하다. 학습률을 적절하게 설정하기 위해 학습률 감소(learning rate decay)라는 기술을 사용하는데 이는 학습 진행 중에 학습률을 줄여가는 방법이다. 그림 4.14처럼 처음에는 크게 학습을 하다가 점점 작게 학습한다는 의미이다. 이 방법을 발전시킨 것이 AdaGrad이며 AdaGrad는 각 매개변수에 Adaptive하게 조정하여 맞춤형 학습률을 만든다.

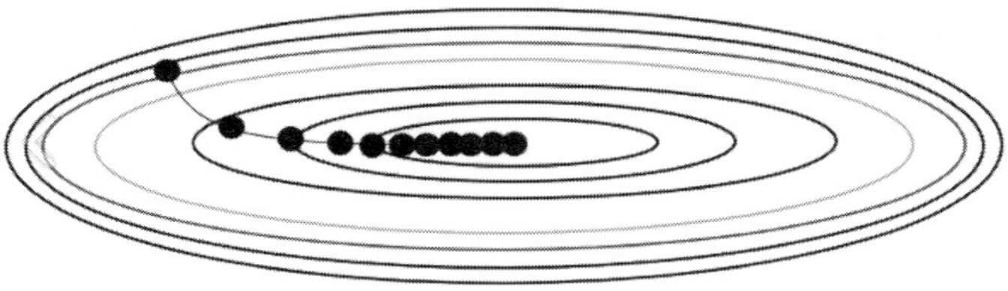

그림 4.14 Adagrad에 따른 최적점 수렴 과정

AdaGrad은 기울기(gradient)를 제곱하여 얻어진 $(\frac{\partial}{\partial W}L(W))^2$을 이용하여 다음과 같이 새로운 변수 $g_{(t)}$를 만든다.

$$g_{(t)} = g_{(t-1)} + (\frac{\partial}{\partial W}L(W))^2$$

위에서 얻어진 새로운 변수 $g_{(t)}$을 이용하여 다음과 같이 학습률을 조정한다.

$$W_{(t+1)} = W_{(t)} - \alpha \frac{1}{\sqrt{g_{(t)} + \epsilon}} \frac{\partial}{\partial W}L(W)$$

(4) RMSProp(Root Mean Square Propagation)

RMSProp은 알엠에스프롭(R.M.S.Prop)이라고 읽는다. RMSProp은 AdaGrad의 단점을 보완한 기법이다. AdaGrad는 과거의 기울기(gradient)를 제곱하여 더하는 방식으로 학습을 진행하므로 점점 갱신 정도가 약해진다. 무한히 학습한다면 갱신량이 0이 되어 전혀 갱신되지 않는 일이 발생하게 된다. 이를 개선한 것이 RMSProp이다.

RMSProp은 과거의 기울기들을 똑같이 더해가는 것이 아니라 먼 과거의 기울기는 조금 반영하고 최신의 기울기를 많이 반영한다. 이를 위해 지수가중이동평균(Exponentially Weighted Moving Averages, EWMA)을 사용한다. 따라서 RMSProp은 기울기(gradient)의 제곱인 $(\frac{\partial}{\partial W}L(W))^2$의 지수가중이동평균을 사용한다. 즉, 수식으로 표현하면 다음과 같다.

$$g_{(t)} = \beta g_{(t-1)} + (1-\beta)(\frac{\partial}{\partial W}L(W))^2$$

보통 decaying factor $\beta \approx 0.9$이다. 위에서 얻어진 새로운 변수 $g_{(t)}$을 이용하여 다음과 같이 학습률을 조정한다.

$$W_{(t+1)} = W_{(t)} - \alpha \frac{1}{\sqrt{g_{(t)} + \epsilon}} \frac{\partial}{\partial W} L(W)$$

(5) 아담(Adam, Adaptive Moment)

아담은 모멘텀(momentum)과 RMSProp(Root Mean Square Propagation)를 합친 알고리즘이다. 다시 말하면, 아담은 RMSProp에 모멘텀(momentum)을 적용한 방법이다. 최근에 제안된 방법으로 딥러닝에서 가장 많이 사용한다.

$m_{(t)}$와 $g_{(t)}$을 각각 gradient의 지수가중이동평균, gradient의 제곱의 지수가중이동평균이라 할 때 다음과 같다.

$$m_{(t)} = \beta_1 m_{(t-1)} + (1-\beta_1)\frac{\partial}{\partial W} L(W)$$

$$g_{(t)} = \beta_2 g_{(t-1)} + (1-\beta_2)(\frac{\partial}{\partial W} L(W))^2$$

$$\hat{m}_{(t)} = \frac{m_{(t)}}{1-\beta_1^{(t)}}, \quad \hat{g}_{(t)} = \frac{g_{(t)}}{1-\beta_2^{(t)}}$$

여기서 $\beta_1, \beta_2 \in [0,1]$은 이동평균의 감쇠율을 조정하는 파라미터이다. 보통 $\beta_1 \approx 0.9$, $\beta_2 \approx 0.999$이다.

$$W_{(t+1)} = W_{(t)} - \alpha \frac{\hat{m}_t}{\sqrt{\hat{g}_t + \epsilon}}$$

여기서 $\hat{m}_{(t)}$, $\hat{g}_{(t)}$는 $m_{(t)}, g_{(t)}$가 0이 되는 것을 방지하기 위한 보정값이고, ϵ는 분모가 0이 되는 것을 방지하기 위한 작은 값 $\epsilon \approx 10^{-8}$이고, 학습률 $\alpha \approx 0.001$이다.

4.5 모델 학습하기

모델을 학습시키기 위해서는 첫 번째로 입력할 데이터를 지정한다. train 데이터에서 X 데이터, Y 데이터를 사용하여 모델을 학습시킨다. 두 번째로 배치 사이즈(batch size)를 정한다.

배치 사이즈란 모델이 한 번에 학습하는 데이터의 수를 의미한다. 예를 들면, 배치 사이즈가 128인 경우 한 번에 128개 데이터를 가지고 학습시키겠다는 의미이다. 쉬운 예를 들어 설명하자면, 사람이 문제집을 가지고 며칠에 걸쳐 시험공부를 하는 경우, 배치 사이즈는 하루에 푸는 문제집에 있는 문제 수를 의미한다. 배치 사이즈가 128인 경우 매일 128문제를 푼다고 생각하면 된다.

Tip! 미니 배치(mini-batch) 학습

전체 데이터를 단위별로 나누어서 해당 단위로 학습하는 것을 말한다. 여기서 이 단위를 미니 배치라 한다. 통상적으로 미니 배치의 크기는 2의 제곱, 예를 들면, 2, 4, 8, 16, 32, ... 등으로 설정한다. 데이터를 한 개 사용하는 경우, 즉 미니 배치의 크기가 1인 경우는 손실함수로부터 최적의 파라미터를 빨리 얻을 수 있지만, 부정확한 해, 여기서는 로컬 최소점에 도달할 수 있고, 데이터를 전체 사용하는 경우, 즉, 미니 배치의 크기가 전체 데이터의 크기인 경우는 손실함수로부터 최적의 파라미터를 느리게 얻을 수 있지만, 정확한 해, 여기서는 글로벌 최소점에 도달할 수 있다. 따라서, 적절한 미니 배치의 크기를 사용하는 것이 좋다. 그림 4.15는 전체 데이터를 미니 배치 단위로 나눈 것을 보여주고 있다.

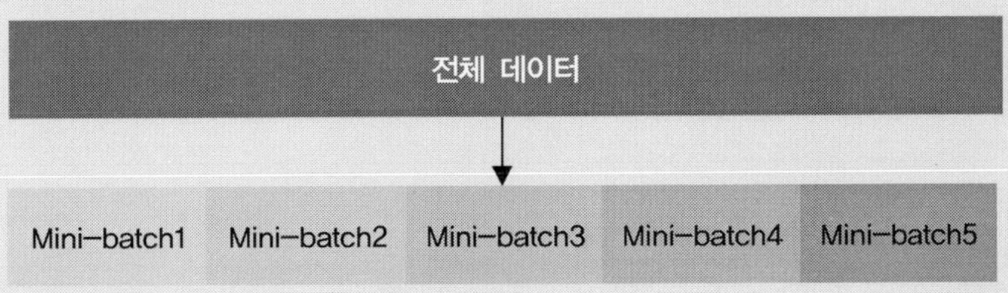

그림 4.15 미니 배치

여기서는 전체 데이터를 5개의 미니 배치로 나누고, 미니 배치 학습은 미니 배치만큼의 데이터에서 손실함수를 계산하고, 경사 하강법에 의해 가중치를 업데이트한다.

세 번째로 에포크(epochs)를 정한다. 에포크는 전체 데이터 셋을 학습한 횟수를 의미한다. 예를 들면, 에포크가 10인 경우 모든 데이터를 10번 반복해서 학습시키겠다는 의미이다.

쉬운 예를 들어 설명하자면, 사람이 문제집을 가지고 시험공부를 하는 경우 에포크는 문제집에 있는 모든 문제를 처음부터 끝까지 푼 횟수를 의미한다. 문제집 한 권 전체를 1번 푼 사람도 있고, 3번, 5번, 심지어 10번 푼 사람도 있을 수 있다. 에포크는 문제집을 몇 번 풀었는지를 나타내는 수치라고 생각하면 된다.

4.6 모델 평가하기

(1) 회귀모델의 성능평가지표

회귀모델의 평가를 위한 지표는 표 4.1에서 보는 것처럼 실제값 y_i과 예측값 $\hat{y_i}$과의 차이, 즉 오차(error) $y_i - \hat{y_i}$을 기반으로 이루어진다. 단지 실제값과 예측값과 차이를 그냥 더하면 오차의 합은 0이므로 지표로 쓸 수 없다. 이 때문에 오차의 절댓값 평균이나 제곱, 또는 제곱한 뒤 다시 루트(제곱근)를 씌운 평균값을 성능 지표로 사용한다.

표 4.1 회귀모델의 성능 평가지표

평가지표	수식
MAE(Mean Absolute Error)	$MAE = \frac{1}{n}\sum_{i=1}^{n}\lvert y_i - \hat{y_i}\rvert$
MSE(Mean Squared Error)	$MSE = \frac{1}{n}\sum_{i=1}^{n}(y_i - \hat{y_i})^2$
RMSE(Root Mean Squared Error)	$RMSE = \sqrt{\frac{1}{n}\sum_{i=1}^{n}(y_i - \hat{y_i})^2}$
R^2(Coefficient of Determination, 결정계수)	$R^2 = 1 - \frac{\sum_{i=1}^{n}(y_i - \hat{y_i})^2}{\sum_{i=1}^{n}(y_i - \overline{y_i})^2}$

예제 4.1

표 4.2는 학생의 공부 시간 (Hours)에 따른 시험 점수 (Scores)에 대한 데이터이다. 사이킷런(scikit-learn) 라이브러리에 있는 LinearRegression 클래스를 사용하여 회귀모델을 생성하고 성능 평가지표를 구하고자 한다.

표 4.2 student_scores 데이터

Hours	Scores	Hours	Scores
2.5	21	3.3	42
5.1	47	1.1	17
3.2	27	8.9	95
8.5	75	2.5	30
3.5	30	1.9	24
1.5	20	6.1	67
9.2	88	7.4	69
5.5	60	2.7	30
8.3	81	4.8	54
2.7	25	3.8	35
7.7	85	6.9	76
5.9	62	7.8	86
4.5	41		

풀이

[코드 4.6.1]을 실행시키기 위해서는 가상 환경하에서 conda install 명령을 이용하여 pandas 모듈과 scikit-learn 모듈을 설치하여야 한다. 이에 대한 자세한 설명은 제2장을 참조하기 바란다.

[코드 4.6.1]

```
import os
os.getcwd()

import pandas as pd
df = pd.read_csv('student_scores.csv')
print(df.info())
print(df.head())

X = df[['Hours']]
y = df['Scores']
#print(type(X))
#print(type(y))
```

```
print(X.shape)
print(y.shape)

#선형회귀모델 적합
from sklearn.linear_model import LinearRegression
model = LinearRegression()
model.fit(X, y)

#절편
print(f'Intercept : {model.intercept_:.4f}')
#기울기
print(f'Coefficient : {model.coef_[0]:.4f}')

#모델 예측
y_pred = model.predict(X)
#print(y_pred)

#성능 평가지표
from sklearn.metrics import mean_absolute_error, mean_squared_error
from sklearn.metrics import r2_score
import numpy as np

print('MAE = {:.4f}'.format(mean_absolute_error(y, y_pred)))
print('MSE = {:.4f}'.format(mean_squared_error(y, y_pred)))
print('RMSE = {:.4f}'.format(np.sqrt(mean_squared_error(y, y_pred))))
print('R2 = {:.4f}'.format(r2_score(y, y_pred)))
```

```
<class 'pandas.core.frame.DataFrame'>
RangeIndex: 25 entries, 0 to 24
Data columns (total 2 columns):
 #   Column  Non-Null Count  Dtype
---  ------  --------------  -----
 0   Hours   25 non-null     float64
 1   Scores  25 non-null     int64
dtypes: float64(1), int64(1)
memory usage: 528.0 bytes
None
   Hours  Scores
0    2.5      21
1    5.1      47
2    3.2      27
3    8.5      75
4    3.5      30
```

```
(25, 1)
(25,)
Intercept : 2.4837
Coefficient : 9.7758
MAE = 4.9728
MSE = 28.8827
RMSE = 5.3743
R2 = 0.9529
```

→ 적합된 회귀직선은 $\hat{y} = 9.7758x + 2.4837$이고 성능 평가지표는 다음과 같다.

MAE = 4.9728
MSE = 28.8827
RMSE = 5.3743
R2 = 0.9529

[코드 4.6.1 설명]

① 현재의 작업 디렉터리 알아보기

```
import os
os.getcwd()
```

```
'D:\\TensorFlow'
```

② 데이터 불러오기

```
import pandas as pd
df = pd.read_csv('student_scores.csv')
```

③ 데이터의 대략적인 정보 출력하기

```
print(df.info())
```

```
<class 'pandas.core.frame.DataFrame'>
RangeIndex: 25 entries, 0 to 24
Data columns (total 2 columns):
 #   Column  Non-Null Count  Dtype
---  ------  --------------  -----
 0   Hours   25 non-null     float64
 1   Scores  25 non-null     int64
dtypes: float64(1), int64(1)
memory usage: 528.0 bytes
None
```

④ 읽은 데이터 앞부분 출력하기

```
print(df.head())
```

```
   Hours  Scores
0    2.5      21
1    5.1      47
2    3.2      27
3    8.5      75
4    3.5      30
```

⑤ 독립변수와 종속변수 지정

변수 'Hours'를 독립변수 X로, 'Scores'를 종속변수 y로 지정한다. 여기서 독립변수는 2차원이고 종속변수는 1차원 형태이다.

```
#독립변수와 종속변수 지정
X = df[['Hours']]
y = df['Scores']
#print(type(X))
#print(type(y))
print(X.shape)
print(y.shape)
```

```
(25, 1)
(25,)
```

데이터프레임의 iloc 속성을 이용하여 독립변수와 종속변수를 지정할 수 있다. 여기서 X는 데이터프레임 형태이고 y는 Series 형태임을 알 수 있다.

```
X = df.iloc[:, :-1]
y = df.iloc[:, 1]
print(type(X))
print(type(y))
```

```
<class 'pandas.core.frame.DataFrame'>
<class 'pandas.core.series.Series'>
```

참고로 데이터프레임과 Series 데이터를 to_numpy( ) 함수 혹은 values 속성을 사용하여 배열로 변환할 수 있다.

• to_numpy() 함수 사용

```
X = df.iloc[:, :-1].to_numpy()
y = df.iloc[:, 1].to_numpy()
print(type(X))
print(type(y))
print(X.shape)
print(y.shape)
```

```
<class 'numpy.ndarray'>
<class 'numpy.ndarray'>
(25, 1)
(25,)
```

• values 속성 사용

```
X = df.iloc[:, :-1].values
y = df.iloc[:, 1].values
print(type(X))
print(type(y))
print(X.shape)
print(y.shape)
```

```
<class 'numpy.ndarray'>
<class 'numpy.ndarray'>
(25, 1)
(25,)
```

⑥ 모델 생성 및 적합

```
#선형회귀모델 적합
from sklearn.linear_model import LinearRegression
model = LinearRegression()
model.fit(X, y)
```

```
LinearRegression()
```

⑦ 회귀계수 계산

```
#절편
print('Intercept:{:.4f}'.format(model.intercept_))
#기울기
print('Coefficient:{:.4f}'.format(model.coef_[0]))
```

```
Intercept : 2.4837
Coefficient : 9.7758
```

⑧ X 데이터에 대한 예측

```
y_pred = model.predict(X)
#print(y_pred)
```

⑨ 성능 평가지표

```
#성능척도 평가
from sklearn.metrics import mean_absolute_error, mean_squared_error
from sklearn.metrics import r2_score
import numpy as np

print('MAE = {:.4f}'.format(mean_absolute_error(y, y_pred)))
print('MSE = {:.4f}'.format(mean_squared_error(y, y_pred)))
print('RMSE = {:.4f}'.format(np.sqrt(mean_squared_error(y, y_pred))))
print('R2 = {:.4f}'.format(r2_score(y, y_pred)))
```

```
MAE = 4.9728
MSE = 28.8827
RMSE = 5.3743
R2 = 0.9529
```

예제 4.2

[예제 4.1]에서 전체 데이터를 train 데이터와 test 데이터로 분할하고자 한다. 여기서는 80 : 20 비율로 분할하고 train 데이터에서 모델을 생성하고 test 데이터에서 예측하고자 한다. 그리고 성능 평가지표를 구하고자 한다.

풀이

[코드 4.6.2]

```
import os
os.getcwd()

#데이터 불러오기
import pandas as pd
df = pd.read_csv('student_scores.csv')
print(df.info())
print(df.head())

#독립변수와 종속변수 지정
X = df[['Hours']]
y = df['Scores']
print(type(X))
print(type(y))
print(X.shape)
print(y.shape)

#데이터분할
from sklearn.model_selection import train_test_split
X_train, X_test, y_train, y_test = train_test_split(X, y, test_size=0.2, random_state=0)
print(X_train.shape)
print(X_test.shape)
print(y_train.shape)
print(y_test.shape)

#선형회귀모델 적합
from sklearn.linear_model import LinearRegression
model = LinearRegression()
model.fit(X_train, y_train)

#절편
print(f'Intercept : {model.intercept_:.4f}')
#기울기
print(f'Coefficient : {model.coef_[0]:.4f}')

#모델 예측
y_pred =model.predict(X_test)
#print(y_pred)
```

```
#성능 평가지표
from sklearn.metrics import mean_absolute_error, mean_squared_error
from sklearn.metrics import r2_score
import numpy as np

print('MAE = {:.4f}'.format(mean_absolute_error(y_test, y_pred)))
print('MSE = {:.4f}'.format(mean_squared_error(y_test, y_pred)))
print('RMSE = {:.4f}'.format(np.sqrt(mean_squared_error(y_test, y_pred))))
print('R2 = {:.4f}'.format(r2_score(y_test, y_pred)))
```

```
<class 'pandas.core.frame.DataFrame'>
RangeIndex: 25 entries, 0 to 24
Data columns (total 2 columns):
 #   Column  Non-Null Count  Dtype
---  ------  --------------  ------
 0   Hours   25 non-null     float64
 1   Scores  25 non-null     int64
dtypes: float64(1), int64(1)
memory usage: 528.0 bytes
None
   Hours  Scores
0    2.5      21
1    5.1      47
2    3.2      27
3    8.5      75
4    3.5      30
<class 'pandas.core.frame.DataFrame'>
<class 'pandas.core.series.Series'>
(25, 1)
(25,)
(20, 1)
(5, 1)
(20,)
(5,)
Intercept : 2.0182
Coefficient : 9.9107
MAE = 4.1839
MSE = 21.5988
RMSE = 4.6474
R2 = 0.9455
```

→ 적합된 회귀직선은 $\hat{y} = 9.9107x + 2.0182$이고 성능 평가지표는 다음과 같다.

```
MAE = 4.1839
MSE = 21.5988
RMSE = 4.6474
R2 = 0.9455
```

[코드 4.6.2 설명]

① 데이터 분할

여기서는 train 데이터와 test 데이터를 80 : 20 비율로 분할한다.

```
from sklearn.model_selection import train_test_split
X_train, X_test, y_train, y_test = train_test_split(X, y, test_size=0.2, random_state=0)

print(X_train.shape)
print(X_test.shape)
print(y_train.shape)
print(y_test.shape)
```

```
(20, 1)
(5, 1)
(20,)
(5,)
```

② 모델 생성 및 적합

```
#선형회귀모델 적합
from sklearn.linear_model import LinearRegression
model = LinearRegression()
model.fit(X_train, y_train)
```

```
LinearRegression()
```

③ X_test 데이터에 대한 예측

```
#모델 예측
y_pred =model.predict(X_test)
#print(y_pred)
```

④ 성능 평가지표

```
from sklearn.metrics import mean_absolute_error, mean_squared_error
from sklearn.metrics import r2_score
import numpy as np

print('MAE = {:.4f}'.format(mean_absolute_error(y_test, y_pred)))
print('MSE = {:.4f}'.format(mean_squared_error(y_test, y_pred)))
print('RMSE = {:.4f}'.format(np.sqrt(mean_squared_error(y_test, y_pred))))
print('R2 = {:.4f}'.format(r2_score(y_test, y_pred)))
```

```
MAE = 4.1839
MSE = 21.5988
RMSE = 4.6474
R2 = 0.9455
```

(2) 분류모델의 성능 평가지표

분류모델의 성능을 평가하기 위한 성능 평가지표로서 정확도(accuracy), 정밀도(precision), 민감도(sensitivity), 특이도(specificity), ROC 곡선(receiver operating characteristic curve), AUC(area under the curve) 등이 있다. 분류모델의 성능 평가지표는 Confusion matrix (오차 행렬, 혼동 행렬)로부터 얻어진다. 표 4.3은 Confusion matrix를 나타낸다. Confusion matrix는 학습된 분류모델의 예측 결과와 실제 데이터를 행렬 형태로 나타낸 것이다. Confusion matrix는 데이터에서 실제 클래스(actual class)와 모델의 예측 클래스(predicted class)가 일치하는지를 갯수로 나타낸 표이다. 여기서 실제 클래스는 행(row)으로 나타내고 예측 클래스는 열(column)로 나타낸다. 이진 분류(binary classification)는 Positive와 Negative, 1과 0, +와 -와 같이 두 가지의 클래스로 분류하는 것을 말한다. 여기서는 Positive와 Negative로 분류한다.

표 4.3 Confusion matrix

		Predicted Class	
		Negative	Positive
Actual Class	Negative	True Negative(TN)	False Positive(FP)
	Positive	False Negative(FN)	True Positive(TP)

- True Positive(TP): 실제 Positive인데, 모델에 의해 Positive로 옳게 분류한 경우
- True Negative(TN): 실제 Negative인데, 모델에 의해 Negative로 옳게 분류한 경우
- False Positive(FP): 실제 Negative인데, 모델에 의해 Positive로 잘못 분류한 경우
- False Negative(FN): 실제 Positive인데, 모델에 의해 Negative로 잘못 분류한 경우

하나의 예를 들면, 암(cancer, 악성종양)을 검진할 때 암에 걸린 것을 양성이라 하고 걸리지 않은 것을 음성이라고 한다. 암 판정 시스템에서 두 개의 클래스 중 Positive를 양성, Negative를 음성으로 간주하여 표 4.4의 암 판정에서 Confusion matrix를 만들 수 있다.

표 4.4 암 판정에서 Confusion matrix

		Predicted Class	
		음성	양성
Actual Class	음성	True Negative(TN)	False Positive(FP)
	양성	False Negative(FN)	True Positive(TP)

- True Positive(TP): 실제로 암인 것을 모델 사용하여 암이라고 정확하게 예측하는 경우
- True Negative(TN): 실제로 암이 아닌 것을 모델 사용하여 암이 아니라고 정확하게 예측하는 경우
- False Positive(FP): 실제로 암이 아닌 것을 모델 사용하여 암이라고 잘못 예측하는 경우
- False Negative(FN): 실제로 암인 것을 모델 사용하여 암이 아니라고 잘못 예측하는 경우

표 4.5는 Confusion matrix로부터 성능 평가지표인 정확도(accuracy), 정밀도(precision), 민감도 (sensitivity), 특이도 (specificity)가 얻어진다는 것을 보여주고 있다.

표 4.5 Confusion matrix로부터 성능 평가지표

		Predicted Class		
		Negative	Positive	
Actual Class	Negative	True Negative(TN)	False Positive(FP)	specificity $\frac{TN}{(FP+TN)}$
	Positive	False Negative(FN)	True Positive(TP)	sensitivity $\frac{TP}{(TP+FN)}$
			precision $\frac{TP}{(TP+FP)}$	accuracy $\frac{TP+TN}{(TP+TN+FP+FN)}$

표 4.5의 Confusion matrix로부터 분류모델의 성능 평가지표들에 대해 자세하게 알아보고자 한다.

① 정확도(accuracy)

정확도(accuracy)는 전체 데이터 중에서 옳게 예측된 것의 비율을 의미한다.

$$accuracy = \frac{TP+TN}{(TP+TN+FP+FN)}$$

정확도는 모델의 예측 성능을 평가하는데 매우 직관적인 평가지표이긴 하지만 이진 분류인 경우 정확도만 가지고 평가하기엔 무리가 있다. 왜냐하면, 데이터의 구성에 따라 모델의 성능이 왜곡되게 평가될 수도 있기 때문이다. 특히, 심한 불균형 데이터(imbalanced data)에서 정확도만으로 평가지표로 사용하기에는 부적합하다. 예를 들면, 100개의 데이터에서 1과 0 값이 각각 97 : 3 비율을 가지고 있을 때 모든 값을 1로 예측한다면 정확도가 97% 나오게 된다. 따라서 불균형 데이터에서는 정밀도(precision)와 민감도(sensitivity) 성능 평가지표가 더 선호된다. 결론적으로 정확도가 가지는 분류 평가지표의 한계점을 극복하기 위해 여러 가지 분류 지표와 함께 적용하는 것이 좋다.

② 정밀도(precision)

정밀도(precision)는 Positive(양성)로 예측한 것 중 실제 Positive(양성)인 비율을 의미

한다.

$$\text{precision} = \frac{TP}{(TP+FP)}$$

예를 들면, 전체 메일 중에 스팸 메일(Positive)로 예측한 메일 중에 실제 정상 메일이 아닌 스팸 메일(Positive) 정도를 말한다. 정밀도는 Positive 예측 성능을 더욱 정밀하게 측정하기 위한 평가지표로 양성 예측도(PPV:Positive Predictive Value)라고도 불린다.

스팸 메일 분류모델을 사용하여 메일을 분류하는 경우, 스팸 메일(Positive)로 예측한 것 중에 실제 정상 메일(Negative)이 많은 경우 정밀도 면에서 작은 값을 갖는다. 이런 분류모델을 사용하는 경우 실제 많은 정상 메일이 스팸 메일로 판단하는 것이므로 중요한 메일인 경우 사용자는 메일을 받지 못하는 경우가 발생할 수 있다.

③ 민감도(sensitivity), 재현율(recall)

민감도(sensitivity)는 실제 Positive(양성)인 것 중에 Positive(양성)로 예측한 것의 비율을 의미한다.

$$\text{sensitivity} = \frac{TP}{(TP+FN)}$$

예를 들면, 심장병 예측 문제에서 실제 심장병 걸린 사람들 중에 옳게 예측된 정도를 말한다. 위와 같이 심장병 환자에게 심장병임을 알려주는 것이 중요한 요소이다. 일명, 재현율(Recall)이라고 한다.

분류모델을 사용하여 심장병을 분류하는 경우, 분류모델의 민감도가 작은 경우, 예를 들면, 실제 심장병 환자에게 심장병이 아니라고 진단하는 것이므로 매우 심각한 문제를 얘기할 수 있다.

⑤ 특이도(specificity)

특이도(specificity)는 실제 Negative(음성)인 것 중에 Negative(음성)로 맞게 예측한 것의 비율을 말한다.

$$\text{specificity} = \frac{TN}{(FP + TN)}$$

예를 들면, 실제 병이 없는 사람 들 중에 모델에 의해 병이 없다고 옳게 예측된 비율을 말한다.

⑥ ROC 곡선(receiver operating characteristic curve)

ROC 곡선(receiver operating characteristic curve)은 그림 4.16과 같이 분류모델의 오분류율(false positive rate, FPR)을 x축으로 하고 정분류율(true positive rate, TPR)을 y축으로 한 그래프이다.

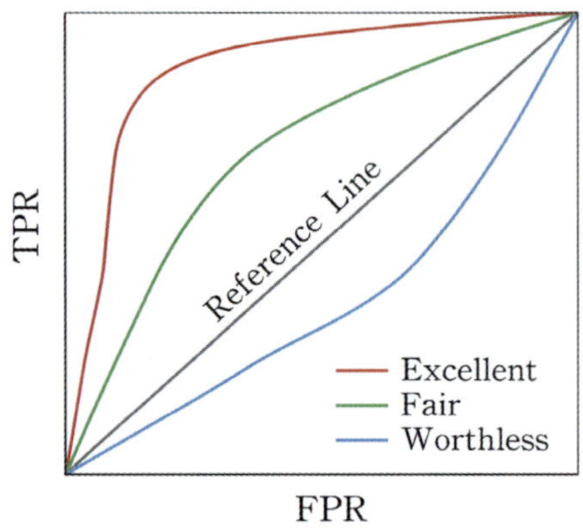

그림 4.16 ROC 곡선

여기서 민감도를 정분류율이라고 하고, 오분류율 = 1 − 특이도이고 수식으로 나타내면 다음과 같다.

$$FPR = \frac{FP}{(FP + TN)}$$

ROC 곡선은 분류모델을 이용하여 주어진 모든 자료에 대해 임계값(threshold, cut-off value)이 변화함에 따라 오분류율과 정분류율의 변화를 그래프로 나타낸 것으로 ROC 곡선이 왼쪽 상단으로 더 위에 위치할수록 좋은 모델이다.

그림 4.16의 ROC 곡선은 중간의 참조선(Reference line)을 기준으로 세 개의 ROC

곡선을 나타내고 있다. 먼저, 참조선은 분류모델이 무작위로 예측하는 랜덤모델을 나타낸다. 즉, Positive(양성)와 Negative(음성)를 정확히 같은 비율로 예측하는 것을 나타낸다. 참조선은 다른 분류모델을 판단하기 위한 기준선으로 사용된다. 즉, 이 선에 가까운 ROC 곡선은 유용하지 않은 모델을 나타낸다. 한편, Worthless 선은 예측 결과가 가치 없는 모델을 나타내고, Fair 선은 예측 결과가 좋은 모델, Excellent 모델은 예측 결과가 매우 좋은 모델을 나타낸다. ROC 곡선에서 임계값은 분류모델이 Positive와 Negative로 판정을 내릴지에 대한 기준이 되는 값이다. 단순히 중간 정도 설정할 수도 있지만, 필요에 따라 임계값을 큰 값으로 설정할 수도 있고, 작은 값으로 설정할 수도 있다.

⑦ AUC(area under the curve)

AUC(area under the curve)는 그림 4.16의 ROC 곡선 아래의 면적으로 c-통계량(c-statistics)이라고도 한다. ROC 곡선을 하나의 수치로 나타낸 것이 AUC이다. ROC 곡선이 가운데 대각선, 즉, 참조선(Reference line)과 일치한다면 AUC 값은 0.5가 된다. 따라서, AUC 값이 0.5에 가까울수록 무작위로 예측하는 랜덤모델을 나타내고, AUC 값이 1에 가까울수록 성능이 우수한 모델을 나타낸다.

예제 4.3

표 4.6은 10명에 대한 체질량지수(BMI)에 따른 당뇨 진단 결과에 대한 BMI-당뇨 데이터이다. 여기서 당뇨환자 6명이고 정상 4명이다. 사이킷런(scikit-learn) 라이브러리에 있는 LogisticRegression 클래스를 사용하여 분류모델을 생성하고 성능 평가지표를 구하고자 한다.

표 4.6 BMI–당뇨 데이터

BMI	진단 결과	BMI	진단 결과
33.6	당뇨	25.8	정상
26.6	정상	45.8	당뇨
28.1	정상	43.3	당뇨
31.0	당뇨	39.3	정상
30.5	당뇨	29.0	당뇨

풀이

[코드 4.6.3]

```
import pandas as pd
BMI = [33.6, 26.6, 28.1, 31.0, 30.5, 25.8, 45.8, 43.3, 39.3, 29.0, ]
diabetic = [1, 0, 0, 1, 1,  0, 1, 1, 0, 1]

df = pd.DataFrame(
    {"BMI": BMI, "diabetic": diabetic}
)
print(type(df))
print(df.head())

X = df[['BMI']]
y = df['diabetic']
print(X.shape)
print(y.shape)

#로지스틱 회귀모델 적합
from sklearn.linear_model import LogisticRegression
model = LogisticRegression(random_state=0)
model.fit(X, y)

#절편
print('Intercept:{:.4f}'.format(model.intercept_[0]))
#기울기
print('Coefficient:{:.4f}'.format(model.coef_[0][0]))

# predicting
y_pred=model.predict(X)
print(y_pred)

from sklearn.metrics import confusion_matrix
confusion_matrix = confusion_matrix(y, y_pred)
print ("Confusion Matrix : \n", confusion_matrix)
print('Accuracy = {:.4f}'.format(metrics.accuracy_score(y, y_pred)))
print('Precision = {:.4f}'.format(metrics.precision_score(y, y_pred)))
print('Sensitivity(Recall) = {:.4f}'.format(recall_score(y, y_pred)))
```

```
<class 'pandas.core.frame.DataFrame'>
    BMI  diabetic
0  33.6         1
1  26.6         0
```

```
2  28.1        0
3  31.0        1
4  30.5        1
(10, 1)
(10,)
Intercept:-4.5816
Coefficient:0.1542
[1 0 0 1 1 0 1 1 1 0]
Confusion Matrix :
 [[3 1]
 [1 5]]
Accuracy = 0.8000
Precision = 0.8333
Sensitivity(Recall) = 0.8333
```

표 4.6에 주어진 BMI-당뇨 데이터로부터 분류모델에 대한 ROC 곡선과 AUC를 구하고자 한다.

```
import matplotlib.pyplot as plt
from sklearn.metrics import roc_curve,roc_auc_score

plt.title('ROC curve')
y_pred_proba = model.predict_proba(X)[:,1]
fpr, tpr, thresholds = roc_curve(y,  y_pred_proba)
print('thresholds=', thresholds)
auc = roc_auc_score(y, y_pred_proba)
auc = round(auc,4)
plt.plot(fpr,tpr,label="auc="+str(auc))
plt.legend(loc=4)
plt.ylabel('True Positive Rate')
plt.xlabel('False Positive Rate')
plt.show()
```

그림 4.17은 분류모델에 대한 ROC 곡선과 AUC 값을 나타내고 있다.

```
thresholds= [1.9228051  0.9228051  0.89047145 0.81438152 0.47262685 0.35364247]
```

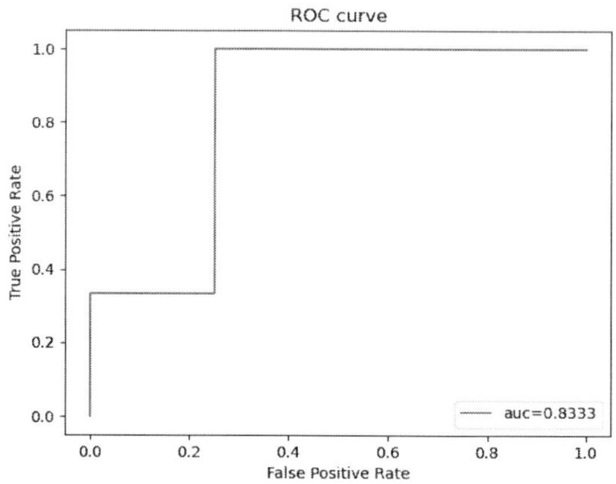

그림 4.17 ROC 곡선

[코드 4.6.3 설명]

① 독립변수와 종속변수 지정하기

변수 "BMI"를 독립변수 X, "diabetic"를 종속변수 y로 지정한다. 여기서 독립변수는 2차원이고 종속변수는 1차원 형태이다.

```
X = df[['BMI']]
y = df['diabetic']
print(type(X))
print(type(y))
print(X.shape)
print(y.shape)
```

```
(10, 1)
(10,)
```

② 모델 생성 및 적합

sklearn의 LogisticRegression( ) 함수를 이용하여 로지스틱 회귀모델을 생성한다. 로지스틱 회귀모델의 객체를 생성한 후 .fit( ) 함수를 통해 학습에 의해 로지스틱 회귀모델의 가중치를 구한다.

```
model = LogisticRegression(random_state=0)
model.fit(X, y)
```

- LogisticRegression()의 매개변수 random_state는 난수의 시드값을 설정한다. 여기서는 random_state=0로 설정하였다.
- .fit() 함수를 통해 모델을 적합시킨다. 학습 결과로 매개변수인 intercept_와 coef_ 얻는다. 따라서, 적합된 로지스틱 회귀모델을 얻는다.

$$\hat{p}= \sigma(coef\_x + intercept) = \frac{e^{coef\_x + intercept}}{1 + e^{coef\_x + intercept}}$$

③ 로지스틱 회귀모델에서 회귀계수 출력

```
#절편
print('Intercept:',model.intercept_)
#기울기
print('Coefficient:', model.coef_)
```

```
Intercept: 2.483673405373196
Coefficient: [9.77580339]
```

format( ) 함수를 이용하여 소수점 이하 4번째 자리까지 출력하고자 한다.

```
#절편
print(f'Intercept : {model.intercept_:.4f}')
#기울기
print(f'Coefficient : {model.coef_[0]:.4f}')
```

```
Intercept : 2.4837
Coefficient : 9.7758
```

→ 여기서 intercept_와 coef는 로지스틱 회귀모형에서 회귀계수를 나타낸다. 따라서 데이터로부터 추정된 로지스틱 회귀직선은 다음과 같다.

$$\hat{p}= \sigma(0.1542x - 4.5816)$$

혹은

$$\hat{p} = \frac{e^{ax+b}}{1+e^{ax+b}} = \frac{e^{0.1542x - 4.5816}}{1+e^{0.1542x - 4.5816}}$$

여기서 x는 BMI를 나타낸다.

④ 성능 평가 지표

다음은 Confusion matrix를 생성하지 않고 sklearn.metrics 모듈로부터 필요한 함수, 즉, accuracy_score() 함수, precision_score() 함수, recall_score() 함수를 이용하여 성능 평가지표를 구한다.

```
from sklearn.metrics import accuracy_score, precision_score, recall_score
print('Accuracy = {:.4f}'.format(accuracy_score(y, y_pred)))
print('Precision = {:.4f}'.format(precision_score(y, y_pred)))
print('Sensitivity(Recall) = {:.4f}'.format(recall_score(y, y_pred)))
```

```
Accuracy = 0.8000
Precision = 0.8333
Sensitivity(Recall) = 0.8333
```

다음은 Confusion matrix를 생성하고 생성된 Confusion matrix로부터 성능 평가지표를 구한다.

```
from sklearn.metrics import confusion_matrix
# confusion matrix
confusion_matrix = confusion_matrix(y,y_pred)
TN=confusion_matrix[0][0]
FP=confusion_matrix[0][1]
FN=confusion_matrix[1][0]
TP=confusion_matrix[1][1]
precision= TP/(TP+FP)
sensitivity=TP/(TP+FN)
specificity=TN/(FP+TN)
accuracy=(TP+TN)/(TP+TN+FP+FN)
print ("Confusion Matrix : \n", confusion_matrix)
print('Accuracy = {:.4f}'.format(accuracy))
print('Precision = {:.4f}'.format(precision))
print('Sensitivity(Recall) = {:.4f}'.format(sensitivity))
print('Specificity = {:.4f}'.format(specificity))
```

```
Confusion Matrix :
 [[3 1]
 [1 5]]
Accuracy = 0.8000
Precision = 0.8333
Sensitivity(Recall) = 0.8333
Specificity = 0.7500
```

⑤ ROC 곡선과 AUC 구하기

sklearn.metrics 모듈의 roc_curve() 함수를 이용하면 쉽게 ROC 곡선을 그릴 수 있다. 다음은 roc_curve() 함수의 사용형식이다.

```
sklearn.metrics.roc_curve(y_true, y_score, pos_label=None)
```

- y_true: 실제 클래스를 이진 레이블, {−1, 1} 또는 {0, 1}로 나타낸다. {−1, 1} 또는 {0, 1}이 아닌 경우 pos_label을 명시적으로 지정해야 한다.
- y_score: Positive 클래스의 확률이다. predict_proba() 함수를 이용하면 쉽게 구할 수 있다.
- pos_label: Positive 클래스의 레이블을 나타낸다. 디폴트는 pos_label=None이다. 만약, {1, 2}로 y_true를 설정할 경우 Positive 클래스는 2이므로 pos_label = 2라고 설정해야 한다.

sklearn.metrics 모듈의 roc_auc_score() 함수를 이용하면 쉽게 AUC을 구할 수 있다. 다음은 roc_auc_score() 함수의 사용형식이다.

```
sklearn.metrics.roc_auc_score(y_true, y_score)
```

```
import matplotlib.pyplot as plt
from sklearn.metrics import roc_curve,roc_auc_score

plt.title('ROC curve')
y_pred_proba = model.predict_proba(X)[:,1]
```

```
fpr, tpr, thresholds = roc_curve(y,  y_pred_proba)
print('thresholds=', thresholds)
auc = roc_auc_score(y, y_pred_proba)
auc = round(auc,4)
plt.plot(fpr,tpr,label="auc="+str(auc))
plt.legend(loc=4)
plt.ylabel('True Positive Rate')
plt.xlabel('False Positive Rate')
plt.show()
```

→ 여기서 model.predict_proba(X)의 shape은 (10, 2)인 2차원이고 0번째 열은 레이블값이 0일 때의 예측 확률이고, 1번째 열은 레이블값이 1일 때의 예측 확률이다. 즉,

```
y_pred_proba = model.predict_proba(X)[:,1]
```

따라서 threshold로서 사용하는 것은 레이블값이 1일 때의 예측 확률이다.

```
fpr, tpr, thresholds = metrics.roc_curve(Y,  y_pred_proba)
```

■ 이론적 배경

단순회귀모델 $y_i = \alpha x_i + \beta + \epsilon_i$에서 회귀계수 α와 β을 최소제곱법(Least Squared Method)으로 추정하여 얻어진 추정량을 각각 a, b라 하면 추정된 회귀직선은 $\hat{y} = ax + b$로 나타낼 수 있다. 여기서 a, b를 구하고자 한다.

풀이

잔차 e_i의 제곱합을

$$SS = \sum_{i=1}^{n} e_i^2 = \sum_{i=1}^{n} (y_i - \hat{y_i})^2 = \sum_{i=1}^{n} (y_i - ax_i - b)^2$$

으로 정의하자. 위 식을 각각 a, b에 대해 편미분하면 다음의 결과를 얻는다.

$$\frac{\partial SS}{\partial \beta} = -2\sum_{i=1}^{n} (y_i - ax_i - b)$$

$$\frac{\partial SS}{\partial \alpha} = -2\sum_{i=1}^{n} x_i (y_i - ax_i - b)$$

위의 편미분한 값을 0으로 놓고 정리하면

$$bn + a\sum_{i=1}^{n} x_i = \sum_{i=1}^{n} y_i$$
$$b\sum_{i=1}^{n} x_i + a\sum_{i=1}^{n} x_i^2 = \sum_{i=1}^{n} x_i y_i$$

을 얻게 된다. 이 연립방정식을 단순회귀의 정규방정식(normal equation)이라고 하며, 이식을 a, b에 대하여 풀면

$$a = \frac{\sum_{i=1}^{n}(x_i - \overline{x})(y_i - \overline{y})}{\sum_{i=1}^{n}(x_i - \overline{x})^2}, \qquad b = \overline{y} - a\overline{x}$$

를 얻게 된다.

연습문제

4-1 한국과 브라질과의 축구 경기에서 가능한 결과는 한국이 이기는 경우, 무승부인 경우 그리고 한국이 지는 경우가 있다. 도박사이트에서 한국이 승리할 확률은 5%, 브라질이 승리할 확률은 81%, 비길 확률은 14%로 예측하고 있다. 그리고 한국과 일본과의 축구 경기에서 한국이 일본에 승리할 확률은 35%, 일본이 승리할 확률은 37%로, 비길 확률은 28%로 예측하고 있다. 한국과 브라질 경기의 엔트로피와 한국과 일본 경기의 엔트로피를 구하시오.

4-2 입력영상이 개, 고양이, 말, 치타 중 하나로 분류하는 4-클래스 분류 문제(4-class classification task)를 생각하고자 한다. 분류를 위한 신경망의 마지막 층은 소프트맥스(softmax) 함수이고, 입력영상이 개인 경우 최종 결과값은 0.775, 0.116, 0.039, 0.070을 얻었다. 교차 엔트로피 손실함수의 값을 구하시오.

4-3 표 4.7은 10명의 종업원에 대해 IQ와 직무실적(Performance)을 조사하여 얻은 자료이다. 사이킷런(scikit-learn) 라이브러리에 있는 LinearRegression 클래스를 사용하여 회귀모델을 생성하고 성능 평가지표를 구하시오.

표 4.7 IQ와 직무실적에 대한 자료

IQ(x)	106	97	108	96	112	111	97	99	87	91
직무실적(y)	115	104	98	101	98	106	95	98	87	86

4-4 표 4.8에 주어진 입학 데이터는 3개의 독립변수 즉, "gmat" 점수, "gpa" 및 "work_experience"(단위: 년)와 합격 여부를 나타내는 목표 변수(target variable) "admitted"로 구성되어 있다. 여기서 목표 변수는 합격을 1로 표시되

고 불합격을 0으로 표시된다. 사이킷런(scikit-learn) 라이브러리에 있는 LogisticRegression 클래스를 사용하여 분류모델을 생성하고 성능 평가지표를 구하시오.

표 4.8 입학 데이터(파일이름: student_admission.csv)

	gmat	gpa	work_experience	admitted
16	580	2.7	4	0
33	660	3.3	6	1
8	740	3.3	5	1
38	590	1.7	4	0
		⋮		
39	690	3.7	5	1
11	690	3.7	5	1
19	590	2.3	3	0

5장

케라스

5.1 텐서플로와 케라스의 관계

텐서플로(TensorFlow)는 구글에서 만든 가장 인기 있는 딥러닝 프레임워크이다. 텐서플로에서 계산은 그림 5.1과 같은 데이터 플로우 그래프(Data Flow Graph) 구조를 사용하여 이루어진다. 데이터 플로우 그래프는 수학 계산과 데이터의 흐름을 노드(node)와 엣지(edge)로 구성된 방향 그래프(directed graph)를 사용하여 표현한다. 그래프의 엣지는 텐서(Tensor, 데이터 표현 형태)를 의미하며 엣지의 방향은 텐서의 흐름을 의미하고, 그래프의 노드는 곱셈, 덧셈 등 텐서를 처리하는 연산을 의미한다. 그림 5.1은 텐서플로에서 $C = ReLU(W \cdot X + b)$ 계산을 데이터 플로우 그래프를 사용하여 어떻게 이루어지는지를 보여주고 있다.

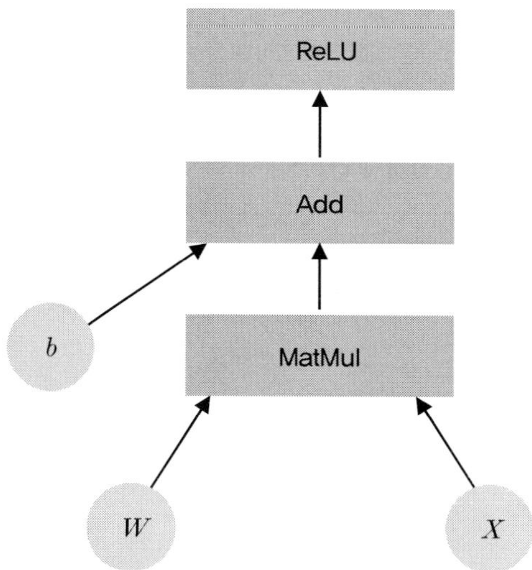

그림 5.1 데이터 플로우 그래프의 예

텐서플로는 텐서 형태의 데이터가 엣지 역할을 하여 그래프를 따라 흐르면서 노드에 지정된 연산을 수행한다. 따라서 텐서플로는 하위 레벨 API(Low-level API)(텐서 연산, 자동 미분 등)부터 직접 구현해야 하기 때문에 초보자가 사용하기에는 어려움이 있다.

케라스(Keras)는 파이썬 기반으로 작성된 오픈소스 딥러닝 프레임워크이다. 케라스는 딥러닝 비전문가라도 쉽게 딥러닝 모델을 개발하고 활용할 수 있도록 상위 레벨 API

(High-level API)를 제공하고 있다. 그림 5.2에서 보는 것처럼 케라스는 텐서플로(TensorFlow), 시아노(Theano, 테아노) 등 여러 백엔드 엔진(Backend Engine)을 지원한다. 케라스를 처음 설치하면 기본으로 텐서플로가 백엔드 엔진으로 설정되어 있다.

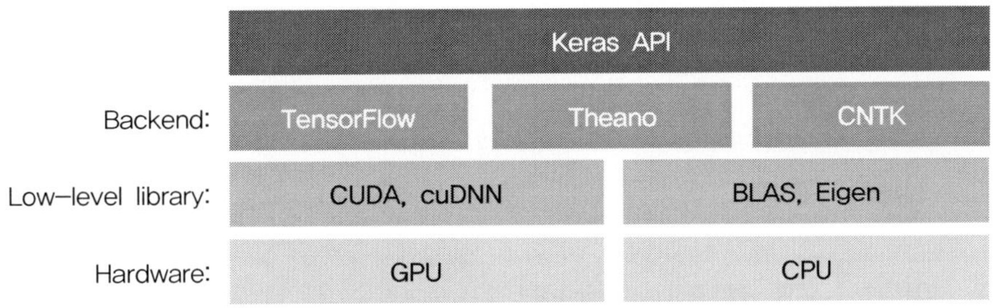

그림 5.2 텐서플로와 케라스의 관계

그림 5.2를 보면 텐서플로 입장에서 케라스는 프런트 엔드 엔진(Frontend Engine)이다.

케라스의 주요 특징으로는 사용자 친화성(user friendliness), 모듈성(modularity), 쉬운 확장성(easy extensibility), 그리고 파이썬 기반이다. 케라스의 특징에 대해 부연 설명하면, 케라스는 텐서플로보다 사용자 입장에서 친밀한 프레임워크이고, 케라스에서 제공하는 모듈은 독립적이고 설정 가능하며 가능한 최소한의 제약조건으로 서로 연결될 수 있다. 예를 들면, 신경망 층(neural layers), 비용 함수(cost function), 옵티마이저(optimizer), 활성화 함수(activation function), 정규화 방법(regularization schemes) 등은 모두 독립적인 모듈이며 이러한 모듈을 쉽게 조합하여 새로운 모델을 만들 수 있다.

케라스는 새로운 모듈(새로운 클래스와 함수)들을 추가는 것이 쉬워 확장이 용이하며, 파이썬 코드로 모델을 작성한다. 표 5.1은 텐서플로와 케라스의 비교를 나타내고 있다.

표 5.1 텐서플로와 케라스의 비교

	Keras	TensorFlow
API level	High-level	High-level and Low-level
Architecture	Simple, concise, readable	Complex, less readable
Datasets	Smaller datasets	Large datasets
Debugging	Simple network, so debugging is not often needed	Difficult to conduct debugging
Popularity	Most popular	Second most popular
Speed	Slow, low performance	Fast, high performance
Language	Python	C++, CUDA, Python

표 5.1에서 보면 케라스는 상위 레벨 API를 제공하고 대신에 하위 레벨(Low-level) 계산은 백엔드인 텐서플로에서 수행한다. 케라스의 구조는 단순하고 간결하며, 따라서 가독성이 뛰어나다. 반면에 텐서플로의 구조는 복잡하고 가독성이 높지 않다. 케라스는 단순한 구조로 인해 디버깅이 쉽고 대신 속도가 늦다는 단점이 있다. 이에 비해 텐서플로는 복잡한 구조로 되어 있어서 디버깅이 어려운 반면에 빠른 속도를 갖고 있다.

5.2 케라스로 모델 구현하기

케라스를 이용하여 딥러닝 모델을 구현(정의 혹은 생성)하는 방법에는 크게는 세 가지가 있다. Sequential API를 이용하는 방법, Functional API를 이용하는 방법 그리고 Model 클래스 상속(Subclassing API)을 이용하는 방법이 있다. Sequential API를 이용하여 생성된 모델을 Sequential 모델, Functional API를 이용하여 생성된 모델을 Functional 모델 그리고 Model 클래스 상속(Subclassing API)을 이용하여 생성된 모델을 Subclassing 모델이라고 한다. 초보자가 주로 사용하는 Sequential 모델, 다차원 입출력을 갖는 신경망을 자유자재로 구현할 수 있는 Functional 모델과 Subclassing 모델이 있다. 그림 5.3에 주어진 간단한 신경망 구조를 가지고 모델 구현에 대해 설명하고자 한다.

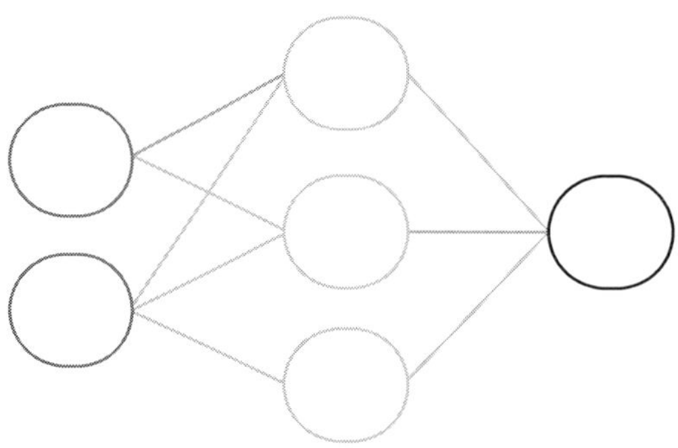

그림 5.3 간단한 신경망 구조

(1) Sequential 모델

Sequential 모델은 층(layer, 레이어)들을 순차적으로 쌓아 생성하는 모델로 그림 5.3에 대한 Sequential 모델의 예는 다음과 같다.

```
from tensorflow.keras.models import Sequential
from tensorflow.keras.layers import Dense

model = Sequential()
model.add(Dense(units=3, activation='relu', input_dim=2))
model.add(Dense(units=1)
```

여기서 입력층에 대해 2개의 Dense 층을 순차적으로 쌓아 모델을 생성하고 있다. 첫 번째 Dense 층은 units=3인 3개의 노드를 갖고 있고, 두 번째 Dense 층은 units=1인 1개의 노드를 갖고 있다. 그리고 첫 번째 Dense 층의 input_dim 인자에 의해 입력층의 노드 즉, 입력 노드를 지정한다. 여기서는 input_dim=2이다.

(2) Functional 모델

Functional 모델은 여러 층을 공유하거나, 다양한 종류의 입출력을 사용하는 복잡한 모델을 만드는 경우 유용한 모델로 그림 5.3에 대한 Functional 모델의 예는 다음과 같다.

```
from tensorflow.keras.layers import Input, Dense
from tensorflow.keras.models import Model

inputs = Input(shape=(2,))
x = Dense(3, activation='relu')(inputs)
output = Dense(1)(x)
model=Model(inputs=inputs, outputs=output)
```

Functional 모델은 입력 노드의 개수를 명시한 입력층(Input layer)을 모델의 맨 앞에 Input( ) 함수를 사용하여 정의한다. 그리고 2개의 Dense 층에서 이전 층을 다음 층 함수의 입력으로 사용하고, 변수에 할당한다. 마지막으로 Model( ) 함수에 입력과 출력을 정의한다.

(3) Subclassing 모델

본질적으로는 Functional 모델과 차이가 없지만, Subclassing 모델은 사용자가 가장 자유롭게 모델을 구축하는 방법이다. 그림 5.3에 대한 Subclassing 모델의 예는 다음과 같다.

```
from tensorflow.keras.layers import Input, Dense
from tensorflow.keras.models import Model
from tensorflow.keras import layers

class MyModel(Model):

  def __init__(self):
    super(Model1, self).__init__()
    self.dense1 = layers.Dense(3, activation='relu')
    self.dense2 = layers.Dense(1)

  def call(self, x):
    x = self.dense1(x)
    x = self.dense2(x)
    return x

model = MyModel()
```

여기서 __init__(self)는 객체가 생성될 때 호출되는 메소드이고, call(self)는 객체 변수를 실행할 때 호출되는 메소드이다. __init__() 메소드에서 층과 변수를 만들고 모델이 해야할 작업을 call() 메소드에 구현한다. call() 메소드 안에서 인자값으로 input 데이터를 받고 레이어 간에 forward propagation을 구현한다. 주로 call() 메소드 안에서 원하는 계산이 가능하다. Subclassing 모델은 Model 클래스를 상속받아 Model이 포함하는 기능을 사용할 수 있다.

5.3 케라스로 신경망 구현하기

예제 5.1

표 5.2에 주어진 AND 논리연산을 수행하기 위해 그림 5.4의 단층 신경망을 이용한다. 여기서 신경망은 두 개의 입력 노드와 하나의 출력 노드로 구성되어 있고 활성화 함수는 시그모이드 함수를 사용한다. 단, 바이어스를 고려한다.

표 5.2 AND 논리연산

x_1	x_2	x_1 AND x_2
0 (F)	0 (F)	0 (F)
0 (F)	1 (T)	0 (F)
1 (T)	0 (F)	0 (F)
1 (T)	1 (T)	1 (T)

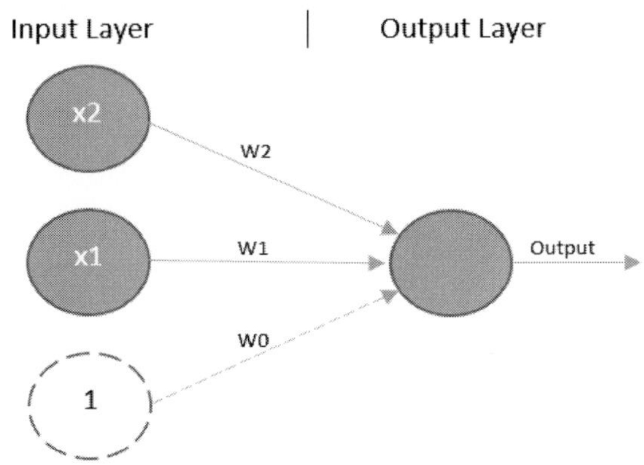

그림 5.4 단층 신경망 구조

풀이

[코드 5.3.1]

```
# Keras 패키지 가져오기
from tensorflow.keras.models import Sequential
```

```
from tensorflow.keras.layers import Dense
from tensorflow.keras.optimizers import SGD

# 텐서플로 재현성-난수 고정
import os
import random
import tensorflow as tf
import numpy as np

SEED = 10
os.environ['PYTHONHASHSEED'] = str(SEED)
os.environ['TF_DETERMINISTIC_OPS'] = '1'

random.seed(SEED)
tf.random.set_seed(SEED)
np.random.seed(SEED)

# 입력/출력 데이터 만들기
x = np.array([[0,0],[0,1],[1,0],[1,1]])
y = np.array([[0],[0],[0],[1]])
#print(x, x.shape)
#print(y, y.shape)

# Perceptron 모델 생성
model = Sequential()
model.add(Dense(units=1, input_dim=2, activation='sigmoid'))
model.summary()

# 컴파일 과정- Loss function, Optimizer 설정
model.compile(loss='binary_crossentropy', optimizer=SGD(learning_rate=0.1),
metrics=['accuracy'])

# 학습시키기
history = model.fit(x,y, batch_size=1, epochs=1000, verbose=1)

# 모델 예측하기
#test = np.array([[0,1]])
#pred = model.predict(test)
#print(pred)

pred = model.predict(x)
print(pred)
print(model.predict(x).round())
```

[코드 5.3.1 설명]

① 모델의 재현 가능한 결과(reproducible results) 얻기

일반적으로 입력값에 대한 프로그램의 결과값은 똑같은 입력값에 대해서는 매번 학습할 때마다 같은 결과가 나오는 것이 정상이다. 그런데 딥러닝 프레임워크, 여기서 그림 5.5의 텐서플로인 경우 모델의 초기값 설정에 따라 영향을 받기 때문에 일반적으로 똑같은 입력값에 대해 매번 똑같은 학습 결과를 얻을 수 없다.

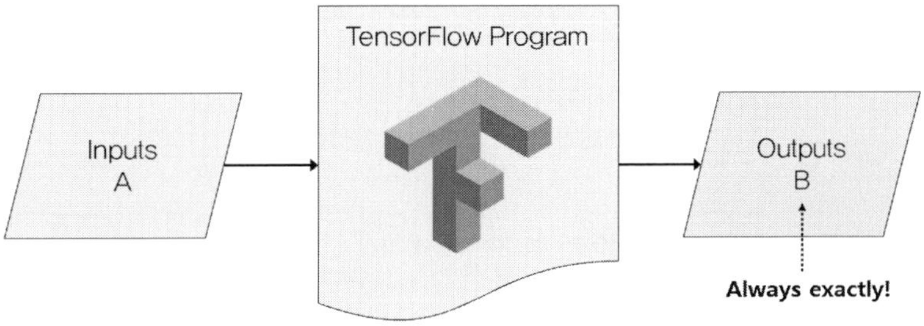

그림 5.5 텐서플로에서 모델의 재현 가능한 결과 얻기

그림 5.5에서처럼 모델의 재현 가능한 결과를 얻지 못하는 경우 모델이 수정되더라도 모델이 개선되었는지에 대한 판단이 어렵다.

다음은 모델의 똑같은 결과를 재현하기 위한 코드이다. 비록 다음 코드를 추가하더라도 사용자의 시스템 환경에 따라 모델의 재현 가능한 결과를 얻지 못하는 경우도 종종 발생할 수 있다.

```
# 텐서플로 재현성-난수 고정
import os
import random
import tensorflow as tf
import numpy as np

SEED = 10
os.environ['PYTHONHASHSEED'] = str(SEED)
os.environ['TF_DETERMINISTIC_OPS'] = '1'

random.seed(SEED)
tf.random.set_seed(SEED)
np.random.seed(SEED)
```

② 입력/출력 데이터 생성

```
x = np.array([[0,0],[0,1],[1,0],[1,1]])
y = np.array([[0],[0],[0],[1]])
print(x, x.shape)
print(y, y.shape)
```

```
[[0 0]
 [0 1]
 [1 0]
 [1 1]] (4, 2)
[[0]
 [0]
 [0]
 [1]] (4, 1)
```

→ x의 데이터 형태는 (4, 2)이고 y의 데이터 형태는 (4, 1)이다.

③ Sequential 모델

Sequential API를 이용한 모델은 레이어(layer, 층)를 순차적으로 연결하여 구성한다. 이를 위해 .add() 함수를 통해 레이어(layer, 층)를 추가한다.

```
model = Sequential()
model.add(Dense(units=1, input_dim=2, activation='sigmoid'))
```

여기서는 Dense 층을 추가한다. Dense 층은 입력층의 노드가 2개, 출력층의 노드가 1개 노드로 구성되어 있다. Dense 층을 위한 Dense() 함수의 사용형식은 다음과 같다.

```
Dense (units, input_dim, activation=None, use_bias=True)
```

- 첫 번째 인자 units: 출력 노드(뉴런)의 수
- 두 번째 인자 input_dim: 입력 노드(뉴런)의 수, 맨 처음 입력층에서만 사용한다.
- 세 번째 인자 activation: 활성화 함수를 지정한다. 표 5.3은 여러 가지 활성화 함수를 나타낸다.

표 5.3 여러 가지 활성화 함수

함수	설명
linear(선형)	디폴트값으로 선형함수이다. 가중합이 그대로 출력된다.
sigmoid(시그모이드)	이진 분류 문제에서 출력층에 주로 사용되는 활성화 함수이다. 신경망의 출력이 확률값이 출력된다.
relu(렐루)	은닉층에 주로 사용되는 활성화 함수이다. 이것은 비선형 함수이다.
softmax(소프트맥스)	셋 이상을 분류하는 다중 분류 문제에서 출력층에 주로 사용되는 활성화 함수이다.

- 네 번째 인자 use_bias: 바이어스 포함 여부. 디폴트는 use_bias=True이므로 바이어스 포함한다.

④ 모델 컴파일 과정

컴파일(compile)이란 모델을 학습시키기 위한 학습 과정을 설정하는 단계이다. 다음은 compile() 함수의 사용 예이다.

```
model.compile(loss='binary_crossentropy', optimizer=SGD(learning_rate=0.1),
metrics=[ ' accuracy ' ])
```

- 첫 번째 인자 loss: 손실함수를 지정한다. 여기서는 이진 분류하기 위해 binary_crossentropy 함수를 지정한다.
- 두 번째 인자 optimizer: 최적화 방법을 지정한다. 여기서는 SGD(Stochastic Gradient Descent, 확률적 경사하강법) 함수를 지정한다.
- 세 번째 인자 metrics: 학습 과정을 모니터링하기 위해 필요한 측정 지표를 지정한다. 여기서는 accuracy(정확도)를 지정한다.

⑤ 모델 학습하기

본격적으로 학습데이터를 모델에 적용하여 모델을 학습시키는 단계이다. 모델이 오차로부터 매개 변수를 업데이트시키는 과정을 학습, 훈련, 또는 적합(fitting)이라고 하는데, 모델이 데이터에 적합해가는 과정이다. 다음은 fit() 함수의 사용 예이다.

```
model.fit(x,y, batch_size=1, epochs=1000, verbose=1)
```

- 첫 번째 인자 x: 입력데이터 지정한다.
- 두 번째 인자 y: 라벨값 지정한다.
- 세 번째 인자 batch_size: 배치 사이즈를 지정한다. 배치 사이즈는 모델이 한 번에 학습하는 데이터 수를 의미한다. 모델은 전체 데이터를 작은 배치로 나누고 훈련과정에서 반복하는 방식으로 학습을 진행한다. 배치 사이즈가 작을수록 가중치 갱신이 자주 일어난다. 여기서는 1회에 1개 데이터를 사용하여 학습한다.
- 네 번째 인자 epochs: 에포크를 지정한다. 에포크는 전체 데이터를 몇 번 반복할 것인가를 지정한다. 여기서는 epochs=1000으로 전체 데이터를 1000번 반복해서 학습시키겠다는 의미이다.
- 다섯 번째 인자 verbose: 학습의 진행 상황을 보여줄 것인지 지정한다. verbose 값은 0, 1, 2 중에 하나로 지정할 수 있다. 디폴트는 verbose=1이다. 표 5.4는 verbose 옵션에 대한 설명을 나타내고 있다.

표 5.4 verbose 옵션

verbose 값	설명
0	아무것도 출력하지 않는다.
1	에포크별 진행 상황을 막대로 보여준다.
2	에포크별 학습 결과를 알려준다.

- History 객체 사용하기

  케라스에서 Model의 fit( ) 함수는 History 객체를 반환한다. 이 객체는 아래의 정보를 가지고 있다.
- loss: 각 에포크마다 Train 데이터에서 손실값
- accuracy: 각 에포크마다 Train 데이터에서 정확도
- val_loss: 각 에포크마다의 Validation 데이터에서 손실값
- val_accuracy: 각 에포크마다 Validation 데이터에서 정확도

다음은 모델 학습에 사용되는 fit() 함수를 사용하여 History 객체를 반환하는 예이다.

```
history = model.fit(x,y, batch_size=1, epochs=1000, verbose=1)
```

```
Epoch 1/1000
```

```
4/4 [==============================] - 0s 664us/step - loss: 0.7615 - accuracy: 0.5000
Epoch 2/1000
4/4 [==============================] - 0s 660us/step - loss: 0.7001 - accuracy: 0.5000
Epoch 3/1000
4/4 [==============================] - 0s 994us/step - loss: 0.6520 - accuracy: 0.5000
Epoch 4/1000
4/4 [==============================] - 0s 998us/step - loss: 0.6170 - accuracy: 0.7500
Epoch 5/1000
4/4 [==============================] - 0s 998us/step - loss: 0.5891 - accuracy: 0.7500
...................................
Epoch 996/1000
4/4 [==============================] - 0s 997us/step - loss: 0.0425 - accuracy: 1.0000
Epoch 997/1000
4/4 [==============================] - 0s 665us/step - loss: 0.0425 - accuracy: 1.0000
Epoch 998/1000
4/4 [==============================] - 0s 665us/step - loss: 0.0425 - accuracy: 1.0000
Epoch 999/1000
4/4 [==============================] - 0s 665us/step - loss: 0.0424 - accuracy: 1.0000
Epoch 1000/1000
4/4 [==============================] - 0s 665us/step - loss: 0.0424 - accuracy: 1.0000
```

⑥ 모델 이용 예측하기

predict( ) 함수를 사용하여 모델의 예측값을 구한다. round() 함수를 이용하여 주어진 숫자를 지정한 소수점 자릿수에 맞춰 반올림한다. 만약, 반올림할 소수점 자릿수가 지정되지 않은 경우 0으로 간주되어 가장 가까운 정수로 반올림한다.

```
pred = model.predict(x)
print(pred)
print(model.predict(x).round())
```

```
[[1.8388033e-04]
 [4.8092484e-02]
 [4.8125148e-02]
 [9.3285453e-01]]
[[0.]
 [0.]
 [0.]
 [1.]]
```

→ 위에서 보는 것처럼, 모델의 예측값은 소수점이 있는 실수 형태로 출력되었다. 따라서 round( ) 함수에 의해 가장 가까운 정수 0과 1로 나타내었다.

⑦ 손실함수 그래프

matplotlib.pyplot을 이용하여 학습 과정을 시각화하고자 한다. 앞에서 fit() 함수는 History 객체를 반환한다고 하였다. History.history 속성은 학습 과정에서 에포크에 따른 정확도와 손실함수값을 기록한다. 다음은 손실함수값을 기록하는 예를 보여주고 있다.

loss = history.history['loss']

그림 5.6은 AND 논리연산에서 에포크 증가에 따른 단층 신경망의 손실함수 그래프를 나타낸다.

```
# 손실함수 그래프
import matplotlib.pyplot as plt

loss = history.history['loss']
plt.title('Model loss')
plt.plot(loss)
plt.xlabel('Epoch')
plt.ylabel('Loss')

plt.show()
```

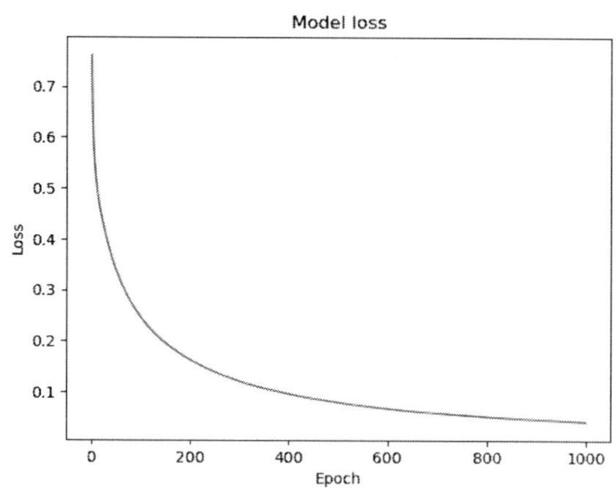

그림 5.6 에포크에 따른 손실함수 그래프

→ 그림 5.6을 보면 에포크 증가에 따른 Loss 값이 점점 감소하고 있다. 따라서 학습이 잘 이루어지고 있음을 알 수 있다.

⑧ 신경망에서 가중치 구하기

get_weights() 함수를 이용해서, 그림 5.4의 신경망에서 가중치를 얻을 수 있다.

```
weights= model.get_weights()
print(weights)
print(weights[0].shape)
print(weights[1].shape)
```

```
[array([[5.616729 ],
       [5.6160154]], dtype=float32), array([-8.601357], dtype=float32)]
(2, 1)
(1,)
```

→ 첫 번째 배열 (2, 1)은 2×1개의 값을 갖는 2차원 배열로서 입력층과 출력층을 연결하는 가중치를 나타내는 값이다.
두 번째 배열 (1,)은 1개의 값을 갖는 1차원 배열로 이루어져 있으며, 출력층의 바이어스(bias) 값을 나타낸다.

예제 5.2

표 5.5에 주어진 OR 논리연산을 그림 5.4의 신경망을 이용하여 구현하고자 한다.

표 5.5 OR 논리연산

x_1	x_2	$x_1 \text{OR } x_2$
0 (F)	0 (F)	0 (F)
0 (F)	1 (T)	1 (T)
1 (T)	0 (F)	1 (T)
1 (T)	1 (T)	1 (T)

풀이

[코드 5.3.2]

```
# Keras 패키지 가져오기
from tensorflow.keras.models import Sequential
from tensorflow.keras.layers import Dense
from tensorflow.keras.optimizers import SGD

# 텐서플로 재현성-난수 고정
import os
import random
import tensorflow as tf
import numpy as np
```

```
SEED = 10
os.environ['PYTHONHASHSEED'] = str(SEED)
os.environ['TF_DETERMINISTIC_OPS'] = '1'

random.seed(SEED)
tf.random.set_seed(SEED)
np.random.seed(SEED)

# 입력/출력 데이터 만들기
x = np.array([[0,0],[0,1],[1,0],[1,1]])
y= np.array([[0],[1],[1],[1]])
#print(x, x.shape)
#print(y, y.shape)

# Perceptron 모델 생성
model = Sequential()
model.add(Dense(units=1, input_dim=2, activation='sigmoid'))
model.summary()

# 컴파일 과정- Loss function, Optimizer 설정
model.compile(loss='binary_crossentropy', optimizer=SGD(learning_rate=0.1),
metrics=['accuracy'])
# 학습시키기
history = model.fit(x,y, batch_size=1, epochs=1000, verbose=1)

# 모델 테스트하기
#test = np.array([[0,1]])
#pred = model.predict(test)
#print(pred)

pred = model.predict(x)
print(pred)
```

[코드 5.3.2 설명]

① 모델 이용 예측하기

predict( ) 함수를 사용하여 생성된 모델로부터 새로운 데이터에 대한 예측값을 구하고 round( ) 함수를 이용하여 가장 가까운 정수를 반환한다.

```
pred = model.predict(x)
print(pred)
print(model.predict(x).round())
```

```
[[0.05056685]
 [0.9798736 ]
 [0.9798181 ]
 [0.9999774 ]]
[[0.]
 [1.]
 [1.]
 [1.]]
```

→ 위와 같이 정답은 0인데 예측값은 0에 가까운 값을 얻었고, 정답은 1인데 예측값은 1에 가까운 값을 얻었다.

② 손실함수 그래프

matplotlib.pyplot을 이용하여 손실함수에 대한 그래프를 그리고자 한다. 여기서 케라스의 fit() 함수에 의해 반환된 History 객체에 history 속성을 이용하여 손실함수의 값을 얻는다.

그림 5.7은 OR 논리연산에서 에포크 증가에 따른 단층 신경망의 손실함수 그래프를 나타낸다.

```
# 손실함수 그래프
import matplotlib.pyplot as plt
loss = history.history['loss']
plt.title('Model loss')
plt.plot(loss)
plt.xlabel('Epoch')
plt.ylabel('Loss')

plt.show()
```

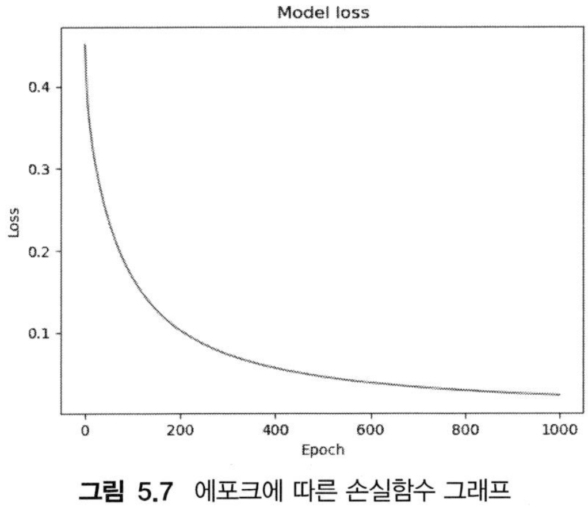

그림 5.7 에포크에 따른 손실함수 그래프

→ 그림 5.7을 보면 에포크 증가에 따른 Loss 값이 점점 감소하고 있다. 따라서 학습이 잘 이루어지고 있음을 알 수 있다.

③ 신경망에서 가중치 구하기

get_weights() 함수를 이용해서, 그림 5.4의 신경망에서 가중치를 얻을 수 있다.

```
weights= model.get_weights()
print(weights)
print(weights[0].shape)
print(weights[1].shape)
```

```
[array([[6.8151503],
       [6.8179603]], dtype=float32), array([-2.932569], dtype=float32)]
(2, 1)
(1,)
```

→ 첫 번째 배열 (2, 1)은 2×1개의 값을 갖는 2차원 배열로서 입력층과 출력층을 연결하는 가중치를 나타내는 값이다.
두 번째 배열 (1,)은 1개의 값을 갖는 1차원 배열로 이루어져 있으며, 출력층의 바이어스(bias) 값을 나타낸다.

예제 5.3

표 5.6에 주어진 XOR 논리연산을 그림 5.8의 다층 신경망을 이용하여 구현하고자 한다.

표 5.6 XOR 논리연산

x_1	x_2	$x_1 \text{XOR } x_2$
0 (F)	0 (F)	0 (F)
0 (F)	1 (T)	1 (T)
1 (T)	0 (F)	1 (T)
1 (T)	1 (T)	0 (F)

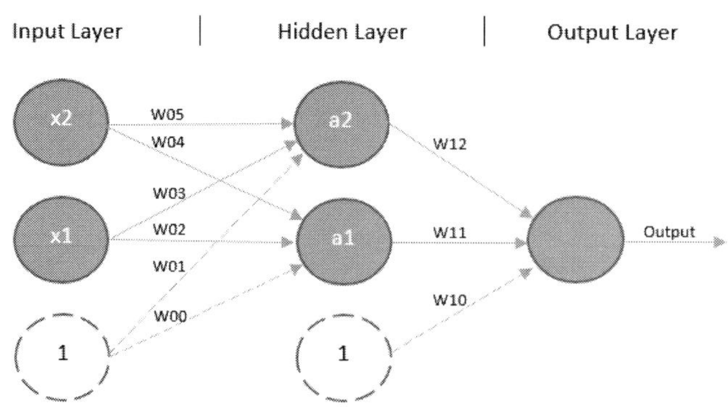

그림 5.8 다층 신경망 구조

풀이

[코드 5.3.3]

```
# Keras 패키지 가져오기
from tensorflow.keras.models import Sequential
from tensorflow.keras.layers import Dense
from tensorflow.keras.optimizers import SGD

# 텐서플로 재현성-난수 고정
import os
import random
import tensorflow as tf
import numpy as np

SEED = 10
os.environ['PYTHONHASHSEED'] = str(SEED)
os.environ['TF_DETERMINISTIC_OPS'] = '1'

random.seed(SEED)
tf.random.set_seed(SEED)
np.random.seed(SEED)

# 입력/출력 데이터 만들기
x = np.array([[0,0],[1,0],[0,1],[1,1]])
y = np.array([[0],[1],[1],[0]])
#print(x, x.shape)
#print(y, y.shape)

# Perceptron 모델 생성
model = Sequential()
model.add(Dense(units=2,input_dim=2, activation='relu'))
model.add(Dense(units=1, activation='sigmoid'))
model.summary()

# Model Compile - Loss function, Optimizer 설정
model.compile(loss='binary_crossentropy', optimizer=SGD(learning_rate=0.1),
metrics=['accuracy'])

# 학습시키기
history = model.fit(x,y, batch_size=1, epochs=1000, verbose=1)

# 모델 테스트하기
#test = np.array([[0,1]])
#pred = model.predict(test)
#print(pred)
```

```
pred = model.predict(x)
print(pred)
print(model.predict(x).round())
```

[코드 5.3.3 설명]

① 모델 이용 예측하기

predict( ) 함수를 사용하여 생성된 모델로부터 새로운 데이터에 대한 예측값을 구하고 round( ) 함수를 이용하여 가장 가까운 정수를 반환한다.

```
pred = model.predict(x)
print(pred)
print(model.predict(x).round())
```

```
[[0.0170832 ]
 [0.99679637]
 [0.9967933 ]
 [0.00221545]]
[[0.]
 [1.]
 [1.]
 [0.]]
```

→ 위와 같이 정답은 0인데 예측값은 0에 가까운 값을 얻었고, 정답은 1인데 예측값은 1에 가까운 값을 얻었다.

② 손실함수 그래프

matplotlib.pyplot을 이용하면 한 눈에 학습의 추이를 파악할 수 있다. 여기서는 Train 데이터에서 손실함수의 값을 그래프로 나타내고자 한다. 이를 위해 케라스의 fit( ) 함수에 의해 반환된 History 객체에 history 속성을 이용하여 다음과 같이 손실함수의 값을 지정한다.

loss = history.history['loss']

그림 5.9는 XOR 논리연산에서 에포크 증가에 따른 다층 신경망의 손실함수 그래프를 나타낸다.

```
# 손실함수 그래프
import matplotlib.pyplot as plt
loss = history.history['loss']
```

```
plt.title('Model loss')
plt.plot(loss)
plt.xlabel('Epoch')
plt.ylabel('Loss')

plt.show()
```

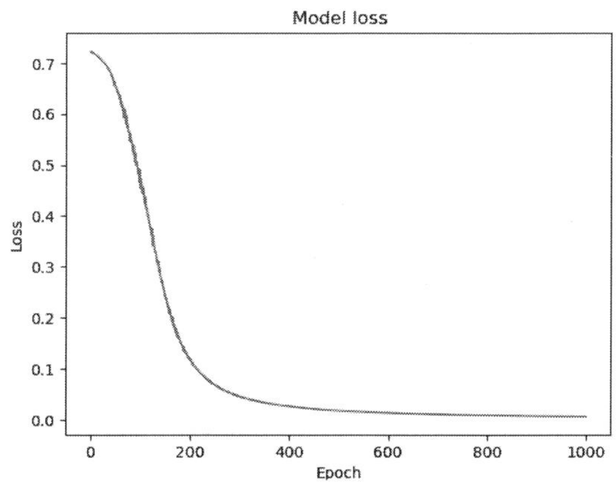

그림 5.9 에포크에 따른 손실함수 그래프

→ 그림 5.9를 보면 에포크 증가에 따른 Loss 값이 점점 감소하고 있다. 따라서 학습이 잘 이루어지고 있음을 알 수 있다.

③ 다층 신경망에서 가중치 구하기

get_weights( ) 함수를 이용해서, 그림 5.8의 다층 신경망에서 가중치를 얻을 수 있다.

```
weights= model.get_weights()
print(weights)
print(weights[0].shape)
print(weights[1].shape)
print(weights[2].shape)
print(weights[3].shape)
```

```
[array([[2.69277  , 3.5891747],
       [2.6925042, 3.5895684]], dtype=float32), array([-1.7607284e-03, -3.5902917e+00],
dtype=float32), array([[ 3.6390462],
       [-6.032818 ]], dtype=float32), array([-4.0524297], dtype=float32)]
(2, 2)
(2,)
(2, 1)
(1,)
```

→ 첫 번째 배열 (2, 2)는 2×2개의 값을 갖는 2차원 배열로서 입력층과 은닉층을 연결하는 가중치를 나타내는 값이다.
두 번째 배열 (2,)는 은닉층의 노드 2개에 대한 각각의 바이어스를 나타낸다.
세 번째 배열 (2, 1)은 2×1개의 값을 갖는 2차원 배열로서 은닉층과 출력층을 연결하는 가중치를 나타내는 값이다.
네 번째 배열 (1,)는 출력층의 바이어스 값을 나타낸다.

5.4 케라스를 이용한 회귀모델 구현

예제 5.4

표 5.7은 10명의 종업원에 대해 IQ와 직무실적(Performance)을 조사하여 얻은 자료이다. 그림 5.10의 다층 신경망을 이용하여 회귀모델을 구현하고자 한다.

표 5.7 IQ와 직무실적에 대한 자료

IQ(x)	106	97	108	96	112	111	97	99	87	91
직무실적(y)	115	104	98	101	98	106	95	98	87	86

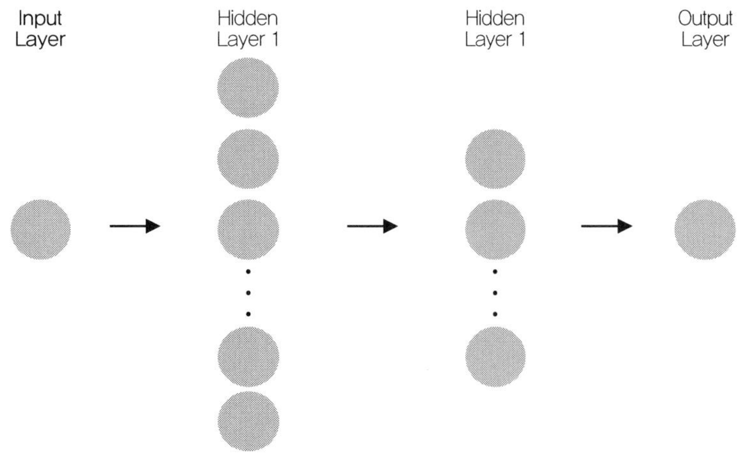

그림 5.10 다층 신경망 구조

풀이

[코드 5.4.1]

```
# Keras 패키지 가져오기
from tensorflow.keras.models import Sequential
from tensorflow.keras.layers import Dense
from tensorflow.keras.optimizers import SGD

# 텐서플로 재현성-난수 고정
import os
import random
import tensorflow as tf
import numpy as np

SEED = 10
os.environ['PYTHONHASHSEED'] = str(SEED)
os.environ['TF_DETERMINISTIC_OPS'] = '1'

random.seed(SEED)
tf.random.set_seed(SEED)
np.random.seed(SEED)

# data set
x = np.array([106, 97, 108, 96, 112, 111, 97, 99, 87, 91])
y = np.array([115, 104, 98, 101, 98, 106, 95, 98, 87, 86])

# Plot of Data Set
import matplotlib.pyplot as plt
plt.scatter(x, y)
plt.xlabel('x')
plt.ylabel('y')
plt.title("Data Set")
plt.show()

model = Sequential()
model.add(Dense(16, activation = 'relu', input_dim = 1 ))
model.add(Dense(8, activation='relu'))
model.add(Dense(1))
model.summary()

model.compile(loss='mse', optimizer='adam', metrics=['mean_absolute_error'])

history = model.fit(x,y, batch_size=1, epochs=1000, verbose=1)
```

```
# 손실함수 그래프
import matplotlib.pyplot as plt
loss = history.history['loss']
plt.title('Model loss')
plt.plot(loss)
plt.xlabel('Epoch')
plt.ylabel('Loss')

plt.show()
# prediction
print (model.predict([100]))
```

[코드 5.4.1 설명]

① 산점도 그리기

x와 y의 관계를 그림 5.11과 같은 산점도(scatter plot)를 작성하여 파악하고자 한다. 이를 위해 matplotlib. pyplot에서 제공하는 scatter( ) 함수를 이용한다.

```
# Plot of Data Set
import matplotlib.pyplot as plt

plt.scatter(x, y)
plt.xlabel('x')
plt.ylabel('y')
plt.title("Data Set")
plt.show()
```

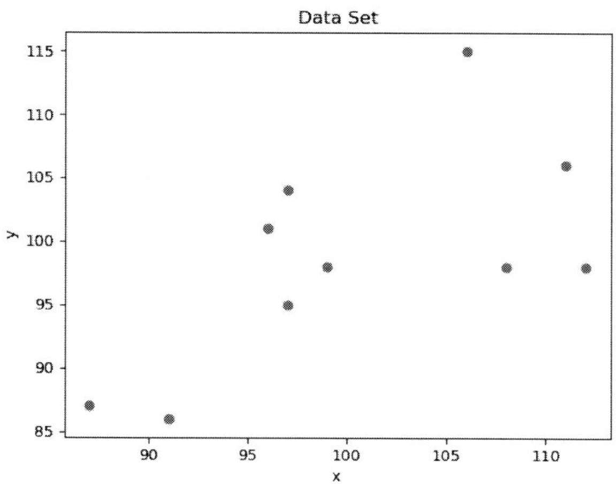

그림 5.11 x 와 y의 산점도

② 모델 이용 예측하기

predict( ) 함수를 사용하여 생성된 모델로부터 새로운 데이터에 대한 예측값을 구하고 flatten( ) 함수를 사용하여 출력결과가 몇 차원이든 모두 1차원으로 바꿔 읽기 쉽도록 한다.

```
pred = model.predict(x)
print('predictions:\n', y_pred.flatten())
```

```
predictions:
 [103.99131  95.34305 105.91315  94.38213 109.75681 108.79589  95.34305
  97.2649   85.73389  89.57755]
```

다음은 실제값과 모델의 예측값과 비교를 위해 그림 5.12와 같이 산점도를 그려보고자 한다.

```
y_pred = model.predict(x)
plt.scatter(y, y_pred)
plt.xlabel('True Values (y)')
plt.ylabel('Predictions (y_pred)')
plt.axis('square')
plt.show()
```

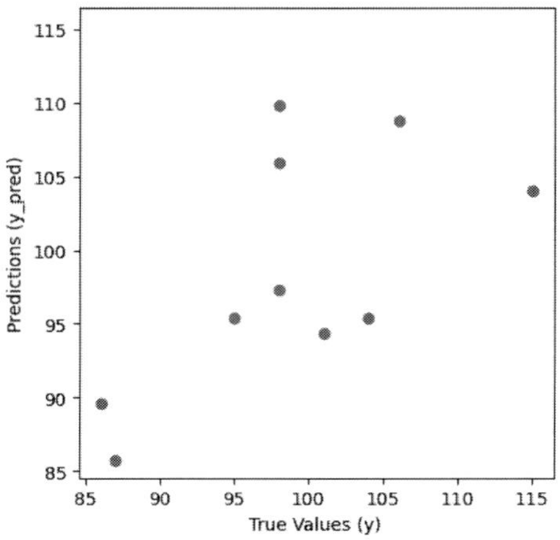

그림 5.12 실제값과 예측값과의 산점도

→ 그림 5.12에서 대각선상에 점들이 놓일수록 실제값과 예측값의 차이가 없음을 나타낸다.

③ 손실함수 그래프

케라스의 fit( ) 함수에 의해 반환된 History 객체에 history 속성을 이용하여 손실함수의 값을 지정하고 matplotlib.pyplot을 이용하여 그림 5.13과 같은 손실함수 그래프로 나타내고자 한다.

```
# 손실함수 그래프
import matplotlib.pyplot as plt
loss = history.history['loss']
plt.title('Model loss')
plt.plot(loss)
plt.xlabel('Epoch')
plt.ylabel('Loss')

plt.show()
```

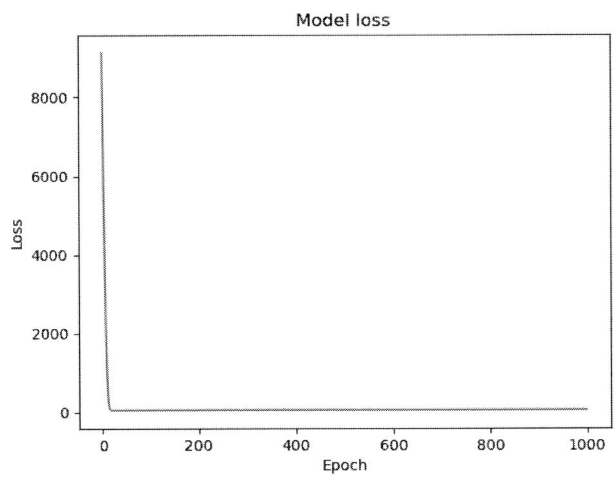

그림 5.13 에포크에 따른 손실함수 그래프

→ 그림 5.13은 에포크 증가에 따른 Loss 값이 점점 감소하고 있다. 따라서 학습이 잘 이루어지고 있음을 알 수 있다.

④ 다층 신경망에서 가중치 구하기

get_weights( ) 함수를 이용해서 그림 5.10의 다층 신경망에서 가중치를 얻을 수 있다.

```
weights= model.get_weights()
print(weights)
print(weights[0].shape)
print(weights[1].shape)
print(weights[2].shape)
print(weights[3].shape)
print(weights[4].shape)
print(weights[5].shape)
```

```
[array([[ 0.3118714 ,  0.4954584 ,  0.60060394,  0.31734136,  0.04209875,
         0.52808154, -0.5660537 , -0.5505016 ,  0.00199201, -0.00151253,
        -0.4865894 ,  0.20807937, -0.29380268, -0.46285394,  0.2529546 ,
        -0.44073233]], dtype=float32), array([ 0.4210615 ,  0.40559518,  0.4032112 ,
0.44345677, -0.35803348,
        0.2051574 ,  0.        ,  0.        , -0.28538474, -0.09034705,
        0.        ,  0.38627502,  0.        ,  0.        ,  0.38859943,
        0.        ], dtype=float32), array([[ 0.05478156, -0.07341802, -0.22989298,
0.10365432, -0.24542709,
         0.32344243, -0.26647532,  0.19554302],
       [-0.3015083 ,  0.45285022,  0.12139065, -0.37447962,  0.26258305,
         0.4170872 , -0.26425934,  0.5949797 ],
       [-0.10991514, -0.18360174,  0.4163795 ,  0.38814628, -0.05811304,
         0.49064508, -0.2501645 , -0.15597521],
       [-0.41399288,  0.05661273, -0.02793374,  0.19202556,  0.03831844,
         0.34267363,  0.09639835,  0.21391876],
       [-0.3558457 ,  0.05321097, -0.375301  , -0.18451005,  0.14182627,
        -0.29562905,  0.4472481 ,  0.07084806],
       [-0.12973762, -0.45216453,  0.2994431 ,  0.0369479 ,  0.28791067,
        -0.02335859, -0.29193044,  0.26780093],
       [-0.32427514, -0.27653027,  0.05278945, -0.04766941, -0.00300598,
        -0.08676696, -0.2457937 , -0.03665364],
       [-0.32557285,  0.37273383, -0.25937808,  0.40154898, -0.04762125,
        -0.31177485,  0.20244503, -0.3200475 ],
       [-0.34067953,  0.26101613,  0.43759862, -0.05287882,  0.00705026,
        -0.20965326, -0.04486597, -0.13542667],
       [-0.12840497,  0.27027762, -0.25554338, -0.38268116, -0.19438691,
        -0.29683796, -0.01599431,  0.4270283 ],
       [-0.04872334,  0.10179925,  0.26675928, -0.47757316,  0.06882453,
        -0.11848021, -0.49311316,  0.4880979 ],
       [-0.41567612,  0.2904197 ,  0.5890285 , -0.11319105, -0.1887218 ,
         0.5955007 ,  0.20656323,  0.16181812],
       [-0.06932163, -0.45511484,  0.45405447,  0.16259897,  0.37492   ,
         0.25719416,  0.22783387, -0.33561432],
       [ 0.49420452,  0.1901294 , -0.28686607, -0.33124292,  0.39295375,
         0.06423998, -0.31885135,  0.05094171],
       [-0.32141745, -0.05063164,  0.5601228 , -0.5039829 , -0.4873984 ,
        -0.23093666, -0.25172246,  0.427751  ],
       [ 0.05444682, -0.03479302,  0.45668125, -0.28447187, -0.29265356,
         0.02880514,  0.3481866 , -0.29068363]], dtype=float32), array([ 0.        ,  0.
,  0.37792686, -0.17250156, -0.34567723,
        0.37156126,  0.        ,  0.38233557], dtype=float32), array([[-3.4657380e-01],
       [ 5.1588953e-02],
```

```
        [ 4.0286684e-01],
        [-9.9484416e-05],
        [-2.2298041e-01],
        [ 6.7569405e-01],
        [-1.4173114e-01],
        [ 3.2869288e-01]], dtype=float32), array([0.3613999], dtype=float32)]
(1, 16)
(16,)
(16, 8)
(8,)
(8, 1)
(1,)
```

→ 첫 번째 배열 (1, 16)은 1×16개의 값을 갖는 2차원 배열로서 입력층과 첫 번째 은닉층을 연결하는 가중치를 나타내는 값이다.
두 번째 배열 (16,)은 첫 번째 은닉층의 노드 16개에 대한 각각의 바이어스를 나타낸다.
세 번째 배열 (16, 8)은 16×8개의 값을 갖는 2차원 배열로서 첫 번째 은닉층과 두 번째 은닉층을 연결하는 가중치를 나타내는 값이다.
네 번째 배열 (8,)는 두 번째 은닉층의 노드 8개에 대한 각각의 바이어스를 나타낸다.
다섯 번째 배열 (8, 1)은 8×1개의 값을 갖는 2차원 배열로서 두 번째 은닉층과 출력층을 연결하는 가중치를 나타내는 값이다.
여섯 번째 배열 (1,)은 출력층의 바이어스 값을 나타낸다.

5.5 케라스를 이용한 분류모델 구현

예제 5.5

표 5.8은 10명에 대한 체질량지수(BMI)에 따른 당뇨 진단 결과에 대한 데이터이다. 여기서 당뇨환자 6명이고 정상 4명이다. 그림 5.14의 인공 신경망 구조를 이용하여 분류모델을 구현하고자 한다.

표 5.8 BMI 당뇨 데이터

BMI	진단 결과	BMI	진단 결과
33.6	당뇨(1)	25.8	정상(0)
26.6	정상(0)	45.8	당뇨(1)
28.1	정상(0)	43.3	당뇨(1)
31.0	당뇨(1)	39.3	당뇨(1)
30.5	당뇨(1)	29.0	정상(0)

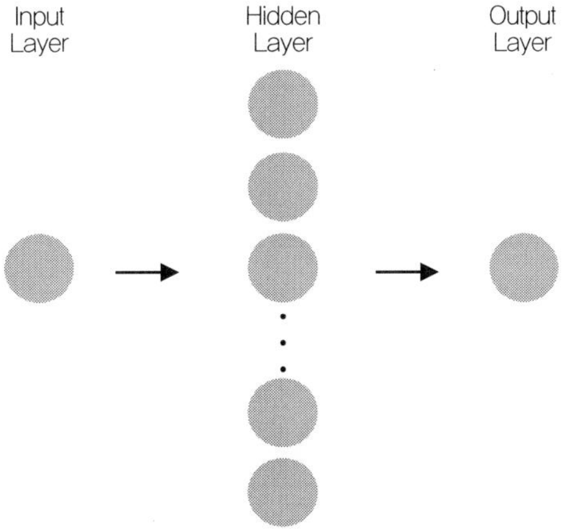

그림 5.14 인공 신경망 구조

풀이

[코드 5.5.1]

```
# Keras 패키지 가져오기
from tensorflow.keras.models import Sequential
from tensorflow.keras.layers import Dense
from tensorflow.keras.optimizers import SGD

# 텐서플로 재현성-난수 고정
import os
import random
import tensorflow as tf
import numpy as np

SEED = 10
os.environ['PYTHONHASHSEED'] = str(SEED)
os.environ['TF_DETERMINISTIC_OPS'] = '1'
```

```
random.seed(SEED)
tf.random.set_seed(SEED)
np.random.seed(SEED)

# data set
x = np.array([33.6, 26.6, 28.1, 31.0, 30.5, 25.8, 45.8, 43.3, 39.3, 29.0])
y = np.array([1, 0, 0, 1, 1,  0, 1, 1, 1, 0])

# 모델 설정
model = Sequential()
model.add(Dense(8, input_dim=1, activation='relu'))
model.add(Dense(1, activation='sigmoid'))
model.summary()

model.compile(loss='binary_crossentropy', optimizer='adam', metrics=['accuracy'])
history = model.fit(x,y, batch_size=1, epochs=1000, verbose=1)
# 손실함수 그래프
import matplotlib.pyplot as plt

loss = history.history['loss']
plt.title('Model loss')
plt.plot(loss)
plt.xlabel('Epoch')
plt.ylabel('Loss')

plt.show()
```

[코드 5.5.1 설명]

① 산점도 그리기

x와 y의 관계를 그림 5.15와 같은 산점도(scatter plot)를 작성하여 파악하고자 한다. 이를 위해 matplotlib.pyplot에서 제공하는 scatter( ) 함수를 이용한다.

```
# Plot of Data Set
import matplotlib.pyplot as plt

plt.scatter(x, y)
plt.xlabel('x')
plt.ylabel('y')
plt.title("Data Set")
plt.show()
```

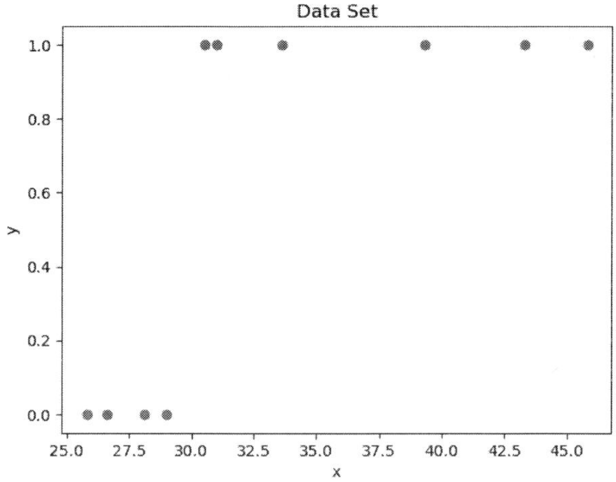

그림 5.15 x 와 y의 산점도

② 모델 이용 예측하기

생성된 모델에 predict( ) 함수를 이용하여 새로운 데이터에 대한 예측값을 구한다. 그리고 0.5를 기준으로 True와 False로 분류한 다음 flatten( ) 함수를 적용하여 출력결과가 몇 차원이든 모두 1차원으로 바꿔 읽기 쉽게 한다.

```
y_pred = model.predict(x)
print('outputs:\n', y_pred.flatten())
print('-----------------------------------')
y_pred = (y_pred > 0.5)
print('predictions:\n', y_pred.flatten())
print('-----------------------------------')
y_pred = (y_pred > 0.5).astype('int32')
print('predictions:\n', y_pred.flatten())
```

```
outputs:
 [0.6844762  0.4737085  0.52079815 0.61008805 0.5950416  0.4487313
 0.9095031  0.8801036  0.8161886  0.5489288 ]
-----------------------------------
predictions:
 [ True False  True  True  True False  True  True  True  True]
-----------------------------------
predictions:
 [1 0 1 1 1 0 1 1 1 1]
```

③ 손실함수 그래프

케라스의 fit( ) 함수에 의해 반환된 History 객체에 history 속성을 이용하여 손실함수의 값을 지정하고 matplotlib.pyplot을 이용하여 그림 5.16과 같은 손실함수 그래프로 나타내고자 한다.

```
# 손실함수 그래프
import matplotlib.pyplot as plt
loss = history.history['loss']
plt.title('Model loss')
plt.plot(loss)
plt.xlabel('Epoch')
plt.ylabel('Loss')

plt.show()
```

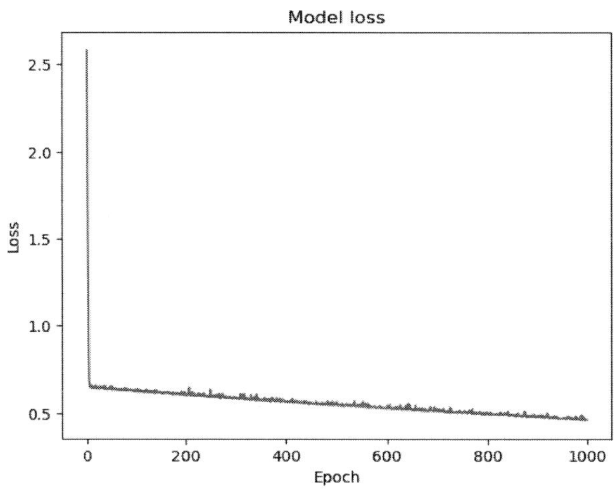

그림 5.16 에포크에 따른 손실함수 그래프

→ 그림 5.16은 에포크 증가에 따른 Loss 값이 점점 감소하고 있다. 따라서 학습이 잘 이루어지고 있음을 알 수 있다.

④ 신경망에서 가중치 구하기

get_weights( ) 함수를 이용해서 그림 5.14의 신경망에서 가중치를 얻을 수 있다.

```
weights= model.get_weights()
print(weights)
print(weights[0].shape)
```

```
print(weights[1].shape)
print(weights[2].shape)
print(weights[3].shape)
```

```
[array([[ 0.2831429 ,  0.4300064 ,  0.5907324 ,  0.27628806,  0.14318693,
         0.8582919 , -0.7779664 , -0.75659204]], dtype=float32), array([-1.1936901,
1.1175652,  1.1208127, -1.1512966,  1.1510078,
       -1.1397504,  0.        ,  0.        ], dtype=float32), array([[ 0.22766984],
       [-0.10550741],
       [-0.56152874],
       [ 0.4710314 ],
       [-0.26436877],
       [ 0.40312853],
       [-0.43515238],
       [ 0.1055361 ]], dtype=float32), array([-1.1229628], dtype=float32)]
(1, 8)
(8,)
(8, 1)
(1,)
```

→ 첫 번째 배열 (1, 8)은 1×8개의 값을 갖는 2차원 배열로서 입력층과 은닉층을 연결하는 가중치를 나타내는 값이다.
두 번째 배열 (8,)은 은닉층의 노드 8개에 대한 각각의 바이어스를 나타낸다.
세 번째 배열 (8, 1)은 8×1개의 값을 갖는 2차원 배열로서 은닉층과 출력층을 연결하는 가중치를 나타내는 값이다.
네 번째 배열 (1,)운 출력층의 바이어스 값을 나타낸다.

연습문제

5-1 표 5.9는 학생의 공부 시간 (Hours)에 따른 시험 점수 (Scores)에 대한 데이터이다. 다층 신경망에 대한 케라스의 Sequential 모델을 이용하여 시험 점수를 예측하시오.

표 5.9 student_scores 데이터

Hours	Scores	Hours	Scores
2.5	21	3.3	42
5.1	47	1.1	17
3.2	27	8.9	95
8.5	75	2.5	30
3.5	30	1.9	24
1.5	20	6.1	67
9.2	88	7.4	69
5.5	60	2.7	30
8.3	81	4.8	54
2.7	25	3.8	35
7.7	85	6.9	76
5.9	62	7.8	86
4.5	41		

5-2 Auto MPG 데이터에서 케라스의 Sequential 모델을 이용하여 자동차의 연비를 예측하시오. 여기서 MPG는 miles per gallon의 약자로 연비를 나타낸다. 이 데이터는 다음의 UCI 머신 러닝 저장소에서 다운로드받을 수 있다.

https://archive.ics.uci.edu/

모델은 은닉층이 2개 이상인 다층 신경망을 이용한다.

5-3 표 5.10에 주어진 입학 데이터는 3개의 독립변수 즉, "gmat" 점수, "gpa" 및 "work_experience"(단위:년)와 합격 여부를 나타내는 목표 변수(target variable) "admitted"로 구성되어 있다. 여기서 목표 변수는 합격을 1로 표시되고 불합격을 0으로 표시된다. 다층 신경망에 대한 케라스의 Sequential 모델을 이용하여 합격여부를 예측하시오.

표 5.10 입학 데이터(파일이름: student_admission.csv)

	gmat	gpa	work_experience	admitted
16	580	2.7	4	0
33	660	3.3	6	1
8	740	3.3	5	1
38	590	1.7	4	0
		⋮		
39	690	3.7	5	1
11	690	3.7	5	1
19	590	2.3	3	0

5-4 IRIS 데이터에서 케라스의 Sequential 모델을 이용하여 붓꽃의 품종을 분류하시오. 이 데이터는 scikit-learn의 datasets 모듈에 포함되어 있으며, 모델은 은닉층이 2개 이상인 다층 신경망을 이용하고자 한다.

6장

DNN 모델

6.1 DNN 모델이란?

DNN(Deep Neural Network, 심층 신경망) 모델은 입력층(input layer)과 출력층(output layer) 사이에 여러 개의 은닉층(hidden layer)이 존재하는 인공 신경망(Artificial Neural Network, ANN)이다. 인공 신경망은 입력층과 출력층 사이 은닉층의 수에 따라 SNN(Shallow Neural Network, 얕은 신경망)과 DNN(Deep Neural Network, 심층 신경망)으로 나눈다. SNN은 그림 6.1(a)과 같이 입력층과 출력층 사이 은닉층 1개 혹은 2개를 갖고 있는 신경망이고, DNN은 그림 6.1(b)과 같이 입력층과 출력층 사이 2개 이상의 은닉층을 갖고 있는 신경망을 말한다.

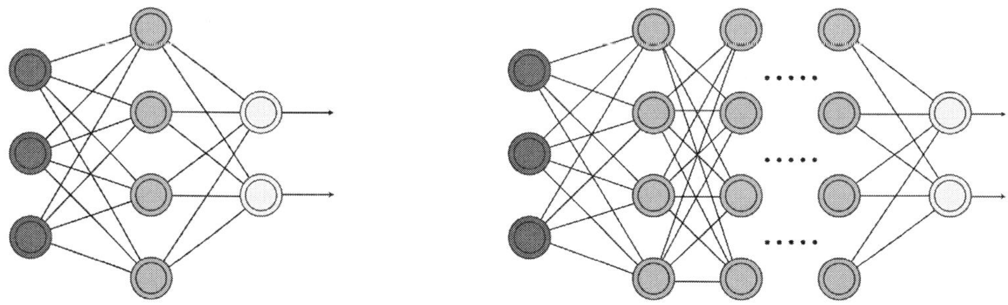

(a) SNN (b) DNN

그림 6.1 SNN과 DNN

3장 딥러닝의 기원-인공 신경망에서 다층 퍼셉트론(multi-layer perceptron, MLP)은 역전파 알고리즘(backpropagation algorithm)을 사용하여 학습함으로써 여러 가지 문제를 해결하였으나 몇 가지 문제점을 갖고 있다. 다음은 기존 신경망에서 다층 퍼셉트론, 즉 다층 신경망의 문제점들이다.

• 기울기 소실 문제

기존의 다층 퍼셉트론은 복잡한 문제를 해결하기 위해 신경망의 은닉층의 수를 늘려 사용하였다. 그러나 실제로는 은닉층의 수가 많아질수록 항상 학습이 잘되지 않는다.

이것은 기울기 소실 문제(vanishing gradient problem, 기울기 소멸 문제) 때문이다. 기울기 소실 문제는 그림 6.2와 같은 은닉층의 수가 많은 신경망에서 주로 발생하는데, 역전파(backpropagation) 과정에서 출력층에서 멀어질수록 기울기(gradient, 그레디언트) 값이 매우 작아지는 현상을 말한다. 기울기는 결국 미분값이고 이것은 변화량을 의미하는데, 이 변화량이 작으면 오차가 작은 값에 수렴하기 전에 파리미터가 이미 수렴해버리는 문제가 발생한다. 따라서 작은 기울기 값은 역전파 시 파라미터가 효과적으로 업데이트되지 않게 된다.

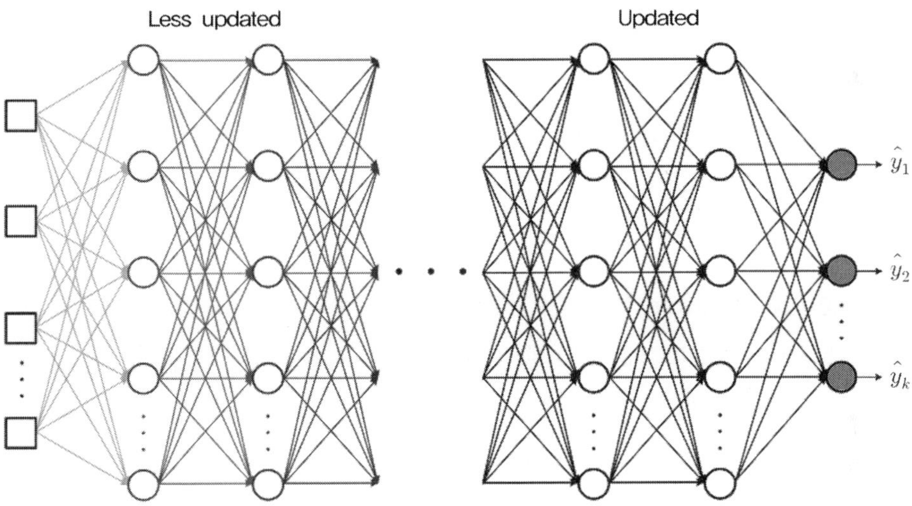

그림 6.2 기울기 소실 문제

그림 6.2는 출력층에서 멀어질수록 파라미터들이 덜 업데이트(Less updated)되는 것을 보여주고 있다.

• **학습 과정에서 최적의 파라미터 찾기 어려움**

모델에서 최적의 파라미터(parameter)는 기울기(gradient, 그레디언트)를 이용하여 구하는데 오차에 대한 손실함수가 최소가 되는 파라미터이다. 인공 신경망에서 출력층의 출력값을 결정하는 활성화 함수로서 주로 시그모이드 함수(sigmoid function)를 사용함으로써 출력층에서 계산된 오차는 점점 작아져서 0에 수렴하는 결과를 낳는다. 이 경우 로컬 최소점(local minima)을 글로벌 최소점(global minima)으로 인식하여 더 이상 학습을 진행하지 않는다.

• 오버피팅(과적합) 문제

일반적으로 신경망의 구조가 복잡할수록 즉, 층이 깊고, 노드가 많을수록 학습이 잘 될 것이라고 예상하지만, 지나치게 학습 데이터(training data)에 의존하여 학습이 이루어짐으로 오버피팅 가능성이 크다. 여기서 오버피팅(overfitting)이란 학습 데이터에만 지나치게 학습되어 테스트 데이터(test data)에 제대로 반응하지 못하는 현상을 말한다.

• 느린 학습 시간

신경망의 구조가 복잡할수록 연산량이 급격히 증가하여, 학습 시간이 너무 오래 걸리는 단점이 있다.

딥러닝의 DNN 모델은 신경망에서 다층 퍼셉트론, 즉 다층 신경망의 문제점을 다음과 같이 해결하였다.

• 사전 학습(pre-training)에 의한 가중치 초기화(weight initialization) 문제

딥러닝 학습에 있어 초기 가중치 설정은 매우 중요한 역할을 한다. 모델의 가중치(weights)를 무작위로 초기화하지 않고, 사전 학습에서 비지도 학습(unsupervised learning)에 의해 초기 가중치(initial weights)를 결정한다. 대표적인 초기화 방법으로 Xavier 초기화(Xavier initialization, 제이비어 초기화) 방법과 He 초기화(He initialization) 방법 등이 있다.

• 드롭아웃

드롭아웃(Dropout)의 영어 단어 'Dropout'은 '제외하다', '누락시키다'라는 뜻으로 학습을 시킬 때 무작위로 일부 노드를 비활성화 상태, 즉 제외시킨 상태에서 학습하는 것을 말한다. 제외된 노드는 신호를 전달하지 않게 된다. 학습 단계에서 제외할 노드를 무작위로 선택하고 테스트 단계에서는 모든 노드에 신호를 전달한다. 즉, 테스트 단계에서는 드롭아웃이 해제된다. 그림 6.3은 DNN에서 드롭아웃 적용 전과 후를 보여주고 있다.

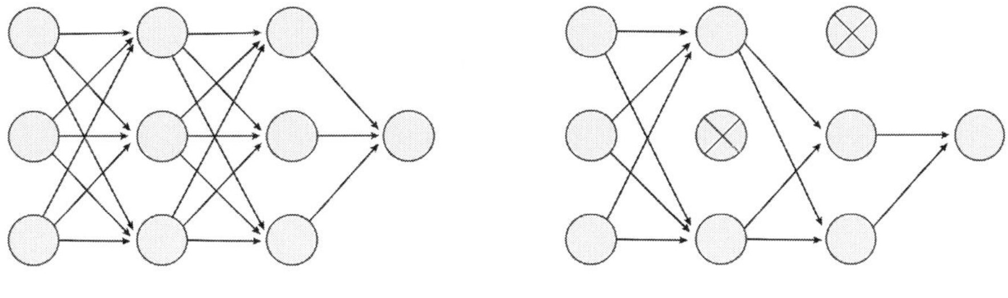

그림 6.3 Dropout 적용 전과 후

DNN의 학습 단계에서 노드 중 일부를 무작위로 비활성화시켜 연산에서 제외한다. 그림 6.3(b)는 그림 6.3(a)에서 은닉층에 드롭아웃을 적용시켰다. 드롭아웃은 학습할때 노드를 무작위로 학습해 매번 다른 모델을 학습시킨다는 측면에서 신경망이 오버피팅에 빠지는 것을 효과적으로 예방할 수 있다.

• **활성화 함수로서 ReLU 함수 유형 사용**

기존 신경망에서 시그모이드 함수는 깊은 층을 가지고 있을수록 기울기 값이 0에 가까워져서 기울기 소실 문제를 촉진할 수 있다. 딥러닝은 기울기 소실 문제의 해결책으로 활성화 함수를 시그모이드 함수에서 그림 6.4의 ReLU 함수, 혹은 Leaky ReLU 함수 등이 사용된다.

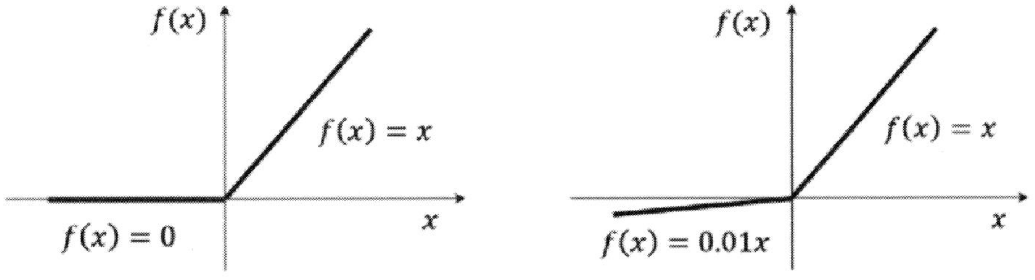

그림 6.4 ReLU 함수와 Leaky ReLU 함수

ReLU 함수는 임계값보다 작으면 0, 크면 입력값을 출력하는 반면에 Leaky ReLU 함수는 임계값보다 작으면 0.01을 곱한 값, 크면 입력값을 출력한다.

- **배치 정규화**

배치 정규화(Batch Normalization)는 학습 과정에서 배치 단위별로 데이터의 평균 0, 분산 1이 되도록 표준화하는 것을 말한다. 배치 정규화를 수식으로 표현하면 다음과 같다.

미니배치 $B=\{x_1, x_2, \ldots, x_m\}$의 입력 데이터에 대해 평균 $\mu_B=\frac{1}{m}\sum_{i=1}^{m}x_i$, 분산 $\sigma_B^2=\frac{1}{m}\sum_{i=1}^{m}(x_i-\mu_B)^2$을 구하고 이를 표준화한다. 즉,

$$\hat{x_i}=\frac{x_i-\mu_B}{\sqrt{\sigma_B^2+\epsilon}}$$

여기서 ϵ는 $10e-7(=10\times 10^{-7})$과 같은 아주 작은 값으로 분모가 0이 되는 것을 방지하기 위해 사용된다.

기본적으로 배치 정규화를 하는 이유는 학습의 안정성과 속도 향상을 위해, 혹은 로컬 최소점(local minima)에 빠질 가능성을 줄이기 위해서이다. 그림 6.5는 원 데이터(original data)에 대해 배치 정규화 적용 전과 후를 그림으로 나타낸 것이다.

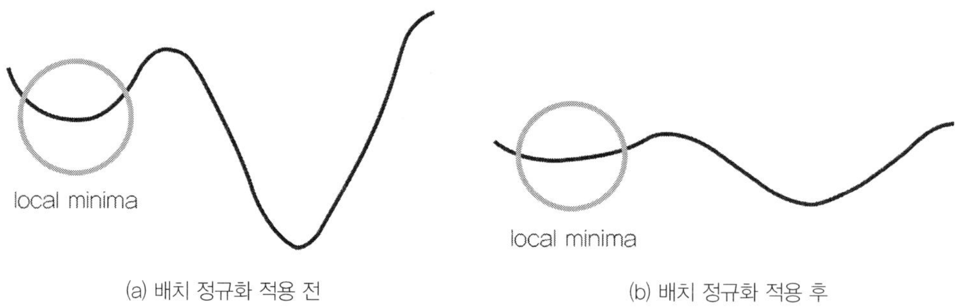

그림 6.5 배치 정규화 적용 전과 후

그림 6.5(b)는 그림 6.5(a)에 비해 로컬 최적점에 빠질 가능성이 작음을 보여주고 있다.

- **GPU 사용**

많은 학습 데이터를 반복 사용하여 학습시키는 경우 기존의 중앙처리 장치인 CPU는 너무 많은 계산시간이 걸려서 실용적이지 못하다. 따라서 빠른 학습을 위해 그래픽 처리

장치인 GPU를 이용하면 딥러닝의 성능을 크게 향상시킬 수 있다. 그림 6.6은 GPU의 한 종류인 지포스(GeForce) RTX 3080 Ti 모델을 나타내고 있다.

그림 6.6 GPU 3080 Ti 모델

오늘날 딥러닝의 DNN 모델은 기존 다층 신경망에서의 여러 문제점을 해결한 개선된 모델이라 할 수 있다.

6.2 케라스로 DNN 모델 구현하기: 회귀 모델

예제 6.1

캘리포니아 주택가격(California Housing Prices) 데이터에서 DNN 모델을 이용하여 주택가격을 예측하고자 한다. 캘리포니아 주택가격 데이터는 1990년 캘리포니아 인구조사 데이터로서 캘리포니아의 블록 그룹(block group)마다 인구(population), 소득의 중앙값(median income), 주택가격의 중앙값(median housing price)등 10개의 변수에 대해 캘리포니아의 20,640개 블록 그룹에 대해 조사하였다. 그림 6.7은 캘리포니아 주택가격 데이터를 나타내고 있다.

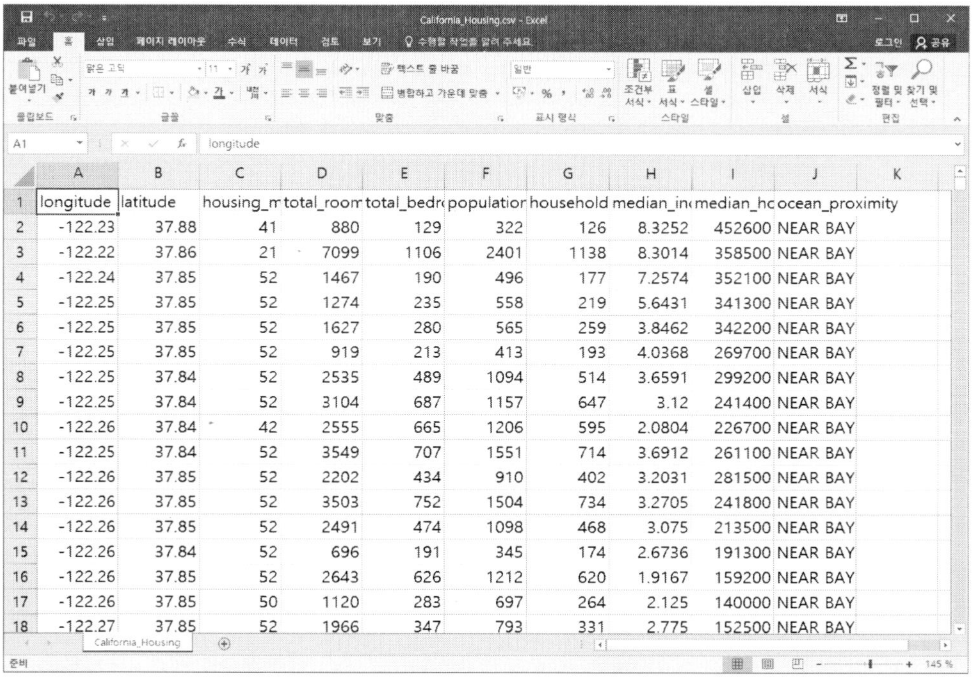

	A	B	C	D	E	F	G	H	I	J	K
1	longitude	latitude	housing_m	total_room	total_bedr	populatior	household	median_in	median_hc	ocean_proximity	
2	-122.23	37.88	41	880	129	322	126	8.3252	452600	NEAR BAY	
3	-122.22	37.86	21	7099	1106	2401	1138	8.3014	358500	NEAR BAY	
4	-122.24	37.85	52	1467	190	496	177	7.2574	352100	NEAR BAY	
5	-122.25	37.85	52	1274	235	558	219	5.6431	341300	NEAR BAY	
6	-122.25	37.85	52	1627	280	565	259	3.8462	342200	NEAR BAY	
7	-122.25	37.85	52	919	213	413	193	4.0368	269700	NEAR BAY	
8	-122.25	37.84	52	2535	489	1094	514	3.6591	299200	NEAR BAY	
9	-122.25	37.84	52	3104	687	1157	647	3.12	241400	NEAR BAY	
10	-122.26	37.84	42	2555	665	1206	595	2.0804	226700	NEAR BAY	
11	-122.25	37.84	52	3549	707	1551	714	3.6912	261100	NEAR BAY	
12	-122.26	37.85	52	2202	434	910	402	3.2031	281500	NEAR BAY	
13	-122.26	37.85	52	3503	752	1504	734	3.2705	241800	NEAR BAY	
14	-122.26	37.85	52	2491	474	1098	468	3.075	213500	NEAR BAY	
15	-122.26	37.84	52	696	191	345	174	2.6736	191300	NEAR BAY	
16	-122.26	37.85	52	2643	626	1212	620	1.9167	159200	NEAR BAY	
17	-122.26	37.85	50	1120	283	697	264	2.125	140000	NEAR BAY	
18	-122.27	37.85	52	1966	347	793	331	2.775	152500	NEAR BAY	

그림 6.7 캘리포니아 주택가격 데이터(파일이름: California_Housing.csv)

그림 6.7을 보면 10개의 변수 중 9개는 연속형 변수, 즉 수치형 데이터이고, 나머지 1개의 변수 "ocean_proximity"(해안 근접도)는 범주형 변수이다. 표 6.1은 캘리포니아 주택가격 데이터에서 변수와 이에 대한 설명이다.

표 6.1 캘리포니아 주택가격 데이터 변수 및 설명

순서	변수	설명
1	longitude	경도
2	latitude	위도
3	housing_median_age	주택 연수의 중앙값
4	total_rooms	전체 방 개수
5	total_bedrooms	전체 침실 수
6	population	인구
7	households	가구 수(세대 수)
8	median_income	소득(중앙값)
9	median_house_value	주택가격(중앙값)
10	ocean_proximity	해안 근접도

표 6.1에서 10개의 변수 중에서 median_house_value(주택가격의 중앙값)를 종속변수

로 간주한다. 모델 구조는 그림 6.8과 같은 입력층과 3개의 은닉층 그리고 출력층으로 구성된 DNN 구조이다.

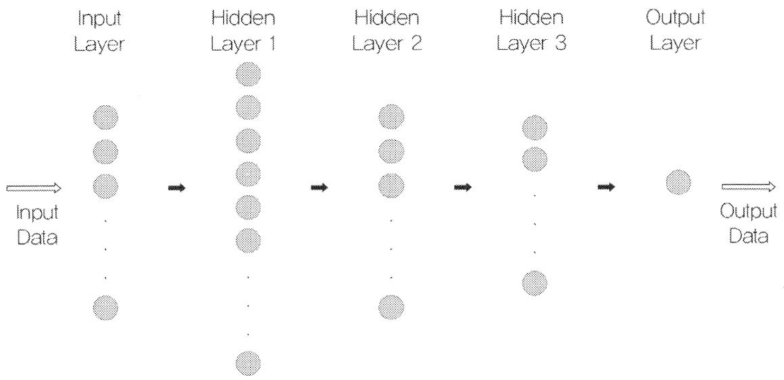

그림 6.8 DNN 모델 구조

그림 6.8에서 입력층은 8개 노드, 첫 번째 은닉층은 32개 노드, 두 번째 은닉층은 16개 노드, 세 번째 은닉층은 8개 노드, 그리고 출력층은 1개의 노드로 구성된다. 그리고 활성화 함수로는 은닉층은 모두 ReLU 함수를 사용하고, 마지막 출력층은 linear 함수를 사용한다.

■ 사이킷런 데이터 셋

파이썬 라이브러리인 사이킷런(scikit-learn)에서는 여러 유형의 빌트인 (built-in) 데이터 셋(datasets)을 제공한다. 캘리포니아 주택가격 데이터 셋은 fetch 계열에 속하는 데이터 셋으로 데이터의 크기가 커서 패키지에 처음부터 저장되어 있지 않고 인터넷 상에서 다운로드받아 사용한다. 따라서 인터넷이 연결되어 있지 않으면 사용할 수 없다. 캘리포니아 주택가격 데이터 셋은 sklearn.datasets 패키지에 있는 fetch_california_housing 데이터 셋으로부터 얻는다. 표 6.2는 fetch_california_housing 데이터 셋에 있는 캘리포니아 주택가격 데이터 변수 및 설명을 나타내고 있다.

표 6.2 사이킷런에 있는 캘리포니아 주택가격 데이터 변수 및 설명

순서	변수	설명
1	Longitude	경도
2	Latitude	위도
3	HouseAge	주택 년수의 중앙값
4	AveRooms	가구당 평균 방 개수 average number of rooms per household

순서	변수	설명
5	AveBedrms	가구당 평균 침실 수 average number of bedrooms per household
6	Population	인구
7	AveOccup	가구당 평균 사람 수 average number of household members
8	MedInc	소득(중앙값)
9	MedHouseVal	주택가격(중앙값)(단위: $100,000)

표 6.2의 사이킷런에 있는 데이터 셋에는 표 6.1과 비교하여 범주형 변수인 해안 근접도를 나타내는 ocean_proximity 변수를 제외한 9개의 변수를 포함하고 있다. 표 6.3은 사이킷런에 있는 fetch 계열의 데이터 셋의 속성과 설명을 나타내고 있다.

표 6.3 사이킷런에 있는 fetch 계열 데이터 셋의 속성 및 설명

속성	설명
data	Feature, 여기서는 독립변수(X)에 해당되는 데이터를 가리킨다.
target	레이블, 여기서는 종속변수(y)에 해당되는 데이터를 가리킨다.
frame	Feature와 레이블, 여기서는 독립변수(X)와 종속변수(y)를 가리킨다.
feature_names	Feature 명, 여기서는 독립변수의 변수명을 나타낸다.
target_names	레이블 명, 여기서는 종속변수의 변수명을 나타낸다.
DESCR	데이터 셋에 대한 설명과 각 Feature의 설명을 나타낸다.

참고로 사이킷런에서 데이터 표현 방식을 그림 6.9와 같이 Feature Matrix (X) 와 Target Vector (y)로 나타낸다.

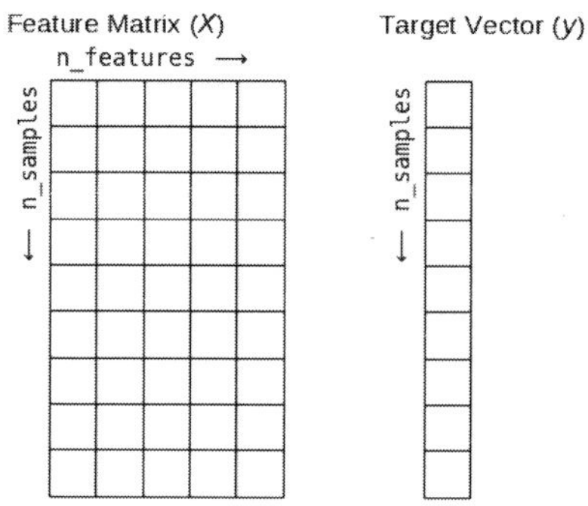

그림 6.9 사이킷런에서 데이터 표현

그림 6.9에서 Feature Matrix(특징 행렬, 특성 행렬)은 입력 데이터를 의미하고, Target Vector(타겟 벡터, 목표 벡터)는 입력 데이터의 레이블, 목표값을 의미한다.

풀이

먼저 사이킷런에 있는 fetch 계열의 캘리포니아 주택가격 데이터를 가지고 분석하고자 한다.

[코드 6.2.1]

```
from sklearn.datasets import fetch_california_housing
housing = fetch_california_housing(as_frame=True)
print(housing.keys())
print(housing.data)

from sklearn.model_selection import train_test_split
X_train, X_test, y_train, y_test = train_test_split(housing.data, housing.target,
test_size=0.2, random_state=1000)


# 텐서플로 재현성-난수 고정
import os
import random
import tensorflow as tf
import numpy as np

SEED = 10
os.environ['PYTHONHASHSEED'] = str(SEED)
os.environ['TF_DETERMINISTIC_OPS'] = '1'

random.seed(SEED)
tf.random.set_seed(SEED)
np.random.seed(SEED)

from tensorflow.keras.models import Sequential
from tensorflow.keras.layers import Dense

model = Sequential()
model.add(Dense(32, activation='relu', input_shape=(X_train.shape[1],)))
model.add(Dense(16, activation='relu'))
model.add(Dense(8, activation='relu'))
model.add(Dense(1))

# Compile model
model.compile(optimizer='Adam',loss='mse',metrics=['mae'])
history=model.fit(x=X_train, y=y_train, batch_size=10, epochs=50)
```

```
import matplotlib.pyplot as plt

plt.figure(figsize=(8,5))
# summarize history for loss
plt.plot(history.history['loss'])
plt.title('Model Loss')
plt.ylabel('Loss')
plt.xlabel('Epoch')
plt.legend(['Train'], loc='upper right')
plt.show()
```

[코드 6.2.1 설명]

Tip! 아나콘다에서 사이킷런(Scikit-learn) 사용하기

실행 창에서 가상환경을 활성화한 다음 사이킷런을 설치한다.
(base) C:₩Users₩user〉conda activate tf
(bf) C:₩Users₩user〉conda install scikit-learn

Tip! 아나콘다에서 판다스(Pandas) 사용하기

실행 창에서 가상환경을 활성화한 다음 판다스를 설치한다.
(base) C:₩Users₩user〉conda activate tf
(bf) C:₩Users₩user〉conda install pandas

① fetch 계열 캘리포니아 주택가격 데이터 불러오기

```
from sklearn.datasets import fetch_california_housing
housing = fetch_california_housing(as_frame=True)
print(type(housing))
```

```
<class 'sklearn.utils._bunch.Bunch'>
```

→ fetch_california_housing() 함수에서 디폴트는 as_frame=False이다. 이 경우 NumPy의 배열 형태인 반면에서 as_frame=True로 지정하면 Pandas의 DataFrame 형태로 변환된다. 따라서 현재 불러온 데이터는 DataFrame를 포함하는 Bunch 데이터 타입이다. 여기서 Bunch는 사이킷런에 내장되어 있는 데이터 타입으로서 파이썬의 기본 자료형인 딕셔너리와 유사한 (dictionary-like) 형태의 데이터 타입을 말한다. 기본적으로 딕셔너리는 키(key)와 값(value)의 쌍으로 이루어진 데이터 타입이다.

(a) key( ) 함수를 사용하여 Bunch 데이터 타입의 housing 데이터에서 키(key)만을 추출한다. 예를 들면, Bunch 테이터 타입인 housing 데이터로부터 키만 추출하고 싶을 때 housing.key( )처럼 호출하면 된다.

```
print(housing.keys())
```

```
dict_keys(['data', 'target', 'frame', 'target_names', 'feature_names', 'DESCR'])
```

→ 불어온 데이터 housing에는 여섯 개의 키(key)가 있음을 알 수 있다.

(b) DESCR 속성을 통해 데이터 셋에 대한 설명과 각 변수의 설명을 확인한다.

```
print(housing.DESCR)
#print(housing['DESCR'])
```

```
.. _california_housing_dataset:

California Housing dataset
--------------------------------

**Data Set Characteristics:**

    :Number of Instances: 20640

    :Number of Attributes: 8 numeric, predictive attributes and the target

    :Attribute Information:
        - MedInc        median income in block group
        - HouseAge      median house age in block group
        - AveRooms      average number of rooms per household
        - AveBedrms     average number of bedrooms per household
        - Population    block group population
        - AveOccup      average number of household members
        - Latitude      block group latitude
        - Longitude     block group longitude

    :Missing Attribute Values: None

This dataset was obtained from the StatLib repository.
https://www.dcc.fc.up.pt/~ltorgo/Regression/cal_housing.html
```

```
The target variable is the median house value for California districts,
expressed in hundreds of thousands of dollars ($100,000).

This dataset was derived from the 1990 U.S. census, using one row per census
block group. A block group is the smallest geographical unit for which the U.S.
Census Bureau publishes sample data (a block group typically has a population
of 600 to 3,000 people).

An household is a group of people residing within a home. Since the average
number of rooms and bedrooms in this dataset are provided per household, these
columns may take surpinsingly large values for block groups with few households
and many empty houses, such as vacation resorts.

It can be downloaded/loaded using the
:func:`sklearn.datasets.fetch_california_housing` function.

.. topic:: References

    - Pace, R. Kelley and Ronald Barry, Sparse Spatial Autoregressions,
      Statistics and Probability Letters, 33 (1997) 291-297
```

→ Bunch 데이터 타입은 파이썬의 딕셔너리와 비슷하지만 점 표기법을 사용할 수 있다. 즉, Bunch['key'] 대신 Bunch.key를 사용할 수 있다. 예를 들면, 다음의 두 문장처럼 사용할 수 있다.

```
print(housing.DESCR)
print(housing['DESCR'])
```

(c) data 속성을 통해 데이터 셋에서 Feature를 추출한다.

```
print(housing.data)
#print(housing['data'])
```

```
       MedInc  HouseAge  AveRooms  AveBedrms  Population  AveOccup  Latitude  \
0      8.3252      41.0  6.984127   1.023810       322.0  2.555556     37.88
1      8.3014      21.0  6.238137   0.971880      2401.0  2.109842     37.86
2      7.2574      52.0  8.288136   1.073446       496.0  2.802260     37.85
3      5.6431      52.0  5.817352   1.073059       558.0  2.547945     37.85
4      3.8462      52.0  6.281853   1.081081       565.0  2.181467     37.85
...       ...       ...       ...        ...         ...       ...       ...
20635  1.5603      25.0  5.045455   1.133333       845.0  2.560606     39.48
20636  2.5568      18.0  6.114035   1.315789       356.0  3.122807     39.49
20637  1.7000      17.0  5.205543   1.120092      1007.0  2.325635     39.43
20638  1.8672      18.0  5.329513   1.171920       741.0  2.123209     39.43
20639  2.3886      16.0  5.254717   1.162264      1387.0  2.616981     39.37
```

```
       Longitude
0        -122.23
1        -122.22
2        -122.24
3        -122.25
4        -122.25
...          ...
20635    -121.09
20636    -121.21
20637    -121.22
20638    -121.32
20639    -121.24

[20640 rows x 8 columns]
```

→ Feature Matrix(X)는 행렬 20,640행×8열로 이루어져 있고, n_features는 8개 변수로 구성되어 있다.

(d) target 속성을 통해 데이터 셋에서 레이블을 확인한다.

```
print(housing.target)
#print(housing['target'])
```

```
0        4.526
1        3.585
2        3.521
3        3.413
4        3.422
         ...
20635    0.781
20636    0.771
20637    0.923
20638    0.847
20639    0.894
Name: MedHouseVal, Length: 20640, dtype: float64
```

→ Target Vector(y)는 행렬 20,640행×1열로 이루어져 있고, 변수명은 MedHouseVal이다.

(e) frame 속성을 통해 데이터 셋에서 Feature와 레이블을 확인한다.

```
print(housing.frame)
#rint(housing['frame'])
```

```
       MedInc  HouseAge  AveRooms  AveBedrms  Population  AveOccup  Latitude  \
0      8.3252      41.0  6.984127   1.023810       322.0  2.555556     37.88
1      8.3014      21.0  6.238137   0.971880      2401.0  2.109842     37.86
2      7.2574      52.0  8.288136   1.073446       496.0  2.802260     37.85
3      5.6431      52.0  5.817352   1.073059       558.0  2.547945     37.85
4      3.8462      52.0  6.281853   1.081081       565.0  2.181467     37.85
...       ...       ...       ...        ...         ...       ...       ...
20635  1.5603      25.0  5.045455   1.133333       845.0  2.560606     39.48
20636  2.5568      18.0  6.114035   1.315789       356.0  3.122807     39.49
20637  1.7000      17.0  5.205543   1.120092      1007.0  2.325635     39.43
20638  1.8672      18.0  5.329513   1.171920       741.0  2.123209     39.43
20639  2.3886      16.0  5.254717   1.162264      1387.0  2.616981     39.37

       Longitude  MedHouseVal
0        -122.23        4.526
1        -122.22        3.585
2        -122.24        3.521
3        -122.25        3.413
4        -122.25        3.422
...          ...          ...
20635    -121.09        0.781
20636    -121.21        0.771
20637    -121.22        0.923
20638    -121.32        0.847
20639    -121.24        0.894

[20640 rows x 9 columns]
```

→ Feature Matrix(X)는 행렬 20,640행×8열이고, Target Vector(y)는 행렬 20,640행×1열로 이루어져 있다. 따라서 Feature와 레이블로 이루어진 전체 데이터 셋은 행렬 20,640행×9열로 이루어져 있다.

(f) feature_names 속성을 통해 데이터 셋에서 Feature 명을 확인한다.

```
print(housing.feature_names)
#print(housing['feature_names'])
```

```
['MedInc', 'HouseAge', 'AveRooms', 'AveBedrms', 'Population', 'AveOccup', 'Latitude',
'Longitude']
```

(g) target_names 속성을 통해 데이터 셋에서 레이블 명을 확인한다.

```
print(housing.target_names)
#print(housing['target_names'])
```

```
['MedHouseVal']
```

② 불러온 캘리포니아 주택가격 데이터 요약 정보 보기

```
print(housing.frame.info())
```

```
<class 'pandas.core.frame.DataFrame'>
RangeIndex: 20640 entries, 0 to 20639
Data columns (total 9 columns):
 #   Column       Non-Null Count  Dtype
---  ------       --------------  -----
 0   MedInc       20640 non-null  float64
 1   HouseAge     20640 non-null  float64
 2   AveRooms     20640 non-null  float64
 3   AveBedrms    20640 non-null  float64
 4   Population   20640 non-null  float64
 5   AveOccup     20640 non-null  float64
 6   Latitude     20640 non-null  float64
 7   Longitude    20640 non-null  float64
 8   MedHouseVal  20640 non-null  float64
dtypes: float64(9)
memory usage: 1.4 MB
None
```

→ info( ) 함수의 결과로부터 모든 변수의 데이터 개수가 20,640개이고 따라서 결측치가 없는 것을 알 수 있다. 그리고 변수의 데이터형은 실수형이다.

③ train 데이터와 test 데이터 분할

여기서는 train 데이터와 test 데이터를 80:20 비율로 분할한다. 다음은 sklearn.model_selection의 train_test_split() 함수의 사용형식이다.

```
train_test_split(X, y, test_size, random_state, shuffle)
```

- X: 입력 데이터의 Feature
- y: 입력 데이터의 Target 혹은 레이블 벡터

- test_size: 테스트 데이터의 비율이나 개수 지정, 디폴트는 test_size=0.25이다.
- random_state: 호출할 때마다 동일한 학습/테스트용 데이터 셋을 생성하기 위해 주어지는 난수값
- shuffle: 셔플 여부 설정, 디폴트는 shuffle = True이다.

```
from sklearn.model_selection import train_test_split

X_train, X_test, y_train, y_test = train_test_split(housing.data, housing.target,
test_size=0.2, random_state=1000)

print(X_train.shape, X_test.shape, y_train.shape, y_test.shape)
print(X_train.ndim, X_test.ndim, y_train.ndim, y_test.ndim)
```

```
(16512, 8) (4128, 8) (16512,) (4128,)
2 2 1 1
```

→ X 데이터는 2D 구조이고, y 데이터는 1D 구조이다.

④ 모델의 똑같은 결과 재현성을 위한 코드

```
# 텐서플로 재현성-난수 고정
import os
import random
import tensorflow as tf
import numpy as np

SEED = 10
os.environ['PYTHONHASHSEED'] = str(SEED)
os.environ['TF_DETERMINISTIC_OPS'] = '1'

random.seed(SEED)
tf.random.set_seed(SEED)
np.random.seed(SEED)
```

⑤ 모델 생성

Sequential 모델을 이용하여 그림 6.8의 DNN 모델을 생성한다. 이를 위해 입력층에 .add( ) 함수를 사용하여 4개 Dense 층을 순차적으로 추가한다. 여기서 3개의 Dense 층은 은닉층이고 마지막 Dense 층은 출력층이다.

```
from tensorflow.keras.models import Sequential
from tensorflow.keras.layers import Dense

model = Sequential()
model.add(Dense(32, activation='relu', input_shape=(X_train.shape[1],)))
model.add(Dense(16, activation='relu'))
model.add(Dense(8, activation='relu'))
model.add(Dense(1))

model.summary()
```

```
Model: "sequential"
_________________________________________________________________
 Layer (type)                Output Shape              Param #
=================================================================
 dense (Dense)               (None, 32)                288

 dense_1 (Dense)             (None, 16)                528

 dense_2 (Dense)             (None, 8)                 136

 dense_3 (Dense)             (None, 1)                 9

=================================================================
Total params: 961
Trainable params: 961
Non-trainable params: 0
_________________________________________________________________
```

→ 첫 번째 Dense 층에서 입력층의 노드를 정한다. 따라서 input_shape는 입력층의 입력 벡터의 크기를 나타낸다. 여기서 input_shape = X_train.shape[1]로 지정한다. 이것은 첫 번째 Dense 층에서만 정의해 준다. 그리고 마지막 Dense 층은 활성화 함수를 지정하지 않음으로 디폴트인 activation='linear'이다.

지금까지는 Sequential 객체 생성 후 .add() 함수를 이용하여 모델을 구성하였다. 다음은 .add() 함수를 이용하지 않고 Sequential 인자에 한 번에 필요한 층을 추가하여 모델을 구성할 수 있다.

```
from tensorflow.keras.models import Sequential
from tensorflow.keras.layers import Dense, Activation
```

```
model = Sequential([
Dense(32, input_shape=(X_train.shape[1],)),
Activation('relu'),
Dense(16),
Activation('relu'),
Dense(8),
Activation('relu'),
Dense(1)
])

model.summary()
```

```
Model: "sequential_3"
_________________________________________________________________
 Layer (type)                Output Shape              Param #
=================================================================
 dense_12 (Dense)            (None, 32)                288

 activation_5 (Activation)   (None, 32)                0

 dense_13 (Dense)            (None, 16)                528

 activation_6 (Activation)   (None, 16)                0

 dense_14 (Dense)            (None, 8)                 136

 activation_7 (Activation)   (None, 8)                 0

 dense_15 (Dense)            (None, 1)                 9

=================================================================
Total params: 961
Trainable params: 961
Non-trainable params: 0
```

⑥ 모델 컴파일 과정

모델 구성 후 모델 컴파일 과정, 즉 학습 과정을 compile() 함수를 호출하여 설정한다. 여기서는 최적화 방법은 Adam, 손실함수는 mse 함수, 그리고 성능지표는 mae를 사용한다.

```
# Compile model
model.compile(optimizer='Adam',loss='mse',metrics=['mae'])
```

여기서 최적화 알고리즘 Adam을 사용하고, 손실함수는 회귀 문제에서 자주 사용하는 평균 제곱 오차(mse)를 사용한다.

⑦ 모델 훈련

학습 데이터를 메모리에 적재하여 모델을 훈련시킨다. 이 경우 fit() 함수를 사용하여 학습 데이터를 훈련시킨다. 다음은 fit( ) 함수를 사용하여 학습을 진행하고 진행 내역을 History 객체에 기록하고자 하는 경우의 사용 예이다.

```
history=model.fit(x=X_train, y=y_train, batch_size=10, epochs=50)
```

여기서 batch_size는 학습 시 한 번에 들어가는 데이터의 크기, 여기서는 10개이고 epochs는 학습 반복 횟수이고, 여기서는 50번 반복한다.

```
history=model.fit(x=X_train, y=y_train, batch_size=10, epochs=50)
```

```
Epoch 1/50
1652/1652 [==============================] - 1s 568us/step - loss: 7.4417 - mae: 1.3162
Epoch 2/50
1652/1652 [==============================] - 1s 578us/step - loss: 5.1872 - mae: 0.9898
Epoch 3/50
1652/1652 [==============================] - 1s 572us/step - loss: 1.1644 - mae: 0.7677
Epoch 4/50
1652/1652 [==============================] - 1s 578us/step - loss: 2.6661 - mae: 0.9258
.............................................................
Epoch 47/50
1652/1652 [==============================] - 1s 581us/step - loss: 0.5165 - mae: 0.5375
Epoch 48/50
1652/1652 [==============================] - 1s 587us/step - loss: 0.5088 - mae: 0.5335
Epoch 49/50
1652/1652 [==============================] - 1s 586us/step - loss: 0.5149 - mae: 0.5360
Epoch 50/50
1652/1652 [==============================] - 1s 583us/step - loss: 0.5059 - mae: 0.5268
```

여기서 1652는 에포크당 스텝 수(steps per epoch)를 나타낸다. 이것은 X_train의 개수를 배치의 사이즈로 나눈 것이다. 즉, steps per epoch = 16512/10 = 1651.2 ≈ 1652이다. 따라서 손실함수 mse와 성능지표 mae는 스텝 수 1,652번에 대한 평균값을 의미한다.

⑧ 훈련과정의 손실함수 시각화하기

훈련에 사용되는 fit( ) 함수는 History 객체를 반환한다. History 객체의 history 속성, 즉 history.history 속성은 훈련과정에서 에포크에 따른 정확도 혹은 손실함수의 값을 기록하고 있다.

다음은 그림 6.10과 같이 에포크 증가에 따른 손실함수에 대한 그래프를 그리기를 위한 코드이다.

```
import matplotlib.pyplot as plt

plt.figure(figsize=(8,5))
# summarize history for loss
plt.plot(history.history['loss'])
plt.title('Model Loss')
plt.ylabel('Loss')
plt.xlabel('Epoch')
plt.legend(['Train'], loc='upper right')
plt.show()
```

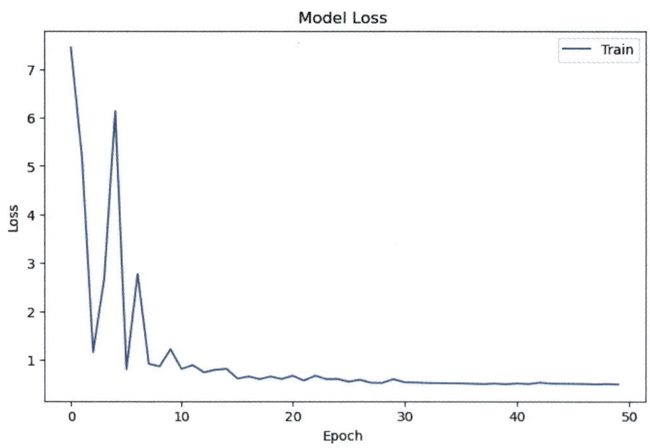

그림 6.10 에포크 증가에 따른 손실함수 그래프

참고로 matplotlib.pyplot 모듈을 이용하지 않고 판다스의 plot을 이용하여 그림 6.11의 에포크 증가에 따른 손실함수 그래프를 그릴 수 있다. 이를 위해 history.history 속성값을 판다스의 데이터프레임 형태로 출력한다.

```
import pandas as pd
#print(history.history)
df = pd.DataFrame(history.history)
print(df)
```

```
    loss      mae
0   7.441668  1.316224
1   5.187205  0.989830
2   1.164420  0.767701
3   2.666127  0.925815
4   6.137905  1.107709
5   0.808797  0.689054
......................
45  0.519807  0.539853
46  0.516514  0.537494
47  0.508755  0.533478
48  0.514933  0.535986
49  0.505878  0.526844
```

```
import pandas as pd

df.plot(figsize=(8,5))
```

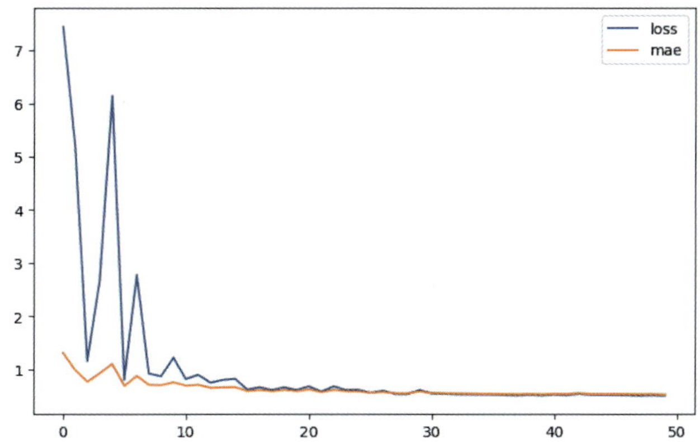

그림 6.11 에포크 증가에 따른 손실함수 그래프

→ 에포크 증가에 따른 손실함수 MSE와 MAE를 그래프로 나타내고 있다.

⑨ 모델 예측

학습 데이터에서 훈련된 모델을 이용하여 테스트 데이터에 대해 predict( ) 함수를 이용하여 예측한다.

```
y_pred=model.predict(X_test)
print(y_pred)
```

```
[[2.6341774]
 [4.9197865]
 [1.5932004]
 ...
 [1.2393906]
 [1.8075328]
 [2.3228347]]
```

⑩ 모델 성능 평가

모델의 성능을 성능지표 MAE, MSE, 그리고 RSME를 가지고 평가하고자 한다.

```
import numpy as np
from sklearn import metrics

print('MAE: %.4f' %metrics.mean_absolute_error(y_test, y_pred))
print('MSE: %.4f' %metrics.mean_squared_error(y_test, y_pred))
print('RSME:%.4f' %np.sqrt(metrics.mean_squared_error(y_test, y_pred)))
```

```
MAE: 0.5194
MSE: 0.4639
RSME:0.6811
```

⑪ 실제값과 모델의 예측값 그래프 그리기

테스트 데이터에서 x축은 실제값, y축은 모델의 예측값으로 그림 6.12와 같은 그래프를 그린다.

```
import matplotlib.pyplot as plt

fig=plt.figure(figsize=(8,5))
plt.scatter(y_test, y_pred)
plt.xlabel("y_test")
plt.ylabel("y_pred")
plt.plot(y_test,y_test,'r')
```

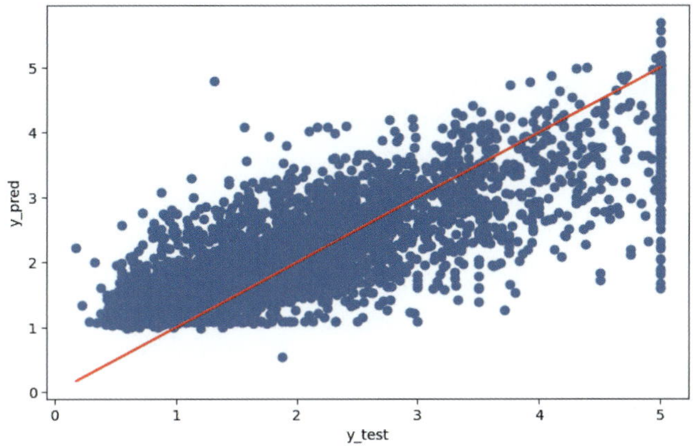

그림 6.12 실제값과 모델의 예측값에 대한 그래프

그림 6.12에서 실제값과 예측값이 비슷한 경우 데이터들은 45도 대각선에 근처에 나타난다. 이 경우 모델의 성능은 비교적 좋다고 할 수 있다.

예제 6.2

[예제 6.1]에서는 사이킷런의 빌트인 데이터 셋인 캘리포니아 주택가격 데이터를 이용하여 회귀모델을 사용하여 분석하였다. 여기서는 사이킷런의 빌트인 데이터 셋을 이용하지 않고 직접 해당 파일, 즉 그림 6.7에 주어진 캘리포니아 주택가격 데이터 (파일이름: California_Housing.csv)를 불러와서 분석하고자 한다. 여기서 범주형 변수는 분석에서 제외하고 결측치가 있는 경우 결측치를 중앙값으로 대체한다.

풀이

[코드 6.2.2]

```
import pandas as pd
df = pd.read_csv("California_Housing.csv")
print(df.info())

df.isnull().sum()
df_num =df.drop('ocean_proximity', axis=1)
print(df_num.info())
```

```
df_num['rooms_per_household'] = df_num['total_rooms'] / df_num['households']
df_num['bedrooms_per_household'] = df_num['total_bedrooms'] / df_num['households']
df_num['population_per_household'] = df_num['population'] / df_num['households']
df_num['median_house_value'] = df_num['median_house_value'] / 100000.0
df_num.drop(['total_rooms', 'total_bedrooms', 'households'], axis = 1, inplace = True)

#  결측치를 중앙값을 대체
df_num["bedrooms_per_household"].fillna(df_num["bedrooms_per_household"].median(),
inplace=True)
df_num.isnull().sum()

X = df_num.drop(['median_house_value'],axis=1)
y = df_num['median_house_value']
print(X.shape,y.shape)

from sklearn.model_selection import train_test_split
X_train, X_test, y_train, y_test = train_test_split(X, y,
test_size=0.2,random_state=1000)
print(X_train.shape, X_test.shape, y_train.shape, y_test.shape)

# 텐서플로 재현성-난수 고정
import os
import random
import tensorflow as tf
import numpy as np

SEED = 10
os.environ['PYTHONHASHSEED'] = str(SEED)
os.environ['TF_DETERMINISTIC_OPS'] = '1'

random.seed(SEED)
tf.random.set_seed(SEED)
np.random.seed(SEED)

from tensorflow.keras.models import Sequential
from tensorflow.keras.layers import Dense

model = Sequential()
model.add(Dense(32, activation='relu', input_shape=(X_train.shape[1],)))
model.add(Dense(16, activation='relu'))
model.add(Dense(8, activation='relu'))
model.add(Dense(1))
```

```
# Compile model
model.compile(optimizer='Adam',loss='mse',metrics=['mae'])

history=model.fit(x=X_train, y=y_train, batch_size=10, epochs=50)
```

```
import matplotlib.pyplot as plt
plt.figure(figsize=(8,5))
# summarize history for loss
plt.plot(history.history['loss'])
plt.title('Model Loss')
plt.ylabel('Loss')
plt.xlabel('Epoch')
plt.legend(['Train'], loc='upper right')
plt.show()
```

[코드 6.2.2 설명]

① 데이터 읽고 대략적인 정보 파악하기

(a) 판다스의 read_csv( ) 함수를 사용하여 "California_Housing.csv" 파일을 불러온다.

(b) 판다스의 info( ) 함수를 사용하여 데이터의 전반적인 정보를 확인하고자 한다.

```
import pandas as pd
df = pd.read_csv("California_Housing.csv")
print(df.info())
```

```
<class 'pandas.core.frame.DataFrame'>
RangeIndex: 20640 entries, 0 to 20639
Data columns (total 10 columns):
 #   Column              Non-Null Count  Dtype
---  ------              --------------  -----
 0   longitude           20640 non-null  float64
 1   latitude            20640 non-null  float64
 2   housing_median_age  20640 non-null  float64
 3   total_rooms         20640 non-null  float64
 4   total_bedrooms      20433 non-null  float64
 5   population          20640 non-null  float64
 6   households          20640 non-null  float64
 7   median_income       20640 non-null  float64
```

```
  8   median_house_value  20640 non-null  float64
  9   ocean_proximity     20640 non-null  object
dtypes: float64(9), object(1)
memory usage: 1.6+ MB
None
```

→ info( ) 함수의 결과 데이터 셋은 10개의 변수로 구성되어 있고 데이터의 개수는 20,640개이다. 변수 ocean_proximity는 문자열(object)이고 나머지는 모두 수치형(float64) 변수이다. 변수에 대한 데이터의 길이는 total_bedrooms(방의 총 개수)를 제외하고 모두 같다.

(c) 판다스의 head( ) 함수 사용하여 데이터 중 앞의 5개의 데이터를 출력하고자 한다.

```
print(df.head())
```

```
   longitude  latitude  housing_median_age  total_rooms  total_bedrooms  \
0    -122.23     37.88                41.0        880.0           129.0
1    -122.22     37.86                21.0       7099.0          1106.0
2    -122.24     37.85                52.0       1467.0           190.0
3    -122.25     37.85                52.0       1274.0           235.0
4    -122.25     37.85                52.0       1627.0           280.0

   population  households  median_income  median_house_value ocean_proximity
0       322.0       126.0         8.3252            452600.0        NEAR BAY
1      2401.0      1138.0         8.3014            358500.0        NEAR BAY
2       496.0       177.0         7.2574            352100.0        NEAR BAY
3       558.0       219.0         5.6431            341300.0        NEAR BAY
4       565.0       259.0         3.8462            342200.0        NEAR BAY
```

• 파이썬 결측치 확인 방법

판다스의 isnull( ) 함수는 NULL인지 아닌지를 확인하기 위한 함수이다. 만약 NULL이면 True, 아니면 False를 반환한다. 데이터프레임의 NULL 값의 개수를 확인하기 위해 isnull( ) 함수와 sum( ) 함수를 연계한 isnull( ).sum( ) 함수를 사용한다. 결측치를 NULL로 표현하는 경우 각 컬럼별 결측치의 개수를 다음과 같이 구할 수 있다.

```
df.isnull().sum()
```

```
longitude              0
latitude               0
```

```
housing_median_age      0
total_rooms             0
total_bedrooms        207
population              0
households              0
median_income           0
median_house_value      0
ocean_proximity         0
dtype: int64
```

→ 전체 10개의 변수 중에서 total_bedrooms(방의 총 개수) 변수는 결측치 207개가 있고 나머지 변수는 결측치가 없음을 알 수 있다.

• 범주형 변수 ocean_proximty에 대한 특성 파악

범주형 변수 ocean_proximty에 대한 데이터 타입을 type() 함수를 이용하여 확인하고자 한다.

```
type(df['ocean_proximity'])
```

```
pandas.core.series.Series
```

df['ocean_proximity']은 Series 형태의 데이터이다. Series의 값이 정수, 문자열, 카테고리값인 경우 value_counts( ) 함수를 이용하여 Series의 값이 나온 횟수를 셀 수 있다. 즉, pandas.Series.value_counts( ) 함수는 Series에서 각 고유 요소의 발생 횟수를 계산한다.

```
df['ocean_proximity'].value_counts()
```

```
<1H OCEAN     9136
INLAND        6551
NEAR OCEAN    2658
NEAR BAY      2290
ISLAND           5
Name: ocean_proximity, dtype: int64
```

→ Series는 5개의 값으로 구성되어 있고 이들 값이 나온 횟수도 알 수 있다.

다음은 Series의 값에 대한 설명이다.

<1H OCEAN : 해안에서 1시간 이내

INLAND : 내륙

NEAR OCEAN : 해안 근처

NEAR BAY : Bay Area라 불리는 샌프란시스코 도시 중심지역

ISLAND : 섬

② 전체 변수 중 특정 변수 제거하고자 하는 경우

전체 변수 중에서 ocean_proximity 변수를 drop( ) 함수를 이용하여 제거하고자 한다.

```
df_num =df.drop('ocean_proximity', axis=1)
print(df_num.info())
```

```
<class 'pandas.core.frame.DataFrame'>
RangeIndex: 20640 entries, 0 to 20639
Data columns (total 9 columns):
 #   Column              Non-Null Count  Dtype
---  ------              --------------  -----
 0   longitude           20640 non-null  float64
 1   latitude            20640 non-null  float64
 2   housing_median_age  20640 non-null  float64
 3   total_rooms         20640 non-null  float64
 4   total_bedrooms      20433 non-null  float64
 5   population          20640 non-null  float64
 6   households          20640 non-null  float64
 7   median_income       20640 non-null  float64
 8   median_house_value  20640 non-null  float64
dtypes: float64(9)
memory usage: 1.4 MB
None
```

→ 전체 10개의 변수 중에서 ocean_proximity 변수를 제외한 9개의 변수들에 대한 정보를 나타내고 있다.

■ drop( ) 함수

데이터프레임에서 특정 행과 열을 삭제(drop, 제거)하고자 하는 경우 사용한다. pandas.DataFrame.drop() 함수의 사용형식은 다음과 같다.

```
DataFrame.drop(labels=None, axis=0)
```

- labels: 삭제할 레이블 이름을 지정한다.
- axis: 삭제할 행과 열을 지정한다. axis=0이면 행을 지정하고 axis=1이면 열을 지정한다.

다음은 drop( ) 함수의 사용 예이다. 4개의 열 'A', 'B', 'C', 'D'로 이루어진 데이터프레임에서 drop( ) 함수를 사용하여 'B', 'C'를 제거하고자 한다.

```
import numpy as np
df = pd.DataFrame(np.arange(12).reshape(3, 4),
                  columns=['A', 'B', 'C', 'D'])
print(df)
```

```
   A  B   C   D
0  0  1   2   3
1  4  5   6   7
2  8  9  10  11
```

```
df1 = df.drop(labels=['B', 'C'], axis=1)
print(type(df1))
print(df1)
```

```
 <class 'pandas.core.frame.DataFrame'>
   A   D
0  0   3
1  4   7
2  8  11
```

→ drop( ) 함수의 labels 옵션을 이용하여 삭제할 레이블, 여기서는 ['B', 'C']를 지정하고 axis 옵션을 이용하여 axis=1로 열을 지정한다.

③ 파생 변수 만들기

파일을 통해 읽은 데이터를 fetch 계열의 fetch_california_housing 데이터에 준하여 파생 변수를 만들고자 한다. 여기서 기존 변수로부터 새로운 파생변수는 가구당 방 개수(rooms for household), 가구당 침실 개수(bedrooms for household), 가구당 인원(population per household)이다. 즉,

가구당 방 개수 = 전체 방 개수(total_rooms) / 가구 수(households)

가구당 침실 개수 = 전체 침실 수(total_bedrooms) / 가구 수(households)

가구당 인원 = 전체 인원(population) / 가구 수(households)

기존 변수 total_rooms, total_bedrooms, population, median_house_value에 대해 변수 변환을 한다.

```
df_num['rooms_per_household'] = df_num['total_rooms'] / df_num['households']
df_num['bedrooms_per_household'] = df_num['total_bedrooms'] / df_num['households']
df_num['population_per_household'] = df_num['population'] / df_num['households']
df_num['median_house_value'] = df_num['median_house_value'] / 100000.0
df_num.drop(['total_rooms', 'total_bedrooms', 'households'], axis = 1, inplace = True)
```

④ 결측치 처리

total_bedrooms 변수에 대한 파생 변수 bedrooms_per_household에 대해 결측치를 중앙값으로 대체한다. 이를 위해 fillna( ) 함수를 이용하여 데이터프레임에서 결측값을 원하는 값으로 변경한다. 다음은 pandas.DataFrame.fillna( ) 함수의 사용형식이다.

```
DataFrame.fillna(value=None, method=None, inplace=False)
```

- value : 결측값을 대체할 값이다.
- method : 결측값을 대체할 방법을 지정한다.
- inplace : 원본을 변경할지 여부이다. 디폴트는 inplace=False이다. inplace=True일 경우 원본을 변경하게 된다.

```
# 결측치를 중앙값을 대체
df_num["bedrooms_per_household"].fillna(df_num["bedrooms_per_household"].median(),
inplace=True)
df_num.isnull().sum()
```

```
longitude              0
latitude               0
housing_median_age     0
population             0
```

```
median_income              0
median_house_value         0
rooms_per_household        0
bedrooms_per_household     0
population_per_household   0
dtype: int64
```

```
print(df_num.head())
```

```
   longitude  latitude  housing_median_age  population  median_income  \
0    -122.23     37.88                41.0       322.0         8.3252
1    -122.22     37.86                21.0      2401.0         8.3014
2    -122.24     37.85                52.0       496.0         7.2574
3    -122.25     37.85                52.0       558.0         5.6431
4    -122.25     37.85                52.0       565.0         3.8462

   median_house_value  rooms_per_household  bedrooms_per_household  \
0               4.526             6.984127                1.023810
1               3.585             6.238137                0.971880
2               3.521             8.288136                1.073446
3               3.413             5.817352                1.073059
4               3.422             6.281853                1.081081

  population_per_household
0                 2.555556
1                 2.109842
2                 2.802260
3                 2.547945
4                 2.181467
```

⑤ 독립변수와 종속변수 지정하기

9개 변수 중 median_house_value 변수를 종속변수, 나머지 8개 변수를 독립변수로 지정한다. 여기서는 drop() 함수를 사용하여 변수 지정한다.

```
X = df_num.drop(['median_house_value'],axis=1)
y = df_num['median_house_value']
print(X.shape,y.shape)
```

```
(20640, 8) (20640,)
```

여기서 독립변수 X는 (20640, 8) 형태이고 종속변수 y는 (20640,) 형태이다.

참고로, drop( ) 함수를 사용하지 않고 loc 함수를 이용하여 위와 똑같은 결과를 얻을 수 있다.

```
X = df_num.loc[:, df_num.columns != 'median_house_value']
y = df_num.loc[:, df_num.columns == 'median_house_value']
print(X.shape,y.shape)
```

```
(20640, 8) (20640,)
```

⑥ 학습 데이터와 테스트 데이터 분할

train_test_split( ) 함수를 이용하여 학습 데이터와 테스트 데이터를 80 : 20 비율로 분할한다.

```
from sklearn.model_selection import train_test_split
X_train, X_test, y_train, y_test = train_test_split(X, y, test_size=0.2,random_state=1000)
print(X_train.shape, X_test.shape, y_train.shape, y_test.shape)
```

```
(16512, 8) (4128, 8) (16512,) (4128,)
```

⑦ 모델의 똑같은 결과 재현성

```
# 텐서플로 재현성-난수 고정
import os
import random
import tensorflow as tf
import numpy as np

SEED = 10
os.environ['PYTHONHASHSEED'] = str(SEED)
os.environ['TF_DETERMINISTIC_OPS'] = '1'

random.seed(SEED)
tf.random.set_seed(SEED)
np.random.seed(SEED)
```

⑧ 모델 생성

```
from tensorflow.keras.models import Sequential
from tensorflow.keras.layers import Dense

model = Sequential()
model.add(Dense(32, activation='relu', input_shape=(X_train.shape[1],)))
model.add(Dense(16, activation='relu'))
model.add(Dense(8, activation='relu'))
model.add(Dense(1))

model.summary()
```

```
Model: "sequential"
_________________________________________________________________
 Layer (type)                Output Shape              Param #
=================================================================
 dense (Dense)               (None, 32)                288

 dense_1 (Dense)             (None, 16)                528

 dense_2 (Dense)             (None, 8)                 136

 dense_3 (Dense)             (None, 1)                 9

=================================================================
Total params: 961
Trainable params: 961
Non-trainable params: 0
_________________________________________________________________
```

⑨ 모델 컴파일

모델을 구성한 후 손실함수는 mse 함수, 옵티마이저는 Adam 그리고 성능지표로는 mae를 지정한다.

```
# Compile model
model.compile(optimizer='Adam',loss='mse',metrics=['mae'])
```

⑩ 모델 훈련

학습 데이터에 대해 fit( ) 함수를 이용하여 모델을 훈련시킨다. 여기서 배치의 사이즈는 10이고 epoch의 수는 50이다.

```
history=model.fit(x=X_train, y=y_train, batch_size=10, epochs=50)
```

```
Epoch 1/50
1652/1652 [==============================] - 1s 570us/step - loss: 147.6525 - mae: 3.0646
Epoch 2/50
1652/1652 [==============================] - 1s 567us/step - loss: 4.3642 - mae: 0.9102
Epoch 3/50
1652/1652 [==============================] - 1s 574us/step - loss: 2.2673 - mae: 0.8935
Epoch 4/50
1652/1652 [==============================] - 1s 573us/step - loss: 1.4185 - mae: 0.8386
...................................................................
Epoch 47/50
1652/1652 [==============================] - 1s 574us/step - loss: 0.5240 - mae: 0.5421
Epoch 48/50
1652/1652 [==============================] - 1s 570us/step - loss: 0.5373 - mae: 0.5436
Epoch 49/50
1652/1652 [==============================] - 1s 576us/step - loss: 0.5299 - mae: 0.5461
Epoch 50/50
1652/1652 [==============================] - 1s 569us/step - loss: 0.5259 - mae: 0.5441
```

⑪ 훈련 과정의 손실함수 시각화하기

훈련에 사용되는 fit() 함수는 History 객체를 반환한다. History 객체의 history 속성은 훈련 과정에서 에포크에 따른 정확도 혹은 손실함수의 값을 기록한다.

다음은 그림 6.13의 에포크 증가에 따른 손실함수의 그래프를 그리기 위한 코드이다.

```
import matplotlib.pyplot as plt
plt.figure(figsize=(8,5))
# summarize history for loss
plt.plot(history.history['loss'])
plt.title('Model Loss')
plt.ylabel('Loss')
plt.xlabel('Epoch')
plt.legend(['Train'], loc='upper right')
plt.show()
```

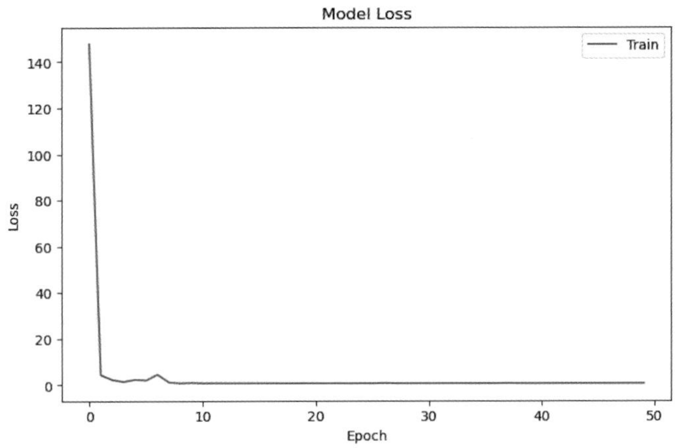

그림 6.13 Epoch 증가에 따른 손실함수 그래프

⑫ 모델 예측

훈련된 모델을 이용하여 테스트 데이터에 대해 predict() 함수를 사용하여 예측한다.

```
y_pred=model.predict(X_test)
print(y_pred)
```

```
[[2.611165 ]
 [6.4289303]
 [1.3414385]
 ...
 [1.1689507]
 [1.8673044]
 [2.3997307]]
```

⑬ 모델 성능 평가

모델의 성능을 성능지표 MAE, MSE 그리고 RSME를 가지고 평가하고자 한다.

```
import numpy as np
from sklearn import metrics

print('MAE: %.4f' %metrics.mean_absolute_error(y_test, y_pred))
print('MSE: %.4f' %metrics.mean_squared_error(y_test, y_pred))
```

```
print('RSME:%.4f' %np.sqrt(metrics.mean_squared_error(y_test, y_pred)))
```

```
MAE: 0.5204
MSE: 0.4700
RSME:0.6856
```

⑭ 실제값과 모델의 예측값 그래프 그리기

테스트 데이터에서 x축은 실제값, y축은 모델의 예측값으로 그림 6.14와 같은 그래프를 그린다.

```
import matplotlib.pyplot as plt

fig=plt.figure(figsize=(8,5))
plt.scatter(y_test, y_pred)
plt.xlabel("y_test")
plt.ylabel("y_pred")
plt.plot(y_test,y_test,'r')
```

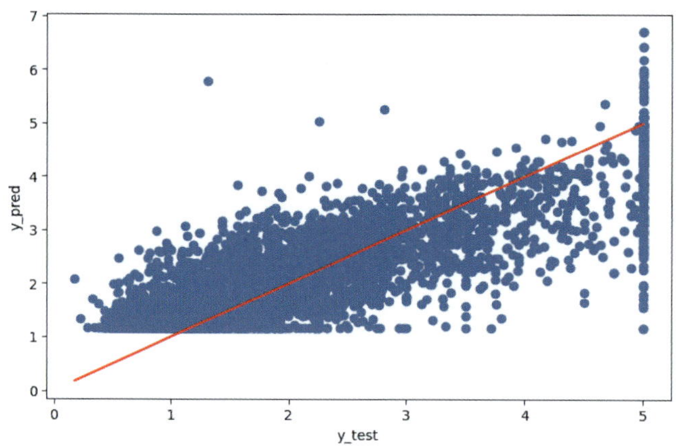

그림 6.14 실제값과 모델의 예측값에 대한 그래프

그림 6.14에서 실제값과 예측값이 비슷한 경우 데이터들은 45도 대각선에 근처에 나타난다. 이 경우 모델의 성능은 비교적 좋다고 할 수 있다.

예제 6.3

[예제 6.2]에서 성능 개선을 위해 데이터 정규화(data normalization)를 수행하고자 한다. 여기서 데이터 정규화는 변수 간 데이터 범위가 다르고 그 차이가 큰 경우 유용하다. 여기서는 독립변수에 해당되는 데이터를 평균 0, 분산 1로 표준화 한다. 즉,

$$z = \frac{x - \mu}{s}$$

여기서 μ는 해당 변수의 평균, s는 해당 변수의 표준편차이다.

풀이

[코드 6.2.3]

```
import pandas as pd
df = pd.read_csv("California_Housing.csv")
#print(df.info())
df_num =df.drop('ocean_proximity', axis=1)
#print(df_num.info())

df_num['rooms_per_household'] = df_num['total_rooms'] / df_num['households']
df_num['bedrooms_per_household'] = df_num['total_bedrooms'] / df_num['households']
df_num['population_per_household'] = df_num['population'] / df_num['households']
df_num['median_house_value'] = df_num['median_house_value'] / 100000.0
df_num.drop(['total_rooms', 'total_bedrooms', 'households'], axis = 1, inplace = True)

df_num["bedrooms_per_household"].fillna(df_num["bedrooms_per_household"].median(),
inplace=True)
#df_num.isnull().sum()

X = df_num.drop(['median_house_value'],axis=1)
y = df_num['median_house_value']
print(X.shape,y.shape)

from sklearn.model_selection import train_test_split
X_train, X_test, y_train, y_test = train_test_split(X, y, test_size=0.2,random_state=1000)
print(X_train.shape, X_test.shape, y_train.shape, y_test.shape)

from sklearn.preprocessing import StandardScaler
import numpy as np
```

```
scaler = StandardScaler()
scaler.fit(X_train)
X_train = scaler.transform(X_train)
X_test = scaler.transform(X_test)

# 텐서플로 재현성-난수 고정
import os
import random
import tensorflow as tf
import numpy as np

SEED = 10
os.environ['PYTHONHASHSEED'] = str(SEED)
os.environ['TF_DETERMINISTIC_OPS'] = '1'

random.seed(SEED)
tf.random.set_seed(SEED)
np.random.seed(SEED)

from tensorflow.keras.models import Sequential
from tensorflow.keras.layers import Dense

model = Sequential()
model.add(Dense(32, activation='relu', input_shape=(X_train.shape[1],)))
model.add(Dense(16, activation='relu'))
model.add(Dense(8, activation='relu'))
model.add(Dense(1))

# Compile model
model.compile(optimizer='Adam',loss='mse',metrics='mae')

history=model.fit(x=X_train, y=y_train, batch_size=10, epochs=50)
```

```
import matplotlib.pyplot as plt
plt.figure(figsize=(8,5))
# summarize history for loss
plt.plot(history.history['loss'])
plt.title('Model Loss')
plt.ylabel('Loss')
plt.xlabel('Epoch')
plt.legend(['Train'], loc='upper right')
plt.show()
```

[코드 6.2.3 설명]

① 데이터 읽고 범주형 변수 제거하기

```
import pandas as pd
df = pd.read_csv("California_Housing.csv")
#print(df.info())
df_num =df.drop('ocean_proximity', axis=1)
#print(df_num.info())
```

② 연속형 데이터에서 변수 변환하고 기존 변수 제거하기

```
df_num['rooms_per_household'] = df_num['total_rooms'] / df_num['households']
df_num['bedrooms_per_household'] = df_num['total_bedrooms'] / df_num['households']
df_num['population_per_household'] = df_num['population'] / df_num['households']
df_num['median_house_value'] = df_num['median_house_value'] / 100000.0
df_num.drop(['total_rooms', 'total_bedrooms', 'households'], axis = 1, inplace = True)
```

③ 결측치 처리

fillna( ) 함수를 이용하여 결측치를 처리한다.

```
df_num["bedrooms_per_household"].fillna(df_num["bedrooms_per_household"].median(),
inplace=True)
#df_num.isnull().sum()
```

④ 독립변수와 종속변수 지정하기

```
X = df_num.drop(['median_house_value'],axis=1)
y = df_num['median_house_value']
print(X.shape,y.shape)
```

```
(20640, 8) (20640,)
```

⑤ 데이터 분할하기

train_test_split( ) 함수를 이용하여 전체 데이터를 학습 데이터와 테스트 데이터로 분할한다.

```
from sklearn.model_selection import train_test_split
X_train, X_test, y_train, y_test = train_test_split(X, y, test_size=0.2,random_state=1000)
print(X_train.shape, X_test.shape, y_train.shape, y_test.shape)
```

```
(16512, 8) (4128, 8) (16512,) (4128,)
```

⑥ 데이터 정규화

데이터 정규화는 sklearn.preprocessing 모듈에 있는 StandardScaler( ) 함수를 이용한다.

■ fit( ) 함수와 transform( ) 함수

```
from sklearn.preprocessing import StandardScaler
scaler = StandardScaler()
scaler.fit(X)
X_scaled = scaler.transform(X)
```

위의 코드에 대한 설명은 다음과 같다.

- scaler = StandardScaler() : StandardScaler 객체 scaler를 생성한다.
- scaler.fit(X) : StandardScaler 객체 scaler를 이용하여 변수 X에 대한 평균과 표준편차 등의 값을 계산한다.
- X_scaled = scaler.transform(X) : 변수 X에 대해 앞에서 계산된 평균과 표준편차를 이용하여 정규화를 한다. 즉, 변수 X을 평균이 0, 표준편차가 1인 값으로 변환한다.

■ fit_transform( ) 함수

fit_transform( ) 함수는 말 그대로 fit( ) 함수와 transform( ) 함수를 한 번에 처리할 수 있게 하는 함수이다.

```
from sklearn.preprocessing import StandardScaler
scaler = StandardScaler()
X_scaled = scaler.fit_transform(X)
```

Tip! 테스트 데이터는 fit( ) 함수나 fit_transform( ) 함수를 사용하지 말 것

테스트 데이터에 fit( ) 함수나 fit_transform( ) 함수를 사용한다면 테스트 데이터로부터 새로운 평균과 표준편차를 얻게 되는 것이다. 테스트 데이터는 모델이 학습된 후에 평가할 때만 사용되어야 한다. 따라서 데이터 데이터의 용도는 미래의 예측을 위해 사용하지 않는 데이터이다. 즉, 학습 데이터에서 fit( ) 함수를 사용하여 구한 평균과 표준편차 등을 테스트 데이터에 그대로 적용하려면 fit_transform ( ) 함수가 아닌 transform( ) 함수를 사용해야 한다.

물론 위와 같이 StandardScaler( ) 함수를 사용하지 않고 위와 똑같은 결과를 얻을 수 있다.

```
mean = X_train.mean(axis=0)
std = X_train.std(axis=0)

X_train = (X_train - mean) / std
X_test = (X_test - mean) / std
```

StandardScaler( ) 함수를 이용하여 scaler 객체를 생성한 후 학습 데이터에 대해 fit( ) 함수와 transform( ) 함수를 적용한다. 테스트 데이터에서는 다시 fit( ) 함수, transform( ) 함수나 fit_transform( ) 함수를 적용하지 말고 오직 transform( ) 함수만 적용한다.

```
from sklearn.preprocessing import StandardScaler
import numpy as np

scaler = StandardScaler()
scaler.fit(X_train)
X_train = scaler.transform(X_train)
X_test = scaler.transform(X_test)
```

⑦ 모델의 똑같은 결과 재현하기

```
# 텐서플로 재현성-난수 고정
import os
import random
import tensorflow as tf
import numpy as np

SEED = 10
os.environ['PYTHONHASHSEED'] = str(SEED)
os.environ['TF_DETERMINISTIC_OPS'] = '1'

random.seed(SEED)
tf.random.set_seed(SEED)
np.random.seed(SEED)
```

⑧ 모델 설정

Sequential 모델 객체 생성한 후 add() 함수를 이용하여 층들을 추가한다.

```
from tensorflow.keras.models import Sequential
from tensorflow.keras.layers import Dense

model = Sequential()
model.add(Dense(32, activation='relu', input_shape=(X_train.shape[1],)))
model.add(Dense(16, activation='relu'))
model.add(Dense(8, activation='relu'))
model.add(Dense(1))

model.summary()
```

```
Model: "sequential_3"
_________________________________________________________________
 Layer (type)                Output Shape              Param #
=================================================================
 dense_12 (Dense)            (None, 32)                288

 dense_13 (Dense)            (None, 16)                528

 dense_14 (Dense)            (None, 8)                 136

 dense_15 (Dense)            (None, 1)                 9

=================================================================
```

```
Total params: 961
Trainable params: 961
Non-trainable params: 0
_________________________________________________________________
```

⑨ 모델 컴파일 과정

모델을 구성한 후 compile( ) 함수를 이용하여 사용할 손실함수, 옵티마이저, 성능지표를 지정한다.

```
# Compile model
model.compile(optimizer='Adam',loss='mse',metrics='mae')
```

⑩ 모델 훈련

훈련에 사용되는 fit( ) 함수는 History 객체를 반환한다.

```
history=model.fit(x=X_train, y=y_train, batch_size=10, epochs=50)
```

```
Epoch 1/50
1652/1652 [==============================] - 1s 573us/step - loss: 0.6800 - mse: 0.6800
Epoch 2/50
1652/1652 [==============================] - 1s 576us/step - loss: 0.3848 - mse: 0.3848
Epoch 3/50
1652/1652 [==============================] - 1s 574us/step - loss: 0.3689 - mse: 0.3689
Epoch 4/50
1652/1652 [==============================] - 1s 571us/step - loss: 0.3473 - mse: 0.3473
.......................................................................
Epoch 47/50
1652/1652 [==============================] - 1s 572us/step - loss: 0.2570 - mse: 0.2570
Epoch 48/50
1652/1652 [==============================] - 1s 570us/step - loss: 0.2581 - mse: 0.2581
Epoch 49/50
1652/1652 [==============================] - 1s 573us/step - loss: 0.2575 - mse: 0.2575
Epoch 50/50
1652/1652 [==============================] - 1s 578us/step - loss: 0.2561 - mse: 0.2561
```

⑪ 훈련과정의 손실함수 시각화하기

훈련에 사용되는 fit( ) 함수는 History 객체를 반환한다. history.history 속성은 훈련 과정에서 에포크에 따른 정확도 혹은 손실함수의 값을 기록한다.

다음은 그림 6.15와 같은 에포크에 따른 손실함수의 값을 그리기 위한 코드이다.

```
import matplotlib.pyplot as plt
plt.figure(figsize=(8,5))
# summarize history for loss
plt.plot(history.history['loss'])
plt.title('Model Loss')
plt.ylabel('Loss')
plt.xlabel('Epoch')
plt.legend(['Train'], loc='upper right')
plt.show()
```

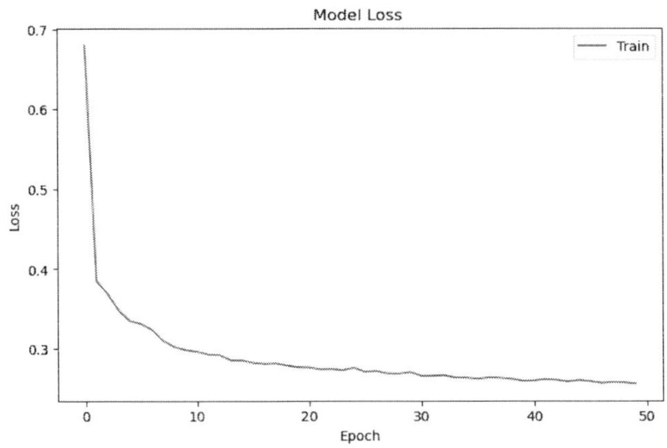

그림 6.15 에포크 증가에 따른 손실함수 그래프

⑫ 모델 예측하기

훈련된 모델에 predict( ) 함수를 이용하여 테스트 데이터에 대해 예측하고자 한다.

```
y_pred=model.predict(X_test)
print(y_pred)
```

```
[[2.1258483 ]
 [4.717704  ]
 [1.3389976 ]
```

```
...
[0.95360756]
[1.9050081 ]
[2.18403    ]]
```

⑬ **모델 평가하기**

회귀모델을 평가지표 MAE, MSE, RSME를 이용하여 평가하고자 한다.

```
import numpy as np
from sklearn import metrics

print('MAE: %.4f' %metrics.mean_absolute_error(y_test, y_pred))
print('MSE: %.4f' %metrics.mean_squared_error(y_test, y_pred))
print('RSME:%.4f' %np.sqrt(metrics.mean_squared_error(y_test, y_pred)))
```

```
MAE: 0.3456
MSE: 0.2630
RSME:0.5128
```

6.3 케라스로 DNN 모델 구현하기: 분류 모델

예제 6.4

피마 인디언 당뇨병(Pima Indians Diabetes) 데이터를 사용하여 당뇨병 발병 유무를 딥러닝을 이용하여 분류하고자 한다. 피마 인디언 당뇨병 데이터는 kaggle 데이터 셋에 있는 데이터로서 9개의 변수와 767개의 데이터로 이루어진 분류 데이터이다.

그림 6.16은 피마 인디언 당뇨병 데이터이다. 여기서 파일이름은 "pima-indians-diabetes.csv"이다.

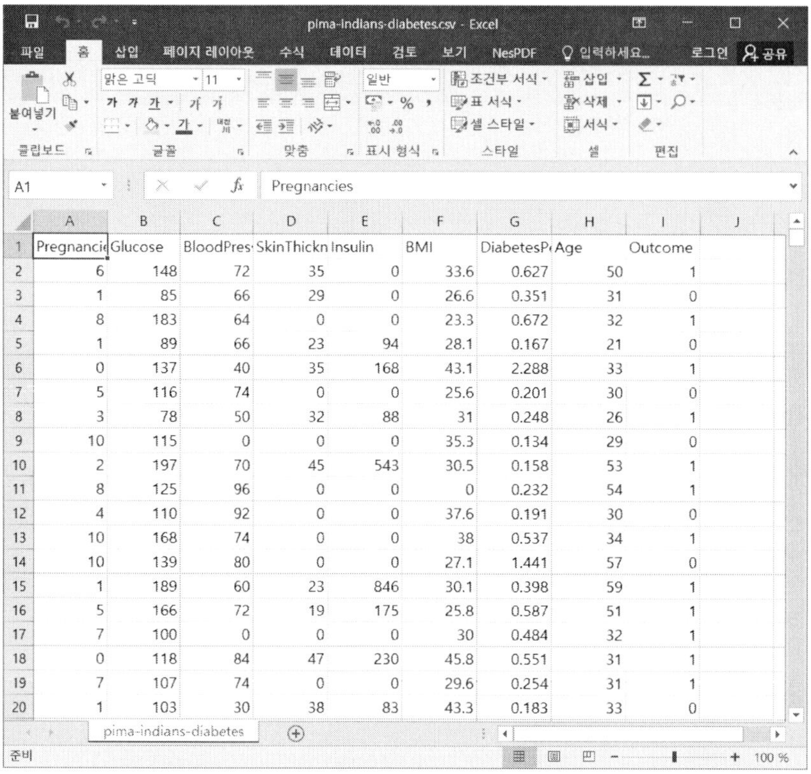

그림 6.16 피마 인디언 당뇨병 데이터(파일이름: pima-indians-diabetes.csv)

표 6.4는 피마 인디언 당뇨병 데이터에서 변수들에 대한 설명이다.

표 6.4. 피마 인디언 당뇨병 데이터 변수설명

변수	설명
Pregnancies	임신 횟수
Glucose	경구 포도당 내성 검사에서 2시간 동안의 혈장 포도당 농도
BloodPressure	이완기 혈압(mm Hg)
SkinThickness	삼두근 피부두겹두께(mm)
Insulin	혈청 인슐린(mu U/ml)
BMI	체질량 지수(weight in kg/(height in m)^2)
DiabetesPedigreeFunction	당뇨 직계 가족력
Age	나이(세)
Outcome	분류변수(1: 당뇨병 검사 양성, 0: 당뇨병 검사 음성)

표 6.4에서 Outcome 변수를 종속변수, 나머지 변수를 독립변수로 지정하고자 한다. 그림 6.17에 주어진 DNN 구조를 사용하여 모델을 생성하고자 한다.

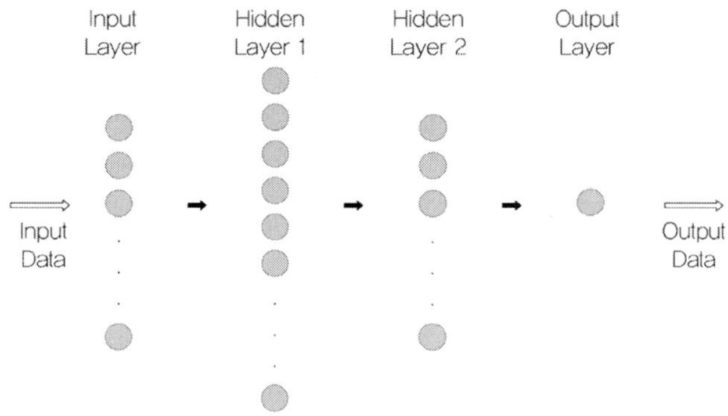

그림 6.17 분류모델을 위한 DNN 구조

그림 6.17의 DNN 모델은 은닉층 2개로 구성되어 있고 각각의 은닉층에서 노드의 수는 20개, 10개이다. 여기서 은닉층의 활성화 함수는 ReLU 함수를 사용하고 Adam 최적화 알고리즘을 사용한다.

풀이

[코드 6.3.1]

```
import pandas as pd
df = pd.read_csv('pima-indians-diabetes.csv')
print(df.info())

df.isnull().sum()
X = df.drop(labels=['Outcome'], axis=1)
y = df['Outcome']
#print(type(X))
#print(type(y))
print(X.shape, y.shape)

from sklearn.model_selection import train_test_split

X_train,X_test,y_train,y_test = train_test_split(X, y, test_size =0.2,random_state=1000)
print(X_train.shape)
print(X_test.shape)
print(y_train.shape)
print(y_test.shape)

# 텐서플로 재현성-난수 고정
import os
import random
```

```
import tensorflow as tf
import numpy as np

SEED = 10
os.environ['PYTHONHASHSEED'] = str(SEED)
os.environ['TF_DETERMINISTIC_OPS'] = '1'

random.seed(SEED)
tf.random.set_seed(SEED)
np.random.seed(SEED)

from tensorflow.keras.models import Sequential
from tensorflow.keras.layers import Dense

model = Sequential()
model.add(Dense(12, input_dim=8, activation='relu'))
model.add(Dense(8, activation='relu'))
model.add(Dense(1, activation='sigmoid' ))
#model.summary()

# Compile the model
model.compile(loss='binary_crossentropy',  optimizer='adam',   metrics=['accuracy'])
history=model.fit(x=X_train, y=y_train, validation_data=(X_test, y_test), batch_size=10,
epochs=200)
```

```
import matplotlib.pyplot as plt
# list all data in history
print(history.history.keys())
# summarize history for accuracy
plt.plot(history.history['accuracy'])
plt.plot(history.history['val_accuracy'])
plt.title('model accuracy')
plt.ylabel('accuracy')
plt.xlabel('epoch')
plt.legend(['train', 'test'], loc='upper left')
plt.show()
# summarize history for loss
plt.plot(history.history['loss'])
plt.plot(history.history['val_loss'])
plt.title('model loss')
plt.ylabel('loss')
plt.xlabel('epoch')
```

```
plt.legend(['train', 'test'], loc='upper left')
plt.show()
```

[코드 6.3.1 설명]

① 데이터 읽어오기

판다스의 read_csv( ) 함수를 사용하여 csv 파일을 불어온다. 판다스의 info( ) 함수를 사용하여 데이터의 개괄적인 정보를 확인하고자 한다.

```
import pandas as pd
df = pd.read_csv('pima-indians-diabetes.csv')
print(df.info())
```

```
<class 'pandas.core.frame.DataFrame'>
RangeIndex: 768 entries, 0 to 767
Data columns (total 9 columns):
 #   Column                    Non-Null Count  Dtype
---  ------                    --------------  -----
 0   Pregnancies               768 non-null    int64
 1   Glucose                   768 non-null    int64
 2   BloodPressure             768 non-null    int64
 3   SkinThickness             768 non-null    int64
 4   Insulin                   768 non-null    int64
 5   BMI                       768 non-null    float64
 6   DiabetesPedigreeFunction  768 non-null    float64
 7   Age                       768 non-null    int64
 8   Outcome                   768 non-null    int64
dtypes: float64(2), int64(7)
memory usage: 54.1 KB
None
```

→ info( ) 함수는 데이터프레임을 구성하는 행과 열의 크기, 컬럼명, 컬럼을 구성하는 값의 자료형 등을 출력한다. 여기서 피마 인디언 당뇨병 데이터의 개수는 768개이고 변수는 9개임을 알 수 있다.

판다스의 head( ) 함수 사용하여 데이터 중 앞의 5개의 데이터를 출력하고자 한다.

```
print(df.head())
```

```
   Pregnancies  Glucose  BloodPressure  SkinThickness  Insulin   BMI  \
0            6      148             72             35        0  33.6
1            1       85             66             29        0  26.6
2            8      183             64              0        0  23.3
3            1       89             66             23       94  28.1
4            0      137             40             35      168  43.1

   DiabetesPedigreeFunction  Age  Outcome
0                     0.627   50        1
1                     0.351   31        0
2                     0.672   32        1
3                     0.167   21        0
4                     2.288   33        1
```

결측값 확인을 위해 판다스의 isnull( ).sum( ) 함수를 사용한다. 이 함수는 각 컬럼별 결측치의 개수를 알기 위해 사용한다.

```
df.isnull().sum()
```

```
Pregnancies                 0
Glucose                     0
BloodPressure               0
SkinThickness               0
Insulin                     0
BMI                         0
DiabetesPedigreeFunction    0
Age                         0
Outcome                     0
dtype: int64
```

② 독립변수와 종속변수 지정하기

9개 변수 중 Outcome를 제외한 나머지 8개 변수를 독립변수로 지정하고, Outcome 변수를 종속변수로 지정하고자 한다. 이를 위해 먼저, Outcome를 제외하기 위해 drop( ) 함수를 사용한다.

```
X = df.drop(labels=['Outcome'], axis=1)
y = df['Outcome']
print(type(X))
print(type(y))
print(X.shape, y.shape)
```

```
<class 'pandas.core.frame.DataFrame'>
<class 'pandas.core.series.Series'>
(768, 8) (768,)
```

여기서 독립변수 X는 (768, 8) 형태이고 종속변수 y는 (768,) 형태이다.

③ 학습 데이터와 테스트 데이터 분할

전체 데이터를 학습 데이터와 테스트 데이터의 비율을 80 : 20으로 분할하고자 한다. 이를 위해 train_test_split( ) 함수를 사용한다.

```
from sklearn.model_selection import train_test_split

X_train,X_test,y_train,y_test = train_test_split(X, y, test_size =0.2,random_state=1000)
print(X_train.shape)
print(X_test.shape)
print(y_train.shape)
print(y_test.shape)
```

```
(614, 8)
(154, 8)
(614,)
(154,)
```

여기서 독립변수 X의 X_train의 형태는 (614, 8)이고 X_test의 형태는 (154, 8)이다. 그리고 종속변수 y의 y_train의 형태는 (614,)이고 y_test의 형태는 (154,)이다.

④ 모델의 똑같은 결과 재현하기

```
# 텐서플로 재현성-난수 고정
import os
import random
```

```
import tensorflow as tf
import numpy as np

SEED = 10
os.environ['PYTHONHASHSEED'] = str(SEED)
os.environ['TF_DETERMINISTIC_OPS'] = '1'

random.seed(SEED)
tf.random.set_seed(SEED)
np.random.seed(SEED)
```

⑤ 모델 설정

Sequential 모델을 이용하여 그림 6.17의 DNN 모델을 생성한다. 이를 위해 입력층에 .add( ) 함수를 사용하여 3개 Dense 층을 순차적으로 추가한다. 여기서 2개의 Dense 층은 은닉층이고 마지막 Dense 층은 출력층이다.

```
from tensorflow.keras.models import Sequential
from tensorflow.keras.layers import Dense

model = Sequential()
model.add(Dense(12, input_dim=8, activation='relu'))
model.add(Dense(8, activation='relu'))
model.add(Dense(1, activation='sigmoid' ))
model.summary()
```

```
Model: "sequential"
_________________________________________________________________
 Layer (type)                Output Shape              Param #
=================================================================
 dense (Dense)               (None, 12)                108

 dense_1 (Dense)             (None, 8)                 104

 dense_2 (Dense)             (None, 1)                 9

=================================================================
Total params: 221
Trainable params: 221
Non-trainable params: 0
```

여기서 각 은닉층에서 출력값은 ReLU 함수에 의해 구한다. 마지막 출력층에서 출력값은 시그모이드 함수를 적용하고 있다.

⑥ 모델 컴파일

모델을 구성한 후 compile() 함수를 이용하여 사용할 손실함수, 옵티마이저, 성능지표를 지정한다.

```
# Compile the model
model.compile(loss='binary_crossentropy',  optimizer='adam',   metrics=['accuracy'])
```

⑦ 모델 학습시키기

학습 데이터에 대해서 fit( ) 함수를 사용하여 모델을 학습시킨다. 여기서 배치의 사이즈는 10이고 에포크는 200으로 설정한다.

```
history=model.fit(x=X_train, y=y_train, validation_data=(X_test, y_test), batch_size=10,
epochs=200)
```

```
Epoch 1/200
62/62 [==============================] - 0s 3ms/step - loss: 1.3927 - accuracy: 0.6010
- val_loss: 1.5701 - val_accuracy: 0.5779
Epoch 2/200
62/62 [==============================] - 0s 1ms/step - loss: 0.9426 - accuracy: 0.5651
- val_loss: 1.2273 - val_accuracy: 0.5519
Epoch 3/200
62/62 [==============================] - 0s 1ms/step - loss: 0.8315 - accuracy: 0.5733
- val_loss: 0.9827 - val_accuracy: 0.5649
Epoch 4/200
62/62 [==============================] - 0s 1ms/step - loss: 0.7761 - accuracy: 0.5782
- val_loss: 1.0344 - val_accuracy: 0.4675
.................................................................
Epoch 197/200
62/62 [==============================] - 0s 997us/step - loss: 0.4866 - accuracy: 0.7655
- val_loss: 0.6446 - val_accuracy: 0.6948
Epoch 198/200
62/62 [==============================] - 0s 1ms/step - loss: 0.4906 - accuracy: 0.7638
- val_loss: 0.6503 - val_accuracy: 0.7143
Epoch 199/200
```

```
62/62 [==============================] - 0s 981us/step - loss: 0.4894 - accuracy: 0.7524
- val_loss: 0.6579 - val_accuracy: 0.7013
Epoch 200/200
62/62 [==============================] - 0s 973us/step - loss: 0.4986 - accuracy: 0.7671
- val_loss: 0.6523 - val_accuracy: 0.7013
```

여기서 62는 에포크 당 스텝 수(steps per epoch)를 나타낸다. 이것은 X_train의 갯수를 배치의 사이즈로 나눈 것이다. 즉, steps per epoch = 614/10 = 61.4 ≈ 62이다.

⑧ 정확도와 손실함수 그래프 그리기

에포크 증가에 따른 정확도와 손실함수의 값을 그림 6.18과 그림 6.19와 같은 그래프를 이용하여 확인하고자 한다.

```
import matplotlib.pyplot as plt
# list all data in history
print(history.history.keys())
# summarize history for accuracy
plt.plot(history.history['accuracy'])
plt.plot(history.history['val_accuracy'])
plt.title('model accuracy')
plt.ylabel('accuracy')
plt.xlabel('epoch')
plt.legend(['train', 'test'], loc='upper left')
plt.show()
# summarize history for loss
plt.plot(history.history['loss'])
plt.plot(history.history['val_loss'])
plt.title('model loss')
plt.ylabel('loss')
plt.xlabel('epoch')
plt.legend(['train', 'test'], loc='upper left')
plt.show()
```

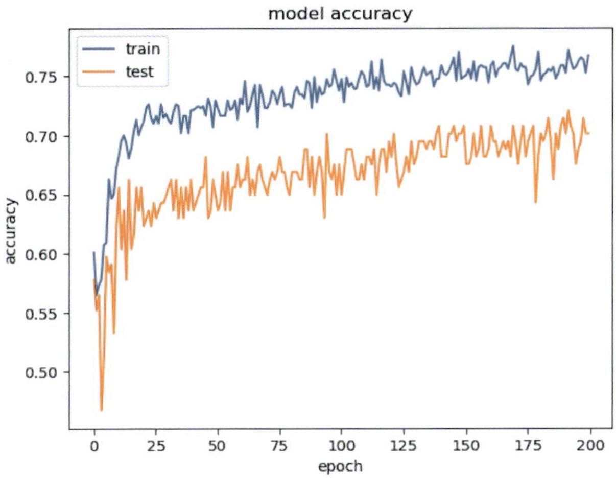

그림 6.18 에포크 증가에 따른 정확도 그래프

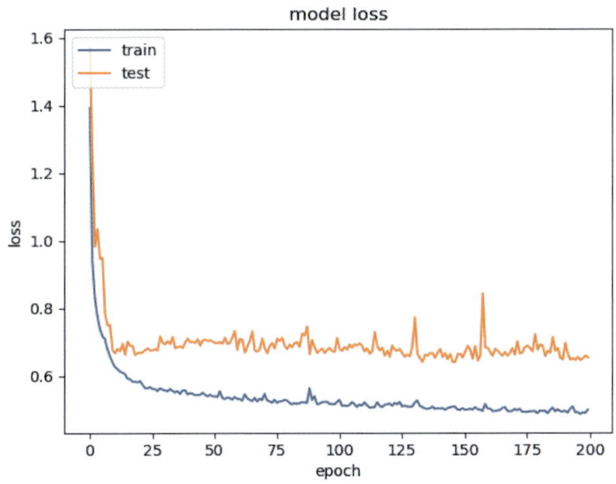

그림 6.19 에포크 증가에 따른 손실함수 그래프

그림 6.18로부터 에포크가 증가할수록 정확도는 커짐을 알 수 있고, 그림 6.19로부터 손실함수의 값이 작아짐을 알 수 있다. 따라서 그림 6.18과 6.19로부터 학습이 제대로 이루어지는 것을 알 수 있다. 그런데 학습 데이터와 테스트 데이터에 대해 정확도 및 손실함수의 값의 차이가 약간 있음을 알 수 있다. 이런 현상을 오버피팅 현상이라 한다.

⑨ 모델 성능 평가

X_test 데이터에 대해 모델 예측값과 실제 데이터와 차이로부터 모델 성능지표들을 계산한다. 먼저 predict( ) 함수를 이용하여 모델의 예측값을 구한다. 그리고 0.5를 기준으로 1과 0으로 분류한다.

```
y_pred=model.predict(X_test)
y_pred =(y_pred>0.5)
```

다음은 Confusion matrix를 생성하고 생성된 Confusion matrix로부터 성능 평가지표를 구한다.

```
from sklearn.metrics import confusion_matrix
cm = confusion_matrix(y_test, y_pred)
print ("Confusion Matrix : \n", cm)
TN=cm[0][0]
FP=cm[0][1]
FN=cm[1][0]
TP=cm[1][1]
precision= TP/(TP+FP)
sensitivity=TP/(TP+FN)
specificity=TN/(FP+TN)
accuracy=(TP+TN)/(TP+TN+FP+FN)
print ("Precision : ", round(precision,4))
print ("Sensitivity : ", round(sensitivity,4))
print ("Specificity : ", round(specificity,4))
print ("Accuracy : ", round(accuracy,4))
```

```
Confusion Matrix :
 [[88 14]
 [32 20]]
Precision :  0.5882
Sensitivity :  0.3846
Specificity :  0.8627
Accuracy :  0.7013
```

→ 표 6.5의 Confusion matrix로부터 성능 평가지표인 정확도(accuracy), 정밀도(precision), 민감도 (sensitivity), 특이도 (specificity)는 다음과 같이 얻어진다.

표 6.5 Confusion matrix로부터 성능 평가지표

		Predicted Class		
		Negative	Positive	
Actual Class	Negative	TN (88)	FP (14)	specificity= $\frac{TN}{(FP+TN)}$
	Positive	FN (32)	TP (20)	sensitivity= $\frac{TP}{(TP+FN)}$
			precision= $\frac{TP}{(TP+FP)}$	accuracy= $\frac{TP+TN}{(TP+TN+FP+FN)}$

예제 6.5

[예제 6.4]에서 드롭아웃을 이용하여 오버피팅 문제를 해결하고자 한다.

풀이

신경망에서 Dropout 층을 추가하여 오버피팅 문제를 해결하고자 한다. 은닉층의 수가 많은 경우 드롭아웃 비율을 늘리고 은닉층의 수가 작은 경우 드롭아웃 비율을 낮춘다. 여기서는 드롭아웃 비율을 0.1로 정한다.

[코드 6.3.2]

```
import pandas as pd
df = pd.read_csv('pima-indians-diabetes.csv')
print(df.info())

df.isnull().sum()
X = df.drop(labels=['Outcome'], axis=1)
y = df['Outcome']
#print(type(X))
#print(type(y))
print(X.shape, y.shape)

from sklearn.model_selection import train_test_split
```

```
X_train,X_test,y_train,y_test = train_test_split(X, y, test_size =0.2,random_state=1000)
print(X_train.shape)
print(X_test.shape)
print(y_train.shape)
print(y_test.shape)

# 텐서플로 재현성-난수 고정
import os
import random
import tensorflow as tf
import numpy as np

SEED = 10
os.environ['PYTHONHASHSEED'] = str(SEED)
os.environ['TF_DETERMINISTIC_OPS'] = '1'

random.seed(SEED)
tf.random.set_seed(SEED)
np.random.seed(SEED)

from tensorflow.keras.models import Sequential
from tensorflow.keras.layers import Dense,Dropout

model = Sequential()
model.add(Dense(12, input_dim=8, activation='relu'))
model.add(Dropout(rate=0.1))
model.add(Dense(8, activation='relu'))
model.add(Dropout(rate=0.1))
model.add(Dense(1, activation='sigmoid' ))
model.summary()
#model.summary()

# Compile the model
model.compile(loss='binary_crossentropy',  optimizer='adam',   metrics=['accuracy'])
history=model.fit(x=X_train, y=y_train, validation_data=(X_test, y_test), batch_size=10,
epochs=200)
```

```
import matplotlib.pyplot as plt
# list all data in history
print(history.history.keys())
# summarize history for accuracy
plt.plot(history.history['accuracy'])
```

```
plt.plot(history.history['val_accuracy'])
plt.title('model accuracy')
plt.ylabel('accuracy')
plt.xlabel('epoch')
plt.legend(['train', 'test'], loc='upper left')
plt.show()
# summarize history for loss
plt.plot(history.history['loss'])
plt.plot(history.history['val_loss'])
plt.title('model loss')
plt.ylabel('loss')
plt.xlabel('epoch')
plt.legend(['train', 'test'], loc='upper left')
plt.show()
```

[코드 6.3.2 설명]

① 드롭아웃

여기서 첫 번째 드롭아웃은 12개 노드로 이루어진 첫 번째 Dense 층에 적용하고, 두 번째 드롭아웃은 8개 노드로 이루어진 두 번째 Dense 층에 적용한다.

```
model = Sequential()
model.add(Dense(12, input_dim=8, activation='relu'))
model.add(Dropout(rate=0.1))
model.add(Dense(8, activation='relu'))
model.add(Dropout(rate=0.1))
model.add(Dense(1, activation='sigmoid' ))
model.summary()
```

② 정확도와 손실함수 그래프 그리기

정확도와 손실함수의 그래프를 이용하여 드롭아웃이 오버피팅을 줄이는 데 효과가 있는지 확인하고자 한다.

그림 6.20과 6.21은 드롭아웃이 적용된 모델로부터 얻어진 정확도 그래프와 손실함수 그래프를 나타낸다.

```
import matplotlib.pyplot as plt
# list all data in history
print(history.history.keys())
```

```
# summarize history for accuracy
plt.plot(history.history['accuracy'])
plt.plot(history.history['val_accuracy'])
plt.title('model accuracy')
plt.ylabel('accuracy')
plt.xlabel('epoch')
plt.legend(['train', 'test'], loc='upper left')
plt.show()
# summarize history for loss
plt.plot(history.history['loss'])
plt.plot(history.history['val_loss'])
plt.title('model loss')
plt.ylabel('loss')
plt.xlabel('epoch')
plt.legend(['train', 'test'], loc='upper left')
plt.show()
```

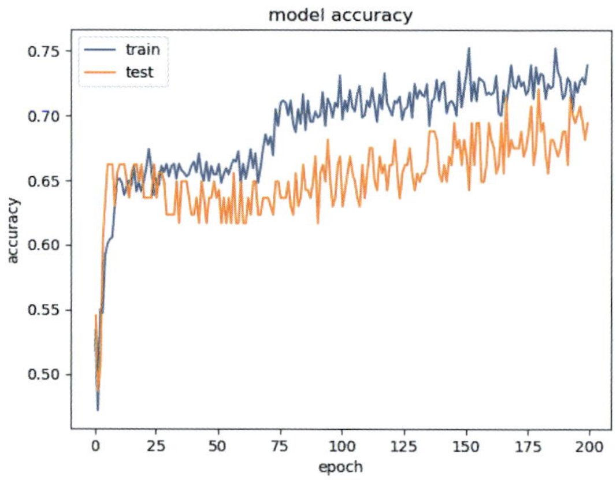

그림 6.20 에포크 증가에 따른 정확도 그래프

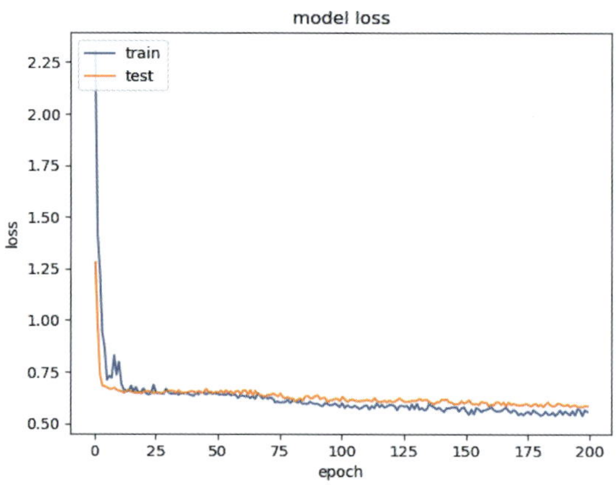

그림 6.21 에포크 증가에 따른 손실함수 그래프

→ [코드 6.3.1]의 그림 6.18과 그림 6.19과 비교해서 학습 데이터와 테스트 데이터에 대해 그림 6.20에서 정확도 차이와 그림 6.21에서 손실함수의 값의 차이가 약간 줄어든 것을 알 수 있다. 특히, 그림 6.21에서 손실함수의 값의 차이가 거의 존재하지 않음을 알 수 있다. 이것은 어느 정도 오버피팅 문제가 해결되었음을 의미한다.

③ 모델 성능 평가

X_test 데이터에 대해 모델 예측값과 실제 데이터와 차이로부터 모델 성능 평가지표들을 계산한다. 먼저, 모델의 예측값을 구한다.

```
y_pred=model.predict(X_test)
y_pred =(y_pred>0.5)
```

```
from sklearn.metrics import confusion_matrix
cm = confusion_matrix(y_test, y_pred)
print ("Confusion Matrix : \n", cm)
TN=cm[0][0]
FP=cm[0][1]
FN=cm[1][0]
TP=cm[1][1]
precision= TP/(TP+FP)
sensitivity=TP/(TP+FN)
specificity=TN/(FP+TN)
accuracy=(TP+TN)/(TP+TN+FP+FN)
print ("Precision : ", round(precision,4))
print ("Sensitivity : ", round(sensitivity,4))
print ("Specificity : ", round(specificity,4))
print ("Accuracy : ", round(accuracy,4))
```

```
Confusion Matrix :
 [[93  9]
 [38 14]]
Precision :  0.6087
Sensitivity :  0.2692
Specificity :  0.9118
Accuracy :  0.6948
```

→ 표 6.6의 Confusion matrix로부터 성능 평가지표인 정확도(accuracy), 정밀도(precision), 민감도 (sensitivity), 특이도 (specificity)는 다음과 같이 얻어진다.

표 6.6 Confusion matrix로부터 성능 평가지표

<table>
<tr><th colspan="2" rowspan="2"></th><th colspan="2">Predicted Class</th><th rowspan="2"></th></tr>
<tr><th>Negative</th><th>Positive</th></tr>
<tr><td rowspan="2">Actual Class</td><td>Negative</td><td>TN (93)</td><td>FP (9)</td><td>specificity= $\frac{TN}{(FP+TN)}$</td></tr>
<tr><td>Positive</td><td>FN (38)</td><td>TP (14)</td><td>sensitivity= $\frac{TP}{(TP+FN)}$</td></tr>
<tr><td colspan="2"></td><td></td><td>precision= $\frac{TP}{(TP+FP)}$</td><td>accuracy= $\frac{TP+TN}{(TP+TN+FP+FN)}$</td></tr>
</table>

6.4 케라스로 콜백 사용하기

지금까지 모델이 학습을 시작하면 학습이 완료될 때까지 즉, 설정된 에포크가 끝날 때까지 사용자가 할 수 있는 것은 아무것도 없었다. 콜백 함수(callback function)를 이용하면 모델 학습 도중에 지정된 시점에서 호출되어 추가적인 작업을 수행하거나 모델을 조작할 수 있다. 모델의 학습 과정 중에 호출되는 함수가 바로 콜백 함수이다. 예를 들어, 콜백 함수를 사용하면 모델 학습을 좀 더 세밀하게 제어하고, 학습 결과를 모니터링하고 저장하는 등의 작업을 수행할 수 있다.

keras.callbacks 모듈은 케라스에서 모델의 학습 과정 중에 호출되는 콜백 함수들을 포함하는 모듈이다. 여기서는 딥러닝 모델의 학습 시 유용하게 사용할 수 있는 두 가지 콜백 함수, 즉, ModelCheckpoint( ) 함수와 EarlyStopping( ) 함수에 대해 살펴보고자 한다.

(1) 콜백 함수 ModelCheckpoint 함수

콜백 함수 ModelCheckpoint 함수는 학습 중인 모델을 자동으로 저장하는 데 사용하는 함수이다. ModelCheckpoint 함수를 이용하여 에포크마다 모델의 성능과 함께 기록하면서 저장할 수 있다. 물론 모든 에포크마다 모델을 저장하는 것은 조금은 비효율적이기 때문에 손실함수가 기존의 최고 성능 모델에 비해 낮아질 때만 저장할 수 있다.

학습 중인 모델을 저장하기 위해 저장될 폴더를 지정한다. 여기서는 현재 디렉터리 안에 "model" 폴더에 저장한다고 하자. 에포크 횟수와 테스트 데이터 셋의 손실함수 값을 파일이름으로 병기하고 "h5"라는 파일 확장자로 저장한다. 예를 들어, 100번째 에포크에서 손실함수 값이 0.0123이라면, 파일이름은 "100-0.0123.h5"가 되는 것이다.

.h5와 .hdf5 파일

.h5와 .hdf5는 모두 HDF(Hierarchical Data Format, 계층적 데이터 포맷)의 파일 확장자이다. 즉, 두 확장자는 같은 파일 형식을 가지고 있다. HDF5는 고성능 컴퓨팅 분야에서 데이터 저장 및 교환에 사용되는 파일 형식 중 하나이며, 이는 대용량의 데이터를 처리하는 데 효율적이다. 일반적으로 케라스에서는 .h5 확장자를 사용한다.

다음은 이를 위한 코드이다.

```
import os

MODEL_DIR = './model/'                # 모델을 저장하는 폴더
if not os.path.exists(MODEL_DIR):     # 만일 위의 폴더가 존재하지 않으면
    os.mkdir(MODEL_DIR)               # 이 이름의 폴더를 새로 만들어 줌

modelpath="./model/{epoch:02d}-{val_loss:.4f}.h5"
```

여기서 MODEL_DIR는 "model" 폴더를 가리킨다. 만약, 해당 폴더가 존재하지 않으면 새로 이 폴더를 만든다. 그리고 modelpath는 폴더명을 포함한 파일이름을 나타낸다.

학습 중인 모델을 저장하기 위해 사용하기 위한 ModelCheckpoint( ) 함수의 사용형식은 다음과 같다.

```
from keras.callbacks import ModelCheckpoint
ModelCheckpoint(
    filepath,   # 파일 경로 지정한다
    monitor='val_loss', # 모니터링할 지표를 지정한다.
    verbose=0,  # 화면 출력하지 않는다
    save_best_only=False # 가장 best 값만 저장하려면 True로 설정한다
)
```

- filepath : 모델을 저장할 파일 경로를 지정한다. 파일이름에는 epoch와 val_loss와 같은 인수를 사용할 수 있다.
- monitor : 모니터링할 지표를 지정한다. 즉, 모델 저장 시 기준이 되는 값을 지정한다. 기본값은 val_loss이다. 예를 들어, train 데이터의 loss가 가장 작을 때 모델을 저장하고 싶으면 'loss'를 지정하고, test 데이터의 loss가 가장 작을 때 저장하고 싶으면 'val_loss'를 지정한다. 그리고 train 데이터의 정확도가 가장 높을 때 모델을 저장하고 싶으면 'accuracy'를 지정하고, test 데이터의 정확도가 가장 높을 때 저장하고 싶으면 'val_accuracy'를 지정한다.
- verbose : 얼마나 자세하게 정보를 표시할지를 제어한다. 0, 1 또는 2로 설정할 수 있으며, 기본값은 0이다. 이 경우 화면에 표시되는 것 없이 그냥 바로 모델이 저장된다.
- save_best_only : monitor 인자를 기준으로 가장 좋은 성능을 보인 값만을 저장하려면 True로 설정한다. 기본값은 False이다.

다음은 ModelCheckpoint( ) 함수를 사용하는 간단한 예시 코드이다. 이 코드는 모델을 학습할 때 ModelCheckpoint 객체를 콜백으로 전달하여 테스트 데이터의 손실함수 값을 기준으로 저장하도록 설정하였다.

```
from keras.callbacks import ModelCheckpoint

# ModelCheckpoint 객체를 생성한다.
checkpointer = ModelCheckpoint(filepath=modelpath, monitor= ' val_loss ' , verbose=1)

#model.fit() 함수의 callbacks 인자에 ModelCheckpoint 객체 지정한다.
history = model.fit(X_train, y_train, validation_data=(X_test, y_test), epochs=200,
batch_size=10, verbose=0, callbacks=[checkpointer])
```

```
Epoch 1: saving model to ./model\01-1.5701.h5
Epoch 2: saving model to ./model\02-1.2273.h5
Epoch 3: saving model to ./model\03-0.9827.h5
Epoch 4: saving model to ./model\04-1.0344.h5
Epoch 5: saving model to ./model\05-0.9469.h5
....................................
Epoch 196: saving model to ./model\196-0.6543.h5
Epoch 197: saving model to ./model\197-0.6446.h5
Epoch 198: saving model to ./model\198-0.6503.h5
Epoch 199: saving model to ./model\199-0.6579.h5
Epoch 200: saving model to ./model\200-0.6523.h5
```

여기서 ModelCheckpoint( ) 함수에서 filepath 인자는 모델이 저장할 파일 경로, 여기서는 modelpath로 지정하고 monitor 인자는 모니터링할 지표, 여기서는 val_loss를 지정하고, verbose의 값을 1로 정하여 해당 함수의 진행 상황을 출력한다. 그리고 checkpointer라는 객체를 생성하여 이곳에 모니터할 값을 지정한다. 이제 모델을 학습할 때마다 위에서 정한 checkpointer의 값을 받아 지정된 곳에 모델을 저장한다. 이를 위해 model.fit( ) 함수의 callbacks 인자에 checkpointer 객체(포인터)를 지정한다.

그림 6.22는 지정된 폴더 "model"에 테스트 데이터에서 모든 에포크에 대해 손실함수의 값을 파일이름으로 저장된 파일들을 보여주고 있다.

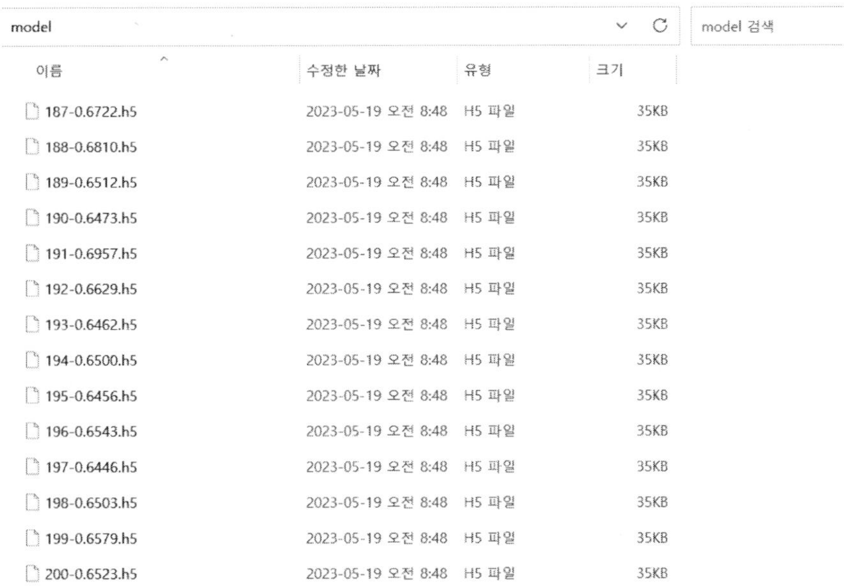

그림 6.22 모든 에포크에서 손실함수 값이 적힌 파일

예제 6.6

피마 인디언 당뇨병(Pima Indians Diabetes) 데이터를 사용하여 당뇨병 발병 유무를 딥러닝을 이용하여 분류하고자 한다. ModelCheckpoint( ) 함수를 사용하여 모든 에포크마다 모델을 파일로 저장하고자 한다. 여기서는 모든 에포크에서 계산된 손실함수를 파일로 저장하고자 한다.

[코드 6.4.1]

```
#Loading Data
import pandas as pd
df = pd.read_csv('pima-indians-diabetes.csv')
#print(df.info())

X = df.drop(labels=['Outcome'], axis=1)
y = df['Outcome']
#print(type(X))
#print(type(y))
#print(X.shape, y.shape)

#데이터 분할
from sklearn.model_selection import train_test_split
X_train,X_test,y_train,y_test = train_test_split(X, y, test_size =0.2,random_state=1000)

# 텐서플로 재현성-난수 고정
import os
import random
import tensorflow as tf
import numpy as np

SEED = 10
os.environ['PYTHONHASHSEED'] = str(SEED)
os.environ['TF_DETERMINISTIC_OPS'] = '1'

random.seed(SEED)
tf.random.set_seed(SEED)
np.random.seed(SEED)

# Keras 패키지 가져오기
from tensorflow.keras.models import Sequential
from tensorflow.keras.layers import Dense

model = Sequential()
```

```
model.add(Dense(12, input_dim=8, activation='relu'))
model.add(Dense(8, activation='relu'))
model.add(Dense(1, activation='sigmoid' ))

# Compile the model
model.compile(loss='binary_crossentropy',  optimizer='adam',   metrics=['accuracy'])

import os

MODEL_DIR = './model/'               # 모델을 저장하는 폴더
if not os.path.exists(MODEL_DIR):  # 만일 위의 폴더가 존재하지 않으면
    os.mkdir(MODEL_DIR)             # 이 이름의 폴더를 만들어 줌

modelpath="./model/{epoch:02d}-{val_loss:.4f}.h5"

from keras.callbacks import ModelCheckpoint
checkpointer = ModelCheckpoint(filepath=modelpath, monitor='val_loss', verbose=1)
history = model.fit(X_train, y_train, validation_data=(X_test, y_test), epochs=200,
batch_size=10, verbose=0, callbacks=[checkpointer])
```

```
import numpy
import matplotlib.pyplot as plt
# y_val_loss에 테스트셋으로 실험 결과의 오차 값을 저장
y_val_loss=history.history['val_loss']

# y_acc에 학습 셋으로 측정한 정확도의 값을 저장
y_loss=history.history['loss']

# x값을 지정하고 정확도를 파란색으로, 오차를 빨간색으로 표시
x_len = numpy.arange(len(y_loss))
plt.plot(x_len, y_loss, c="blue")
plt.plot(x_len, y_val_loss, c="red")
plt.xlabel('epoch')
plt.ylabel('loss')
plt.legend(['train_loss', 'test_loss'], loc='upper right')
plt.show()
```

[코드 6.4.1 설명]

① 모든 에포크마다 모델 저장하기

모든 에포크마다 모델을 저장하고자 하는 경우 ModelCheckpoint( ) 함수에서 save_best_only 인자를 사용하지 않거나 혹은 사용하는 경우 save_best_only = False로 설정한다.

```
modelpath="./model/{epoch:02d}-{val_loss:.4f}.h5 "

from keras.callbacks import ModelCheckpoint
checkpointer = ModelCheckpoint(filepath=modelpath, monitor='val_loss', verbose=1)
history = model.fit(X_train, y_train, validation_data=(X_test, y_test), epochs=200,
batch_size=10, verbose=0, callbacks=[checkpointer])
```

② 학습 데이터와 테스트 데이터에서 손실함수 그래프 그리기

그림 6.23과 같이 학습 데이터와 테스트 데이터에서 손실함수 그래프를 출력하고자 한다.

```
import numpy
import matplotlib.pyplot as plt
# y_val_loss에 테스트셋으로 실험 결과의 오차 값을 저장
y_val_loss=history.history['val_loss']

# y_acc에 학습 셋으로 측정한 정확도의 값을 저장
y_loss=history.history['loss']

# x값을 지정하고 정확도를 파란색으로, 오차를 빨간색으로 표시
x_len = numpy.arange(len(y_loss))
plt.plot(x_len, y_loss, c="blue")
plt.plot(x_len, y_val_loss, c="red")
plt.xlabel('epoch')
plt.ylabel('loss')
plt.legend(['train_loss', 'test_loss'], loc='upper right')
plt.show()
```

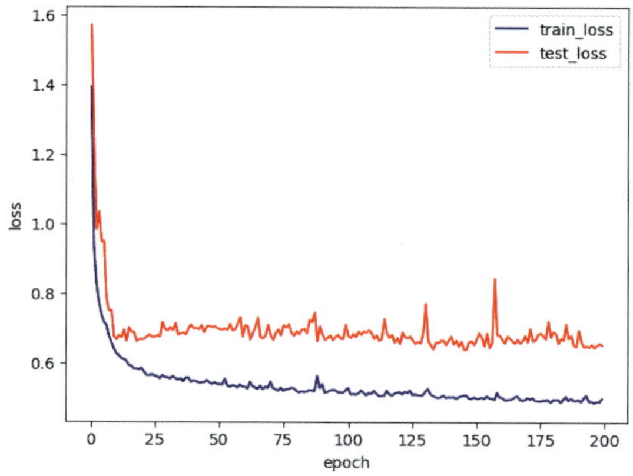

그림 6.23 학습 데이터와 테스트 데이터에서 손실함수 그래프

예제 6.7

[예제 6.6]에서는 모든 에포크마다 모델을 저장하였다. 이 경우 비효율적이기 때문에 테스트 데이터에서 손실함수의 값이 개선된 경우에만 저장하도록 설정한다. 이를 위해 ModelCheckpoint( ) 함수에서 인자 save_best_only 값을 True로 지정한다.

풀이

[코드 6.4.2]

```
# Loading Data
import pandas as pd
df = pd.read_csv('pima-indians-diabetes.csv')
# print(df.info())

X = df.drop(labels=['Outcome'], axis=1)
y = df['Outcome']
# print(type(X))
# print(type(y))
# print(X.shape, y.shape)

# 데이터 분할
from sklearn.model_selection import train_test_split
X_train,X_test,y_train,y_test = train_test_split(X, y, test_size =0.2,random_state=1000)

# 텐서플로 재현성-난수 고정
import os
import random
import tensorflow as tf
import numpy as np

SEED = 10
os.environ['PYTHONHASHSEED'] = str(SEED)
os.environ['TF_DETERMINISTIC_OPS'] = '1'

random.seed(SEED)
tf.random.set_seed(SEED)
np.random.seed(SEED)

# Keras 패키지 가져오기
from tensorflow.keras.models import Sequential
from tensorflow.keras.layers import Dense
```

```
model = Sequential()
model.add(Dense(12, input_dim=8, activation='relu'))
model.add(Dense(8, activation='relu'))
model.add(Dense(1, activation='sigmoid' ))

# Compile the model
model.compile(loss='binary_crossentropy',  optimizer='adam',   metrics=['accuracy'])

import os

MODEL_DIR = './model/'               # 모델을 저장하는 폴더
if not os.path.exists(MODEL_DIR):   # 만일 위의 폴더가 존재하지 않으면
    os.mkdir(MODEL_DIR)              # 이 이름의 폴더를 만들어 줌

modelpath="./model/{epoch:02d}-{val_loss:.4f}.h5"

# ModelCheckpoint 객체 생성
# 가장 좋은 값으로 모델이 저장

from keras.callbacks import ModelCheckpoint
checkpointer = ModelCheckpoint(filepath=modelpath, monitor='val_loss', verbose=1,
save_best_only=True)
# 모델 학습시키기
# model.fit() 함수의 callbacks 인자에 ModelCheckpoint 객체 지정한다.
history = model.fit(X_train, y_train, validation_data=(X_test, y_test), epochs=200,
batch_size=10, verbose=0, callbacks=[checkpointer])
```

[코드 6.4.2 설명]

① 최상의 모델 저장

```
# ModelCheckpoint 객체 생성
#가장 좋은 값으로 모델이 저장

from keras.callbacks import ModelCheckpoint
checkpointer = ModelCheckpoint(filepath=modelpath, monitor='val_loss', verbose=1,
save_best_only=True)
```

```
# 모델 학습시키기
#model.fit() 함수의 callbacks 인자에 ModelCheckpoint 객체 지정한다.
history = model.fit(X_train, y_train, validation_data=(X_test, y_test), epochs=200,
batch_size=10, verbose=0, callbacks=[checkpointer])
```

```
.....................................................................
Epoch 142: val_loss did not improve from 0.63996
Epoch 143: val_loss did not improve from 0.63996
Epoch 144: val_loss did not improve from 0.63996
Epoch 145: val_loss did not improve from 0.63996
Epoch 146: val_loss improved from 0.63996 to 0.63962, saving model to ./model_1\146-0.6396.h5
Epoch 147: val_loss improved from 0.63962 to 0.63954, saving model to ./model_1\147-0.6395.h5
Epoch 148: val_loss did not improve from 0.63954
.....................................................................
Epoch 149: val_loss did not improve from 0.63954
Epoch 196: val_loss did not improve from 0.63954
Epoch 197: val_loss did not improve from 0.63954
Epoch 198: val_loss did not improve from 0.63954
Epoch 199: val_loss did not improve from 0.63954
Epoch 200: val_loss did not improve from 0.63954
```

→ 위에서 보면 "val_loss did not improve"는 이전 값과 비교하여 개선되지 않는 경우를 의미하고 이 경우는 파일로 저장하지 않는다. 여기서는 Epoch 146과 Epoch 147에서 val_loss 값이 개선되었다는 것을 보여주고 있다. 이 경우에만 파일로 저장한다.

그림 6.24는 val_loss 값이 개선된 경우 한하여 파일로 저장된 것을 보여주고 있다.

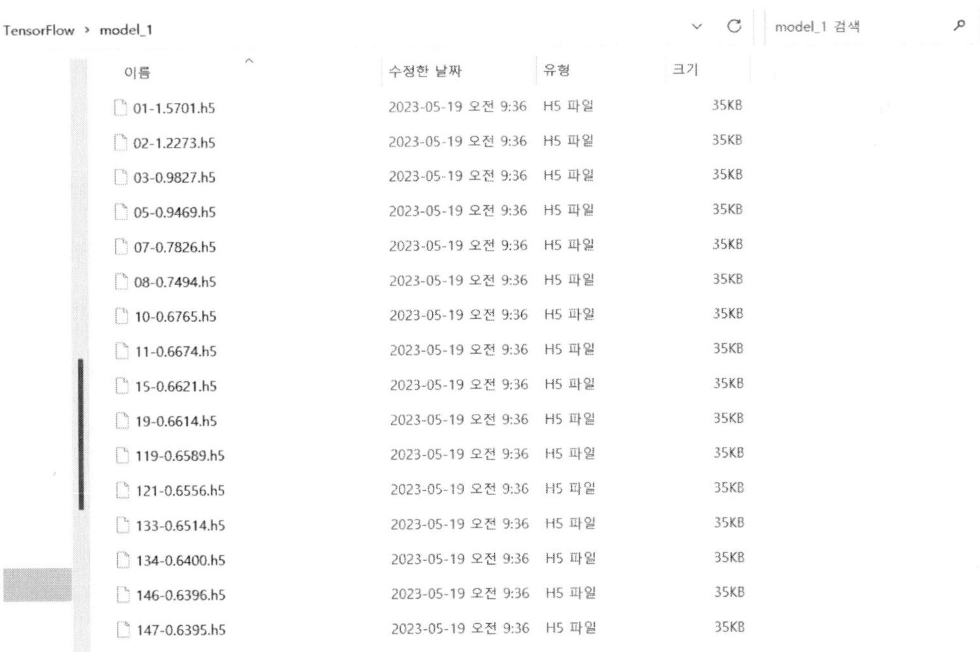

그림 6.24 테스트 데이터에서 개선된 손실함수 값이 적힌 파일

그림 6.24로부터 가장 최종적으로 생긴 파일이 가장 성능이 좋은 모델이 된다. 따라서 에포크 147일 때 val_loss의 최솟값 val_loss = 0.6395를 갖는 가장 성능이 좋은 모델이다.

② 최상의 모델 이용 모델 평가

모델이 훈련한 후에 저장된 최상의 모델을 불러와서 테스트 데이터에 대해 평가하고자 한다. load_model( ) 함수로 이용하여 그림 6.24에서 최종적으로 저장된 최상의 모델을 불러온다. 그리고 evaluate( ) 함수를 이용하여 평가한다.

```
# 저장된 모델 로드하기
from tensorflow.keras.models import load_model

myModel=load_model("D:/TensorFlow/model_1/147-0.6395.h5")
myModel.summary()

myModel.evaluate(X_test, y_test)
```

```
5/5 [==============================] - 0s 741us/step - loss: 0.6395 - accuracy: 0.6948
[0.6395363807678223, 0.6948052048683167]
```

■ 콜백 함수 EarlyStopping 함수

콜백 함수 EarlyStopping 함수는 학습 중인 모델을 early stopping(조기종료)하는 데 사용하는 함수이다. EarlyStopping 함수는 테스트 데이터에서 손실함수 혹은 정확도의 값이 더는 개선의 여지가 없을 때 학습을 종료시키는 역할을 한다. 이를 통해 오버피팅을 방지(혹은 회피)하고 학습 시간을 단축시킬 수 있다. 그림 6.25는 테스트 데이터에서 처음에는 손실함수의 값이 계속 작아지다가 어느 시점부터 손실함수의 값이 커지는 것을 보여주고 있다. 즉, 오버피팅 현상을 보여주고 있다.

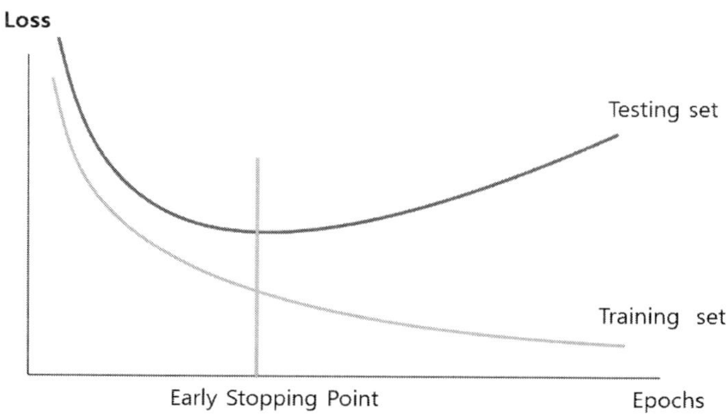

그림 6.25 테스트 데이터의 손실함수에서 early stopping

그림 6.26은 테스트 데이터에서 처음에는 정확도가 커지다가 어느 시점부터 정확도가 작아지는 것을 보여주고 있다. 이것도 오버피팅 현상을 보여주고 있다.

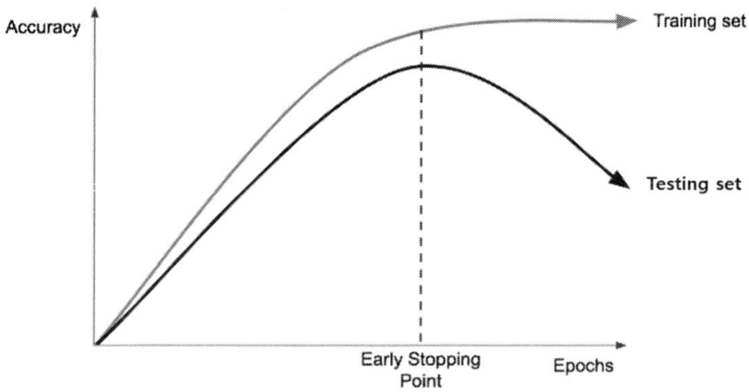

그림 6.26 테스트 데이터의 정확도에서 early stopping

그림 6.25와 그림 6.26에서 early stopping을 통해 오버피팅이 발생하는 것을 막을 수 있다. 주의할 사항은 early stopping point(조기 종료 지점)를 설정하는 경우 다음 에포크에서 손실함수 혹은 정확도 값이 개선 안 됐다고 바로 종료시켜서는 안 된다. 비록 개선되지 않더라도 몇 번의 에포크를 기다린 후 그래도 개선되지 않는 경우 종료시켜야 한다. 적절한 시점에서 early stopping은 바로 종료시킨 모델보다 손실함수와 정확도 모두 향상될 수 있다. 따라서 모델의 학습 과정을 살펴보고 어느 시점에서 학습을 종료시킬지 판단해야 한다. 다음은 모델의 early stopping을 위해 사용하는 EarlyStopping( ) 함수의 사용형식은 다음과 같다.

```
from keras.callbacks import EarlyStopping
EarlyStopping(monitor = 'val_loss', patience = 0)
```

- monitor : 학습 조기 종료를 위해 관찰하고자 하는 항목이다. 'val_loss'나 'val_accuracy'가 주로 사용된다.
- patience : 모니터링할 지표의 성능이 개선되지 않을 시 참을 에포크 횟수를 지정한다. 기본값은 patience = 0이다. monitor='val_loss'인 경우 테스트 데이터 셋의 손실함수가 최초 최저점에 도달하였을 때 바로 종료한다. 만약, monitor='val_loss'이고 patience=10이면 테스트 데이터 셋의 손실함수가 최초 최저점에 도달하였을 때 바로 종료하지

않고 10번 더 학습시킨다는 뜻이다. 바로 종료하지 않고 10번 학습을 더 시키는 이유는 글로벌 최저점이 존재할 수 있기 때문이다.

다음은 EarlyStopping( ) 함수를 사용하는 간단한 예시 코드이다. 이 코드는 모델을 학습할 때 EarlyStopping 객체를 콜백으로 전달하여 테스트 데이터의 손실함수 값이 개선되지 않는 경우 학습을 종료하도록 설정하였다.

```
from keras.callbacks import ModelCheckpoint

# EarlyStopping 객체를 생성한다.
early_stopping = EarlyStopping(monitor='val_loss', patience=50)

#model.fit() 함수의 callbacks 인자에 EarlyStopping 객체 지정한다.
history = model.fit(X_train, y_train, validation_data=(X_test, y_test), epochs=200,
batch_size=10, verbose=1, callbacks=[early_stopping])
```

여기서는 EarlyStopping( ) 함수에서 monitor='val_loss'에 의해 모니터링 기준으로 val loss를 설정하고, patience=50에 의해 에포크 횟수 50회 동안 val loss 값이 개선되지 않는다면 학습을 종료한다. 이를 위해 early_stopping이라는 객체를 생성하여 이곳에 val loss 값을 지정한다. 그리고 model.fit( ) 함수의 callbacks 인자에 early_stopping 객체(포인터)를 지정한다.

예제 6.8

피마 인디언 당뇨병(Pima Indians Diabetes) 데이터를 사용하여 당뇨병 발병 유무를 딥러닝을 이용하여 분류하고자 한다. 이때 EarlyStopping( ) 함수를 사용하여 성능이 개선되지 않는 경우 early stopping하고자 한다.

풀이

[코드 6.4.3]

```
# 데이터 읽기
import pandas as pd
df = pd.read_csv('pima-indians-diabetes.csv')

X = df.drop(labels=['Outcome'], axis=1)
y = df['Outcome']

from sklearn.model_selection import train_test_split

X_train,X_test,y_train,y_test = train_test_split(X, y, test_size =0.2,random_state=1000)

# 텐서플로 재현성-난수 고정
import os
import random
import tensorflow as tf
import numpy as np

SEED = 10
os.environ['PYTHONHASHSEED'] = str(SEED)
os.environ['TF_DETERMINISTIC_OPS'] = '1'

random.seed(SEED)
tf.random.set_seed(SEED)
np.random.seed(SEED)

# Keras 패키지 가져오기
from tensorflow.keras.models import Sequential
from tensorflow.keras.layers import Dense

model = Sequential()
model.add(Dense(12, input_dim=8, activation='relu'))
model.add(Dense(8, activation='relu'))
model.add(Dense(1, activation='sigmoid' ))
# model.summary()

# Compile the model
model.compile(loss='binary_crossentropy',  optimizer='adam',   metrics=['accuracy'])

from keras.callbacks import EarlyStopping
# 자동 중단 설정
```

```
early_stopping = EarlyStopping(monitor='val_loss', patience=50)

history = model.fit(X_train, y_train, validation_data=(X_test, y_test), epochs=200,
batch_size=10, verbose=1, callbacks=[early_stopping])
```

```
# 손실함수 그래프 그리기
import numpy
import matplotlib.pyplot as plt
# y_val_loss는 test set에서 손실함수
y_val_loss=history.history['val_loss']

# y_loss는 train set에서 손실함수
y_loss=history.history['loss']

# train set에서 손실함수를 파란색으로, test set에서 손실함수를 빨간색으로 표시
x_len = numpy.arange(len(y_loss))
plt.plot(x_len, y_loss, c="blue")
plt.plot(x_len, y_val_loss, c="red")
plt.xlabel('epoch')
plt.ylabel('loss')
plt.legend(['train_loss', 'test_loss'], loc='upper right')
plt.show()
```

[코드 6.4.3 설명]

```
# 데이터 읽기
import pandas as pd
df = pd.read_csv('pima-indians-diabetes.csv')
```

```
# 독립변수와 종속변수 지정
X = df.drop(labels=['Outcome'], axis=1)
y = df['Outcome']
```

```
# 데이터 분할
from sklearn.model_selection import train_test_split
X_train,X_test,y_train,y_test = train_test_split(X, y, test_size =0.2,random_state=1000)
```

```
# 텐서플로 재현성-난수 고정
import os
import random
import tensorflow as tf
import numpy as np

SEED = 10
os.environ['PYTHONHASHSEED'] = str(SEED)
os.environ['TF_DETERMINISTIC_OPS'] = '1'

random.seed(SEED)
tf.random.set_seed(SEED)
np.random.seed(SEED)
```

```
# 모델 구성
model = Sequential()
model.add(Dense(12, input_dim=8, activation='relu'))
model.add(Dense(8, activation='relu'))
model.add(Dense(1, activation='sigmoid' ))
#model.summary()
```

```
# 모델 컴파일
model.compile(loss='binary_crossentropy',  optimizer='adam',   metrics=['accuracy'])
```

```
# 조기 종료 설정
from keras.callbacks import EarlyStopping
early_stopping = EarlyStopping(monitor='val_loss', patience=50)
```

```
# 모델 학습시키기
history = model.fit(X_train, y_train, validation_data=(X_test, y_test), epochs=200,
batch_size=10, verbose=1, callbacks=[early_stopping])
```

```
Epoch 1/200
62/62 [==============================] - 0s 3ms/step - loss: 1.3927 - accuracy: 0.6010
- val_loss: 1.5701 - val_accuracy: 0.5779
Epoch 2/200
62/62 [==============================] - 0s 1ms/step - loss: 0.9426 - accuracy: 0.5651
```

```
- val_loss: 1.2273 - val_accuracy: 0.5519
Epoch 3/200
62/62 [==============================] - 0s 1ms/step - loss: 0.8315 - accuracy: 0.5733
- val_loss: 0.9827 - val_accuracy: 0.5649
Epoch 4/200
62/62 [==============================] - 0s 996us/step - loss: 0.7761 - accuracy: 0.5782
- val_loss: 1.0344 - val_accuracy: 0.4675
.................................................................
Epoch 18/200
62/62 [==============================] - 0s 974us/step - loss: 0.5831 - accuracy: 0.7134
- val_loss: 0.6881 - val_accuracy: 0.6558
Epoch 19/200
62/62 [==============================] - 0s 984us/step - loss: 0.5832 - accuracy: 0.7003
- val_loss: 0.6614 - val_accuracy: 0.6364
Epoch 20/200
62/62 [==============================] - 0s 981us/step - loss: 0.5808 - accuracy: 0.7068
- val_loss: 0.6676 - val_accuracy: 0.6558
...................................................................
Epoch 65/200
62/62 [==============================] - 0s 993us/step - loss: 0.5291 - accuracy: 0.7345
- val_loss: 0.7033 - val_accuracy: 0.6623
Epoch 66/200
62/62 [==============================] - 0s 965us/step - loss: 0.5252 - accuracy: 0.7427
- val_loss: 0.7310 - val_accuracy: 0.6494
Epoch 67/200
62/62 [==============================] - 0s 975us/step - loss: 0.5350 - accuracy: 0.7068
- val_loss: 0.6746 - val_accuracy: 0.6688
Epoch 68/200
62/62 [==============================] - 0s 981us/step - loss: 0.5239 - accuracy: 0.7427
- val_loss: 0.6709 - val_accuracy: 0.6753
Epoch 69/200
62/62 [==============================] - 0s 958us/step - loss: 0.5320 - accuracy: 0.7345
- val_loss: 0.6786 - val_accuracy: 0.6623
```

→ 위에서 보면, 모델 학습은 원래 설정된 에포크 200번 중 에포크 69에서 early stopping 된 것을 알 있다. 학습 조기 종료 시 val_loss은 0.6786이고 val_accuracy은 0.6623이다. 그런데 에포크 69까지 모델의 val_loss의 최솟값은 에포크 19일 때 0.6614이다. 즉, 에포크 69 중에서 에포크 19일 때 모델의 최적값을 갖는다. 그런데 개선된 모델을 찾기 위해 patience=50을 설정하였고 50번의 에포크 동안 val_loss 값이 개선되지 않아서 에포크 69에서 학습을 종료하였다.

그림 6.27은 모델의 early stopping 시점 즉, 에포크 69까지 손실함수의 그래프를 나타내고 있다.

```
# 손실함수 그래프 그리기
import numpy
import matplotlib.pyplot as plt
# y_val_loss는 test set에서 손실함수
y_val_loss=history.history['val_loss']

# y_loss는 train set에서 손실함수
y_loss=history.history['loss']

# train set에서 손실함수를 파란색으로, test set에서 손실함수를 빨간색으로 표시
x_len = numpy.arange(len(y_loss))
plt.plot(x_len, y_loss, c="blue")
plt.plot(x_len, y_val_loss, c="red")
plt.xlabel('epoch')
plt.ylabel('loss')
plt.legend(['train_loss', 'test_loss'], loc='upper right')
plt.show()
```

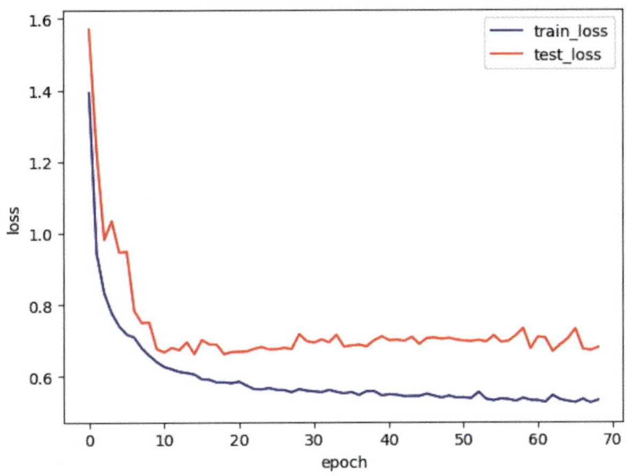

그림 6.27 early stopping 전까지 손실함수 그래프

그림 6.27로부터 에포크 69 중에서 에포크 19일 때 test loss면에서 모델의 최적값을 갖는다.

```
loss_and_metrics = model.evaluate(X_test, y_test, batch_size = 10)

print(' ')
print("Test Loss: %.4f" % (loss_and_metrics[0]))
```

```
print("Test Accuracy: %.4f" % (loss_and_metrics[1]))
```

```
16/16 [==============================] - 0s 689us/step - loss: 0.6786 - accuracy: 0.6623

Test Loss: 0.6786
Test Accuracy: 0.6623
```

→ 학습 도중 early stopping 한 경우 모델의 val_loss은 0.6786이고 val_accuracy은 0.6623이다. 그런데 이 값들은 모델의 최적값이 아니고, 설정된 patience 값에 의해 early stopping 시점에서 모델의 성능을 나타내므로 의미 있는 값이 아니다.

예제 6.9

피마 인디언 당뇨병(Pima Indians Diabetes) 데이터를 사용하여 당뇨병 발병 유무를 딥러닝을 이용하여 분류하고자 한다. 이때 ModelCheckpoint( ) 함수와 EarlyStopping( ) 함수를 사용하여 최상의 성능을 보이는 모델을 찾는 경우 early stopping을 하고자 한다.

풀이

[코드 6.4.4]

```
# 데이터 읽기
import pandas as pd
df = pd.read_csv('pima-indians-diabetes.csv')

X = df.drop(labels=['Outcome'], axis=1)
y = df['Outcome']

from sklearn.model_selection import train_test_split
X_train,X_test,y_train,y_test = train_test_split(X, y, test_size =0.2,random_state=1000)

# 텐서플로 재현성-난수 고정
import os
import random
import tensorflow as tf
import numpy as np

SEED = 10
os.environ['PYTHONHASHSEED'] = str(SEED)
os.environ['TF_DETERMINISTIC_OPS'] = '1 '
```

```
random.seed(SEED)
tf.random.set_seed(SEED)
np.random.seed(SEED)

# Keras 패키지 가져오기
from tensorflow.keras.models import Sequential
from tensorflow.keras.layers import Dense

model = Sequential()
model.add(Dense(12, input_dim=8, activation='relu'))
model.add(Dense(8, activation='relu'))
model.add(Dense(1, activation='sigmoid' ))
#model.summary()

# Compile the model
model.compile(loss='binary_crossentropy',  optimizer='adam',   metrics=['accuracy'])

# 콜백 함수 사용
from keras.callbacks import ModelCheckpoint
from keras.callbacks import EarlyStopping
checkpoint=ModelCheckpoint('best-model.h5',verbose=1,save_best_only=True)
early_stopping=EarlyStopping(monitor='val_loss', patience=50)

# 모델 학습시키기
history = model.fit(X_train, y_train, validation_data=(X_test, y_test), epochs=200,
batch_size=10, verbose=1, callbacks=[checkpoint, early_stopping])
```

[코드 6.4.4 설명]

```
# 콜백 함수 사용
from keras.callbacks import ModelCheckpoint
from keras.callbacks import EarlyStopping
checkpoint=ModelCheckpoint('best-model.h5',verbose=1,save_best_only=True)
early_stopping=EarlyStopping(monitor='val_loss', patience=50)
```

```
# 모델 학습시키기
history = model.fit(X_train, y_train, validation_data=(X_test, y_test), epochs=200,
batch_size=10, verbose=1, callbacks=[checkpoint, early_stopping])
```

```
Epoch 1/200
 1/62 [..............................] - ETA: 17s - loss: 2.6895 - accuracy: 0.4000
```

```
Epoch 1: val_loss improved from inf to 1.57006, saving model to best-model.h5
62/62 [==============================] - 1s 4ms/step - loss: 1.3927 - accuracy: 0.6010
- val_loss: 1.5701 - val_accuracy: 0.5779
Epoch 2/200
25/62 [===========>..................] - ETA: 0s - loss: 1.0290 - accuracy: 0.5520
Epoch 2: val_loss improved from 1.57006 to 1.22735, saving model to best-model.h5
62/62 [==============================] - 0s 3ms/step - loss: 0.9426 - accuracy: 0.5651
- val_loss: 1.2273 - val_accuracy: 0.5519
Epoch 3/200
 1/62 [..............................] - ETA: 0s - loss: 1.0272 - accuracy: 0.3000
Epoch 3: val_loss improved from 1.22735 to 0.98270, saving model to best-model.h5
62/62 [==============================] - 0s 2ms/step - loss: 0.8315 - accuracy: 0.5733
- val_loss: 0.9827 - val_accuracy: 0.5649
Epoch 4/200
 1/62 [..............................] - ETA: 0s - loss: 0.7729 - accuracy: 0.7000
Epoch 4: val_loss did not improve from 0.98270
62/62 [==============================] - 0s 1ms/step - loss: 0.7761 - accuracy: 0.5782
- val_loss: 1.0344 - val_accuracy: 0.4675
Epoch 5/200
 1/62 [..............................] - ETA: 0s - loss: 0.6639 - accuracy: 0.7000
Epoch 5: val_loss improved from 0.98270 to 0.94688, saving model to best-model.h5
62/62 [==============================] - 0s 2ms/step - loss: 0.7398 - accuracy: 0.6075
- val_loss: 0.9469 - val_accuracy: 0.5130
Epoch 6/200
 1/62 [..............................] - ETA: 0s - loss: 1.3221 - accuracy: 0.6000
Epoch 6: val_loss did not improve from 0.94688
62/62 [==============================] - 0s 1ms/step - loss: 0.7172 - accuracy: 0.6091
- val_loss: 0.9491 - val_accuracy: 0.5974
Epoch 7/200
 1/62 [..............................] - ETA: 0s - loss: 0.7077 - accuracy: 0.7000
Epoch 7: val_loss improved from 0.94688 to 0.78257, saving model to best-model.h5
62/62 [==============================] - 0s 2ms/step - loss: 0.7090 - accuracy: 0.6629
- val_loss: 0.7826 - val_accuracy: 0.5844
Epoch 8/200
 1/62 [..............................] - ETA: 0s - loss: 0.5205 - accuracy: 0.8000
Epoch 8: val_loss improved from 0.78257 to 0.74942, saving model to best-model.h5
62/62 [==============================] - 0s 2ms/step - loss: 0.6792 - accuracy: 0.6466
- val_loss: 0.7494 - val_accuracy: 0.5909
Epoch 9/200
 1/62 [..............................] - ETA: 0s - loss: 0.5275 - accuracy: 0.8000
Epoch 9: val_loss did not improve from 0.74942
62/62 [==============================] - 0s 1ms/step - loss: 0.6587 - accuracy: 0.6498
- val_loss: 0.7503 - val_accuracy: 0.5325
```

```
Epoch 10/200
 1/62 [..............................] - ETA: 0s - loss: 0.7025 - accuracy: 0.6000
Epoch 10: val_loss improved from 0.74942 to 0.67649, saving model to best-model.h5
62/62 [==============================] - 0s 3ms/step - loss: 0.6407 - accuracy: 0.6726
- val_loss: 0.6765 - val_accuracy: 0.6234
Epoch 11/200
 1/62 [..............................] - ETA: 0s - loss: 0.6090 - accuracy: 0.7000
Epoch 11: val_loss improved from 0.67649 to 0.66735, saving model to best-model.h5
62/62 [==============================] - 0s 2ms/step - loss: 0.6269 - accuracy: 0.6824
- val_loss: 0.6674 - val_accuracy: 0.6558
Epoch 12/200
 1/62 [..............................] - ETA: 0s - loss: 0.4989 - accuracy: 0.8000
Epoch 12: val_loss did not improve from 0.66735
62/62 [==============================] - 0s 1ms/step - loss: 0.6202 - accuracy: 0.6954
- val_loss: 0.6796 - val_accuracy: 0.6039
Epoch 13/200
 1/62 [..............................] - ETA: 0s - loss: 0.6064 - accuracy: 0.7000
Epoch 13: val_loss did not improve from 0.66735
62/62 [==============================] - 0s 1ms/step - loss: 0.6130 - accuracy: 0.7003
- val_loss: 0.6736 - val_accuracy: 0.6364
Epoch 14/200
 1/62 [..............................] - ETA: 0s - loss: 0.6678 - accuracy: 0.6000
Epoch 14: val_loss did not improve from 0.66735
62/62 [==============================] - 0s 1ms/step - loss: 0.6099 - accuracy: 0.6938
- val_loss: 0.6953 - val_accuracy: 0.5779
Epoch 15/200
 1/62 [..............................] - ETA: 0s - loss: 0.5637 - accuracy: 0.7000
Epoch 15: val_loss improved from 0.66735 to 0.66214, saving model to best-model.h5
62/62 [==============================] - 0s 1ms/step - loss: 0.6055 - accuracy: 0.6808
- val_loss: 0.6621 - val_accuracy: 0.6623
Epoch 16/200
 1/62 [..............................] - ETA: 0s - loss: 0.7010 - accuracy: 0.6000
Epoch 16: val_loss did not improve from 0.66214
62/62 [==============================] - 0s 1ms/step - loss: 0.5921 - accuracy: 0.6889
- val_loss: 0.7015 - val_accuracy: 0.6039
Epoch 17/200
 1/62 [..............................] - ETA: 0s - loss: 0.6704 - accuracy: 0.6000
Epoch 17: val_loss did not improve from 0.66214
62/62 [==============================] - 0s 1ms/step - loss: 0.5910 - accuracy: 0.7036
- val_loss: 0.6893 - val_accuracy: 0.6169
Epoch 18/200
 1/62 [..............................] - ETA: 0s - loss: 0.2831 - accuracy: 0.9000
Epoch 18: val_loss did not improve from 0.66214
```

```
62/62 [==============================] - 0s 1ms/step - loss: 0.5831 - accuracy: 0.7134
- val_loss: 0.6881 - val_accuracy: 0.6558
Epoch 19/200
 1/62 [..............................] - ETA: 0s - loss: 0.5902 - accuracy: 0.7000
Epoch 19: val_loss improved from 0.66214 to 0.66144, saving model to best-model.h5
62/62 [==============================] - 0s 2ms/step - loss: 0.5832 - accuracy: 0.7003
- val_loss: 0.6614 - val_accuracy: 0.6364
Epoch 20/200
 1/62 [..............................] - ETA: 0s - loss: 0.7320 - accuracy: 0.6000
Epoch 20: val_loss did not improve from 0.66144
62/62 [==============================] - 0s 1ms/step - loss: 0.5808 - accuracy: 0.7068
- val_loss: 0.6676 - val_accuracy: 0.6558
..........................................................................
Epoch 68/200
 1/62 [..............................] - ETA: 0s - loss: 0.3499 - accuracy: 0.9000
Epoch 68: val_loss did not improve from 0.66144
62/62 [==============================] - 0s 1ms/step - loss: 0.5239 - accuracy: 0.7427
- val_loss: 0.6709 - val_accuracy: 0.6753
Epoch 69/200
 1/62 [..............................] - ETA: 0s - loss: 0.5418 - accuracy: 0.8000
Epoch 69: val_loss did not improve from 0.66144
62/62 [==============================] - 0s 1ms/step - loss: 0.5320 - accuracy: 0.7345
- val_loss: 0.6786 - val_accuracy: 0.6623
```

→ 에포크 69 중에서 최상의 모델은 best-model.h5 파일에 저장된다. best-model.h5 파일에는 '모델 아키텍처'와 '모델 가중치'가 저장되어 있다. 에포크 19일 때 최상의 모델의 val_loss은 0.66144이고 val_accuracy은 0.6364이다.

```
Epoch 19: val_loss improved from 0.66214 to 0.66144, saving model to best-model.h5
62/62 [==============================] - 0s 2ms/step - loss: 0.5832 - accuracy: 0.7003
- val_loss: 0.6614 - val_accuracy: 0.6364
```

다음은 최상의 모델을 불러와서 모델을 평가하고자 한다. load_model( ) 함수를 이용하여 앞서 저장된 best-model.h5 파일을 불러온다.

```
# 최상모델 평가하기
from tensorflow.keras.models import load_model
myModel=load_model("D:/TensorFlow/best-model.h5")
myModel.summary()
myModel.evaluate(X_test, y_test)
```

```
Model: "sequential"
_________________________________________________________________
 Layer (type)                Output Shape              Param #
=================================================================
 dense (Dense)               (None, 12)                108

 dense_1 (Dense)             (None, 8)                 104

 dense_2 (Dense)             (None, 1)                 9

=================================================================
Total params: 221
Trainable params: 221
Non-trainable params: 0
_________________________________________________________________
5/5 [==============================] - 0s 632us/step - loss: 0.6614 - accuracy: 0.6364
[0.661444902420044, 0.6363636255264282]
```

→ 최상의 모델, 즉 best-model.h5 파일로부터 얻어진 손실함수는 loss = 0.6614, 정확도는 accuracy = 0.6364이다.

연습문제

6-1 보스톤 주택가격 데이터에서 DNN 모델을 이용하여 주택가격을 예측하시오. 여기서는 드롭아웃을 적용하여 오버피팅 문제를 해결하고자 한다. 이 데이터는 사이킷런의 datasets 모듈에 포함되어 있다. 단, 콜백 함수를 사용하여 학습을 조기 종료하고자 한다.

6-2 Auto MPG 데이터에서 DNN 모델을 이용하여 자동차의 연비를 예측하시오. 여기서 MPG는 miles per gallon의 약자로 연비를 나타낸다. 이 데이터는 다음의 UCI 머신러닝 저장소에서 다운로드받을 수 있다. 단, 콜백 함수를 사용하여 학습을 조기 종료하고자 한다.

https://archive.ics.uci.edu/

6-3 IRIS 데이터에서 DNN 모델을 이용하여 붓꽃의 품종을 분류하시오. 이 데이터는 사이킷런의 datasets 모듈에 포함되어 있다. 단, 콜백 함수를 사용하여 학습을 조기 종료하고자 한다.

6-4 유방암 데이터에서 DNN 모델을 이용하여 유방암의 양성과 악성을 분류하시오. 이 데이터는 세포의 특성을 나타내는 10가지 특징(radius, texture, perimeter, area, smoothness, compactness, concavity, concave points, symmetry, fractal dimension)에 대한 각각의 평균, 표준편차, 이상값(혹은 최댓값)으로 총 30개의 변수가 존재한다. 총 데이터의 수는 569개로 이루어져 있으며, 종속변수는 유방암의 양성과 악성을 나타내는 클래스 변수이다. 이 데이터는 다음의 UCI 머신러닝 저장소에서 다운로드받을 수 있다. 단, 콜백 함수를 사용하여 학습을 조기 종료하고자 한다.

https://archive.ics.uci.edu/

7장

CNN 모델

7.1 CNN 모델이란?

CNN(Convolutional Neural Network, 컨볼루션 신경망) 모델은 영상분류(image classification), 영상인식(image recognition)에 특화된 딥러닝 모델이다. CNN 모델의 구조는 크게 두 부분, 즉 컨볼루션 층(Convolutional Layer, 컨볼루션 레이어)과 신경망(Neural Network)으로 구성되어 있다. 여기서 신경망은 우리가 3장에서 학습한 딥러닝의 기원-인공 신경망을 의미한다. 그림 7.1은 영상분류를 위한 CNN 모델의 기본 구조를 보여주고 있다.

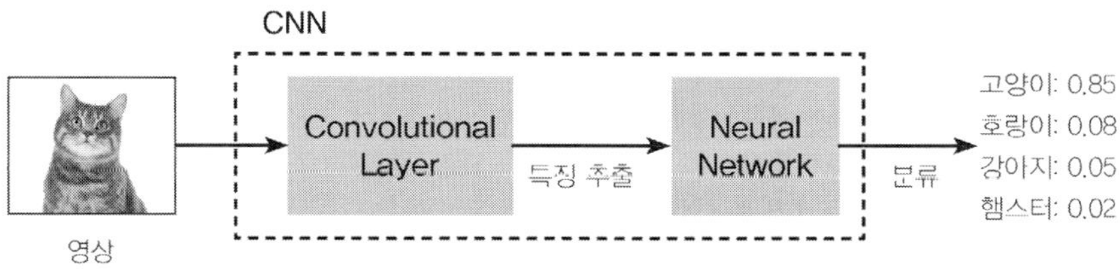

그림 7.1 영상분류를 위한 CNN 모델의 기본 구조

그림 7.1에서 컨볼루션 층은 특징 추출(feature extraction)을 위한 신경망이라 생각할 수 있고, 신경망은 분류(classification)를 위한 인공 신경망이라 생각할 수 있다. 특징 추출은 영상 데이터의 고유한 특징을 찾아내는 단계이고, 분류는 찾은 특징을 바탕으로 어느 클래스(class), 혹은 범주(category)에 속하는지 구분하는 단계이다. CNN 모델에서는 영상 자체가 그대로 입력된다. 즉, CNN의 입력은 영상이다. 입력 영상은 컨볼루션 층을 통해 특징이 추출되고 이를 신경망에 적용해 최종적으로 우리가 원하는 분류를 수행한다. 딥러닝에서는 입력 영상의 형상을 직접 모델링하지 않아도 CNN이 특징 추출과 분류 역할을 모두 자동으로 이루어진다.

그림 7.1의 영상분류는 입력 영상에 대한 가능성을 확률로 나타내고 있다. 예를 들면, "고양이"일 가능성은 0.85, "호랑이"일 가능성은 0.08, "강아지"일 가능성은 0.05, "햄스터"일 가능성은 0.02이다. 따라서 입력 영상은 "고양이"로 분류한다.

그림 7.2는 CNN의 두 단계, 즉, 특징 추출 단계와 분류 단계가 내부적으로 어떻게 이루어지는지를 나타내고 있다.

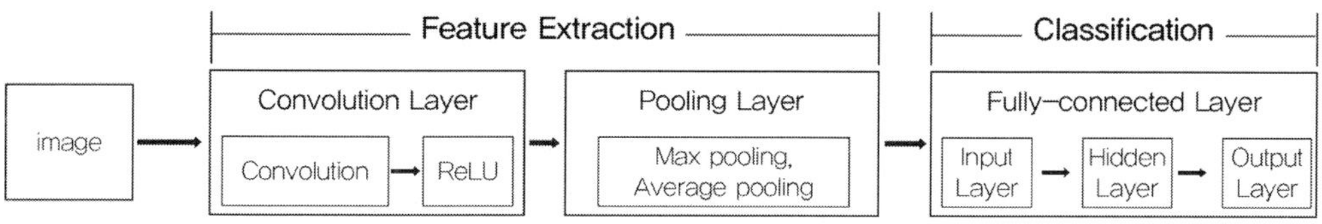

그림 7.2 CNN의 특징 추출 단계와 분류 단계

그림 7.2에서 입력 영상에 대해 특징 추출은 컨볼루션 층(Convolutional Layer)과 풀링 층(Pooling Layer) (혹은 서브 샘플링 층(Subsampling Layer))을 거쳐 이루어지고, 분류는 완전 연결 층(Fully-Connected Layer, FC Layer) 층을 거쳐 이루어진다. 여기서 컨볼루션 층은 흔히 컨볼루션(Convolution)이라는 수학적 연산과 활성화 함수에 의해 이루어진다. 활성화 함수로는 주로 ReLU(렐루) 함수를 많이 사용한다. 풀링 층은 영상의 차원을 축소하여 계산 복잡도를 줄이기 위해 사용된다. 풀링 층은 생략하기도 한다. 풀링 기법에는 최댓값으로 풀링하는 맥스 풀링(Max pooling)과 평균값으로 풀링하는 평균 풀링(Average pooling) 등이 있다. 그리고 분류를 위한 완전 연결 층은 입력층(Input Layer), 은닉층(Hidden Layer), 출력층(Output Layer)으로 이루어진 신경망이다. 여기서, 완전 연결 층은 각 층(Layer)의 모든 노드가 서로 연결되어있는 구조를 말한다.

그림 7.3은 자동차(car)의 영상분류를 위한 CNN의 두 단계, 즉, 특징 추출 단계와 분류 단계를 나타내고 있다.

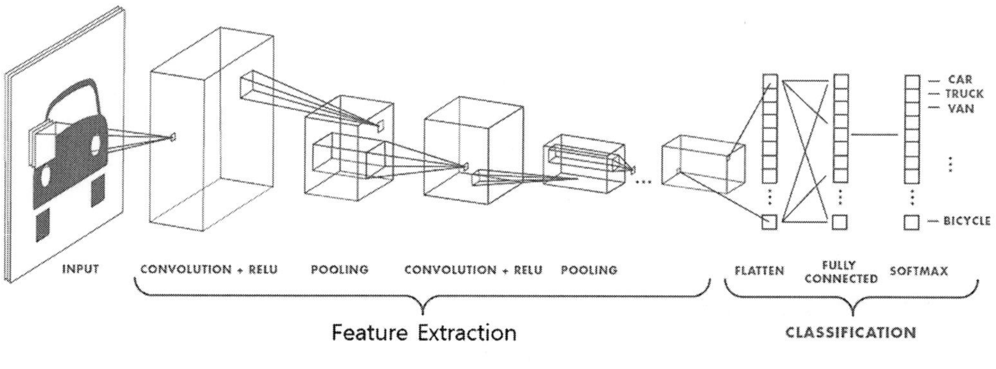

그림 7.3 자동차의 영상분류를 위한 CNN의 두 단계[1)]

1) https://www.run.ai/guides/deep-learning-for-computer-vision

그림 7.3에서 보면 입력 영상인 자동차 영상에 대해 특징 추출을 위해 두 번의 컨볼루션 층(Convolution + ReLU)과 풀링 층을 거친 다음 영상분류를 위해 완전 연결 층을 거치고 있다. 여기서 컨볼루션 층에서는 2차원 형태의 데이터를 처리하고, 완전 연결 층은 1차원 데이터를 처리한다. 따라서, 2차원 데이터를 1차원 데이터로 변환이 필요하다. 이때 사용하는 것이 플래튼 층(Flatten layer, 플래튼 레이어)이다. 그리고 완전 연결 층의 출력층에서 시그모이드 함수(sigmoid function) 혹은 소프트맥스 함수(softmax function)를 사용하여 최종 분류한다. 여기서 시그모이드 함수는 이진분류를 위해 주로 사용하고, 소프트맥스 함수는 다중 분류를 위해 사용한다. 소프트맥스 함수는 입력값에 대해 출력값으로 0 ~ 1 사이의 값을 갖고 있으며 총합이 항상 1이 되는 특성을 갖는 함수이다.

7.2 CNN 모델의 구성요소

CNN의 기본적인 구성요소들에 대해 살펴보고자 한다.

(1) 컨볼루션 층

컨볼루션 층(Convolution Layer, 컨볼루션 레이어)은 CNN의 핵심으로, 2차원 입력 데이터에 대하여 커널(kernel)/필터(filter)를 슬라이딩(sliding)하면서 컨볼루션(Convolution) 연산을 수행한다. 커널(kernel)/필터(filter)는 일반적으로 3×3 또는 5×5의 크기를 사용한다.

① 컨볼루션(Convolution)

컨볼루션이란 영상 위에서 커널(kernel)/필터(filter)를 슬라이딩하면서 겹쳐지는 부분의 각 원소값을 곱해서 모두 더한 값을 출력하는 수학적 연산이다. 지금부터 2차원 영상에 대한 컨볼루션 과정을 살펴보고자 한다. 예를 들어, 그림 7.4의 5×5 크기의 입력 영상과 3×3 크기의 커널/필터를 사용하여 컨볼루션 과정을 설명하고자 한다.

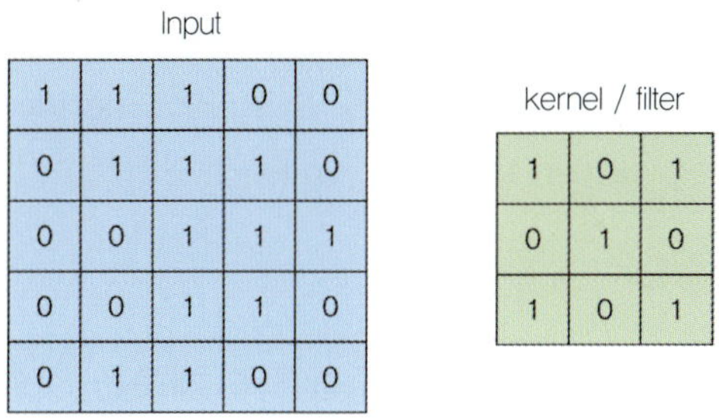

그림 7.4 입력 영상과 커널/필터

컨볼루션은 그림 7.5의 컨볼루션 중간과정에서 보는 것처럼 3×3 크기의 커널을 5×5 크기의 영상의 처음부터 끝까지 겹치며 훑으면서 겹쳐지는 부분의 각 영상과 커널의 원소의 값을 곱해서 모두 더한 값을 출력한다.

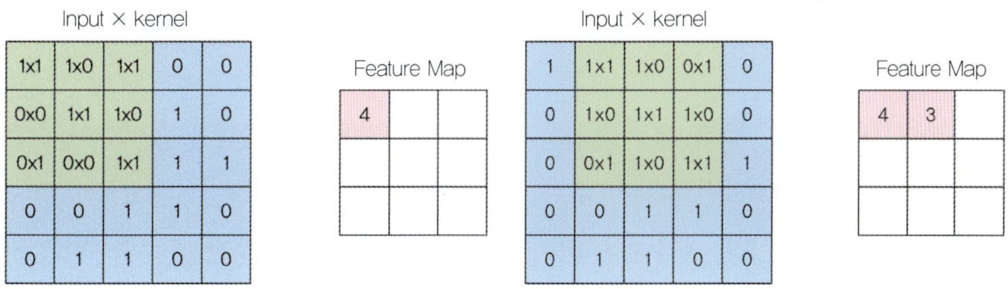

그림 7.5 컨볼루션 중간과정

그림 7.6은 입력 영상 전체에 대한 컨볼루션 결과를 보여주고 있다. 여기서는 5×5 크기의 입력 영상에 대해 컨볼루션 결과 3×3 크기의 특징맵(Feature Map, 특성맵)이 얻어진다.

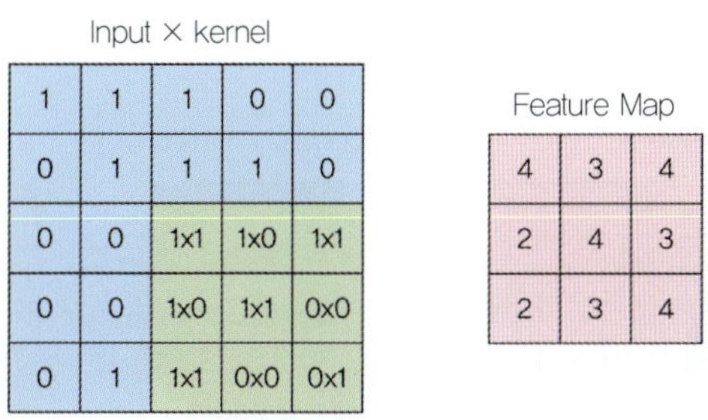

그림 7.6 컨볼루션 결과

위의 예에서 컨볼루션 연산의 결과로 얻어진 특징맵은 입력 영상보다 작아짐을 알 수 있다. 출력 영상의 크기를 입력 영상의 크기와 동일하게 유지되도록 하고 싶다면 패딩(padding)을 사용하면 된다. 또한, 커널의 이동 범위가 위의 예에서는 한 칸이지만 사용자가 정할 수 있다. 이러한 이동 범위를 스트라이드(stride)라고 한다. 스트라이드 또한 출력 영상의 크기를 조절하기 위해 사용한다.

- **패딩**

패딩(padding)은 기존 영상 주변을 특정 값으로 채우는 것을 말한다. 즉, 컨볼루션 연산 전에 입력 영상 가장자리에 지정된 개수의 폭만큼 행과 열을 추가하는 것을 말한다. 주로 0의 값으로 채운다. 이를 제로패딩(zero padding)이라 한다. 이는 컨볼루션 층을 통과해도 영상의 크기가 감소하는 것을 방지하기 위해 사용한다. 일반적으로 컨볼루션 연산의 결과로 얻은 특징맵은 입력 영상보다 크기가 작아지는 특징이 있다. 그림 7.6에서 보면 특징맵의 크기는 3×3인 반면에 입력 영상의 크기는 5×5이다. 컨볼루션 연산 이후에도 특징맵의 크기가 입력 영상의 크기와 동일하게 유지되도록 하려면 패딩처리를 해야 한다.

- **스트라이드**

스트라이드(stride)는 간격이란 의미로 커널/필터를 적용하는 간격을 의미한다. 그림 7.5의 컨볼루션 중간과정에서 보듯이 입력 영상에 커널/필터가 한 칸씩 움직일 때 스트라이드의 값은 1이 되고, 만약 2칸, 3칸씩 이동하게 된다면 스트라이드의 값은 2, 3이 된다.

다음은 3차원 영상에 대한 컨볼루션 과정을 설명하고자 한다. 예를 들어, 그림 7.7은 6×6×3 컬러영상(여기서 3은 채널의 수)에 대해 3×3×3 필터(여기서 마지막 3은 채널의 수)를 사용하여 컨볼루션 연산의 결과로 4×4 크기의 특징맵을 얻는 과정을 보여주고 있다. 여기서 특징맵의 크기를 정확하게 표현하자면 4×4×1이다. 이것은 4×4 크기의 특징맵 1개를 의미한다.

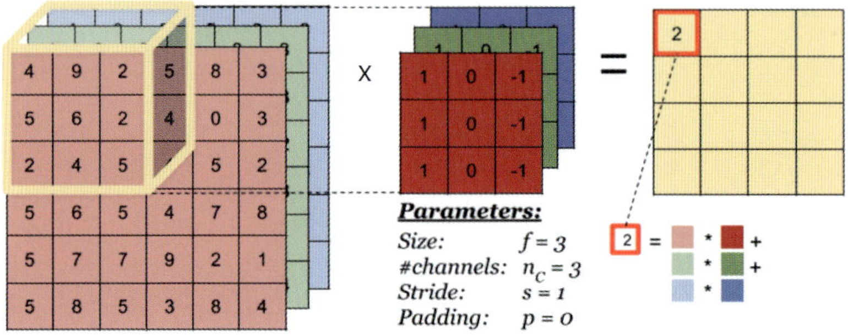

그림 7.7 3차원 영상에 대한 컨볼루션 과정

그림 7.7에서 파라미터(parameters)들을 살펴보면, $f = 3$은 3×3 크기의 필터, $n_c = 3$는 채널의 수, $s = 1$는 스트라이드 1, $p = 0$는 패딩 크기가 0, 즉 패딩사용하지 않음을 나타낸다. 여기서 입력 영상의 각 채널에 대응되는 각 커널/필터에 대해 컨볼루션을 수행한 후 모두 더한 값을 출력으로 한다.

다음은 3차원 영상에 대해 여러 개의 특징맵(Feature Map)을 얻고자 하는 경우에 대해 살펴보고자 한다. 그림 7.8은 3차원 영상에 대해 2개의 3×3×3 크기의 컨볼루션 커널/필터 사용 예를 보여주고 있다.

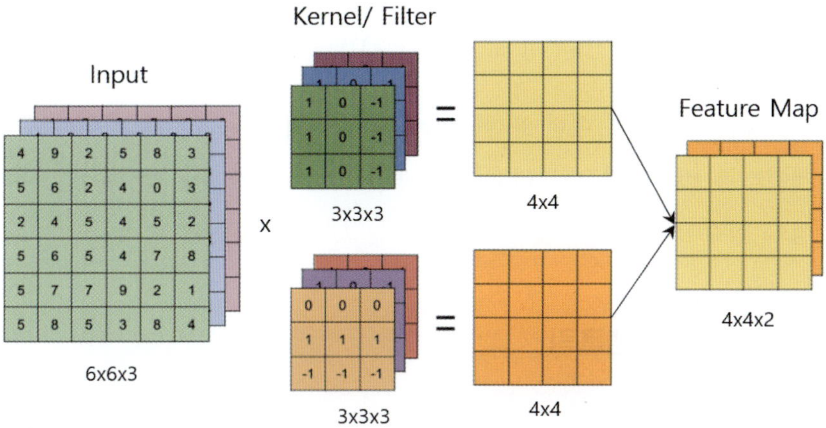

그림 7.8 3차원 영상에 대해 2개의 컨볼루션 커널/필터 사용 예

그림 7.8로부터 6×6×3 컬러영상에 대해 4×4×2 영상 즉, 2개의 4×4 크기의 특징맵을 얻을 수 있음을 보여주고 있다. 따라서 영상에서 여러 개의 특징맵을 얻고자 하는 경우 여러 개의 컨볼루션 커널/필터가 필요하다. 만약 10개의 컨볼루션 커널/필터를 사용하면 10개의 특징맵을 얻을 수 있다.

지금까지 입력 영상에서 다양한 특징을 추출하기 위해서는 여러 가지 다양한 커널/필터가 필요하다는 것을 알았다. 따라서 CNN 모델에서 커널/필터 수가 많으면 많을수록 영상에서 많은 특징들을 추출할 수 있다. 그 결과 영상인식 및 분류하는데 좋은 성능을 얻을 수 있다.

② 활성화 함수(activation function)

딥러닝 모델을 학습시킨다는 것을 우리가 가지고 있는 데이터를 잘 설명할 수 있는 모델을 만드는 것이다. 딥러닝은 여러 개의 층(layer)을 깊이 쌓아 데이터를 잘 설명할 수 있는 모델을 생성할 수 있어야 한다.

특징 추출에서 컨볼루션 연산은 영상의 픽셀값과 커널/필터의 가중치와의 선형결합으로 이루어진다. 즉, 수식으로 다음과 같이 나타낼 수 있다.

$$f(x) = Wx$$

여기서 x는 입력 영상의 픽셀값, W는 커널/필터의 가중치를 나타낸다. 선형결합의 특성상, 아무리 많은 층을 쌓아도 선형 결합한 결과를 다시 선형 결합하면 결과는 선형밖에 되지 않는다. 이를 수식으로 표현하면 다음과 같다.

$$y(x) = f(f(f(x))) = W^3 x$$

따라서 다양한 데이터에 대한 표현을 학습하기 위해서는 층과 층 사이에서 선형으로 표현된 데이터를 비선형값으로 바꿔주는 과정이 필요하다. 이 과정을 담당하는 것이 바로 활성화 함수이다.

(2) 풀링 혹은 서브 샘플링

풀링(Pooling) 혹은 서브 샘플링(Sub Sampling)은 중요한 정보를 잃지 않으면서, 즉 중요한 정보를 유지하면서 영상의 차원을 축소하는 역할을 한다. 풀링 혹은 서브 샘플링 기법에는 그림 7.9와 같이 맥스 풀링(max pooling), 평균 풀링(average pooling) 등이 있다. 그중에서도 맥스 풀링(max pooling)이 많이 사용된다.

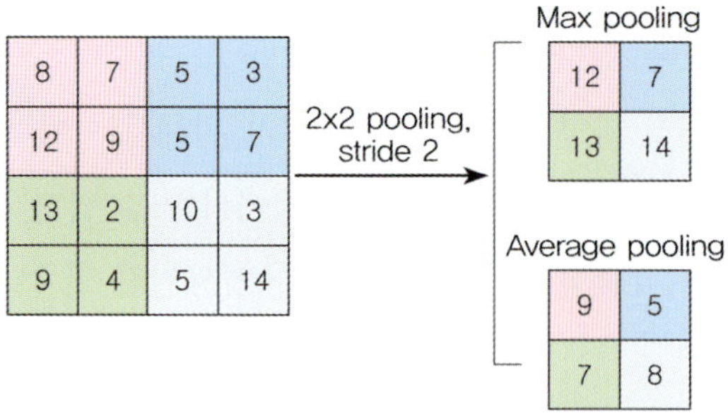

그림 7.9 맥스 풀링과 평균 풀링

그림 7.9는 2×2 풀링을 스트라이드 2로 처리하고 있다. 여기서 스트라이드 2는 (2,2)를 의미한다.

(3) 완전 연결 층

완전 연결 층(Fully-Connected Layer)이란 그림 7.10과 같이 기존 신경망의 이전 층에서 모든 뉴런은 다음 층에서 모든 뉴런과 연결되어 있는 계층을 말한다. 완전 연결 층은 컨볼루션 층과 풀링 층으로부터 추출된 특징을 입력받아, 최종적으로 영상에 대한 클래스를 분류하는 부분이다.

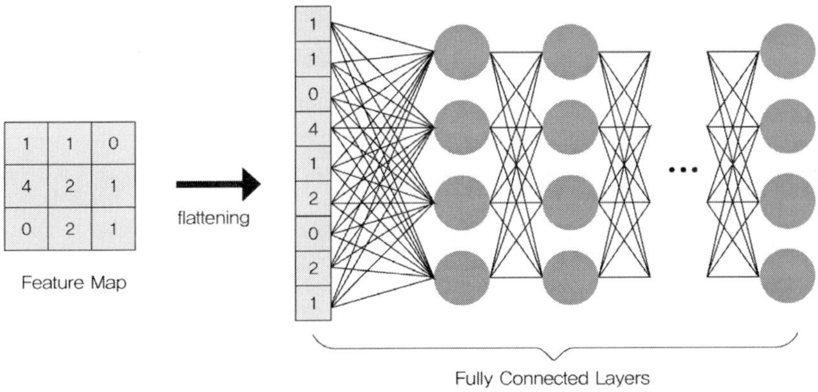

그림 7.10 완전 연결 층

그림 7.10에서 완전 연결 층은 2차원의 영상 형태 영상을 1차원의 배열 형태로의 데이터로 바꾸어 학습된다. 이때 플래튼 층(Flatten Layer)이 2차원 데이터를 1차원 데이터로 바꾸는 역할을 한다.

7.3 MNIST 데이터에서 CNN 모델 구현

MNIST 데이터는 NIST(National Institute of Standards and Technology, 미국 국립표준기술 연구소)에서 손으로 쓴 글자 데이터에서 숫자만 따로 뽑아낸 손글씨 숫자 분류를 위한 데이터 셋으로, 현재 머신러닝/딥러닝에서 숫자 영상의 분류를 위해 많이 사용되고 있다. 그림 7.11은 MNIST 데이터의 일부를 보여주고 있다.

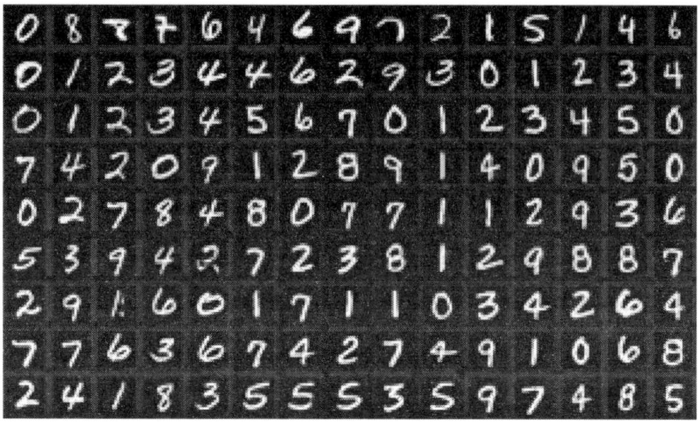

그림 7.11 MNIST 데이터

MNIST 데이터는 손글씨 숫자 0 ~ 9에 대해 0부터 255 사이의 픽셀값을 갖는 흑백 영상이고, 각 영상은 28×28 크기의 픽셀로 이루어져 있다. 그림 7.12는 숫자 5에 대한 픽셀값들을 보여주고 있다.

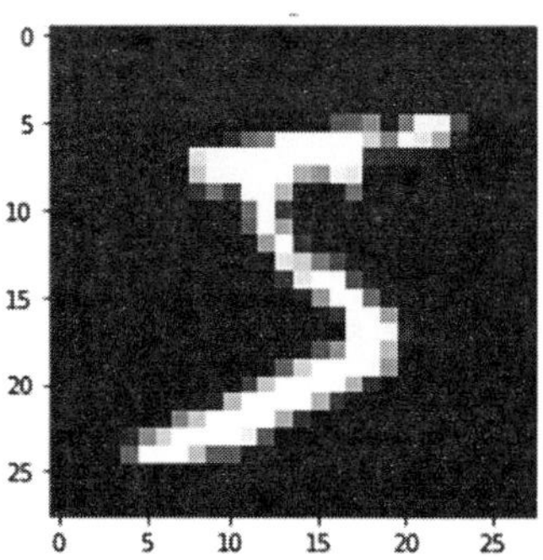

0	0	0	0	0	0	0	0	0	0	0	0	0	0	0	0	0	0	0	0	0	0	0	0	0	0	0	0
0	0	0	0	0	0	0	0	0	0	0	0	0	0	0	0	0	0	0	0	0	0	0	0	0	0	0	0
0	0	0	0	0	0	0	0	0	0	0	0	0	0	0	0	0	0	0	0	0	0	0	0	0	0	0	0
0	0	0	0	0	0	0	0	0	0	0	0	0	0	0	0	0	0	0	0	0	0	0	0	0	0	0	0
0	0	0	0	0	0	0	0	0	0	0	0	0	0	0	0	0	0	0	0	0	0	0	0	0	0	0	0
0	0	0	0	0	0	0	0	0	0	0	0	3	18	18	18	126	136	175	26	166	255	247	127	0	0	0	0
0	0	0	0	0	0	0	0	30	36	94	154	170	253	253	253	253	253	225	172	253	242	195	64	0	0	0	0
0	0	0	0	0	0	0	49	238	253	253	253	253	253	253	253	253	251	93	82	82	56	39	0	0	0	0	0
0	0	0	0	0	0	0	18	219	253	253	253	253	253	198	182	247	241	0	0	0	0	0	0	0	0	0	0
0	0	0	0	0	0	0	0	80	156	107	253	253	205	11	0	43	154	0	0	0	0	0	0	0	0	0	0
0	0	0	0	0	0	0	0	0	14	1	154	253	90	0	0	0	0	0	0	0	0	0	0	0	0	0	0
0	0	0	0	0	0	0	0	0	0	0	139	253	190	2	0	0	0	0	0	0	0	0	0	0	0	0	0
0	0	0	0	0	0	0	0	0	0	0	11	190	253	70	0	0	0	0	0	0	0	0	0	0	0	0	0
0	0	0	0	0	0	0	0	0	0	0	0	35	241	225	160	108	1	0	0	0	0	0	0	0	0	0	0
0	0	0	0	0	0	0	0	0	0	0	0	0	81	240	253	253	119	25	0	0	0	0	0	0	0	0	0
0	0	0	0	0	0	0	0	0	0	0	0	0	0	45	186	253	253	150	27	0	0	0	0	0	0	0	0
0	0	0	0	0	0	0	0	0	0	0	0	0	0	0	16	93	252	253	187	0	0	0	0	0	0	0	0
0	0	0	0	0	0	0	0	0	0	0	0	0	0	0	0	0	249	253	249	64	0	0	0	0	0	0	0
0	0	0	0	0	0	0	0	0	0	0	0	0	0	46	130	183	253	253	207	2	0	0	0	0	0	0	0
0	0	0	0	0	0	0	0	0	0	0	0	39	148	229	253	253	253	250	182	0	0	0	0	0	0	0	0
0	0	0	0	0	0	0	0	0	0	24	114	221	253	253	253	253	201	78	0	0	0	0	0	0	0	0	0
0	0	0	0	0	0	0	0	23	66	213	253	253	253	253	198	81	2	0	0	0	0	0	0	0	0	0	0
0	0	0	0	0	0	18	171	219	253	253	253	253	195	80	9	0	0	0	0	0	0	0	0	0	0	0	0
0	0	0	0	55	172	226	253	253	253	253	244	133	11	0	0	0	0	0	0	0	0	0	0	0	0	0	0
0	0	0	0	136	253	253	253	212	135	132	16	0	0	0	0	0	0	0	0	0	0	0	0	0	0	0	0
0	0	0	0	0	0	0	0	0	0	0	0	0	0	0	0	0	0	0	0	0	0	0	0	0	0	0	0
0	0	0	0	0	0	0	0	0	0	0	0	0	0	0	0	0	0	0	0	0	0	0	0	0	0	0	0
0	0	0	0	0	0	0	0	0	0	0	0	0	0	0	0	0	0	0	0	0	0	0	0	0	0	0	0

그림 7.12 숫자 5에 대한 픽셀값

MNIST 데이터는 숫자 손글씨 영상에 대한 데이터와 10가지 범주의 라벨이 포함되어 있고, 60,000개의 학습 데이터(train data) 영상과 10,000개의 테스트 데이터(test data) 영상으로 구성되어 있다. 이 데이터를 이용하여 손글씨 숫자 영상에 대해 10가지 범주(0에서 9까지)로 분류한다.

MNIST 영상 데이터는 그림 7.13의 얀 리쿤(Yann LeCun) 웹사이트에서 다운로드할 수 있다. 다음은 얀 리쿤의 웹사이트 주소이다.

http://yann.lecun.com/exdb/mnist/

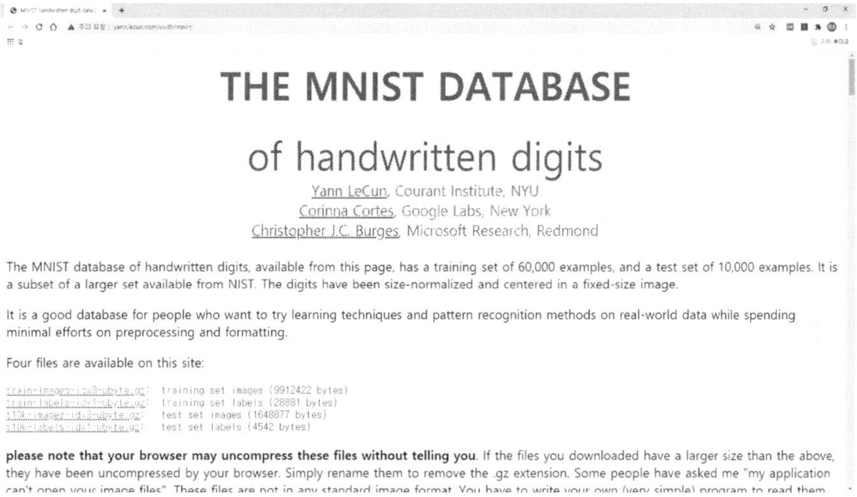
THE MNIST DATABASE

of handwritten digits

Yann LeCun, Courant Institute, NYU
Corinna Cortes, Google Labs, New York
Christopher J.C. Burges, Microsoft Research, Redmond

The MNIST database of handwritten digits, available from this page, has a training set of 60,000 examples, and a test set of 10,000 examples. It is a subset of a larger set available from NIST. The digits have been size-normalized and centered in a fixed-size image.

It is a good database for people who want to try learning techniques and pattern recognition methods on real-world data while spending minimal efforts on preprocessing and formatting.

Four files are available on this site:

train-images-idx3-ubyte.gz: training set images (9912422 bytes)
train-labels-idx1-ubyte.gz: training set labels (28881 bytes)
t10k-images-idx3-ubyte.gz: test set images (1648877 bytes)
t10k-labels-idx1-ubyte.gz: test set labels (4542 bytes)

please note that your browser may uncompress these files without telling you. If the files you downloaded have a larger size than the above, they have been uncompressed by your browser. Simply rename them to remove the .gz extension. Some people have asked me "my application

그림 7.13 얀 리쿤의 MNIST 웹페이지

keras.dataset 모듈은 텐서플로에서 사용할 수 있는 MNIST 데이터 셋을 포함하고 있다.

예제 7.1

MNIST 데이터를 이용하여 그림 7.14의 CNN 모델을 적용하여 숫자 분류하고자 한다.

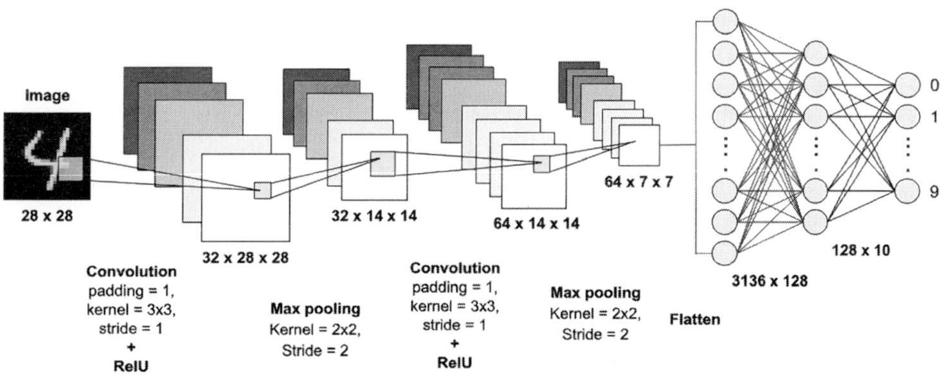

그림 7.14 CNN 모델 구조

풀이

[코드 7.3.1]

```
#필요한 패키지 불러오기
from keras.datasets import mnist
from keras.utils import np_utils

from keras.models import Sequential
from keras.layers import Dense,Dropout, Flatten, Conv2D,MaxPooling2D

import matplotlib.pyplot as plt
import numpy

import tensorflow as tf

# seed 값 설정
seed = 0
numpy.random.seed(seed)
tf.random.set_seed(3)

# mnist 데이터 로딩
(x_train, y_train), (x_test, y_test) = mnist.load_data()
# 정규화
x_train = x_train.astype('float32') / 255.
x_test = x_test.astype('float32') / 255.

#원-핫 인코딩
y_train = np_utils.to_categorical(y_train, 10)
y_test = np_utils.to_categorical(y_test, 10)

# hyper-parameter 설정
batch_size = 100
epochs = 20

# CNN의 설정
model = Sequential()
model.add(Conv2D(32, kernel_size=(3, 3), strides=(1, 1), padding='same',
                 activation='relu', input_shape=(28,28,1)))
model.add(MaxPooling2D(pool_size=(2, 2), strides=(2, 2)))
model.add(Conv2D(64, (3, 3), activation='relu', padding='same'))
model.add(MaxPooling2D(pool_size=(2, 2)))
#model.add(Dropout(0.25))
model.add(Flatten())
```

```
model.add(Dense(128, activation='relu'))
#model.add(Dropout(0.5))
model.add(Dense(10, activation='softmax'))

model.summary()

# 모델 컴파일
model.compile(loss='categorical_crossentropy', optimizer='adam', metrics=['accuracy'])

# 모델 학습시키기
history = model.fit(x_train, y_train, validation_data=(x_test, y_test),
batch_size=batch_size, epochs=epochs, verbose=1 )

# 모델 평가
# 테스트 데이터에 대한 평가
loss, acc = model.evaluate(x_test, y_test, verbose=0)
print("Test loss:  %.4f" % loss)
print("Test accuracy: %.4f" % acc)
```

```
# 정확도와 손실함수 그래프
# print(history.history.keys())
# summarize history for accuracy
plt.plot(history.history['accuracy'])
plt.plot(history.history['val_accuracy'])
plt.title('model accuracy')
plt.ylabel('accuracy')
plt.xlabel('epoch')
plt.legend(['train', 'test'], loc='lower right')
plt.show()
# summarize history for loss
plt.plot(history.history['loss'])
plt.plot(history.history['val_loss'])
plt.title('model loss')
plt.ylabel('loss')
plt.xlabel('epoch')
plt.legend(['train', 'test'], loc='upper right')
plt.show()
```

[코드 7.3.1 실행 결과]

다음은 에포크 20인 경우 모델 학습 과정을 보여주고 있다.

```
Epoch 1/20
600/600 [==============================] - 17s 27ms/step - loss: 0.1716 - accuracy:
0.9488 - val_loss: 0.0492 - val_accuracy: 0.9845
Epoch 2/20
600/600 [==============================] - 18s 29ms/step - loss: 0.0495 - accuracy:
0.9849 - val_loss: 0.0388 - val_accuracy: 0.9872
Epoch 3/20
600/600 [==============================] - 18s 30ms/step - loss: 0.0337 - accuracy:
0.9894 - val_loss: 0.0412 - val_accuracy: 0.9863
Epoch 4/20
600/600 [==============================] - 18s 30ms/step - loss: 0.0253 - accuracy:
0.9920 - val_loss: 0.0284 - val_accuracy: 0.9905
Epoch 5/20
600/600 [==============================] - 18s 30ms/step - loss: 0.0189 - accuracy:
0.9943 - val_loss: 0.0333 - val_accuracy: 0.9892
....................................................................................
Epoch 16/20
600/600 [==============================] - 18s 30ms/step - loss: 0.0047 - accuracy:
0.9983 - val_loss: 0.0396 - val_accuracy: 0.9910
Epoch 17/20
600/600 [==============================] - 18s 30ms/step - loss: 0.0026 - accuracy:
0.9994 - val_loss: 0.0407 - val_accuracy: 0.9915
Epoch 18/20
600/600 [==============================] - 18s 30ms/step - loss: 0.0028 - accuracy:
0.9991 - val_loss: 0.0465 - val_accuracy: 0.9902
Epoch 19/20
600/600 [==============================] - 18s 30ms/step - loss: 0.0047 - accuracy:
0.9982 - val_loss: 0.0496 - val_accuracy: 0.9891
Epoch 20/20
600/600 [==============================] - 18s 30ms/step - loss: 0.0032 - accuracy:
0.9989 - val_loss: 0.0402 - val_accuracy: 0.9908
Test loss:  0.0402
Test accuracy: 0.9908
```

여기서는 학습 데이터의 정확도(accuracy)와 손실함수(loss) 외에 테스트 데이터의 정확도(val_accuracy)와 손실함수(val_loss)도 함께 출력하고 있다.

그림 7.15와 그림 7.16은 학습 데이터와 테스트 데이터에 대해 에포크 증가에 따른

정확도와 손실함수 그래프를 나타내고 있다.

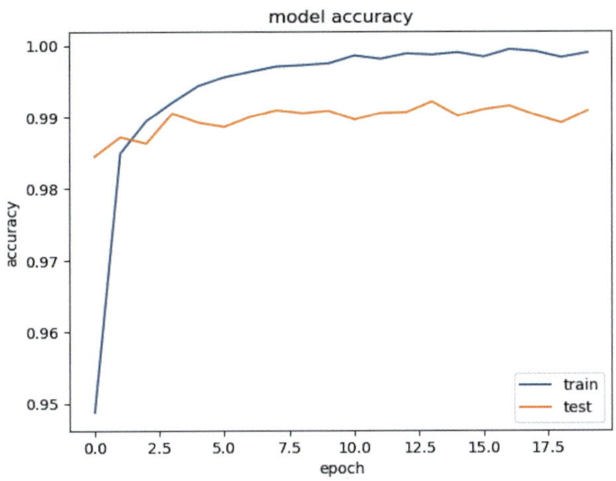

그림 7.15 에포크 증가에 따른 정확도 그래프

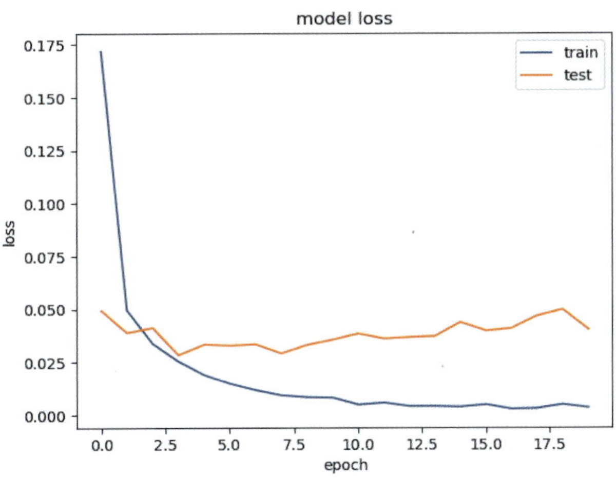

그림 7.16 에포크 증가에 따른 손실함수 그래프

위 그림 7.15와 그림 7.16으로부터 학습 데이터에 대해서는 모델 학습이 잘 이루어지는 것으로 보이나, 테스트 데이터에 대해서는 모델 학습이 잘 이루어지지 않는 것으로 보인다. 즉, 학습 데이터와 테스트 데이터에서 모델의 성능 차이가 크다. 따라서 오버피팅 현상으로 보인다.

[코드 7.3.1 설명]

① 필요한 패키지 불러오기

```
from keras.datasets import mnist
from keras.utils import np_utils

from keras.models import Sequential
from keras.layers import Dense,Dropout, Flatten, Conv2D,MaxPooling2D

import matplotlib.pyplot as plt
import numpy

import tensorflow as tf
```

② 프로그램 재현을 위한 seed 값 설정

```
# seed 값 설정
seed = 0
numpy.random.seed(seed)
tf.random.set_seed(3)
```

③ MNIST 데이터 로딩

```
# mnist 데이터 로딩
(x_train, y_train), (x_test, y_test) = mnist.load_data()

print(x_train.shape)
print(y_train.shape)
print(x_test.shape)
print(y_test.shape)

print("학습 이미지의 수: %d개" %(x_train.shape[0]))
print("테스트 이미지의 수: %d개" %(x_test.shape[0]))
```

```
(60000, 28, 28)
(60000,)
(10000, 28, 28)
(10000,)
학습 이미지의 수: 60000개
테스트 이미지의 수: 10000개
```

④ 데이터 정규화(data normalization)

MNIST 데이터의 숫자 영상은 정규화 과정을 거치지 않은 상태이기 때문에 픽셀값은 0과 255 사이의 값을 갖는다. 이를 0과 1 사이의 실수값으로 변환하기 위해 다음과 같이 정규화한다.

$$\text{정규화값} = \frac{\text{원래의 값} - \text{최솟값}}{\text{최댓값} - \text{최솟값}}$$

즉,

$$\text{정규화값} = \frac{x - x_{(1)}}{x_{(n)} - x_{(1)}}$$

여기서

$$\text{정규화값} = \frac{x - 0}{255 - 0} = \frac{x}{255}$$

이처럼 영상의 최대, 최소 픽셀값을 이용하여 [0, 1] 범위 안으로 스케일을 조정하는 방법을 최대-최소 정규화(Min-Max Normalization)라 하고 가장 많이 사용되는 정규화 방법이다. 일반적으로 정규화하는 이유는 변수들 간 범위의 차이가 크면 오차의 손실함수가 최저점에 수렴하는 데 시간이 오래 걸리고, 또한 학습률을 크게 설정하면 값이 발산할 위험이 있다. 따라서 정규화를 통해 모든 변수들 간 범위를 똑같게 함으로써 손실함수의 수렴이 안정적이면서 빠르게 이루어진다.

```
# 정규화
x_train = x_train.astype('float32') / 255.
x_test = x_test.astype('float32') / 255.
```

⑤ 원-핫 인코딩(One-Hot encoding)

데이터에는 질적 데이터와 양적 데이터가 있다. 머신러닝/딥러닝에서 질적 데이터 즉, 문자 데이터는 양적 데이터, 즉, 숫자 데이터로 표현되어야 한다. 문자 데이터를 숫자 데이터로 표현하는 방식 즉, 인코딩 방식에는 크게 레이블 인코딩(Label Encoding, 라벨 인코딩) 방식과 원-핫 인코딩(One-Hot Encoding) 방식이 있다. 원-핫 인코딩 방식은 0과 1을 가지고 표현하는 방식으로 고유값에 해당되는 컬럼에만 1로 표시하고 나머지 컬럼에는 모두 0으로 표시하는 방식이다. 여기서 One-Hot이란 하나만 1이라는 의미이다. 예를 들면, [‘일본’, ‘미국’, ‘한국’]을 각각 ‘일본’ = [1, 0, 0], ‘미국’ = [0, 1, 0], ‘한국’ = [0, 0, 1]로 표현한다.

참고로 레이블 인코딩은 문자열 데이터를 숫자 형태로 표현하는 방식이다. 예를 들면, [‘일본’, ‘미국’, ‘한국’]을 [1, 2, 3]처럼 표현하는 방식이다. 이 경우 숫자로 표현함으로써 숫자의 크기가 알고리즘에 작용하여 성능 저하가 될 수 있으니, 주의해야 한다.

■ 케라스에서 원–핫 인코딩 구현하기

케라스는 레이블 인코딩, 여기서는 정수 인코딩된 결과로부터 to_categorical() 함수를 이용하여 원-핫 인코딩을 수행한다.

```
from keras.utils import np_utils
np_utils.to_categorical(y, num_classes=None)
```

- y : 원-핫 인코딩할 변수이다.
- num_classes : 클래스의 개수이다. 기본값은 num_classes=None이다. 이 매개변수는 명시적으로 지정하지 않으면 자동으로 유추한다. 즉, 생략하면 max(y) + 1로 유추한다. 예를 들어, 클래스 레이블이 0에서 9까지 있는 경우, num_classes를 지정하지 않고 to_categorical 함수를 호출하면 자동으로 num_classes=10으로 설정된다.

```
from keras.utils import np_utils
# 클래스 값 확인
print("class : %d " % (y_train[0]))

# 원-핫 인코딩
y_train = np_utils.to_categorical(y_train, 10)
y_test = np_utils.to_categorical(y_test, 10)

# print(y_train[0])
```

⑥ CNN 모델 설정

```
# CNN의 설정
model = Sequential()
```

```
model.add(Conv2D(32, kernel_size=(3, 3), strides=(1, 1), padding='same',
                 activation='relu', input_shape=(28,28,1)))
model.add(MaxPooling2D(pool_size=(2, 2), strides=(2, 2)))
model.add(Conv2D(64, (3, 3), activation='relu', padding='same'))
model.add(MaxPooling2D(pool_size=(2, 2)))
# model.add(Dropout(0.25))
model.add(Flatten())
model.add(Dense(128, activation='relu'))
#model.add(Dropout(0.5))
model.add(Dense(10, activation='softmax'))

model.summary()
```

⑦ 모델 컴파일

케라스의 compile( ) 함수는 모델을 컴파일하는 함수이다. 모델을 학습시키기 전에 compile( ) 함수를 사용하여 모델의 손실함수, 최적화 방법, 평가지표를 설정한다.

```
# 모델 컴파일
model.compile(loss='categorical_crossentropy', optimizer='adam', metrics=['accuracy'])
```

위의 코드는 손실함수로 범주형 엔트로피, 최적화 알고리즘으로 adam, 평가지표로 정확도를 사용하고 있다.

⑧ 모델 학습하기

케라스의 fit( ) 함수는 모델을 학습할 때 사용하는 함수이다. 주요인자로서 batch_size는 몇 개의 샘플로 가중치를 갱신할 것인지를 지정하고, epochs은 학습 반복 횟수를 지정한다.

```
# 모델 학습시키기
# hyper-parameter 설정
batch_size = 100
epochs = 20
history    =    model.fit(x_train,    y_train,    validation_data=(x_test,    y_test),
batch_size=batch_size, epochs=epochs, verbose=1 )
```

```
............................................................
Epoch 16/20
600/600 [==============================] - 16s 27ms/step - loss: 0.0047 - accuracy:
```

```
0.9983 - val_loss: 0.0396 - val_accuracy: 0.9910
Epoch 17/20
600/600 [==============================] - 17s 28ms/step - loss: 0.0026 - accuracy:
0.9994 - val_loss: 0.0407 - val_accuracy: 0.9915
Epoch 18/20
600/600 [==============================] - 17s 29ms/step - loss: 0.0028 - accuracy:
0.9991 - val_loss: 0.0465 - val_accuracy: 0.9902
Epoch 19/20
600/600 [==============================] - 17s 29ms/step - loss: 0.0047 - accuracy:
0.9982 - val_loss: 0.0496 - val_accuracy: 0.9891
Epoch 20/20
600/600 [==============================] - 18s 29ms/step - loss: 0.0032 - accuracy:
0.9989 - val_loss: 0.0402 - val_accuracy: 0.9908
```

매 에포크 마다 모델의 손실함수값(loss), 정확도(acc), 검증 손실함수 값(val_loss), 검증 정확도(val_acc)를 보여주고 있다. 여기서 데이터를 학습데이터와 테스트 데이터로 분할한 경우 검증 손실함수값과 검증 정확도는 테스트 데이터에서 손실함수값과 정확도를 의미한다.

⑨ 모델 평가

케라스의 evaluate( ) 함수를 통해 테스트 데이터에 대해 모델을 평가한다.

```
# 모델 평가
# 테스트 데이터에 대한 평가
loss, acc = model.evaluate(x_test, y_test, verbose=0)
print("Test loss:  %.4f" % loss)
print("Test accuracy: %.4f" % acc)
```

```
Test loss:  0.0402
Test accuracy: 0.9908
```

⑩ 모델의 성능 평가: 정확도와 손실함수 시각화

matplotlib를 이용하여 모델의 성능을 그래프로 표현가능하다.

```
import matplotlib.pyplot as plt
# list all data in history
# print(history.history.keys())
# summarize history for accuracy
```

```
plt.plot(history.history['accuracy'])
plt.plot(history.history['val_accuracy'])
plt.title('model accuracy')
plt.ylabel('accuracy')
plt.xlabel('epoch')
plt.legend(['train', 'test'], loc='lower right')
plt.show()
# summarize history for loss
plt.plot(history.history['loss'])
plt.plot(history.history['val_loss'])
plt.title('model loss')
plt.ylabel('loss')
plt.xlabel('epoch')
plt.legend(['train', 'test'], loc='upper right')
plt.show()
```

예제 7.2

[코드 7.3.1]의 결과에서 보듯이 오버피팅 현상이 발생하였다. 여기서는 이를 해결하기 위해 드롭아웃과 그림 7.17에서 보는 것처럼 "Early Stopping"이라는 콜백 함수를 사용하여 적절한 시점에 학습을 조기 종료시키고자 한다. 모든 에포크마다 모델을 저장하는 것은 비효율적이기 때문에 테스트 데이터 셋의 손실함수가 이전 모델에 비해 낮아질 때마다 저장되도록 설정한다.

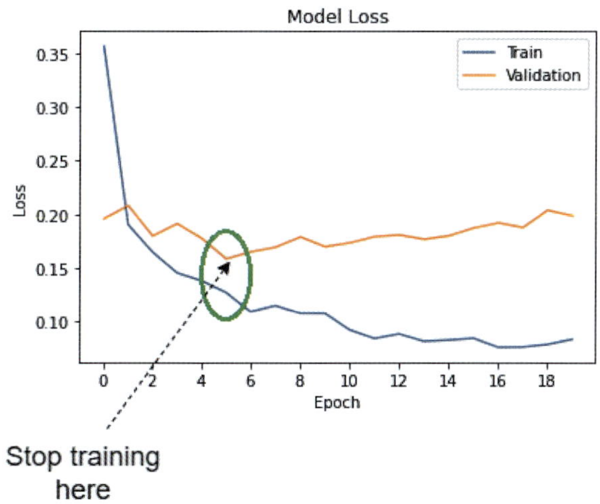

그림 7.17 Early Stopping

풀이

[코드 7.3.2]

```
# 필요한 패키지 불러오기
from keras.datasets import mnist
from keras.utils import np_utils

from keras.models import Sequential
from keras.layers import Dense,Dropout, Flatten, Conv2D,MaxPooling2D
from keras.callbacks import ModelCheckpoint,EarlyStopping

import matplotlib.pyplot as plt
import numpy
import os
import tensorflow as tf
# seed 값 설정
seed = 0
numpy.random.seed(seed)
tf.random.set_seed(3)

# MNIST 데이터 불러오기
(x_train, y_train), (x_test, y_test) = mnist.load_data()

# 정규화
x_train = x_train.astype('float32') / 255.
x_test = x_test.astype('float32') / 255.

y_train = np_utils.to_categorical(y_train, 10)
y_test = np_utils.to_categorical(y_test, 10)

# CNN의 설정
model = Sequential()
model.add(Conv2D(32, kernel_size=(3, 3), strides=(1, 1), padding='same',
                 activation='relu', input_shape=(28,28,1)))
model.add(MaxPooling2D(pool_size=(2, 2), strides=(2, 2)))
model.add(Conv2D(64, (3, 3), activation='relu', padding='same'))
model.add(MaxPooling2D(pool_size=(2, 2)))
model.add(Dropout(0.25))
model.add(Flatten())
model.add(Dense(128, activation='relu'))
model.add(Dropout(0.5))
model.add(Dense(10, activation='softmax'))
model.summary()
```

```
# 모델 컴파일
model.compile(loss='categorical_crossentropy',
              optimizer='adam',
              metrics=['accuracy'])

# 콜백 함수 사용
MODEL_DIR = './model_2/'
if not os.path.exists(MODEL_DIR):
    os.mkdir(MODEL_DIR)

modelpath="./model_2/{epoch:02d}-{val_loss:.4f}.h5"

checkpoint_callback = ModelCheckpoint(filepath=modelpath, monitor='val_loss', verbose=1,
save_best_only=True)
early_stopping_callback = EarlyStopping(monitor='val_loss', patience=10)

# 모델 학습시키기
batch_size = 100
epochs = 20
history = model.fit(x_train, y_train, validation_data=(x_test, y_test), batch_size=batch_size,
epochs=epochs, verbose=1, callbacks=[early_stopping_callback, checkpoint_callback])
```

```
# 정확도와 손실함수 그래프
# print(history.history.keys())
# summarize history for accuracy
plt.plot(history.history['accuracy'])
plt.plot(history.history['val_accuracy'])
plt.title('model accuracy')
plt.ylabel('accuracy')
plt.xlabel('epoch')
plt.legend(['train', 'test'], loc='lower right')
plt.show()
# summarize history for loss
plt.plot(history.history['loss'])
plt.plot(history.history['val_loss'])
plt.title('model loss')
plt.ylabel('loss')
plt.xlabel('epoch')
plt.legend(['train', 'test'], loc='upper right')
plt.show()
```

[코드 7.3.2 실행 결과]

다음은 에포크 20인 경우 모델 학습 과정을 보여주고 있다.

```
.........................................................................
Epoch 13/20
599/600 [============================>.] - ETA: 0s - loss: 0.0255 - accuracy: 0.9917
Epoch 13: val_loss improved from 0.02082 to 0.01866, saving model to ./model_2\13-0.0187.h5
600/600 [==============================] - 19s 32ms/step - loss: 0.0256 - accuracy: 0.9917
- val_loss: 0.0187 - val_accuracy: 0.9939
Epoch 14/20
599/600 [============================>.] - ETA: 0s - loss: 0.0254 - accuracy: 0.9918
Epoch 14: val_loss improved from 0.01866 to 0.01824, saving model to ./model_2\14-0.0182.h5
600/600 [==============================] - 18s 30ms/step - loss: 0.0254 - accuracy: 0.9918
- val_loss: 0.0182 - val_accuracy: 0.9943
Epoch 15/20
599/600 [============================>.] - ETA: 0s - loss: 0.0224 - accuracy: 0.9926
Epoch 15: val_loss did not improve from 0.01824
600/600 [==============================] - 18s 30ms/step - loss: 0.0225 - accuracy: 0.9926
- val_loss: 0.0224 - val_accuracy: 0.9935
.........................................................................
```

여기서는 학습 데이터의 정확도(accuracy)와 손실함수(loss) 외에 테스트 데이터의 정확도(val_accuracy)와 손실함수(val_loss)도 함께 출력하고 있다.

그림 7.18과 그림 7.19는 학습 데이터와 테스트 데이터에 대해 에포크 증가에 따른 정확도와 손실함수 그래프를 나타내고 있다.

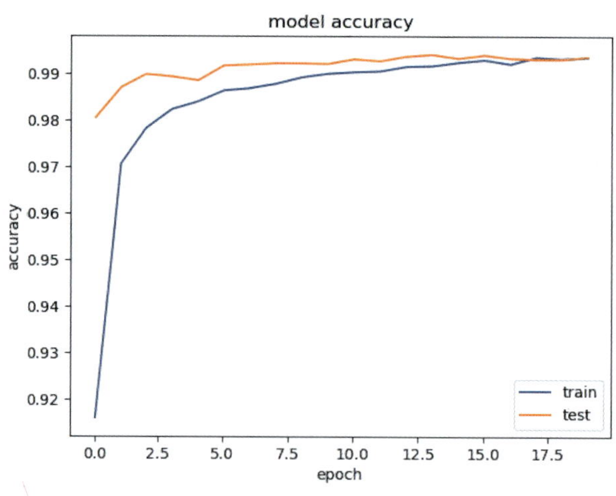

그림 7.18 에포크 증가에 따른 정확도 그래프

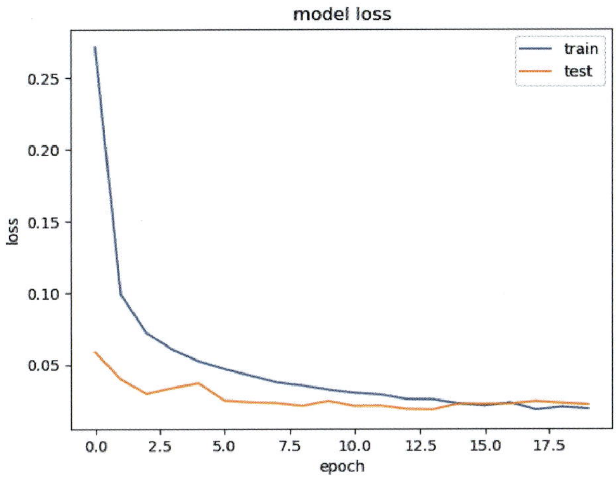

그림 7.19 에포크 증가에 따른 손실함수 그래프

위 그림 7.18과 그림 7.19로부터 학습 데이터와 테스트 데이터에 대해 그림 7.15와 그림 7.16과 비교하여 학습이 잘 이루어지는 것으로 보인다.

[코드 7.3.2 설명]

① 필요한 라이브러리를 불러오기

```
from keras.datasets import mnist
from keras.utils import np_utils

from keras.models import Sequential
from keras.layers import Dense,Dropout, Flatten, Conv2D,MaxPooling2D
from keras.callbacks import ModelCheckpoint,EarlyStopping

import matplotlib.pyplot as plt
import numpy
import os
import tensorflow as tf
```

② 난수 시드값 설정, MNIST 데이터 불러오고, 데이터 정규화 그리고 원-핫 인코딩 구현하기

```
# seed 값 설정
seed = 0
numpy.random.seed(seed)
tf.random.set_seed(3)

# MNIST 데이터 불러오기
(x_train, y_train), (x_test, y_test) = mnist.load_data()

# 정규화
x_train = x_train.astype('float32') / 255.
x_test = x_test.astype('float32') / 255.

y_train = np_utils.to_categorical(y_train, 10)
y_test = np_utils.to_categorical(y_test, 10)
```

③ CNN 모델 설정

```
# CNN의 설정
model = Sequential()
model.add(Conv2D(32, kernel_size=(3, 3), strides=(1, 1), padding='same',
                 activation='relu', input_shape=(28,28,1)))
model.add(MaxPooling2D(pool_size=(2, 2), strides=(2, 2)))
model.add(Conv2D(64, (3, 3), activation='relu', padding='same'))
model.add(MaxPooling2D(pool_size=(2, 2)))
model.add(Dropout(0.25))
model.add(Flatten())
model.add(Dense(128, activation='relu'))
model.add(Dropout(0.5))
model.add(Dense(10, activation='softmax'))
model.summary()
```

④ 모델 컴파일, 콜백 함수 사용, 모델 학습하기

```
# 모델 컴파일
model.compile(loss='categorical_crossentropy',
              optimizer='adam',
              metrics=['accuracy'])

# 콜백 함수 사용
MODEL_DIR = './model_2/'
```

```
if not os.path.exists(MODEL_DIR):
    os.mkdir(MODEL_DIR)

modelpath="./model_2/{epoch:02d}-{val_loss:.4f}.h5"

checkpoint_callback = ModelCheckpoint(filepath=modelpath, monitor='val_loss', verbose=1,
save_best_only=True)
early_stopping_callback = EarlyStopping(monitor='val_loss', patience=10)

# 모델 학습시키기
batch_size = 100
epochs = 20
history = model.fit(x_train, y_train, validation_data=(x_test, y_test),
batch_size=batch_size, epochs=epochs, verbose=1, callbacks=[early_stopping_callback,
checkpoint_callback])
```

```
Epoch 1/20
599/600 [============================>.] - ETA: 0s - loss: 0.2715 - accuracy: 0.9160
Epoch 1: val_loss improved from inf to 0.05846, saving model to ./model\01-0.0585.h5
600/600 [==============================] - 18s 29ms/step - loss: 0.2712 - accuracy:
0.9161 - val_loss: 0.0585 - val_accuracy: 0.9807
<생략>
Epoch 13/20
599/600 [============================>.] - ETA: 0s - loss: 0.0255 - accuracy: 0.9917
Epoch 13: val_loss improved from 0.02082 to 0.01866, saving model to ./model\13-0.0187.h5
600/600 [==============================] - 19s 32ms/step - loss: 0.0256 - accuracy:
0.9917 - val_loss: 0.0187 - val_accuracy: 0.9939
Epoch 14/20
599/600 [============================>.] - ETA: 0s - loss: 0.0254 - accuracy: 0.9918
Epoch 14: val_loss improved from 0.01866 to 0.01824, saving model to ./model\14-0.0182.h5
600/600 [==============================] - 19s 32ms/step - loss: 0.0254 - accuracy:
0.9918 - val_loss: 0.0182 - val_accuracy: 0.9943
Epoch 15/20
599/600 [============================>.] - ETA: 0s - loss: 0.0224 - accuracy: 0.9926
Epoch 15: val_loss did not improve from 0.01824
600/600 [==============================] - 19s 32ms/step - loss: 0.0225 - accuracy:
0.9926 - val_loss: 0.0224 - val_accuracy: 0.9935
<생략>
Epoch 20/20
599/600 [============================>.] - ETA: 0s - loss: 0.0187 - accuracy: 0.9937
Epoch 20: val_loss did not improve from 0.01824
600/600 [==============================] - 19s 32ms/step - loss: 0.0188 - accuracy:
0.9937 - val_loss: 0.0218 - val_accuracy: 0.9938
```

→ 에포크 14에서 테스트 데이터 셋의 loss인 val_loss가 0.01866에서 0.01824로 개선되었다. 여기서는 "에포크–해당 에포크에서의 val_loss.h5" 이름으로 모델이 저장된다. 예를 들면, "14–0.0182.h5" 이름으로 저장된다. 그림 7.20은 학습 중인 모델들이 자동 저장되어 있는 것을 보여주고 있다.

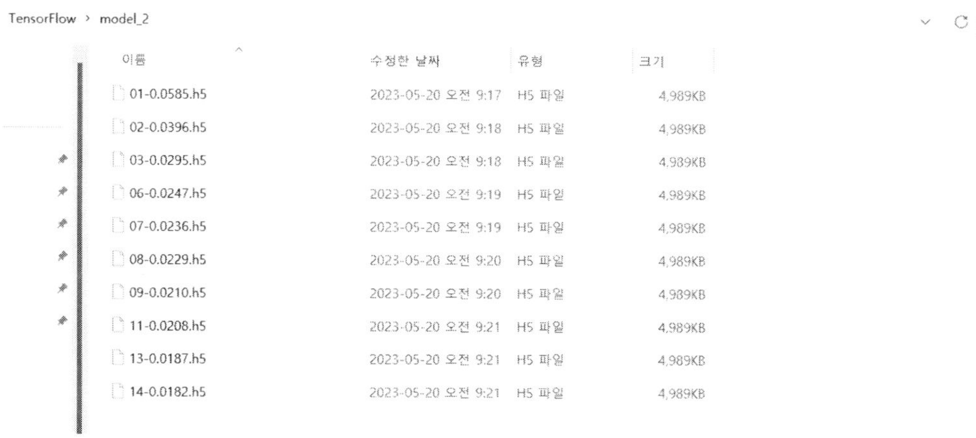

그림 7.20 학습 중인 모델 자동 저장

⑤ 모델의 성능 평가: 정확도와 손실함수 시각화

```
import matplotlib.pyplot as plt
# list all data in history
# print(history.history.keys())
# summarize history for accuracy
plt.plot(history.history['accuracy'])
plt.plot(history.history['val_accuracy'])
plt.title('model accuracy')
plt.ylabel('accuracy')
plt.xlabel('epoch')
plt.legend(['train', 'test'], loc='lower right')
plt.show()
# summarize history for loss
plt.plot(history.history['loss'])
plt.plot(history.history['val_loss'])
plt.title('model loss')
plt.ylabel('loss')
plt.xlabel('epoch')
plt.legend(['train', 'test'], loc='upper right')
plt.show()
```

7.4 ImageDataGenerator 활용하기

케라스에서 ImageDataGenerator 클래스는 모델 학습시킬 때 매 에포크마다 주어진 영상에 대해 기하학적으로 변형된 다양한 영상을 사용할 수 있도록 허용하는 클래스이다. 따라서 ImageDataGenerator 클래스는 학습 데이터가 작은 경우 학습 데이터를 임의로 변형시켜서 학습 데이터의 양을 늘리는 방식으로 많이 사용된다. 여기서 적은 양의 데이터를 바탕으로 다양한 알고리즘을 통해 데이터의 양을 늘리는 기술을 데이터 증강(data augmentation, 데이터 증식)이라 한다. ImageDataGenerator 클래스는 기존의 영상에 대해 각도에 변화를 주거나 위치를 변환시켜 다양한 방향과 각도에서 영상을 학습할 수 있도록 한다. 특히, ImageDataGenerator 클래스는 디스크에 있는 영상 파일을 매 에포크마다 실시간 데이터 증강을 사용하여 변형된 영상을 배치 단위로 불러올 수 있다.

ImageDataGenerator 클래스가 하는 일은 다음과 같다.

- 학습 도중 영상에 임의 변형 및 정규화와 같은 전처리 작업을 수행한다.
- 전처리된 영상을 배치 단위로 생성하여 모형 학습 시 사용하기 위한 generator(제너레이터)를 생성해 준다.
  - generator를 생성할 때 flow( ) 함수, 혹은 flow_from_directory( ) 함수를 사용한다.
  - 모델 학습을 위해 fit_generator( ) 함수, 혹은 evaluate_generator( ) 함수를 사용한다.

다음은 ImageDataGenerator( ) 함수의 사용 예이다. 어떤 방식으로 데이터를 증강할 것인지 아래와 같은 옵션을 통해 설정한다.

```
from keras.preprocessing.image import ImageDataGenerator
datagen = ImageDataGenerator(
    rescale = 1/255.0,  # 값을 0과 1 사이로 변환
    rotation_range = 40,  # 회전반경을 40도 이내로 설정
    width_shift_range = 0.2,  # 원본 영상의 너비의 20% 범위에서 좌우로 이동
    height_shift_range = 0.2,  # 원본 영상의 높이의 20% 범위에서 상하로 이동
    shear_range = 0.2,  # 층 밀림 강도 20%
    zoom_range = 0.2,  # 확대 범위 20%
```

```
    hotizontal_flip = True,  # 수평 반전
    vertical_flip = True,  # 수직 반전
    fill_mode ='nearest'
)
```

여기서 rescale, rotation_range, width_shift_range, height_shift_range, shear_range, zoom_range, horizontal_flip, vertical_flip, fill_mode는 영상 변형을 위한 인자들이다. 표 7.1은 ImageDataGenerator 함수의 주요한 인자들에 대한 설명이다.

표 7.1 ImageDataGenerator 함수의 주요한 인자들

인수	설명	사용 예
rescale	영상의 픽셀값을 스케일링한다.	rescale = 1/255.0
rotation_range	영상 회전 범위. 여기서는 각도를 지정한다.	rotation_range = 40
width_shift_range	영상을 좌우로 이동시킨다. 여기서는 원본 가로, 세로 길이에 대한 비율값을 지정한다.	width_shift_range = 0.2
height_shift_range	영상을 상하로 이동시킨다. 여기서는 원본 가로, 세로 길이에 대한 비율값을 지정한다.	height_shift_range = 0.2
shear_range	영상을 찌그러뜨린다. 즉, 직사각형 형태의 영상을 한쪽 방향으로 밀어서 평행사변형 모양으로 변형시킨다. 여기서는 찌그러뜨리는 정도를 지정한다.	shear_range=0.2
zoom_range	영상을 확대 혹은 축소한다.	zoom_range=0.2
horizontal_flip	영상을 좌우로 뒤집는다.	horizontal_flip=True
vertical_flip	영상을 상하로 뒤집는다.	vertical_flip=True
fill_mode	영상을 회전, 이동하거나 축소할 때 생기는 공간을 채우는 방식을 지정한다.	fill_mode="nearest"

■ flow_from_directory( ) 함수

ImageDataGenerator 클래스에 있는 함수로 영상의 폴더(folder) 형태로 된 데이터를 가져오고 ImageDataGenerator 클래스에서 설정된 여러 옵션을 적용하여 generator를 생성한다. 즉, 데이터 증강 및 정규화된 데이터를 생성한다. 이 경우 generator는 배치 단위의 데이터를 생성한다. 다음은 flow_from_directory( ) 함수의 사용형식이다.

```
flow_from_directory(directory, target_size=(256, 256), batch_size=32, class_mode='categorical')
```

- directory : 영상의 경로를 지정한다.
- target_size : 영상의 크기를 지정한다. 폴더에 있는 원본 영상의 크기가 다르더라도 target_size에 지정된 크기로 자동 조절된다.
- batch_size : 배치의 사이즈를 지정한다.
- class_mode : 분류 방식에 대해서 지정한다.
  - 'categorical' : 'categorical_crossentropy'처럼 다중 분류 클래스로, 2D 원-핫 인코딩된 라벨이 반환된다.
  - 'sparse' : 'categorical_crossentropy'처럼 다중 분류 클래스로, 1D 정수 라벨이 반환된다.
  - 'binary' : 'binary_crossentropy'처럼 이진 분류 클래스로, 1D 이진 라벨이 반환된다. 즉, 0 또는 1인 형태로 반환된다.
  - None : 라벨이 반환되지 않는다.

다음은 flow_from_directory( ) 함수의 사용 예이다.

```
train_datagen = ImageDataGenerator(rescale = 1./255,
                                   shear_range = 0.2,
                                   zoom_range = 0.2,
                                   horizontal_flip = True)

test_datagen = ImageDataGenerator(rescale = 1./255)

training_set = train_datagen.flow_from_directory('dataset/training_set',
                                                 target_size = (64, 64),
                                                 batch_size = 32,
                                                 class_mode = 'binary')

test_set = test_datagen.flow_from_directory('dataset/test_set',
                                            target_size = (64, 64),
                                            batch_size = 32,
                                            class_mode = 'binary')
```

위에서 ImageDataGenerator를 이용하여 두 개의 객체, train_datagen와 test_datagen를 생성하고 있다. 생성된 각각의 객체에 대해 flow_from_directory() 함수를 이용하여 2개

의 generator, 데이터 셋 즉, training_set과 test_set을 생성하고 있다.

생성된 각각의 generator는 batch_size = 32로 한번 호출 시 32장의 영상을 target_size = (64, 64)의 크기로 'binary' 형태로 라벨링하여 불러온다. 여기서 class_mode는 폴더명에 맞춰 자동으로 어떤 방식으로 라벨링을 할지 지정해주는 파라미터이다. 이진 분류 문제이므로 class_mode = 'binary'로 지정하였다.

■ 모델 학습하기

케라스에서는 모델을 학습시킬 때 주로 fit( ) 함수를 사용하지만 ImageDataGenerator 클래스에 의해 생성된 generator를 이용해 학습시킬 경우에는 fit_generator() 함수를 사용한다. fit_generator( ) 함수의 사용형식은 다음과 같다.

```
fit_generator(
  generator,
  epochs=1,
  steps_per_epoch=None,
  validation_data = NULL,
  validation_steps = NULL
)
```

- generator : 학습 데이터 셋을 제공할 generator를 지정한다. 여기서는 flow_from_directory( ) 함수에 의해 생성한 train_generator를 지정한다.
- epochs : 전체 데이터 셋에 대해 학습 반복 횟수를 지정한다.
- steps_per_epoch : 1 epoch 당 steps 수이다. 예를 들면, 1,000개의 학습 데이터, 즉 num_samples = 1,000이 있다고 가정한다. 여기에 배치의 사이즈는 100, 즉 batch_size = 100이라고 가정하면, 1,000/100 = 10이 steps_per_epoch가 된다. 즉, steps_per_epoch = 10이다. steps_per_epoch 계산을 위해 파이썬 함수를 가지고 표현하면 다음과 같다.

ceil(num_samples / batch_size)

이다. 여기서 ceil( ) 함수는 소수점 자리의 숫자를 무조건 올리는 함수이다. 그림 7.21은 epoch, batch_size, steps_per_epoch 관계를 나타내고 있다.

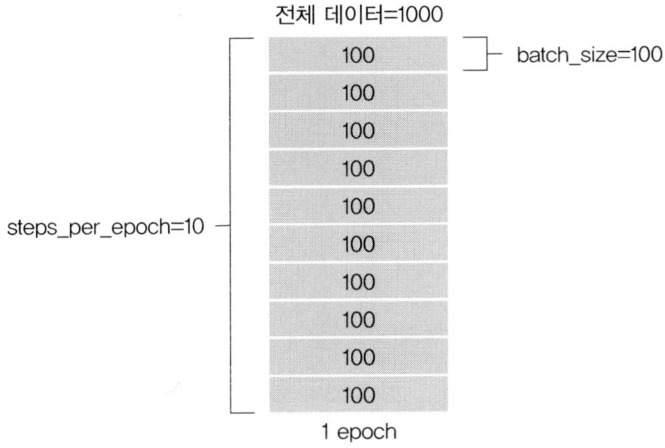

그림 7.21 epoch, batch_size, steps_per_epoch 관계

만약 steps_per_epoch 생략하면 다음과 같다.

len(generator)

의 값이 된다. 그림 7.21에서 steps_per_epoch=10이면 한 epoch 당 10번 generator로부터 영상을 사용한다는 뜻이다. 따라서 batch_size=100, steps_per_epoch=10이면 한 epoch 당 1,000개 영상(batch_size* steps_per_epoch=100*10)을 사용한다는 뜻이다. 바꿔 말하면, 각 epoch에 대해 처리되는 영상 샘플 수는 batch_size*steps_per_epochs이다. 이 경우 각 epoch에 대해 처리되는 샘플 수는 batch_size*steps_per_epochs = 100*10 = 1,000개이다.

- validation_data : 검증 데이터 셋을 제공할 generator를 지정한다. 여기서는 앞서 생성한 test_datagen으로 지정한다.
- validation_steps : 한 epoch 종료마다 검증할 때 사용되는 검증 스텝 수를 지정한다. 이것은 validation data set에 대한 스탭 수를 지정한다. 만약, 15개의 검증 샘플이 있고 배치 사이즈가 3이면 5 스텝으로 지정한다.

Tip! fit( ) 함수와 fit_generator( ) 함수의 차이점

'Model.fit_generator' is deprecated and will be removed in a future version. Please use 'Model.fit', which supports generators.
위에서 언급한 것처럼 'Model.fit_generator'는 더 이상 사용되지 않으며 향후 버전에서 제거될 예정이다. 따라서 generator를 지원하는 'Model.fit'을 사용하기 바란다.

예제 7.3

캐글의 개-고양이 데이터 셋에서 그림 7.22의 CNN 모델을 적용하여 영상 분류하고자 한다.

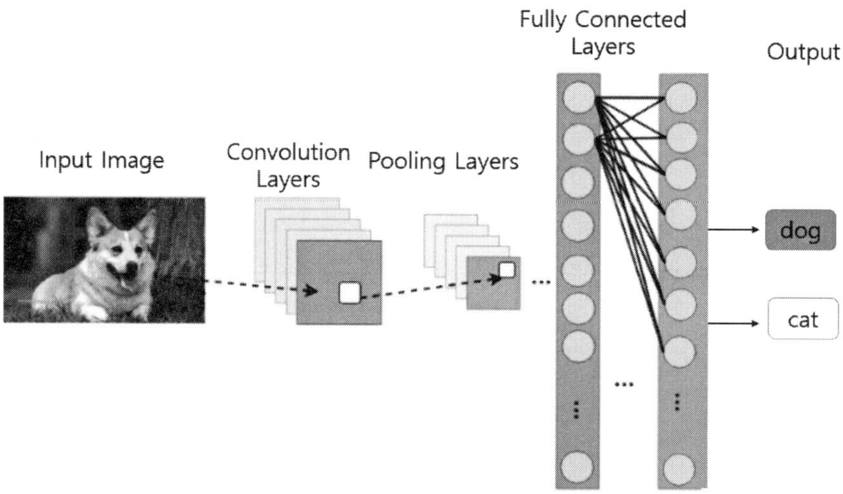

그림 7.22 개-고양이 분류에 대한 CNN 구조

여기서는 3개의 컨볼루션 층과 풀링 층을 가진 모델을 구성하고, 최종 분류는 0과 1 사이의 확률값으로 출력한다. 따라서 마지막 Dense 층의 노드의 수는 1개이고, 시그모이드 활성화 함수를 이용한다.

풀이

[코드 7.4.1]

```
# 필요한 패키지 불러오기

from keras.models import Sequential
from keras.layers import Dense,Dropout, Flatten, Conv2D,MaxPooling2D
```

```
from tensorflow.keras.preprocessing.image import ImageDataGenerator
from tensorflow.keras.optimizers import RMSprop

import os
import numpy as np
import matplotlib.pyplot as plt
import tensorflow as tf

# 데이터 폴더
base_dir = 'cats_and_dogs_filtered'

train_dir = os.path.join(base_dir, 'train')
validation_dir = os.path.join(base_dir, 'validation')

# 데이터 폴더/train data/cats
# 데이터 폴더/train data/dogs
train_cats_dir = os.path.join(train_dir, 'cats')
train_dogs_dir = os.path.join(train_dir, 'dogs')
# print(train_cats_dir)
# print(train_dogs_dir)

# 데이터 폴더/test data/cats
# 데이터 폴더/test data/dogs
validation_cats_dir = os.path.join(validation_dir, 'cats')
validation_dogs_dir = os.path.join(validation_dir, 'dogs')

# 데이터 폴더/train data/cats에 있는 파일
# 데이터 폴더/train data/dogs에 있는 파일
train_cat_fnames = os.listdir(train_cats_dir)
train_dog_fnames = os.listdir(train_dogs_dir)

# print(train_cat_fnames[:10])
# print(train_dog_fnames[:10])

# printing total number cats and dogs images in train and validation set
num_cats_train = len(os.listdir(train_cats_dir))
num_dogs_train = len(os.listdir(train_dogs_dir))
# print("number of cats in train dir      : ", num_cats_train)
# print("number of dogs in train dir      : ", num_dogs_train)

num_cats_validation = len(os.listdir(validation_cats_dir))
num_dogs_validation = len(os.listdir(validation_dogs_dir))
```

```
# print('total validation cat images :', num_cats_validation)
# print('total validation dog images :', num_dogs_validation)

total_train = num_cats_train + num_dogs_train
total_validation = num_cats_validation + num_dogs_validation
# print("Total training images:", total_train)
# print("Total validation images:", total_validation)

BATCH_SIZE = 100
EPOCHS=100
IMG_HEIGHT = 150
IMG_WIDTH = 150

# seed 값 설정
seed = 15
np.random.seed(seed)
tf.random.set_seed(seed)

train_datagen = ImageDataGenerator(
                                    rescale=1./255,
                                    rotation_range=40,
                                    width_shift_range=0.2,
                                    height_shift_range=0.2,
                                    shear_range=0.2,
                                    zoom_range=0.2,
                                    horizontal_flip=True,
                                    fill_mode='nearest'
                                    )
train_generator = train_datagen.flow_from_directory(
                                  directory=train_dir,
                                  classes=['cats', 'dogs'],
                                  batch_size=BATCH_SIZE,
                                  shuffle=True,
                                  target_size=(IMG_HEIGHT, IMG_WIDTH),
                                  class_mode='binary')

validation_datagen = ImageDataGenerator(rescale=1./255)
validation_generator = validation_datagen.flow_from_directory( directory=validation_dir,

classes=['cats', 'dogs'],
                                 target_size=(IMG_HEIGHT, IMG_WIDTH),
                                 batch_size=BATCH_SIZE,

class_mode='binary')
```

```
# Model Creation
model =Sequential([
    Conv2D(16, (3,3), activation='relu', input_shape=(150, 150, 3)),
    MaxPooling2D(2, 2),
    Conv2D(32, (3,3), activation='relu'),
    MaxPooling2D(2,2),
    Conv2D(64, (3,3), activation='relu'),
    MaxPooling2D(2,2),
    Flatten(),
    Dense(512, activation='relu'),
    Dense(64, activation='relu'),
    Dense(1, activation= 'sigmoid')
])

# compiling the model

model.compile(
    loss = 'binary_crossentropy',
    optimizer = RMSprop(lr=0.001),
    metrics = ['accuracy']

            )

history = model.fit_generator(
      train_generator,
      steps_per_epoch=int(np.ceil(total_train / float(BATCH_SIZE))),
      epochs=EPOCHS,
      validation_data=validation_generator,
      validation_steps=int(np.ceil(total_validation / float(BATCH_SIZE)))
)
```

[코드 7.4.1 실행 결과]

다음은 에포크 100인 경우 모델 학습 과정을 보여주고 있다.

```
Epoch 1/100
20/20 [==============================] - 18s 857ms/step - loss: 1.1306 - accuracy: 0.5095
- val_loss: 0.6886 - val_accuracy: 0.5120
Epoch 2/100
20/20 [==============================] - 17s 836ms/step - loss: 0.6885 - accuracy: 0.5630
- val_loss: 0.6770 - val_accuracy: 0.5650
```

```
Epoch 3/100
20/20 [==============================] - 17s 842ms/step - loss: 0.6863 - accuracy: 0.5395
- val_loss: 0.6804 - val_accuracy: 0.5740
Epoch 4/100
20/20 [==============================] - 17s 850ms/step - loss: 0.6882 - accuracy: 0.5945
- val_loss: 0.7040 - val_accuracy: 0.5040
Epoch 5/100
20/20 [==============================] - 17s 848ms/step - loss: 0.6872 - accuracy: 0.5675
- val_loss: 0.7283 - val_accuracy: 0.5140
..................................................................................
Epoch 96/100
20/20 [==============================] - 20s 994ms/step - loss: 0.3898 - accuracy: 0.8295
- val_loss: 0.5208 - val_accuracy: 0.7770
Epoch 97/100
20/20 [==============================] - 20s 977ms/step - loss: 0.3897 - accuracy: 0.8215
- val_loss: 0.5074 - val_accuracy: 0.7670
Epoch 98/100
20/20 [==============================] - 19s 969ms/step - loss: 0.3795 - accuracy: 0.8330
- val_loss: 0.5428 - val_accuracy: 0.7360
Epoch 99/100
20/20 [==============================] - 19s 952ms/step - loss: 0.3586 - accuracy: 0.8420
- val_loss: 0.6097 - val_accuracy: 0.7720
Epoch 100/100
20/20 [==============================] - 19s 934ms/step - loss: 0.3915 - accuracy: 0.8210
- val_loss: 0.5597 - val_accuracy: 0.7500
```

여기서는 학습 데이터의 정확도(accuracy)와 손실함수(loss) 외에 테스트 데이터의 정확도(val_accuracy)와 손실함수(val_loss)도 함께 출력하고 있다.

```
# 정확도와 손실함수 시각화
acc = history.history['accuracy']
val_acc = history.history['val_accuracy']
loss = history.history['loss']
val_loss = history.history['val_loss']
epochs_range = range(EPOCHS)
plt.figure(figsize=(8, 8))
plt.subplot(2, 1, 1)
plt.plot(epochs_range, acc, label='Training Accuracy')
plt.plot(epochs_range, val_acc, label='Validation Accuracy')
plt.legend(loc='lower right')
```

```
plt.title('Training and Validation Accuracy')
plt.subplot(2, 1, 2)
plt.plot(epochs_range, loss, label='Training Loss')
plt.plot(epochs_range, val_loss, label='Validation Loss')
plt.legend(loc='upper right')
plt.title('Training and Validation Loss')
plt.show()
```

그림 7.23과 그림 7.24는 학습 데이터와 테스트 데이터에 대해 에포크 증가에 따른 CNN 모델의 정확도와 손실함수 그래프를 나타내고 있다.

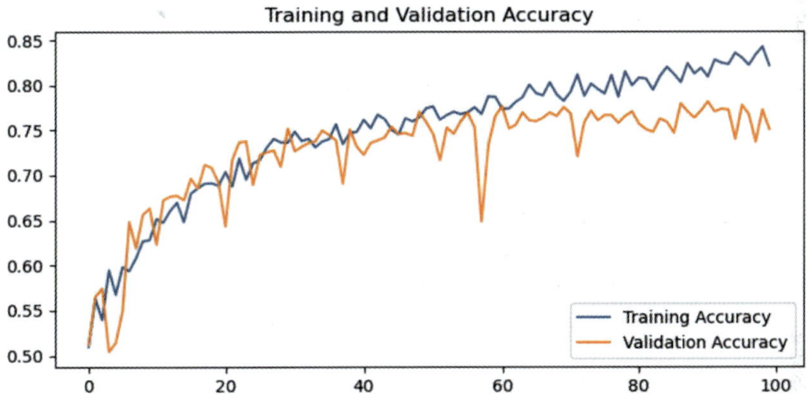

그림 7.23 에포크 증가에 따른 정확도 그래프

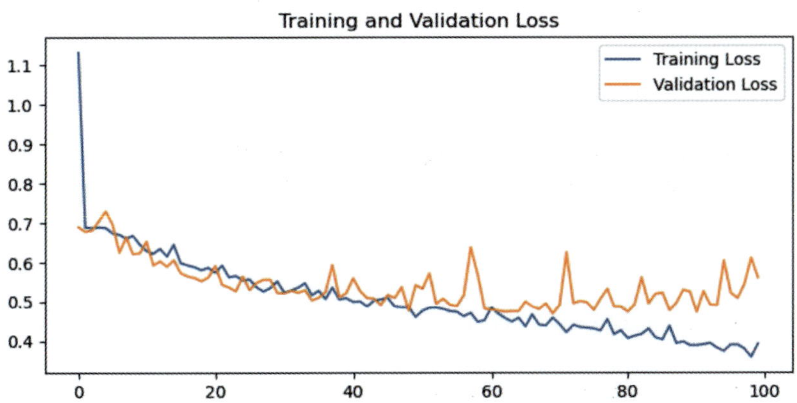

그림 7.24 에포크 증가에 따른 손실함수 그래프

[코드 7.4.1 설명]

① 필요한 패키지 불러오고, 데이터 폴더 지정

```
import os
os.getcwd()

from keras.models import Sequential
from keras.layers import Dense,Dropout, Flatten, Conv2D,MaxPooling2D

import numpy as np
import matplotlib.pyplot as plt
import tensorflow as tf
from tensorflow.keras.preprocessing.image import ImageDataGenerator
from tensorflow.keras.optimizers import RMSprop

#defining the directories of test and traing data of cats and dogs seperately according
to folders


base_dir = 'cats_and_dogs_filtered'

train_dir = os.path.join(base_dir, 'train')
validation_dir = os.path.join(base_dir, 'validation')

# directory with our training cat/dog pictures

train_cats_dir = os.path.join(train_dir, 'cats')
train_dogs_dir = os.path.join(train_dir, 'dogs')
#print(train_cats_dir)
#print(train_dogs_dir)
# Directory with our validation cat/dog pictures

validation_cats_dir = os.path.join(validation_dir, 'cats')
validation_dogs_dir = os.path.join(validation_dir, 'dogs')
```

```
#seeing how are the file names look like in cats and dogs dir to train dataset

train_cat_fnames = os.listdir(train_cats_dir)
train_dog_fnames = os.listdir(train_dogs_dir)

print(train_cat_fnames[:10])
```

```
print(train_dog_fnames[:10])
```

```
['cat.0.jpg', 'cat.1.jpg', 'cat.10.jpg', 'cat.100.jpg', 'cat.101.jpg', 'cat.102.jpg',
'cat.103.jpg', 'cat.104.jpg', 'cat.105.jpg', 'cat.106.jpg']
['dog.0.jpg', 'dog.1.jpg', 'dog.10.jpg', 'dog.100.jpg', 'dog.101.jpg', 'dog.102.jpg',
'dog.103.jpg', 'dog.104.jpg', 'dog.105.jpg', 'dog.106.jpg']
```

② 데이터 개수 확인

```
#printing total number cats and dogs images in train and validation set
num_cats_train = len(os.listdir(train_cats_dir))
num_dogs_train = len(os.listdir(train_dogs_dir))
print("number of cats in train dir      : ", num_cats_train)
print("number of dogs in train dir      : ", num_dogs_train)

num_cats_validation = len(os.listdir(validation_cats_dir))
num_dogs_validation = len(os.listdir(validation_dogs_dir))

print('total validation cat images :', num_cats_validation)
print('total validation dog images :', num_dogs_validation)

total_train = num_cats_train + num_dogs_train
total_validation = num_cats_validation + num_dogs_validation
print("Total training images:", total_train)
print("Total validation images:", total_validation)
```

```
number of cats in train dir      :  1000
number of dogs in train dir      :  1000
total validation cat images : 500
total validation dog images : 500
Total training images: 2000
Total validation images: 1000
```

③ 영상 generator 생성

```
BATCH_SIZE = 100
EPOCHS=100
IMG_HEIGHT = 150
IMG_WIDTH = 150
```

```
np.random.seed(15)

train_datagen = ImageDataGenerator(
                                    rescale=1./255,
                                    rotation_range=40,
                                    width_shift_range=0.2,
                                    height_shift_range=0.2,
                                    shear_range=0.2,
                                    zoom_range=0.2,
                                    horizontal_flip=True,
                                    fill_mode='nearest'
                                    )
train_generator = train_datagen.flow_from_directory( directory=train_dir,
                                                     classes=['cats', 'dogs'],
                                                     batch_size=BATCH_SIZE,
                                    shuffle=True,
                                  target_size=(IMG_HEIGHT, IMG_WIDTH),
                                   class_mode='binary')

validation_datagen = ImageDataGenerator(rescale=1./255)
validation_generator = validation_datagen.flow_from_directory( directory=validation_dir,

classes=['cats', 'dogs'],
                                 target_size=(IMG_HEIGHT, IMG_WIDTH),
                                 batch_size=BATCH_SIZE,

class_mode='binary')
```

```
Found 2000 images belonging to 2 classes.
Found 1000 images belonging to 2 classes.
```

④ CNN 모델 설정

```
#Model Creation
model =Sequential([
    Conv2D(16, (3,3), activation='relu', input_shape=(150, 150, 3)),
    MaxPooling2D(2, 2),
    Conv2D(32, (3,3), activation='relu'),
    MaxPooling2D(2,2),
    Conv2D(64, (3,3), activation='relu'),
    MaxPooling2D(2,2),
```

```
    Flatten(),
    Dense(512, activation='relu'),
    Dense(64, activation='relu'),
    Dense(1, activation= 'sigmoid')
])
```

⑤ 모델 컴파일

```
#compiling the model
model.compile(
    loss = 'binary_crossentropy',
    optimizer =RMSprop(lr=0.001),
    metrics = ['accuracy']
         )
```

⑥ 모델 학습하기

```
history = model.fit_generator(
      train_generator,
      steps_per_epoch=int(np.ceil(total_train / float(BATCH_SIZE))),
      epochs=EPOCHS,
      validation_data=validation_generator,
      validation_steps=int(np.ceil(total_validation / float(BATCH_SIZE)))
)
```

```
Epoch 1/100
20/20 [==============================] - 24s 1s/step - loss: 0.7006 - accuracy: 0.5100
- val_loss: 0.6913 - val_accuracy: 0.5000
Epoch 2/100
20/20 [==============================] - 24s 1s/step - loss: 0.6923 - accuracy: 0.5255
- val_loss: 0.6895 - val_accuracy: 0.5270
Epoch 3/100
20/20 [==============================] - 24s 1s/step - loss: 0.6871 - accuracy: 0.5400
- val_loss: 0.6787 - val_accuracy: 0.6050
Epoch 4/100
20/20 [==============================] - 24s 1s/step - loss: 0.6844 - accuracy: 0.5495
- val_loss: 0.6774 - val_accuracy: 0.5030
Epoch 5/100
20/20 [==============================] - 24s 1s/step - loss: 0.6694 - accuracy: 0.5700
- val_loss: 0.6470 - val_accuracy: 0.6260
```

```
<생략>
Epoch 96/100
20/20 [==============================] - 24s 1s/step - loss: 0.2943 - accuracy: 0.8775
- val_loss: 0.4292 - val_accuracy: 0.8050
Epoch 97/100
20/20 [==============================] - 24s 1s/step - loss: 0.2742 - accuracy: 0.8835
- val_loss: 0.3988 - val_accuracy: 0.8240
Epoch 98/100
20/20 [==============================] - 24s 1s/step - loss: 0.2957 - accuracy: 0.8755
- val_loss: 0.4034 - val_accuracy: 0.8200
Epoch 99/100
20/20 [==============================] - 24s 1s/step - loss: 0.2839 - accuracy: 0.8730
- val_loss: 0.4356 - val_accuracy: 0.8170
Epoch 100/100
20/20 [==============================] - 23s 1s/step - loss: 0.3082 - accuracy: 0.8620
- val_loss: 0.3897 - val_accuracy: 0.8250
```

⑦ 모델의 성능 평가: 정확도와 손실함수 시각화

```
acc = history.history['accuracy']
val_acc = history.history['val_accuracy']
loss = history.history['loss']
val_loss = history.history['val_loss']
epochs_range = range(epochs)
plt.figure(figsize=(8, 8))
plt.subplot(2, 1, 1)
plt.plot(epochs_range, acc, label='Training Accuracy')
plt.plot(epochs_range, val_acc, label='Validation Accuracy')
plt.legend(loc='lower right')
plt.title('Training and Validation Accuracy')
plt.subplot(2, 1, 2)
plt.plot(epochs_range, loss, label='Training Loss')
plt.plot(epochs_range, val_loss, label='Validation Loss')
plt.legend(loc='upper right')
plt.title('Training and Validation Loss')
plt.show()
```

그림 7.25과 그림 7.26은 학습 데이터와 테스트 데이터에 대해 에포크 증가에 따른 CNN 모델의 정확도와 손실함수 그래프를 나타내고 있다.

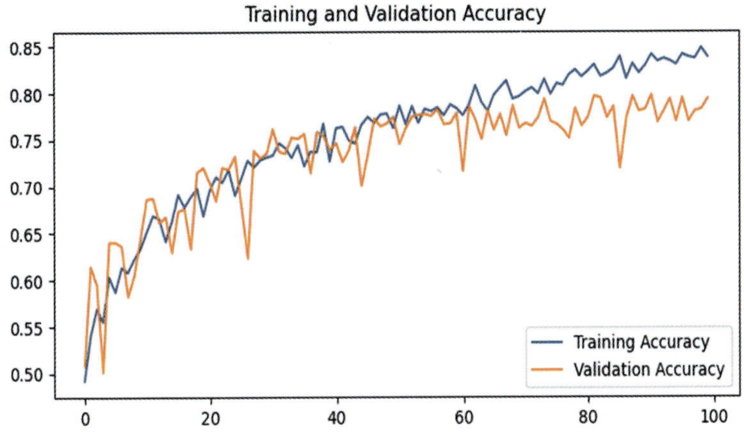

그림 7.25 에포크 증가에 따른 정확도 그래프

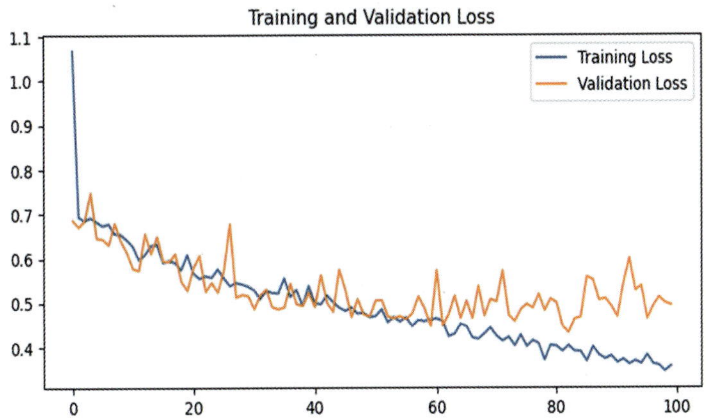

그림 7.26 에포크 증가에 따른 손실함수 그래프

[코드 7.4.1에 대한 보충 설명]

① flow( ) 함수를 사용하여 ImageDataGenerator 영상 증강

ImageDataGenerator 클래스를 사용하여 객체를 생성한 후 flow( ) 함수를 사용하여 데이터 증강하고자 한다. 이를 위해 먼저 load_img( ) 함수를 이용하여 데이터 증강할 그림 7.27에 있는 파일 dog.0.jpg를 읽어온다.

```
from tensorflow.keras.preprocessing import image
from tensorflow.keras.preprocessing.image import load_img
```

```
from tensorflow.keras.preprocessing.image import img_to_array

img = image.load_img('./cats_and_dogs_filtered/train/dogs/dog.0.jpg', target_size=(150,
150))
print(type(img)) # <class 'PIL.Image.Image'>

plt.imshow(img)
plt.show()
```

```
<class 'PIL.Image.Image'>
```

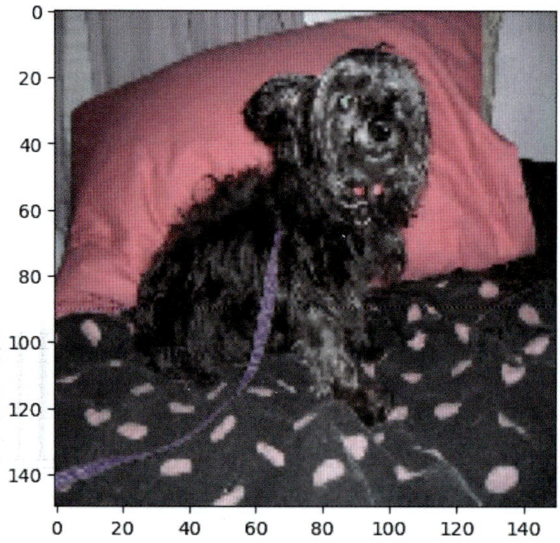

그림 7.27 파일 dog.0.jpg 영상

(a) img_to_array( ) 함수를 사용하여 영상을 배열(array) 형태로 바꿔준다.

```
#영상을 array로 변환
arr = img_to_array(img)
print(arr.shape)
```

```
(150, 150, 3)
```

(b) np.expand_dims( ) 함수를 사용하여 영상의 차원을 증가시킨다. 다음은 np.expand_dims( ) 함수의 사용 예이다.

```
#expand dimension to one sample
img = np.expand_dims(arr,axis=0)
#print(img.shape)
```

```
(1, 150, 150, 3)
```

(c) flow() 함수를 사용하여 load_img( ) 함수를 이용하여 미리 로드해 놓은 영상을 가지고 데이터 증강하고자 한다. 다음은 flow( ) 함수의 사용형식이다.

```
flow(x,batch_size)
```

여기서 해당 데이터 x를 batch_size만큼 가져와서 자동으로 데이터 증강하여 반환한다. 여기서 flow( ) 함수는 flow_from_directory() 함수와는 다르게 미리 로드한 데이터에 적용한다.

다음은 load_img( ) 함수를 통해 미리 로드한 영상에 대해 한 번에 1개씩 가져와서 데이터 증강하여 총 5개의 영상을 출력하는 코드이다.

```
# ImageDataGenerator flipping
datagen = ImageDataGenerator(horizontal_flip=True, vertical_flip=True)

# prepare iterator
it = datagen.flow(img, batch_size=1)

# generate samples and plot
fig, ax = plt.subplots(nrows=1, ncols=5, figsize=(10,10))

# generate batch of images
for i in range(5):
    # convert to unsigned integers
    batch = it.next()
    image=batch[0].astype('uint8')
     # plot image
    ax[i].imshow(image)
    ax[i].axis('off')
```

그림 7.28 파일 dog.0.jpg 영상에 대한 데이터 증강

② flow_from_directory( ) 함수를 사용하여 ImageDataGenerator 영상 증강

ImageDataGenerator 클래스를 사용하여 객체를 생성한 후 flow_from_directory( ) 함수를 사용하여 데이터 증강한다. flow_from_directory( ) 함수는 그림 7.29와 같이 폴더 구조 영상 데이터인 경우 파일명이 라벨이 되도록 설정하는 것을 도와준다.

```
cats_and_dogs_filtered
|__ train
    |______ cats: [cat.0.jpg, cat.1.jpg, cat.2.jpg ....]
    |______ dogs: [dog.0.jpg, dog.1.jpg, dog.2.jpg ...]
|__ validation
    |______ cats: [cat.2000.jpg, cat.2001.jpg, cat.2002.jpg ....]
    |______ dogs: [dog.2000.jpg, dog.2001.jpg, dog.2002.jpg ...]
```

그림 7.29 폴더 구조 데이터

그림 7.29에서 train 폴더 안에 dogs와 cats가 있고, 그 안에 있는 영상들의 라벨은 dogs와 cats가 된다.

③ generator에 있는 샘플 영상 출력하기

여기서는 train_generator에 있는 샘플 영상을 출력하고자 한다.

```
BATCH_SIZE = 100
IMG_HEIGHT = 150
IMG_WIDTH = 150
```

```
np.random.seed(15)

train_datagen = ImageDataGenerator(
```

```
                                          rescale=1./255,
                                          rotation_range=40,
                                          width_shift_range=0.2,
                                          height_shift_range=0.2,
                                          shear_range=0.2,
                                          zoom_range=0.2,
                                          horizontal_flip=True,
                                          fill_mode='nearest'
                                          )
train_generator = train_datagen.flow_from_directory(
                                        directory=train_dir,
                                        classes=['cats', 'dogs'],
                                        batch_size=BATCH_SIZE,
                                        shuffle=True,
                                        target_size=(IMG_HEIGHT, IMG_WIDTH),
                                        class_mode='binary')
```

```
for x_data, t_data in train_generator:
    print(x_data.shape)
    print(type(x_data))
    print(t_data)
    # 0 : 고양이,  1 : 개
    break
```

```
(100, 150, 150, 3)
<class 'numpy.ndarray'>
[0. 0. 0. 1. 1. 1. 0. 0. 0. 0. 1. 1. 0. 1. 1. 1. 0. 0. 0. 1. 1. 0. 0. 0.
 1. 0. 0. 0. 1. 0. 0. 0. 0. 0. 1. 1. 1. 0. 1. 1. 0. 0. 0. 0. 1. 1. 0. 0.
 0. 1. 0. 1. 0. 1. 1. 1. 1. 1. 1. 1. 1. 0. 1. 1. 0. 1. 0. 0. 1. 1. 0. 0.
 0. 0. 1. 1. 1. 0. 0. 0. 1. 0. 0. 0. 0. 0. 0. 1. 1. 0. 1. 1. 0. 1. 1. 0.
 0. 0. 1. 0.]
```

→ flow_from_directory( ) 함수에서 배치 사이즈=100이므로 train_generator는 한 번에 100개의 영상이 생성된다.

다음은 100개의 영상 중에서 그림 7.30에 있는 5개 영상만 출력하고자 한다.

```
def plotImages(images_arr):
    fig, axes = plt.subplots(1, 5, figsize=(20,20))
    axes = axes.flatten()
```

```
    for img, ax in zip(images_arr, axes):
        ax.imshow(img)
        ax.axis('off')
    plt.tight_layout()
    plt.show()

plotImages(x_data[:5])
```

그림 7.30 샘플영상 출력

→ 5개 샘플영상은 ['고양이', '고양이', '고양이', '개', '개']이다.

④ fit_generator( ) 함수 사용하여 모델 학습하기

케라스에서는 모델을 학습시킬 때 주로 fit( ) 함수를 사용하지만, ImageDataGenerator 클래스에 의해 생성된 generator를 학습시킬 경우에는 fit_generator( ) 함수를 사용한다. 다음은 fit_generator( ) 함수의 사용 예이다.

```
history = model.fit_generator(
      train_generator,
      steps_per_epoch=int(np.ceil(total_train / float(BATCH_SIZE))),
      epochs=EPOCHS,
      validation_data=validation_generator,
      validation_steps=int(np.ceil(total_validation / float(BATCH_SIZE)))
)
```

- 첫 번째 인자 : train 데이터 셋을 제공할 generator를 지정한다. 여기서는 앞서 생성한 train_generator를 지정한다.
- steps_per_epoch : 한 epoch에 사용한 스텝 수를 지정한다. 총 2000개의 train 샘플이 있고 배치 사이즈가 100이므로 20 스텝으로 지정한다. 즉, 1 epoch 당 steps 수는 다음과 같이 계산된다.

steps_per_epoch=int(np.ceil(total_train / float(BATCH_SIZE)))=2000/100=20

- epochs : 전체 train 데이터 셋에 대해 학습 반복 횟수를 지정한다. 여기서는 100번을 반복적으로 학습한다.
- validation_data : validation 데이터 셋을 제공할 generator를 지정한다. 여기서는 앞서 생성한 validation_generator를 지정한다.
- validation_steps : 한 epoch 종료마다 검증할 때 사용되는 검증 스텝 수를 지정한다. 총 1,000개의 validation 샘플이 있고 배치 사이즈가 100이므로 10 스텝으로 지정한다. 즉, 1 epoch 당 steps 수는 다음과 같이 계산된다.

validation_steps=int(np.ceil(total_validation / float(BATCH_SIZE)))=1000/100=10

연습문제

7-1 CIFAR10 데이터를 가지고 CNN 모델을 이용하여 분류하고자 한다. 여기서 CIFAR10 데이터는 32×32픽셀의 60,000개 컬러영상을 포함하고 있으며, 각 영상은 10개의 클래스로 라벨링이 되어있다.

7-2 개(dog) 또는 고양이(cat) 사진을 입력했을 때 입력 영상이 개인지 고양이인지를 CNN 모델을 이용하여 분류하고자 한다. 캐글(kaggle)에서 개-고양이 데이터 셋을 아래 사이트에서 다운로드받는다.

https://www.kaggle.com/c/dogs-vs-cats-redux-kernels-edition/data

8장

자연어 처리 모델

8.1 자연어 처리의 개념

자연어(natural language)란 우리가 일상생활에서 사용하는 언어를 말한다. 반면, 파이썬, 자바, C++과 같은 프로그래밍 언어를 인공어(artificial language)라고 하는데 이런 인공어와 대비되는 언어이다. 자연어 처리(natural language processing, NLP)란 자연어를 사용하는 인간과 컴퓨터 사이의 상호작용을 다루는 인공지능의 한 분야이다. 자연어 처리는 음성 인식(speech recognition), 감성 분석(sentiment analysis), 기계 번역 시스템(machine translation system), 텍스트 분류 작업(예를 들면, 스팸 메일 분류, 뉴스 기사 카테고리 분류), 질의응답 시스템(question & answering system), 챗봇(Chatbot) 등 같은 많은 분야에서 사용되고 있다. 최근 가장 널리 사용되는 ChatGPT는 자연어 처리 모델 중 하나로서 자연어 처리 기술의 잠재력을 보여주는 가장 성공적인 모델이다.

8.2 텍스트 전처리

자연어 처리의 시작인 텍스트 전처리(text preprocessing)는 텍스트를 사용하기 위해 사전에 처리하는 작업이다. 텍스트 전처리 과정은 자연어 처리에서 절반 이상을 차지하는 중요한 과정이다.

(1) 토큰화

텍스트를 특정 단위로 나누는 작업을 토큰화(tokenization)라고 한다. 여기서 특정 단위를 토큰(token)이라 한다. 보통 토큰의 기준은 단어(word)를 기준으로 한다. 단어를 기준으로 토큰화하는 것을 단어 토큰화(word tokenization)라고 한다. 물론, 문장(sentence), 단락(paragraph) 등을 기준으로 토큰화할 수 있다. 문장(sentence), 단락(paragraph) 등을 기준으로 토큰화하는 것을 문장 토큰화(sentence tokenization)라고 한다.

■ 케라스에서 text_to_word_sequence( ) 함수 이용한 단어 토큰화

text_to_word_sequence( ) 함수는 텍스트를 단어 단위로 쪼개어 단어 시퀀스(word sequence)로 토큰화하는 함수이다. 다음은 text_to_word_sequence( ) 함수의 사용형식이다.

```
from keras.preprocessing.text import text_to_word_sequence
text_to_word_sequence(
    input_text,
    filters='!"#$%&()*+,-./:;<=>?@[\\]^_`{|}~\t\n',
    lower=True,
    split=' '
)
```

- input_text : 입력 텍스트를 나타낸다.
- filters : 필터링할 문자, 즉 제거될 문자를 지정한다. 디폴트는 '!"#$%&()*+,-./:;<=>?@[\]^_`{|}~\t\n'이다. 즉, 디폴트는 구두점, 제어문자(탭과 줄 바꿈 문자), 단, '(어퍼스트로피) 문자는 제외한다.
- lower : 입력받은 텍스트를 소문자로 변환할지 여부를 지정한다. 디폴트는 lower=True이다.
- split : 텍스트 내 단어를 분리하는 기준을 지정한다. 디폴트는 ' '(whitespace, 공백문자)이다.

기본적으로 text_to_word_sequence( ) 함수는 자동으로 다음 세 가지를 수행한다. 즉, 기본적으로 text_to_word_sequence( ) 함수의 디폴트 옵션에 의해 다음 세 가지를 수행한다.

① 단어를 공백을 기준으로 분리한다(split = ' ').

② '(어퍼스트로피) 문자를 제외한 구두점과 제어문자(탭과 줄 바꿈 문자)를 필터링한

다. 즉, 필터링할 문자는 다음과 같다.

filters = '!"#$%&()*+,-./:;<=>?@[\]^_`{|}~\t\n'

③ 텍스트를 소문자로 변환한다 (lower = True).

다음은 한글 텍스트를 단어 시퀀스로 토큰화하고자 한다.

'나는 오늘 행복하다!!. 너도 행복했으면 좋겠다!!'

```
from keras.preprocessing.text import text_to_word_sequence

text = '나는 오늘 행복하다!!. 너도 행복했으면 좋겠다!!'
tokens = text_to_word_sequence(text)
print(tokens)
```

```
['나는', '오늘', '행복하다', '너도', '행복했으면', '좋겠다']
```

→ !!.와 같은 구두점을 제거한 뒤에 ' '(whitespace, 공백문자)을 기준으로 단어 토큰화하였다.

다음은 영문 텍스트를 단어 시퀀스로 토큰화하고자 한다.

'If you don't try, you can't it.'

```
from keras.preprocessing.text import text_to_word_sequence

text = 'If you don't try, you can't it.'
tokens = text_to_word_sequence(text)
print(tokens)
```

```
['if', 'you', 'don't', 'try', 'you', 'can't', 'it']
```

→ 알파벳을 소문자로 바꾸면서 마침표나 쉼표 등의 구두점을 제거한다. 하지만 어퍼스트로피 문자, 여기서 'don't', 'can't'는 보존하는 것을 볼 수 있다.

(2) 정수 인코딩(integer encoding)

컴퓨터는 자연어를 이해할 수 없다. 따라서 컴퓨터가 자연어를 처리하도록 하기 위해서는 자연어를 이해할 수 있도록 숫자 등으로 변환하는 작업이 필요하다. 정수 인코딩이란 단어에 정수를 부여하는 방법을 말한다. 단어 빈도수가 높은 순으로 낮은 정수를 부여한다.

■ 케라스에서 Tokenizer( ) 함수 이용한 토큰화와 정수 인코딩

케라스는 전처리 도구인 토크나이저(tokenizer)를 이용하여 정수 인코딩을 수행한다. 이를 위해 Tokenizer( ) 함수는 토크나이저 객체를 생성하는 함수이다. 이 Tokenizer( ) 함수는 문장으로부터 단어를 토큰화하고 단어와 숫자의 키-값 쌍으로 표현되는 딕셔너리(dictionary) 형태를 반환한다. 다음은 Tokenizer( ) 함수의 사용 형식이다.

```
from keras.preprocessing.text import Tokenizer

Tokenizer(
    num_words=None,
    filters='!"#$%&()*+,-./:;<=>?@[\\]^_`{|}~\t\n',
    lower=True,
    split=' '
)
```

- num_words : 빈도수가 높은 상위 몇 개의 단어만을 사용하고자 하는 경우 지정한다. 만약, 가장 빈도가 높은 상위 1,000개의 단어만 사용하는 경우 Tokenizer 객체 생성은 다음과 같다.

tokenizer = Tokenizer(num_words=1000)

- filters : 필터링할 문자를 지정한다. 디폴트는 ‘!"#$%&()*+,-./:;<=>?@[\]^_`{|}~\t\n’이다.
- lower : 입력받은 텍스트를 소문자로 변환할지 여부를 지정한다. 디폴트는 lower = True이다.
- split : 텍스트 내 단어를 분리하는 기준을 지정한다. 디폴트는 ' '(whitespace, 공백문자)

이다.

표 8.1은 Tokenizer() 함수에 의해 토크나이저 객체 생성한 후 적용 가능한 함수 및 속성들이다.

표 8.1 Tokenizer( ) 함수와 관련 함수 및 속성

함수 및 속성	설명
fit_on_texts( ) 함수	Tokenizer 객체를 텍스트에 적용(fitting)한다. 즉, 텍스트를 입력받아 리스트의 형태로 변환한다.
texts_to_sequences( ) 함수	텍스트를 구성하는 단어들을 정수 시퀀스의 형태로 변환한다.
word_counts 속성	각 단어의 빈도수를 알고자 하는 경우 사용한다. 순서 딕셔너리(Ordered Dictionary) 형태로 출력된다.
document_count 속성	텍스트를 구성하는 문장의 개수를 알고자 하는 경우 사용한다.
word_docs 속성	각 단어가 몇 개의 문장에서 사용되는지 알고자 하는 경우 사용한다. 기본 딕셔너리(Default Dictionary) 형태로 출력된다.
word_index 속성	각 단어에 대한 인코딩 결과를 반환한다. 이 때 단어와 숫자의 키-값 쌍을 포함하는 딕셔너리를 반환한다.

다음은 영문 텍스트에 표 8.1의 Tokenizer() 함수와 관련 함수 및 속성을 적용하여 정수 인코딩을 포함하여 텍스트 전처리를 하고자 한다.

'i love my dog',

'I, love my cat',

'You love my dog!'

```
from keras.preprocessing.text import Tokenizer

text = [
    'i love my dog',
    'I, love my cat',
    'You love my dog!'
]

tokenizer = Tokenizer(num_words = 100)
```

```
tokenizer.fit_on_texts(text)
print("정수 인코딩 :",tokenizer.texts_to_sequences(text))
print("단어와 빈도수: ",tokenizer.word_counts)
print("문장의 개수: ", tokenizer.document_count)
print("각 단어가 몇 개의 문장에 나타나는가?:\n", tokenizer.word_docs)
print("단어와 인덱스:",  tokenizer.word_index)
```

```
정수 인코딩 : [[3, 1, 2, 4], [3, 1, 2, 5], [6, 1, 2, 4]]
단어와 빈도수: OrderedDict([('i', 2), ('love', 3), ('my', 3), ('dog', 2), ('cat', 1),
('you', 1)])
문장의 개수: 3
각 단어가 몇 개의 문장에 나타나는가?:
defaultdict(<class 'int'>, {'love': 3, 'my': 3, 'i': 2, 'dog': 2, 'cat': 1, 'you': 1})
단어와 인덱스: {'love': 1, 'my': 2, 'i': 3, 'dog': 4, 'cat': 5, 'you': 6}
```

다음은 한글 텍스트에 표 8.1의 Tokenizer( ) 함수와 관련 함수 및 속성을 적용하여 정수 인코딩을 포함하여 텍스트 전처리를 하고자 한다.

'나는 오늘 딥러닝을 배운다.',
'나는 텐서플로우와 케라스를 이용하여 딥러닝을 배운다.',
'나는 자연어 처리에 대해 알고 싶다!'

```
from keras.preprocessing.text import Tokenizer

text = [
    '나는 오늘 딥러닝을 배운다.',
    '나는 텐서플로우와 케라스를 이용하여 딥러닝을 배운다.',
    '나는 자연어 처리에 대해 알고 싶다!'
]
```

```
tokenizer = Tokenizer(num_words = 100)
tokenizer.fit_on_texts(text)
print("정수 인코딩 :",tokenizer.texts_to_sequences(text))
print("단어와 빈도수: ",tokenizer.word_counts)
print("문장의 개수: ", tokenizer.document_count)
print("각 단어가 몇 개의 문장에 나타나는가?\n:", tokenizer.word_docs)
print("단어와 인덱스:",  tokenizer.word_index)
```

```
정수 인코딩 : [[1, 4, 2, 3], [1, 5, 6, 7, 2, 3], [1, 8, 9, 10, 11]]
단어와 빈도수: OrderedDict([('나는', 3), ('오늘', 1), ('딥러닝을', 2), ('배운다', 2),
('텐서플로우와', 1), ('케라스를', 1), ('이용하여', 1), ('자연어', 1), ('처리에', 1), ('대
해', 1), ('알고싶다', 1)])
문장의 개수: 3
각 단어가 몇 개의 문장에 나타나는가?
: defaultdict(<class 'int'>, {'배운다': 2, '나는': 3, '오늘': 1, '딥러닝을': 2, '이용하여':
1, '케라스를': 1, '텐서플로우와': 1, '자연어': 1, '알고싶다': 1, '대해': 1, '처리에': 1})
단어와 인덱스: {'나는': 1, '딥러닝을': 2, '배운다': 3, '오늘': 4, '텐서플로우와': 5, '케라
스를': 6, '이용하여': 7, '자연어': 8, '처리에': 9, '대해': 10, '알고싶다': 11}
```

(3) 원-핫 인코딩(One-Hot Encoding)

자연어 처리에서는 문자를 숫자로 바꾸는 여러 가지 기법들이 있다. 원-핫 인코딩(One-Hot Encoding)은 그 많은 기법 중에서 단어를 표현하는 가장 기본적인 표현 방법이다. 원-핫 인코딩은 범주형 변수(categorical variable)를 0과 1만을 갖는 이진 벡터(binary vector)로 표현하는 방법이다. 원-핫 인코딩은 단어 집합(vocabulary)의 크기를 벡터의 차원으로 하고, 표현하고 싶은 단어의 인덱스에 1의 값을 부여하고, 다른 인덱스에는 0을 부여하는 벡터 표현 방식이다. 이렇게 벡터 또는 행렬(matrix)의 값이 대부분이 0으로 표현되는 방법을 희소 표현(sparse representation)이라고 한다. 따라서 원-핫 벡터(One-Hot Vector)는 희소 벡터(sparse vector)이다. 예를 들어, 8개 나라 (미국, 영국, 일본, 독일, 프랑스, 한국, 중국, 러시아)을 원-핫 인코딩으로 표현하고자 한다. 8개 나라를 표현하기 위해 8개의 열이 필요하다. 표현하고자 하는 나라가 더 많아지면 열의 길이는 더 길어진다. 이 경우 희소 행렬(sparse matrix)의 정도가 더 심해진다. 여기서 희소 행렬(sparse matrix)이란 극소수의 0이 아닌 원소들로 이루어진 행렬을 의미한다. 즉, 대부분이 0인 원소들로 이루어진 행렬이다.

미국 = [1, 0, 0, 0, 0, 0, 0, 0]
영국 = [0, 1, 0, 0, 0, 0, 0, 0]
일본 = [0, 0, 1, 0, 0, 0, 0, 0]
독일 = [0, 0, 0, 1, 0, 0, 0, 0]

프랑스 = [0, 0, 0, 0, 1, 0, 0, 0]

한국 = [0, 0, 0, 0, 0, 1, 0, 0]

중국 = [0, 0, 0, 0, 0, 0, 1, 0]

러시아 = [0, 0, 0, 0, 0, 0, 0, 1]

원-핫 인코딩은 단어 간 유사성을 표현하지 못한다는 단점이 있다. 예를 들어, 위의 8개 나라에 대해 원-핫 벡터로는 미국과 영국이 유사하고, 중국과 러시아가 유사하다는 것을 표현할 수가 없다. 좀 더 극단적으로는 8개 나라와 캐나다, 냉장고라는 단어가 있을 때 미국이란 단어가 캐나다와 냉장고라는 단어 중 어떤 단어와 더 유사한지도 알 수 없다.

■ 케라스에서 원-핫 인코딩

케라스는 텍스트를 정수 인코딩(integer encoding)한 후 원-핫 인코딩을 수행한다. 이를 단계별로 설명하면 다음과 같다.

- Step 1 : Tokenizer() 함수를 이용해서 토크나이저 객체를 생성한다.
- Step 2 : fit_on_texts() 함수를 이용하여 토큰화할 텍스트를 입력받아서 리스트의 형태로 변환한다.
- Step 3 : texts_to_sequences() 함수를 이용하여 정수 시퀀스의 형태로 변환한다.
- Step 4 : to_categorical() 함수 이용하여 정수 인코딩된 결과로부터 원-핫 인코딩한다. 여기서 정수 인코딩이란 각 단어에 고유한 정수를 부여하는 것을 말한다. 다음은 to_categorical() 함수의 사용 형식이다.

```
from keras.utils.np_utils import to_categorical

to_categorical(labels, num_classes=None)
```

- labels : 클래스 벡터(0부터 num_classes까지의 정수)
- num_classes : 클래스의 총 개수, 만약, 명시적으로 지정하지 않으면 자동으로

max(labels) + 1로 유추한다. 예를 들어, 클래스 레이블이 0에서 9까지 있는 경우, num_classes를 지정하지 않으면 자동으로 num_classes=max(labels) + 1 = 9 + 1 = 10으로 설정된다.

다음은 원-핫 인코딩을 위한 to_categorical() 함수의 사용 예이다. 클래스 레이블이 3개인 다중 분류 문제에서 클래스 레이블이 [0, 1, 2, 1, 0]으로 주어졌다면, to_categorical() 함수를 사용하여 다음과 같이 원-핫 인코딩 벡터로 변환할 수 있다.

```
from keras.utils.np_utils import to_categorical

labels = [0, 1, 2, 1, 0]
one_hot_labels = to_categorical(labels, num_classes=3)
print(one_hot_labels)
```

```
[[1. 0. 0.]
 [0. 1. 0.]
 [0. 0. 1.]
 [0. 1. 0.]
 [1. 0. 0.]]
```

다음 텍스트에 대해 정수 인코딩한 후 원-핫 인코딩을 수행하고자 한다.

"ChatGPT는 자연어 처리를 위해 개발된 대형 언어 모델이다."

```
from keras.preprocessing.text import Tokenizer
from keras.utils.np_utils import to_categorical

text = [
    'ChatGPT는 자연어 처리를 위해 개발된 대형 언어 모델이다.'
]

tokenizer = Tokenizer()
tokenizer.fit_on_texts(text)
word_index = tokenizer.word_index
```

```
integer_encoding = tokenizer.texts_to_sequences(text)

print("단어와 인덱스 :",word_index) # 각 단어에 대한 인코딩 결과 출력.
print("정수 인코딩 :",integer_encoding)

x=to_categorical(integer_encoding)
print("원-핫 인코딩 :\n", x)
```

```
단어와 인덱스 : {'chatgpt는': 1, '자연어': 2, '처리를': 3, '위해': 4, '개발된': 5, '대형':
6, '언어': 7, '모델이다': 8}
정수 인코딩 : [[1, 2, 3, 4, 5, 6, 7, 8]]
원-핫 인코딩 :
 [[[0. 1. 0. 0. 0. 0. 0. 0. 0.]
  [0. 0. 1. 0. 0. 0. 0. 0. 0.]
  [0. 0. 0. 1. 0. 0. 0. 0. 0.]
  [0. 0. 0. 0. 1. 0. 0. 0. 0.]
  [0. 0. 0. 0. 0. 1. 0. 0. 0.]
  [0. 0. 0. 0. 0. 0. 1. 0. 0.]
  [0. 0. 0. 0. 0. 0. 0. 1. 0.]
  [0. 0. 0. 0. 0. 0. 0. 0. 1.]]]
```

→ 텍스트에 대한 정수 인코딩된 결과가 [[1, 2, 3, 4, 5, 6, 7, 8]]이므로 num_classes는 9(=max(labels) + 1 = 8 + 1)가 된다. 따라서 원-핫 인코딩은 9열로 구성되어 있다. 여기서 첫 번째 열은 무시한다.

(4) 워드 임베딩(word embedding)

원-핫 인코딩은 단어의 의미를 전혀 고려하지 않으며 벡터의 길이가 총 단어 수가 되므로 매우 희박(sparse)한 희소 행렬로 표현된다는 문제가 있다. 이를 해결하기 위해 단어의 의미를 고려하여 좀 더 조밀한 차원에 단어를 벡터로 표현하는 것을 워드 임베딩(word embedding, 단어 임베딩)이라고 한다. 즉, 워드 임베딩은 단어를 벡터로 표현하는 데 있어서 밀집 표현(dense representation, 조밀 표현)으로 나타내는 방법을 말한다. 예를 들면, {Boy, Girl, King, Queen, Game, Sport}를 워드 임베딩으로 표현하고자 한다. 그림 8.1은 3차원상에서 이들 단어를 나타내고 있다.

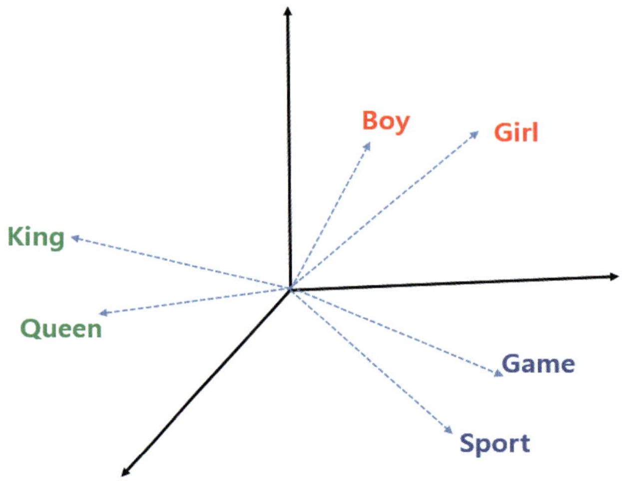

그림 8.1 3차원 공간상에서 단어 표현

그림 8.1에서 "Boy"와 "Girl"은 서로 관계가 있고, "King"과 "Queen", "Game"과 Sport "도서로 관계가 있는 것으로 보인다. 단어를 3차원 공간상에서 표현하고자 하는 경우 다음과 같이 임베딩 벡터로 표현할 수 있다.

Boy = [-0.37, 0.23, 0.32]
Girl = [-0.36, 0.30, 0.19]
King = [0.17, -0.53, 0.14]
Queen = [0.16, -0.50, 0.15]
Game = [0.27, 0.53, -0.27]
Sport = [0.26, 0.50, -0.20]

Tip! **희소 표현과 밀집 표현**

단어의 벡터 표현 방식에는 희소 표현(Sparse Representation) 방식과 밀집 표현(Dense Representation) 방식이 있다. 벡터 또는 행렬의 값이 대부분이 0으로 표현되는 방법을 희소 표현이라고 한다.

원-핫 인코딩(one-hot encoding)은 희소 표현 방식이다. 희소 표현과 반대되는 표현으로 밀집 표현이 있다. 워드 임베딩은 밀집 표현(Dense Representation) 방식이다.

밀집 표현은 벡터의 차원을 단어 집합의 크기로 잡지 않는다. 사용자가 설정한 값으로 모든 단어의 벡터 표현의 차원을 맞춘다. 이 과정에서 더는 0과 1만 갖는 값이 아니라 실수값을 갖는다.

■ 케라스에서 Embedding( ) 함수를 이용한 워드 임베딩

Embedding( ) 함수는 정수 인코딩된 단어들을 입력받아서 임베딩(embedding) 시퀀스로 바꾸는 함수이다. Embedding( ) 함수의 사용 형식은 다음과 같다.

```
Embedding(input_dim, output_dim, input_length)
```

- input_dim : 입력 벡터 차원을 지정한다. 어휘의 크기(vocabulary size), 즉 최대 정수 인덱스 +1이다. 예를 들어, 데이터가 0부터 500까지 정수를 사용하여 인코딩하는 경우 어휘의 크기는 501(= 500 + 1)이 된다.
- output_dim : 출력 벡터 차원을 지정한다. 임베딩 후의 벡터의 차원, 즉 크기를 지정한다.
- input_length : 입력 시퀀스의 길이, 단어의 수, 즉, 문장의 길이를 나타낸다. 만약, 입력 시퀀스에서 모든 문장이 50단어를 포함하는 경우 input_length는 50이 된다. 만약, 여러 문장에서 서로 단어의 수가 다른 경우에는 input_length는 최대 단어의 수가 된다.

예를 들어, 10개의 문장으로 구성된 텍스트에서 총 어휘의 수는 200개가 있고, 각 단어는 4차원으로 표현하고, 각 문장의 최대 단어는 20인 경우 Embedding( ) 함수의 사용 예는 다음과 같다. 즉, 4차원 임베딩의 사용 예이다.

```
Embedding(input_dim=200, output_dim=4, input_length=20)
```

신경망에서 첫 번째 은닉층을 Embedding( ) 함수를 사용한 임베딩 층(layer)을 가지고 정의한다. 임베딩 층의 입력 형태와 출력 형태는 다음과 같다.

- 입력형태 : 2D (batch size, input_length)의 형태이다.
- 출력형태 : 3D (batch size, input_length, output_dim)의 형태이다.

다음은 텍스트에 대해 정수 인코딩한 후 워드 임베딩을 수행하고자 한다. 여기서는 2차원 임베딩 벡터를 지정한다.

'Hope to see you soon'

먼저, 위 텍스트에 대해 정수 인코딩한다.

```
from keras.preprocessing.text import Tokenizer

# 토큰화
text = [
    'Hope to see you soon'
]
tokenizer = Tokenizer()
tokenizer.fit_on_texts(text)
word_index = tokenizer.word_index

integer_encoding = tokenizer.texts_to_sequences(text)

print("단어와 인덱스:",word_index)
print("정수 인코딩 :",integer_encoding)
```

```
단어와 인덱스: {'hope': 1, 'to': 2, 'see': 3, 'you': 4, 'soon': 5}
정수 인코딩 : [[1, 2, 3, 4, 5]]
```

다음으로 위에서 정수 인코딩한 결과를 가지고 2차원 워드 임베딩을 수행한다.

```
from keras.layers.embeddings import Embedding
import numpy as np
import tensorflow as tf

tf.random.set_seed(1)
```

```
np.random.seed(1)

encoded_text = np.array(integer_encoding)
print('입력 데이터:', encoded_text)
print('입력형태 :', encoded_text.shape)
print('입력차원 :', encoded_text.ndim)
#encoded_text = np.array([[1, 2, 3, 4, 5]])
# 위 정수 인코딩 데이터가 아래의 임베딩 층의 입력이 된다.
input_dim = 6
output_dim = 2
embedding= Embedding(input_dim, output_dim, input_length=5)
output=embedding(encoded_text )
print('출력 데이터:', output)
print('출력형태 :', output.shape)
print('출력차원 :', output.ndim)
```

```
입력 데이터: [[1 2 3 4 5]]
입력형태 : (1, 5)
입력차원 : 2
출력 데이터: tf.Tensor(
[[[ 0.01309742 -0.00654539]
  [-0.0208061   0.01425021]
  [ 0.04757855 -0.00649005]
  [ 0.01601019  0.01048958]
  [ 0.01366315  0.01144488]]], shape=(1, 5, 2), dtype=float32)
출력형태 : (1, 5, 2)
출력차원 : 3
```

다음은 아래 2개의 텍스트에 대해 정수 인코딩한 후 워드 임베딩을 수행하고자 한다. 여기서는 2차원 임베딩 벡터를 지정한다.

'Hope to see you soon'

'Nice to see you again'

먼저, 위 텍스트에 대해 정수 인코딩한다.

```
from keras.preprocessing.text import Tokenizer

# 토큰화
text = [
    'Hope to see you soon', 'Nice to see you again'
]
tokenizer = Tokenizer()
tokenizer.fit_on_texts(text)
word_index = tokenizer.word_index

integer_encoding = tokenizer.texts_to_sequences(text)

print("단어와 인덱스:",word_index)
print("정수 인코딩 :",integer_encoding)
```

```
단어와 인덱스: {'to': 1, 'see': 2, 'you': 3, 'hope': 4, 'soon': 5, 'nice': 6, 'again': 7}
정수 인코딩 : [[4, 1, 2, 3, 5], [6, 1, 2, 3, 7]]
```

다음으로 위에서 정수 인코딩한 결과를 가지고 워드 임베딩을 수행한다.

```
from keras.layers.embeddings import Embedding
import numpy as np
import tensorflow as tf

tf.random.set_seed(1)
np.random.seed(1)

encoded_text = np.array(integer_encoding )
print('입력 데이터:', encoded_text)
print('입력형태 :', encoded_text.shape)
print('차원 :', encoded_text.ndim)
# 위 정수 인코딩 데이터가 아래의 임베딩 층의 입력이 된다.
input_dim = 8
output_dim = 2
embedding= Embedding(input_dim, output_dim, input_length=5)
output=embedding(encoded_text )
print('출력 데이터:', output)
print('출력형태 :', output.shape)
print('차원 :', output.ndim)
```

```
입력 데이터: [[4 1 2 3 5]
 [6 1 2 3 7]]
입력형태 : (2, 5)
차원 : 2
출력 데이터: tf.Tensor(
[[[ 0.01601019  0.01048958]
  [ 0.01309742 -0.00654539]
  [-0.0208061   0.01425021]
  [ 0.04757855 -0.00649005]
  [ 0.01366315  0.01144488]]

 [[ 0.03893349  0.01277617]
  [ 0.01309742 -0.00654539]
  [-0.0208061   0.01425021]
  [ 0.04757855 -0.00649005]
  [ 0.0031975  -0.04740218]]], shape=(2, 5, 2), dtype=float32)
출력형태 : (2, 5, 2)
차원 : 3
```

(5) 패딩(padding)

자연어 처리를 하다 보면 문장마다 길이가 다를 수 있다. 텍스트를 모델에 입력하는 경우 인코딩 후 숫자로 변환된 행렬 형태를 입력한다. 여기서 행은 문장의 개수이고 열은 문장에서 단어의 개수에 해당된다. 따라서 여러 문장의 길이를 동일하게 맞춰주는 작업이 필요하다. 이를 자연어 처리에서는 패딩(padding) 작업이라고 하는데, 보통 숫자 0을 넣어서 길이가 다른 문장들의 길이를 맞춰준다.

■ 케라스에서 pad_sequence( ) 함수를 이용한 패딩

케라스에서는 패딩을 위해 pad_sequences( ) 함수를 제공하고 있다. pad_sequence( ) 함수의 사용 형식은 다음과 같다.

```
from keras.preprocessing.sequence import pad_sequences
pad_sequences(sequences, maxlen=None)
```

- sequences : 시퀀스의 리스트이다. 각 시퀀스는 정수 리스트이다.
- maxlen : 모든 시퀀스 중에서 최대 길이를 지정한다. 만약, 생략하면 가장 긴 시퀀스의 길이를 지정한다. 따라서, 문장의 길이가 maxlen보다 짧은 문장들은 0으로 패딩되고 maxlen보다 긴 문장들은 데이터가 손실된다. 숫자 0을 사용하여 채우는 것을 제로 패딩(zero padding)이라 한다.

다음은 아래 텍스트에 대해 패딩을 수행하고자 한다.

'I love my dog',
'I love my cat',
'You love my dog!',
'Do you think my dog is amazing?'

```
from tensorflow.keras.preprocessing.text import Tokenizer
from tensorflow.keras.preprocessing.sequence import pad_sequences

sentences = [
    'I love my dog',
    'I love my cat',
    'You love my dog!',
    'Do you think my dog is amazing?'
]

tokenizer = Tokenizer(num_words = 100)
tokenizer.fit_on_texts(sentences)
word_index = tokenizer.word_index
print('\n Word Index = {}'.format(word_index))

sequences = tokenizer.texts_to_sequences(sentences)
print('\n Sequences = {}'.format(sequences))
padding = pad_sequences(sequences)
print('\n Padding = {}'.format(padding))
```

```
Word Index = {'my': 1, 'love': 2, 'dog': 3, 'i': 4, 'you': 5, 'cat': 6, 'do': 7, 'think':
8, 'is': 9, 'amazing': 10}

 Sequences = [[4, 2, 1, 3], [4, 2, 1, 6], [5, 2, 1, 3], [7, 5, 8, 1, 3, 9, 10]]
```

```
Padding = [[ 0  0  0  4  2  1  3]
[ 0  0  0  4  2  1  6]
[ 0  0  0  5  2  1  3]
[ 7  5  8  1  3  9 10]]
```

위에서 토크나이징한 후 사용하지 않은 아래 테스트 데이터를 적용하여 패딩하고자 한다.

'I really love my dog',

'Do you know a dog that loves cats?'

```
test_data = [
    'I really love my dog',
    'Do you know a dog that loves cats?'
]
test_sequences = tokenizer.texts_to_sequences(test_data)
print('\n Sequences = {}'.format(test_sequences))
test_padding = pad_sequences(test_sequences)
print('\n Padding = {}'.format(test_padding))
```

```
Sequences = [[4, 2, 1, 3], [7, 5, 3]]

Padding = [[4 2 1 3]
[0 7 5 3]]
```

8.3 자연어 처리를 이용한 감성 분석 구현

감성 분석(sentiment analysis)이란 뉴스, 리뷰, 블로그 등의 다양한 텍스트 데이터로부터 어떤 주제에 대해 사람들의 의견, 태도, 성향과 같은 주관적인 정보(subjective information)를 분석하는 방법으로 자연어 처리(Natural Language Processing; NLP)에 기반을 둔 기술이다.

감성 분석은 수많은 곳에서 사용된다. 예를 들면, 식당에서 식사한 후 음식평 혹은 영화를 보고난 후 영화평에 대한 리뷰를 감성 분석(Sentiment Analysis)을 통해 리뷰들의 긍정적, 부정적 감성여부를 판단한다. 감성 분석은 오피니언 마이닝(Opinion Mining)이라고도 불리는데, 이는 텍스트에서 정보를 추출하여 특정 주제에 대한 주관적인 의견, 태도, 성향 등을 파악하는 것을 의미한다.

예제 8.1

표 8.2는 식당에서 식사한 후 10개의 영문 음식평 리뷰와 해당 리뷰가 긍정이면 1, 부정이면 0을 표시한 레이블로 구성되어 있다. 감성 분류를 수행하는 모델을 생성하고자 한다.

표 8.2 음식평 리뷰 데이터

document	label
'Never coming back!'	0
'horrible service',	0
'rude waitress'	0
'cold food'	0
'horrible food!'	0
'awesome'	1
'awesome services!'	1
'rocks'	1
'poor work'	1
'couldn't have done better'	1

풀이

[코드 8.3.1]

```
import numpy as np
import tensorflow as tf
from numpy import array
from keras.preprocessing.text import Tokenizer
from keras.preprocessing.sequence import pad_sequences
from keras.models import Sequential
from keras.layers import Dense,Flatten,Embedding

# Define 10 restaurant reviews
reviews =[
```

```
        'Never coming back!',
        'horrible service',
        'rude waitress',
        'cold food',
        'horrible food!',
        'awesome',
        'awesome services!',
        'rocks',
        'poor work',
        'couldn\'t have done better'
]
#Define labels
labels = array([1,1,1,1,1,0,0,0,0,0])

# 토큰화
token = Tokenizer()
token.fit_on_texts(reviews)
#print(token.word_index)
word_size =  len(token.word_index) +1

encoded_reviews=token.texts_to_sequences(reviews)
# print(f'encoded reviews: {encoded_reviews}')

max_length = 4
padded_reviews = pad_sequences(encoded_reviews,maxlen=max_length,padding='post')
# print(padded_reviews)
# fix random seed for reproducibility

seed = 1234
np.random.seed(seed)
tf.random.set_seed(seed)

model = Sequential()
embedding_layer = Embedding(input_dim=word_size,output_dim=8,input_length=max_length)
model.add(embedding_layer)
model.add(Flatten())
model.add(Dense(1,activation='sigmoid'))
model.compile(optimizer='adam',loss='binary_crossentropy',metrics=['acc'])
# print(model.summary())

model.fit(padded_reviews, labels, epochs=20)
# print("\n Accuracy: %.4f" % (model.evaluate(padded_reviews, labels)[1]))
```

```
Epoch 1/20
1/1 [==============================] - 0s 258ms/step - loss: 0.6930 - acc: 0.5000
Epoch 2/20
1/1 [==============================] - 0s 997us/step - loss: 0.6912 - acc: 0.5000
Epoch 3/20
1/1 [==============================] - 0s 2ms/step - loss: 0.6893 - acc: 0.6000
Epoch 4/20
1/1 [==============================] - 0s 2ms/step - loss: 0.6875 - acc: 0.6000
Epoch 5/20
1/1 [==============================] - 0s 2ms/step - loss: 0.6857 - acc: 0.6000
.............................................................................
............................
Epoch 16/20
1/1 [==============================] - 0s 2ms/step - loss: 0.6654 - acc: 0.9000
Epoch 17/20
1/1 [==============================] - 0s 997us/step - loss: 0.6635 - acc: 0.9000
Epoch 18/20
1/1 [==============================] - 0s 2ms/step - loss: 0.6616 - acc: 1.0000
Epoch 19/20
1/1 [==============================] - 0s 2ms/step - loss: 0.6596 - acc: 1.0000
Epoch 20/20
1/1 [==============================] - 0s 2ms/step - loss: 0.6577 - acc: 1.0000
1/1 [==============================] - 0s 67ms/step - loss: 0.6558 - acc: 1.0000

 Accuracy: 1.0000
```

[코드 8.3.1 설명]

(a) fit_on_texts( ) 함수를 이용하여 Tokenizer 객체를 텍스트에 적용(fitting)한다. word_index 속성에 의해 각 단어에 대한 인덱스를 반환한 총 단어의 수를 계산한다.

```
# 토큰화
token = Tokenizer()
token.fit_on_texts(reviews)
# 단어와 인덱스
print(f'단어와 인덱스 :{token.word_index}')
# 총 단어의 수 계산
word_size =  len(token.word_index)+1
print(f'총 단어의 수 : {word_size}')
```

```
단어와 인덱스 :{'horrible': 1, 'food': 2, 'awesome': 3, 'never': 4, 'coming': 5, 'back':
```

```
6, 'service': 7, 'rude': 8, 'waitress': 9, 'cold': 10, 'services': 11, 'rocks': 12, 'poor':
13, 'work': 14, "couldn't": 15, 'have': 16, 'done': 17, 'better': 18}
총 단어의 수 : 19
```

(b) texts_to_sequences( ) 함수를 이용하여 각 텍스트를 숫자로 이루어진 시퀀스로 나타낸다.

```
encoded_reviews=token.texts_to_sequences(reviews)
print(f'encoded reviews: {encoded_reviews}')
```

```
encoded reviews: [[4, 5, 6], [1, 7], [8, 9], [10, 2], [1, 2], [3], [3, 11], [12], [13,
14], [15, 16, 17, 18]]
```

(c) pad_sequences( ) 함수를 이용하여 패딩한다.

```
# 패딩
max_length = 4
padded_reviews = pad_sequences(encoded_reviews,maxlen=max_length,padding='post')
print(f'padded_reviews:\n{padded_reviews}')
```

```
padded_reviews:
[[ 4  5  6  0]
 [ 1  7  0  0]
 [ 8  9  0  0]
 [10  2  0  0]
 [ 1  2  0  0]
 [ 3  0  0  0]
 [ 3 11  0  0]
 [12  0  0  0]
 [13 14  0  0]
 [15 16 17 18]]
```

(d) 딥러닝 모델 생성한다. 딥러닝 모델은 다음과 같이 Sequential 방법에 의해 모델을 생성한다.

Embedding( ) 함수 → Flatten( ) 함수 → Dense( ) 함수

즉,

Embedding 층 → Flatten 층 → Dense 층

```
#모델 구성
model = Sequential()
embedding_layer = Embedding(input_dim=word_size,output_dim=8,input_length=max_length)
model.add(embedding_layer)
model.add(Flatten())
model.add(Dense(1,activation='sigmoid'))
print(model.summary())
```

```
Model: "sequential_11"
_________________________________________________________________
 Layer (type)                Output Shape              Param #
=================================================================
 embedding_10 (Embedding)    (None, 4, 8)              152

 flatten_10 (Flatten)        (None, 32)                0

 dense_10 (Dense)            (None, 1)                 33

=================================================================
Total params: 185
Trainable params: 185
Non-trainable params: 0
_________________________________________________________________
None
```

여기서 Embedding 층의 출력 크기는 (None, 4, 8)가 된다. 여기서 input_dim=None, input_length=4, output_dim=8,이다. 즉, 입력 벡터 차원은 19, 입력 시퀀스의 길이는 4, 출력 벡터 차원은 8이다. Flatten 층은 3D 임베딩 텐서를 (None, 4 * 8) 크기의 2D 텐서로 펼친다. 여기서 분류를 위해 Dense 층이 사용된다.

임베딩 층의 형태와 첫 번째 임베딩 층의 가중치는 다음과 같다.

```
print(embedding_layer.get_weights()[0].shape)
print(embedding_layer.get_weights()[0][0])
```

```
(19, 8)
[ 0.00380393 -0.01353813  0.00816301 -0.02561716 -0.00696643  0.04061912
  0.00072207 -0.01411822]
```

예제 8.2

표 8.3은 17개의 한글 영화 리뷰와 해당 리뷰가 긍정이면 1, 부정이면 0을 표시한 레이블로 구성되어 있다. 감성 분류를 수행하는 모델을 생성하고자 한다.

표 8.3 영화 리뷰 데이터

document	label
"생각보다 재밌네요"	1
"괜찮은 영화입니다"	1
"영화 좋았어요"	1
"너무 재밌네요"	1
"너무 재미 없었어요"	0
"영화 최고예요"	1
"참 잘 만든 영화예요"	1
"추천하고 싶다"	1
"한번 더 보고싶네요"	1
"글쎄요"	0
"별로예요"	0
"생각보다 지루하네요"	0
"연기가 어색해요"	0
"재미없어요"	0
"실망했어요"	0
"짜증나네요"	0
"올해 영화 중 최저예요"	0

풀이

[코드 8.3.2]

```
import numpy
import tensorflow as tf
from numpy import array
from keras.preprocessing.text import Tokenizer
from keras.preprocessing.sequence import pad_sequences
from keras.models import Sequential
from keras.layers import Dense,Flatten,Embedding

# 텍스트 리뷰 자료를 지정합니다.
docs = ["생각보다 재밌네요", "괜찮은 영화입니다", "영화 좋았어요", "너무 재밌네요", "너무
재미 없었어요", "영화 최고예요",
```

```
        "참 잘 만든 영화예요","추천하고 싶다","한번 더 보고싶네요", "글쎄요", "별로예
요", "생각보다 지루하네요",
        "연기가 어색해요", "재미없어요", "실망했어요", "짜증나네요","올해 영화 중 최저
예요"]

# 긍정 리뷰는 1, 부정 리뷰는 0으로 클래스를 지정합니다.
classes = array([1,1,1,1,0,1,1,1,1,0,0,0,0,0,0,0,0])

# 토큰화
token = Tokenizer()
token.fit_on_texts(docs)
#print(token.word_index)
#임베딩에 입력될 단어의 수를 지정합니다.
word_size = len(token.word_index) +1

encoded_reviews=token.texts_to_sequences(docs)
# print(encoded_reviews)

# 패딩, 서로 다른 길이의 데이터를 4로 맞추어 줍니다.
padded_encoded_reviews = pad_sequences(encoded_reviews, 4)
#print("\n패딩 결과:\n", padded_encoded_reviews)

seed = 1234
np.random.seed(seed)
tf.random.set_seed(seed)

# 단어 임베딩을 포함하여 딥러닝 모델을 만들고 결과를 출력합니다.
model = Sequential()
model.add(Embedding(word_size, 8, input_length=4))
model.add(Flatten())
model.add(Dense(1, activation='sigmoid'))
#model.summary()

model.compile(optimizer='adam', loss='binary_crossentropy', metrics=['accuracy'])

model.fit(padded_encoded_reviews, classes, epochs=20)
print("\n Accuracy: %.4f" % (model.evaluate(padded_encoded_reviews, classes)[1]))
```

```
Epoch 1/20
1/1 [==============================] - 0s 261ms/step - loss: 0.6924 - accuracy: 0.4706
Epoch 2/20
1/1 [==============================] - 0s 997us/step - loss: 0.6905 - accuracy: 0.5882
Epoch 3/20
```

```
1/1 [==============================] - 0s 1ms/step - loss: 0.6885 - accuracy: 0.5882
Epoch 4/20
1/1 [==============================] - 0s 2ms/step - loss: 0.6866 - accuracy: 0.7059
Epoch 5/20
1/1 [==============================] - 0s 999us/step - loss: 0.6847 - accuracy: 0.7647
Epoch 6/20
1/1 [==============================] - 0s 2ms/step - loss: 0.6828 - accuracy: 0.7647
Epoch 7/20
1/1 [==============================] - 0s 2ms/step - loss: 0.6808 - accuracy: 0.8235
Epoch 8/20
1/1 [==============================] - 0s 2ms/step - loss: 0.6789 - accuracy: 0.8824
Epoch 9/20
1/1 [==============================] - 0s 999us/step - loss: 0.6769 - accuracy: 0.8824
Epoch 10/20
1/1 [==============================] - 0s 2ms/step - loss: 0.6749 - accuracy: 0.9412
Epoch 11/20
1/1 [==============================] - 0s 998us/step - loss: 0.6730 - accuracy: 0.9412
Epoch 12/20
1/1 [==============================] - 0s 2ms/step - loss: 0.6710 - accuracy: 0.9412
Epoch 13/20
1/1 [==============================] - 0s 2ms/step - loss: 0.6690 - accuracy: 1.0000
Epoch 14/20
1/1 [==============================] - 0s 2ms/step - loss: 0.6670 - accuracy: 1.0000
Epoch 15/20
1/1 [==============================] - 0s 2ms/step - loss: 0.6650 - accuracy: 1.0000
Epoch 16/20
1/1 [==============================] - 0s 2ms/step - loss: 0.6630 - accuracy: 1.0000
Epoch 17/20
1/1 [==============================] - 0s 2ms/step - loss: 0.6609 - accuracy: 1.0000
Epoch 18/20
1/1 [==============================] - 0s 2ms/step - loss: 0.6589 - accuracy: 1.0000
Epoch 19/20
1/1 [==============================] - 0s 998us/step - loss: 0.6568 - accuracy: 1.0000
Epoch 20/20
1/1 [==============================] - 0s 2ms/step - loss: 0.6547 - accuracy: 1.0000
1/1 [==============================] - 0s 67ms/step - loss: 0.6527 - accuracy: 1.0000

 Accuracy: 1.0000
```

[코드 8.3.2 설명]

(a) fit_on_texts( ) 함수를 이용하여 Tokenizer 객체를 텍스트에 적용(fitting)한다. word_index 속성에 의해 각 단어에 대한 인덱스를 반환한 총 단어의 수를 계산한다.

```
# 토큰화
token = Tokenizer()
token.fit_on_texts(docs)
#단어와 인덱스
print(f'단어와 인덱스 :{token.word_index}')
#총 단어의 수 계산
word_size =  len(token.word_index)+1
print(f'총 단어의 수 : {word_size}')
```

```
단어와 인덱스 :{'영화': 1, '생각보다': 2, '재밌네요': 3, '너무': 4, '괜찮은': 5, '영화입니다': 6, '좋았어요': 7, '재미': 8, '없었어요': 9, '최고예요': 10, '참': 11, '잘': 12, '만든': 13, '영화예요': 14, '추천하고': 15, '싶다': 16, '한번': 17, '더': 18, '보고싶네요': 19, '글쎄요': 20, '별로예요': 21, '지루하네요': 22, '연기가': 23, '어색해요': 24, '재미없어요': 25, '실망했어요': 26, '짜증나네요': 27, '올해': 28, '중': 29, '최저예요': 30}
총 단어의 수 : 31
```

(b) texts_to_sequences( ) 함수를 이용하여 각 텍스트를 숫자로 이루어진 시퀀스로 나타낸다.

```
encoded_reviews=token.texts_to_sequences(reviews)
print(f'encoded reviews: {encoded_reviews}')
```

```
encoded reviews: [[2, 3], [5, 6], [1, 7], [4, 3], [4, 8, 9], [1, 10], [11, 12, 13, 14], [15, 16], [17, 18, 19], [20], [21], [2, 22], [23, 24], [25], [26], [27], [28, 1, 29, 30]]
```

(c) pad_sequences( ) 함수를 이용하여 패딩한다.

```
# 패딩, 서로 다른 길이의 데이터를 4로 맞추어 줍니다.
padded_encoded_reviews = pad_sequences(encoded_reviews, 4)
print("\n패딩 결과:\n", padded_encoded_reviews)
```

```
패딩 결과:
 [[ 0  0  2  3]
 [ 0  0  5  6]
 [ 0  0  1  7]
 [ 0  0  4  3]
 [ 0  4  8  9]
 [ 0  0  1 10]
 [11 12 13 14]
 [ 0  0 15 16]
```

```
 [ 0 17 18 19]
 [ 0  0  0 20]
 [ 0  0  0 21]
 [ 0  0  2 22]
 [ 0  0 23 24]
 [ 0  0  0 25]
 [ 0  0  0 26]
 [ 0  0  0 27]
 [28  1 29 30]]
```

(d) 딥러닝 모델 생성한다. 딥러닝 모델은 다음과 같이 Sequential 방법에 의해 모델을 생성한다.

Embedding( ) 함수 → latten( ) 함수 → Dense( ) 함수

즉,

Embedding 층 → Flatten 층 →Dense 층

```
# 모델 구성
model = Sequential()
model.add(Embedding(word_size, 8, input_length=4))
model.add(Flatten())
model.add(Dense(1, activation='sigmoid'))
print(model.summary())
```

```
Model: "sequential_5"
_________________________________________________________________
 Layer (type)                Output Shape              Param #
=================================================================
 embedding_7 (Embedding)     (None, 4, 8)              248

 flatten_5 (Flatten)         (None, 32)                0

 dense_5 (Dense)             (None, 1)                 33

=================================================================
Total params: 281
Trainable params: 281
Non-trainable params: 0
_________________________________________________________________
None
```

여기서 Embedding 층의 출력 크기는 (None, 4, 8)가 된다. 여기서 input_dim=None, input_length=4, output_dim=8,이다. 즉, 입력 벡터 차원은 19, 입력 시퀀스의 길이는 4, 출력 벡터 차원은 8이다. Flatten 층은 3D 임베딩 텐서를 (None, 4 * 8) 크기의 2D 텐서로 펼친다. 여기서 분류를 위해 Dense 층이 사용된다.

Tip! IMDB 데이터 셋

IMDB 데이터 셋에서 IMDB은 Internet Movie Database(인터넷 영화 데이터베이스)의 줄인 말로서 영화 리뷰 데이터 셋을 나타낸다. IMDB 데이터 셋은 50,000개 데이터로 구성되어 있다. 25,000개의 train 데이터와 25,000개의 test 데이터로 구성되어 있고, 각각 50%씩 긍정 리뷰와 부정 리뷰가 있다. 여기서 긍정은 1, 부정은 0으로 표시한다.

IMDB 데이터 셋은 이미 각 리뷰가 숫자로 변환되어 있다. 즉, 정수 인코딩(integer encoding)되어 있다. 단어 사용 빈도에 따라 단어 대신 숫자로 표현되어 있다. 숫자가 작을수록 자주 사용하는 단어이고 숫자가 클수록 자주 사용하지 않는 단어를 나타낸다.

예제 8.3

IMDB 데이터 셋에서 감성 분석하고자 한다. 여기서는 모델은 4개의 층으로 구성한다. 즉, 임베딩 층, GlobalAveragePooling1D 층 그리고 2개의 Dense 층이다. 여기서 GlobalAveragePooling1D 층은 임베딩 층의 결과를 평균으로 사용한다.

Tip! GlobalAveragePooling1D 층

GlobalAveragePooling1D 층은 데이터의 길이가 다르더라도 평균을 계산하여 각 샘플에 대해 고정된 길이의 출력 벡터를 반환한다. 예를 들면, 25,000개의 리뷰에 대해 각 리뷰는 최대 256개의 단어로 구성되어 있고, 각 단어는 16개의 원소로 구성된 벡터로 표현되어 있는 경우 이들 리뷰에 대한 shape는 (25000, 256, 16) 형태를 갖는다. 여기서 두 번째 차원(리뷰당 단어 개수 256개)은 서로 다를 수 있다. 이 경우 GlobalAveragePooling1D 층을 적용하면 두 번째 차원 방향으로 평균을 구하여 shape가 (25000, 16)인 배열을 생성한다. 다음은 GlobalAveragePooling1D 함수의 간단한 예를 살펴보고자 한다.

```
from keras.layers import GlobalAveragePooling1D
import numpy as np
```

```
x = np.array(
    [[[1, 2, 3], [6, 6, 5]],
     [[2, 3, 4], [4, 5, 6]],
     [[5, 6, 7], [1, 2, 3]],
     [[6, 9, 10], [2, 1, 0]]
    ]
)
print(x.shape)
y = GlobalAveragePooling1D()(x)
print(y)
```

```
(4, 2, 3)
tf.Tensor(
[[3 4 4]
 [3 4 5]
 [3 4 5]
 [4 5 5]], shape=(4, 3), dtype=int32)
```

풀이

[코드 8.3.3]

```
from tensorflow.keras.datasets import imdb

from keras.datasets import imdb
from keras.models import Sequential
from keras.preprocessing.sequence import pad_sequences
from keras.layers import Embedding, GlobalAveragePooling1D, Dense

import numpy as np
import tensorflow as tf

# 텐서플로 재현성-난수 고정
import os
import random
import tensorflow as tf
import numpy as np
```

```
SEED = 10
os.environ['PYTHONHASHSEED'] = str(SEED)
os.environ['TF_DETERMINISTIC_OPS'] = '1'

random.seed(SEED)
tf.random.set_seed(SEED)
np.random.seed(SEED)

max_words = 256
num_words = 10000

(x_train, y_train), (x_test, y_test) = imdb.load_data(num_words=num_words)
#print('x_train 리뷰 개수 :',len(x_train[0]))
#print('x_test 리뷰 개수 :',len(x_test[0]))

x_train = pad_sequences(x_train, maxlen=max_words)
x_test = pad_sequences(x_test, maxlen=max_words)
#print('패딩 후 x_train 리뷰 :',x_train[0])
#print('패딩 후 x_test 리뷰 :',x_test[0])
#print('패딩 후 x_train 리뷰 개수 :',len(x_train[0]))
#print('패딩 후 x_test 리뷰 개수 :',len(x_test[0]))

model = Sequential()
model.add(Embedding(input_dim=num_words, output_dim=16, input_length=256))
model.add(GlobalAveragePooling1D())
model.add(Dense(16, activation='relu'))
model.add(Dense(1, activation='sigmoid'))
#model.summary()

model.compile(   optimizer='adam',   loss='binary_crossentropy',   metrics=['accuracy'])
history = model.fit(    x_train,    y_train,    epochs=20,    batch_size=512,
validation_split=0.1,    shuffle=True)
```

```
Epoch 1/20
44/44 [==============================] - 1s 12ms/step - loss: 0.6916 - accuracy: 0.5194
- val_loss: 0.6890 - val_accuracy: 0.6352
Epoch 2/20
44/44 [==============================] - 0s 10ms/step - loss: 0.6825 - accuracy: 0.6265
- val_loss: 0.6737 - val_accuracy: 0.6976
Epoch 3/20
44/44 [==============================] - 0s 10ms/step - loss: 0.6577 - accuracy: 0.7171
- val_loss: 0.6403 - val_accuracy: 0.7448
Epoch 4/20
```

```
44/44 [==============================] - 0s 10ms/step - loss: 0.6141 - accuracy: 0.7676
- val_loss: 0.5911 - val_accuracy: 0.7776
Epoch 5/20
44/44 [==============================] - 0s 10ms/step - loss: 0.5571 - accuracy: 0.8093
- val_loss: 0.5339 - val_accuracy: 0.8308
Epoch 6/20
44/44 [==============================] - 0s 10ms/step - loss: 0.4954 - accuracy: 0.8436
- val_loss: 0.4776 - val_accuracy: 0.8384
Epoch 7/20
44/44 [==============================] - 0s 10ms/step - loss: 0.4364 - accuracy: 0.8631
- val_loss: 0.4286 - val_accuracy: 0.8560
Epoch 8/20
44/44 [==============================] - 0s 11ms/step - loss: 0.3857 - accuracy: 0.8765
- val_loss: 0.3916 - val_accuracy: 0.8568
Epoch 9/20
44/44 [==============================] - 0s 10ms/step - loss: 0.3463 - accuracy: 0.8847
- val_loss: 0.3630 - val_accuracy: 0.8636
Epoch 10/20
44/44 [==============================] - 0s 11ms/step - loss: 0.3146 - accuracy: 0.8939
- val_loss: 0.3431 - val_accuracy: 0.8684
Epoch 11/20
44/44 [==============================] - 0s 10ms/step - loss: 0.2897 - accuracy: 0.8995
- val_loss: 0.3266 - val_accuracy: 0.8760
Epoch 12/20
44/44 [==============================] - 0s 10ms/step - loss: 0.2694 - accuracy: 0.9055
- val_loss: 0.3151 - val_accuracy: 0.8796
Epoch 13/20
44/44 [==============================] - 0s 10ms/step - loss: 0.2523 - accuracy: 0.9122
- val_loss: 0.3061 - val_accuracy: 0.8800
Epoch 14/20
44/44 [==============================] - 0s 10ms/step - loss: 0.2375 - accuracy: 0.9172
- val_loss: 0.2995 - val_accuracy: 0.8804
Epoch 15/20
44/44 [==============================] - 0s 10ms/step - loss: 0.2252 - accuracy: 0.9200
- val_loss: 0.2948 - val_accuracy: 0.8816
Epoch 16/20
44/44 [==============================] - 0s 10ms/step - loss: 0.2139 - accuracy: 0.9245
- val_loss: 0.2911 - val_accuracy: 0.8840
Epoch 17/20
44/44 [==============================] - 0s 11ms/step - loss: 0.2039 - accuracy: 0.9289
- val_loss: 0.2869 - val_accuracy: 0.8880
Epoch 18/20
```

```
44/44 [==============================] - 0s 10ms/step - loss: 0.1944 - accuracy: 0.9326
- val_loss: 0.2855 - val_accuracy: 0.8872
Epoch 19/20
44/44 [==============================] - 0s 11ms/step - loss: 0.1860 - accuracy: 0.9354
- val_loss: 0.2853 - val_accuracy: 0.8856
Epoch 20/20
44/44 [==============================] - 0s 10ms/step - loss: 0.1782 - accuracy: 0.9384
- val_loss: 0.2832 - val_accuracy: 0.8904
```

그림 8.2는 학습 데이터와 테스트 데이터에서 감성 분석을 위한 모델의 손실함수 그래프를 나타내고 있다.

```
import matplotlib.pyplot as plt

loss = history.history['loss']
val_loss = history.history['val_loss']
epochs = range(1, len(loss) + 1)
plt.plot(epochs, loss, 'y', label='Training loss')
plt.plot(epochs, val_loss, 'r', label='Validation loss')
plt.title('Training and validation loss')
plt.xlabel('Epochs')
plt.ylabel('Loss')
plt.legend()
plt.show()
```

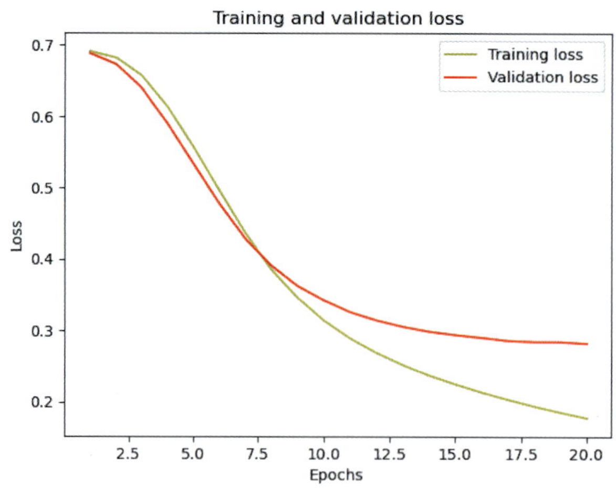

그림 8.2 에포크에 따른 손실함수 그래프

그림 8.3은 학습 데이터와 테스트 데이터에서 감성 분석을 위한 모델의 정확도 그래프를 나타내고 있다.

```
import matplotlib.pyplot as plt

acc = history.history['accuracy']
val_acc = history.history['val_accuracy']
plt.plot(epochs, acc, 'y', label='Training acc')
plt.plot(epochs, val_acc, 'r', label='Validation acc')
plt.title('Training and validation accuracy')
plt.xlabel('Epochs')
plt.ylabel('Accuracy')
plt.legend()
plt.show()
```

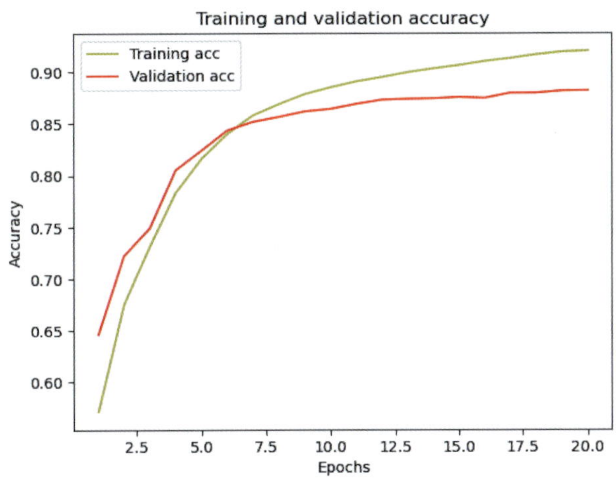

그림 8.3 에포크에 따른 정확도 그래프

[코드 8.3.3 설명]

① IMDB 데이터 셋 불러오기

load_data( ) 함수는 케라스에서 제공하는 데이터 셋, 즉 MNIST, Fashion_MNIST, IMDB 데이터 셋을 불러오는 데 사용하는 함수이다. load_data( ) 함수를 이용하여 IMDB 데이터 셋 호출하면 다음과 같이 네 개의 넘파이(NumPy) 배열로 반환된다.

(x_train, y_train), (x_test, y_test)

```
from tensorflow.keras.datasets import imdb

(x_train, y_train), (x_test, y_test) = imdb.load_data(num_words=10000)
print('train 리뷰 개수 : {}'.format(len(x_train)))
print('test 리뷰 개수 : {}'.format(len(x_test)))
num_classes = len(set(y_train))
print('카테고리 : {}'.format(num_classes))
```

```
train 리뷰 개수 : 25000
test 리뷰 개수 : 25000
카테고리 : 2
```

여기서 imdb.data_load( ) 함수의 num_words 인자는 자주 등장하는 단어의 개수를 지정한다. 예를 들어, num_words = 10000이면, 등장 빈도 순위가 1등 ~ 10,000 등수에 해당하는 단어만 사용하게 된다. 즉, 어휘의 개수가 10,000이 된다.

그리고 train 데이터 셋 리뷰의 개수는 25,000개, test 데이터 셋 리뷰의 개수는 25,000개, 카테고리는 2개이다.

② 영화 리뷰가 어떤 형태의 데이터인지 확인

상위 첫 번째 train 리뷰에 해당되는 x_train 데이터, 즉, x_train[0]을 출력하고 그것이 긍정인지 부정인지 레이블, 즉, y_train[0]을 출력하고자 한다.

```
print('첫 번째 train 리뷰 데이터 타입 :',type(x_train[0]))
print('첫 번째 train 리뷰 길이 :',len(x_train[0]))
print('첫 번째 train 리뷰 :',x_train[0])
print('첫 번째 train 리뷰의 레이블 :',y_train[0])
```

```
첫 번째 train 리뷰 데이터 타입 : <class 'list'>
첫 번째 train 리뷰 길이 : 218
첫 번째 train 리뷰 : [1, 14, 22, 16, 43, 530, 973, 1622, 1385, 65, 458, 4468, 66, 3941,
4, 173, 36, 256, 5, 25, 100, 43, 838, 112, 50, 670, 2, 9, 35, 480, 284, 5, 150, 4, 172,
112, 167, 2, 336, 385, 39, 4, 172, 4536, 1111, 17, 546, 38, 13, 447, 4, 192, 50, 16, 6,
147, 2025, 19, 14, 22, 4, 1920, 4613, 469, 4, 22, 71, 87, 12, 16, 43, 530, 38, 76, 15,
13, 1247, 4, 22, 17, 515, 17, 12, 16, 626, 18, 2, 5, 62, 386, 12, 8, 316, 8, 106, 5, 4,
2223, 5244, 16, 480, 66, 3785, 33, 4, 130, 12, 16, 38, 619, 5, 25, 124, 51, 36, 135, 48,
25, 1415, 33, 6, 22, 12, 215, 28, 77, 52, 5, 14, 407, 16, 82, 2, 8, 4, 107, 117, 5952,
15, 256, 4, 2, 7, 3766, 5, 723, 36, 71, 43, 530, 476, 26, 400, 317, 46, 7, 4, 2, 1029,
```

```
13, 104, 88, 4, 381, 15, 297, 98, 32, 2071, 56, 26, 141, 6, 194, 7486, 18, 4, 226, 22,
21, 134, 476, 26, 480, 5, 144, 30, 5535, 18, 51, 36, 28, 224, 92, 25, 104, 4, 226, 65,
16, 38, 1334, 88, 12, 16, 283, 5, 16, 4472, 113, 103, 32, 15, 16, 5345, 19, 178, 32]
첫 번째 train 리뷰의 레이블 : 1
```

→ x_train[0]의 데이터 타입은 리스트이고, x_train[0]의 데이터의 길이는 218개이고 영화 리뷰는 텍스트로 이루어진 데이터가 아니고 텍스트에 대한 정수로 이루어져 있다. 즉, 정수 인코딩(Integer Encoding)되어 있다. 여기서 숫자 2는 num_words=10000에 의해 등장 빈도 순위 10,000에 들어있지 않는 단어를 의미한다. 그리고 x_train[0] 리뷰에 대한 레이블은 1이므로 이것은 긍정을 나타낸다.

Tip! IMDB 데이터 셋에서 정수 인코딩

영화 리뷰는 숫자 3부터 시작한다. 즉, 영화 리뷰에서 단어 등장 빈도수가 가장 높은 숫자는 3이 된다. IMDB 리뷰 데이터 셋에서는 0, 1, 2는 특별 토큰으로 취급하고 있다. 영화 리뷰에서 숫자 0은 패딩(padding)을 의미하고 1은 문서의 시작(start of sequence)을 의미하고 2는 설정된 등장 빈도수에 포함되지 않는 단어들을 나타낸다. 예를 들면, num_words=10000인 경우 등장 빈도 순위 10,000에 들어있지 않는 단어를 나타낸다.

상위 첫 번째 리뷰에 해당되는 x_train 데이터, 즉, x_train[0]의 개수와 최대 숫자에 대해 알아보고자 한다.

```
print('첫 번째 train 리뷰 데이터 개수 :',len(x_train[0]))
print('첫 번째 train 리뷰 데이터 최댓값 :',max(x_train[0]))
```

```
첫 번째 train 리뷰 데이터 개수 : 218
첫 번째 train 리뷰 데이터 최댓값 : 7486
```

→ x_train[0]은 218개의 단어로 구성되어 있고, 최대 정수는 7486이다.

상위 첫 번째 리뷰에 해당되는 x_train 데이터, 즉 x_train[0]의 일부, 여기서는 10개의 리뷰 만을 출력하고자 한다.

```
print("Encoded review: ", x_train[0][:10])
```

```
Encoded review:  [1, 14, 22, 16, 43, 530, 973, 1622, 1385, 65]
```

→ x_train[0]의 데이터 타입은 리스트이므로 원하는 인덱스, 여기서는 10개의 리뷰만을 보기 위해 x_train[0][:10] 처럼 지정한다.

③ 영화 리뷰 내용 보기 → 정수를 다시 텍스트로 역 변환하는 방법

IMDB 데이터 셋은 이미 전처리되어 있어 각 리뷰(단어 시퀀스)가 정수로 변환되어 있다. 여기서는 전처리 전의 상태 즉, 정수를 다시 텍스트로 변환하는 방법에 대해 살펴보고자 한다.

(a) get_word_index( ) 함수를 이용하여 단어와 정수 인덱스를 매핑한 딕셔너리(dictionary) 형태, 즉 {word:index}처럼 중괄호를 사용한다.

(b) items( ) 함수는 딕셔너리에 있는 키(key)와 값(value)의 쌍, 즉, [(키, 값)]처럼 리스트 형태로 반환한다.

```
car = {"name" : "BMW", "price" : "7000"}
car.items()
```

```
dict_items([('name', 'BMW'), ('price', '7000')])
```

(c) 원래 키(key)와 값(value)의 쌍을 값(value)과 키(key)의 쌍으로 뒤집어서 딕셔너리(dictionary) 형태로 반환한다.

reverse_word_index = dict([(value, key) for (key, value) in word_index.items()])

리뷰를 디코딩하는 작업이다. get( ) 함수는 딕셔너리(dictionary)에서 키(key)가 있으면, 그에 해당하는 값(value)을 출력한다. 만약, 키(key)가 없으면, 미리 정해 둔 디폴트값을 대신 출력해 준다.

get(key, '디폴트값')

다음은 get( ) 함수의 사용 예이다.

```
a={'name': 'Lee', 'phone':'010-1234-1234', 'nationality':'Korea'}
print(a.get('name'))
#print(a.get('address'))
print(a.get('address','Korea'))
```

```
Lee
Korea
```

```
word_index = imdb.get_word_index() #{word:index}
print(type(word_index))
reverse_word_index = dict([(value, key) for (key, value) in word_index.items()])
print("Original review: ", ' '.join([reverse_word_index.get(i - 3, '?') for i in
x_train[0]][0:10]))
```

```
<class 'dict'>
Original review:  ? this film was just brilliant casting location scenery story
```

→ x_train[0]을 디코딩하는데 get( ) 함수는 키(key)값을 통해 값(value)을 찾아주고 못찾은 경우에는 '?'로 대체한다. 이 작업이 필요한 이유는 위에서 데이터를 받아올 때 num_words=10000을 통해 10,000개의 자주 쓰이는 단어만 가져왔으므로 나머지 단어에 대해서는 값이 존재하지 않으므로 이런 작업이 필요하다. 그리고 각 단어를 join( ) 함수를 통해서 공백으로 이어주었다. 그리고 정수 인코딩에서 'padding', 'start of sequence', 'unknown'은 "?"로 대체하고 숫자는 0부터 시작하기 위해 3을 빼고 계산한다.

④ 문장 길이 동일하게 맞춰주는 작업

모델의 입력으로 사용하려면 모든 샘플 길이를 동일하게 맞춰주어야 한다. 문장의 길이를 동일하게 맞춰주는 작업을 패딩(padding)이라고 한다. 이 패딩 과정은 길이가 짧은 문장은 지정된 길이에 맞도록 0을 채워주는데, 앞에서부터 0을 채우는 프리 패딩(pre-padding)과 뒤에서부터 0을 채우는 포스트 패딩(post-padding)으로 나눈다. 여기서 0을 가지고 채워준다고 하여 제로 패딩(zero padding)이라고 한다.

캐라스의 pad_sequences() 함수를 이용하여 패딩(padding) 작업을 수행하고자 한다.

■ pad_sequences( ) 함수

pad_sequences( ) 함수는 모든 시퀀스가 동일한 길이를 갖도록 하는 데 사용되는 함수이다. 디폴트는 가장 긴 시퀀스와 길이가 같을 때까지 각 시퀀스의 시작 부분에 0을 채운다. pad_sequences() 함수의 사용 형식은 다음과 같다.

```
tf.keras.preprocessing.sequence.pad_sequences(
    sequences,
    maxlen=None,
```

```
    dtype='int32',
    padding ='pre'
)
```

- maxlen : 시퀀스의 가장 긴 길이를 나타낸다.
- padding : 패딩을 나타낸다.
- padding ='pre'이면 프리 패딩(pre-padding)을 나타낸다. 이 경우는 길이가 짧은 시퀀스의 시작 부분에 0을 채운다.

padding = 'post'이면 포스트 패딩(post-padding)을 나타낸다. 이 경우는 길이가 짧은 시퀀스의 끝부분에 0을 채운다.

만약, 예를 들어 maxlen = 80으로 지정했다면 80보다 짧은 문장은 0으로 채워서 80단어로 맞춰주고 80보다 긴 문장은 80단어까지만 잘라낸다.

다음은 pad_sequences( ) 함수의 사용 예이다.

```
from tensorflow.keras.preprocessing.sequence import pad_sequences
pad_sequences([[1, 2, 3], [3, 4, 5, 6], [7, 8]])
```

```
array([[0, 1, 2, 3],
       [3, 4, 5, 6],
       [0, 0, 7, 8]])
```

→ pad_sequences( ) 함수에서 생략된 maxlen 인자는 maxlen = 4이다. 그리고 디폴트로 padding = 'pre'이므로 pre-padding을 나타낸다.

⑤ 모델 생성

모델은 4개의 층으로 구성한다. 즉, 임베딩 층, GlobalAveragePooling1D 층 그리고 2개의 Dense 층으로 구성한다.

```
model = Sequential()
model.add(Embedding(input_dim=num_words, output_dim=16, input_length=256))
model.add(GlobalAveragePooling1D())
model.add(Dense(16, activation='relu'))
```

```
model.add(Dense(1, activation='sigmoid'))
model.summary()
```

```
Model: "sequential_27"
_________________________________________________________________
 Layer (type)                Output Shape              Param #
=================================================================
 embedding_24 (Embedding)     (None, 256, 16)           160000

 global_average_pooling1d (G  (None, 16)                0
 lobalAveragePooling1D)

 dense_37 (Dense)             (None, 16)                272

 dense_38 (Dense)             (None, 1)                 17

=================================================================
Total params: 160,289
Trainable params: 160,289
Non-trainable params: 0
```

연습문제

8-1 표 8.4는 10개의 문장에 대해 긍정이면 1, 부정이면 0으로 표시한 데이터이다. 감성 분류를 위한 모델을 생성하고자 한다.

표 8.4 텍스트 데이터

document	label
"Programming is a good habit"	1
"This is bad code you must improve it"	0
"This is a perfect idea"	1
"Your code was clean and neat"	1
"You are excellent programmer"	1
"You have performed badly in the examinations"	0
"You could have made it better"	0
"Good work! Keep it up."	1
"Poor performance"	0
"Improve yourself"	0

8-2 그림 8.4는 50,000개의 문장에 대해 긍정이면 "positive", 부정이면 "negative"을 표시한 레이블로 구성된 IMDB 데이터이다.

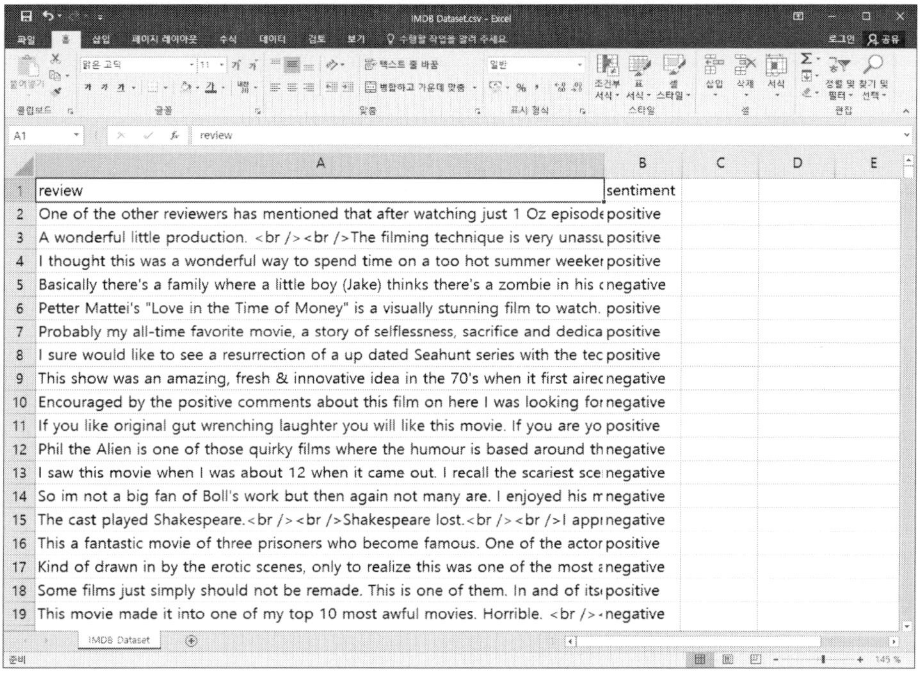

	A	B
1	review	sentiment
2	One of the other reviewers has mentioned that after watching just 1 Oz episod	positive
3	A wonderful little production. The filming technique is very unass	positive
4	I thought this was a wonderful way to spend time on a too hot summer weeke	positive
5	Basically there's a family where a little boy (Jake) thinks there's a zombie in his	negative
6	Petter Mattei's "Love in the Time of Money" is a visually stunning film to watch.	positive
7	Probably my all-time favorite movie, a story of selflessness, sacrifice and dedica	positive
8	I sure would like to see a resurrection of a up dated Seahunt series with the tec	positive
9	This show was an amazing, fresh & innovative idea in the 70's when it first aire	negative
10	Encouraged by the positive comments about this film on here I was looking fo	negative
11	If you like original gut wrenching laughter you will like this movie. If you are yo	positive
12	Phil the Alien is one of those quirky films where the humour is based around th	negative
13	I saw this movie when I was about 12 when it came out. I recall the scariest sce	negative
14	So im not a big fan of Boll's work but then again not many are. I enjoyed his m	negative
15	The cast played Shakespeare. Shakespeare lost. I app	negative
16	This a fantastic movie of three prisoners who become famous. One of the actor	positive
17	Kind of drawn in by the erotic scenes, only to realize this was one of the most	negative
18	Some films just simply should not be remade. This is one of them. In and of its	positive
19	This movie made it into one of my top 10 most awful movies. Horrible. 	negative

그림 8.4 IMDB 데이터 (파일이름: IMDB Dataset.csv)

감성 분류를 위해 아래 모델을 참고하여 모델을 생성하고자 한다.

```
model = Sequential()

embedding_layer = Embedding(vocab_size, 100, weights=[embedding_matrix],
input_length=maxlen , trainable=False)
model.add(embedding_layer)

model.add(Conv1D(128, 5, activation='relu'))
model.add(GlobalMaxPooling1D())
model.add(Dense(1, activation='sigmoid'))
model.compile(optimizer='adam', loss='binary_crossentropy', metrics=['acc'])
```

9장

RNN 모델과 LSTM 모델

9.1 RNN 모델

(1) RNN 모델이란?

RNN(Recurrent Neural Network)은 순차 데이터(sequence data, sequential data, 서열 데이터) 분석에 적합한 딥러닝 모델이다. 순차 데이터는 순서를 가진 데이터로서 텍스트 데이터(text data)나 시계열 데이터(time series data)와 같이 단어들의 순서가 의미가 있는 데이터를 말한다. 예를 들어, 텍스트에서 "I work at google"("나는 구글에서 일한다")이라는 문장은 "I", "work", "at", "google" 단어들로 이루어지고 이 단어들은 순서를 갖고 있다. 단어들의 순서를 바꾸면, 예를 들어, "I google at work"("나는 직장에서 구글링 한다")처럼 다른 의미를 갖는 문장이 된다. 예를 들면, 주가, 날씨와 같은 시계열 데이터들은 얻어진 시점들이 순서를 갖고 있다. 텍스트 데이터, 시계열 데이터 외에 음성 데이터(voice data)/오디오 데이터(audio data), 동영상 데이터(video data) 등도 순서가 의미가 있는 순차 데이터의 예이다. 그림 9.1은 3개월간(22.11.1. ~ 23.2.1.) 삼성전자 주가 추이를 나타내는 그래프이다.

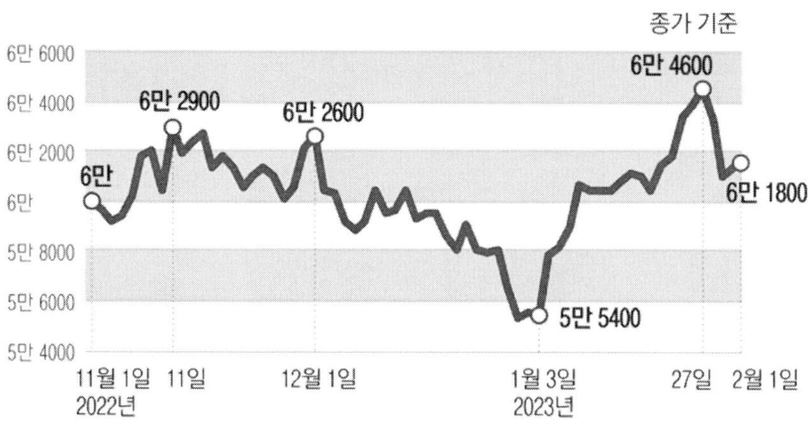

그림 9.1 삼성전자 주가 추이 그래프
출처: 한국증권거래소

우리가 사용하는 데이터 중에는 순차 데이터들이 많이 있다. 순차 데이터는 데이터 집합 내의 객체들이 어떤 순서를 가진 데이터로서 그 순서가 변경될 경우 고유의 특성을 잃어버리는 특성이 있다. 순차 데이터의 쉬운 예로 '도'와 '시'라는 글자 객체들로 '도시'와 '시도'라는 단어들의 조합이 가능하지만, 이들은 서로 다른 의미를 갖는다. 또 다른 예로, 텍스트는 단 하나의 단어만 안다고 해서 전체 문장이 이해되는 것이 아니다. 예를 들어, "그는 그녀에게 사과의 의미로 빨간 사과 한 바구니를 건네주며 미안하다고 말했다."라는 문장에서 "사과"라는 같은 단어라도 문장에 놓인 위치에 따라 다르게 해석될 수 있으므로 단어의 사전적 의미뿐만 아니라, 앞뒤 문장의 요소들을 종합적으로 고려해야 의미를 파악할 수 있다.

(2) RNN 구조

일반적인 신경망에서 데이터들 간은 각각 독립이라 가정하고 있지만, 순차 데이터는 시간의 흐름에 따라 순차적으로 정보들이 배열되어 있어, 이들 데이터 간에는 서로 독립이 아니다. 따라서, 텍스트에서 단어의 의미는 단순히 단어의 사전적인 의미가 아닌 전후 맥락에 의해 단어의 뜻을 해석해야 한다. 그림 9.2는 기존의 신경망과 RNN 모델과의 구조의 차이를 보여주고 있다.

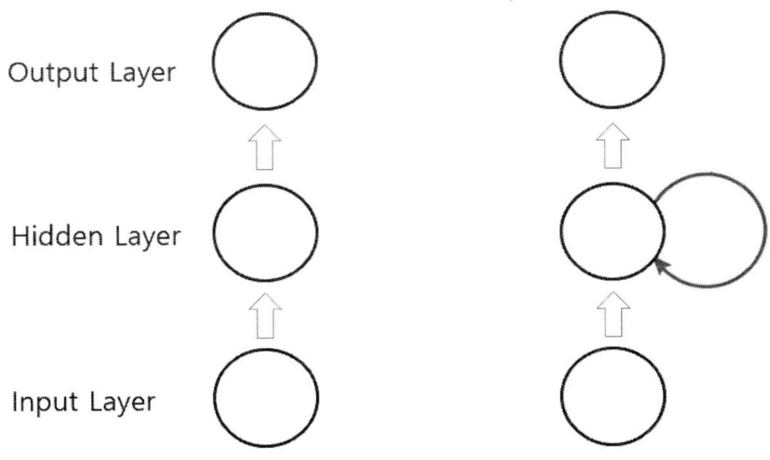

(a) 기존의 신경망 (b) RNN

그림 9.2 기존의 신경망과 RNN 구조

기존의 신경망에서 정보는 입력층(input layer)에서 은닉층(hidden layer)을 걸쳐 출력층(output layer)으로 전달된다. 이처럼 흐름이 한 방향으로만 흐르는 신경망을 피드-포워드 신경망(feed-forward neural network)이라고 한다. RNN에서도 입력층에서 은닉층을 걸쳐 출력층으로 전달되는데 은닉층은 순환 구조(recurrent structure)를 갖고 있다. 즉, 은닉층에서 나온 결과값이 다시 은닉층으로 돌아가 새로운 입력값과 연산을 수행하는 구조이다. 이것을 루프(loop)로 표시한다. 즉, 일반적인 신경망은 입력층→은닉층→출력층으로 한 방향으로 하나의 연결(connection)만을 갖는 반면에, RNN은 입력층→은닉층→출력층으로 연결 외에 은닉층의 출력이 다시 은닉층으로 입력되는 피드-백 연결(feed-back connection)이라는 순환(recurrent)하는 추가 연결 구조를 갖고 있다.

일반적인 신경망은 데이터 간 서로 독립이라 데이터들의 시간적인 순서를 고려하지 않는다. 즉, 현재 타임 스텝(time step) t에 입력 x_t가 주어지면 현재의 상태 h_t을 생성하며, 이때 시간 t의 출력 h_t은 시간 t의 입력 x_t에만 의존한다. 이를 수식으로 표현하면 다음과 같다.

$$h_t = f(x_t)$$

기존의 신경망 모델은 외부 입력 x_t에 의해 자신의 상태 h_t을 갱신한다. 기존 신경망은 이전 모델의 상태를 기억하지 않기 때문에 음성, 언어 등과 같은 순서 데이터에 대한 모델로는 적합하지 않다.

그림 9.3은 RNN의 기본 구조를 보여주고 있다. 일반 신경망에서 은닉층의 노드를 RNN에서는 셀(cell)이라고 한다. 현재 타임 스텝(time step) t에서의 셀은 이전 타임 스텝 $t-1$에서의 출력값을 기억하는 일종의 메모리 역할도 하므로 이를 메모리 셀(memory cell) 또는 RNN 셀(RNN cell)이라고 부른다.

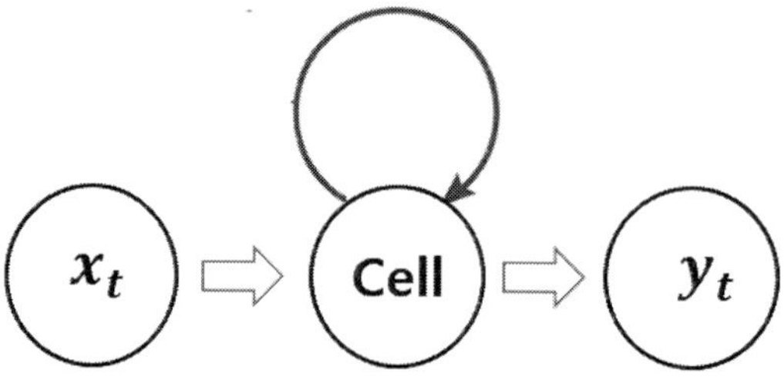

그림 9.3 RNN의 기본 구조

현재 타임 스텝 t에서의 메모리 셀이 갖고 있는 값은 과거의 메모리 셀들의 값에 영향을 받은 것을 의미한다. 그렇다면 메모리 셀이 갖고 있는 이 값을 은닉상태(hidden state)라고 부른다. 다시 말하면, t 시점의 메모리 셀은 $t-1$ 시점의 메모리 셀이 가지고 있는 은닉상태값 h_{t-1}을 t 시점의 은닉상태값 h_t 계산을 위한 입력값으로 사용한다. 일반적으로 타임 스텝 t에서 셀의 상태 h_t는 타임 스텝 t에서의 입력 x_t과 이전 타임 스텝의 상태 h_{t-1}에 의해 결정된다. 이를 수식으로 표현하면 다음과 같다.

$$h_t = f(h_{t-1}, x_t)$$

그림 9.3과 같이 일반적으로 많이 사용하는 RNN은 출력 y_t과 셀의 상태 h_t가 구분되며, 입력으로 h_t가 다시 들어가지만, 어떤 RNN은 출력 y_t와 h_t가 구분 없이, 입력으로 y_t가 다시 들어간다.

그림 9.4는 RNN 구조를 타임 스텝(time step)에 따라 펼쳐 놓은(unfold) 모습을 보여주고 있다. 일반적으로 RNN을 그림으로 나타낼 때는 그림 9.4의 왼쪽 그림처럼 순환구조를 가지고 나타내지 않고, 오른쪽 그림처럼 시간 축에 따라 인공 신경망을 펼쳐 놓은 형태로 나타낸다.

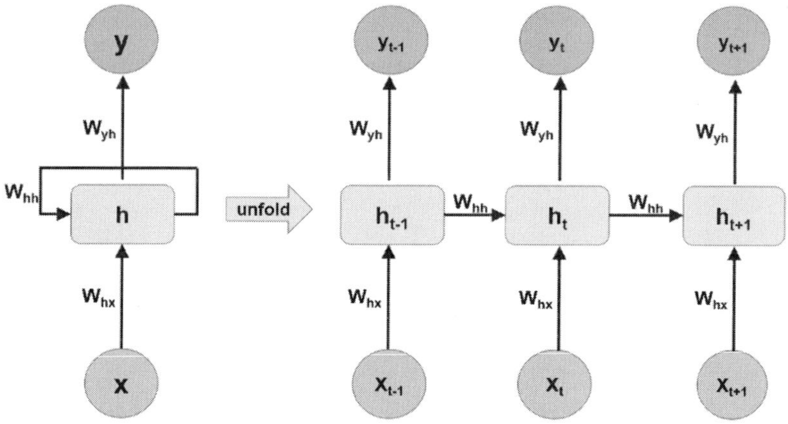

그림 9.4 펼쳐진 RNN 구조

각 셀은 두 개의 가중치 W_{hx}와 W_{hh}을 가지는데, 하나는 입력층을 위한 가중치 W_{hx}이고, 하나는 이전 시점 $t-1$의 은닉상태값인 h_{t-1}를 위한 가중치 W_{hh}이다. 이를 수식으로 표현하면 다음과 같다.

$$h_t = \tanh(W_{hx}x_t + W_{hh}h_{t-1})$$
$$y_t = f(W_{yh}h_t)$$

여기서 셀의 상태 h_t를 얻는데 활성화 함수로는 tanh가 주로 사용되며, 현재 바이어스를 고려하지 않았다. 출력 y_t를 얻는데 활성화 함수 f가 선형함수이면 $y_t = W_{yh}h_t$이 된다.

RNN에서 "What time is it ?"이라는 문장을 처리한다고 가정한다. RNN은 "What time is it ?"에 대한 올바른 대답을 하려면 매 단어 입력할 때마다 그 내용을 기억할 수 있어야 한다. 이를 위해 문장을 개별 단어로 나눈다. 즉,

"What", "time", "is", "it", "?"

그림 9.5와 같이 RNN은 한 번에 한 단어씩 순차적으로 입력하여 처리한다.

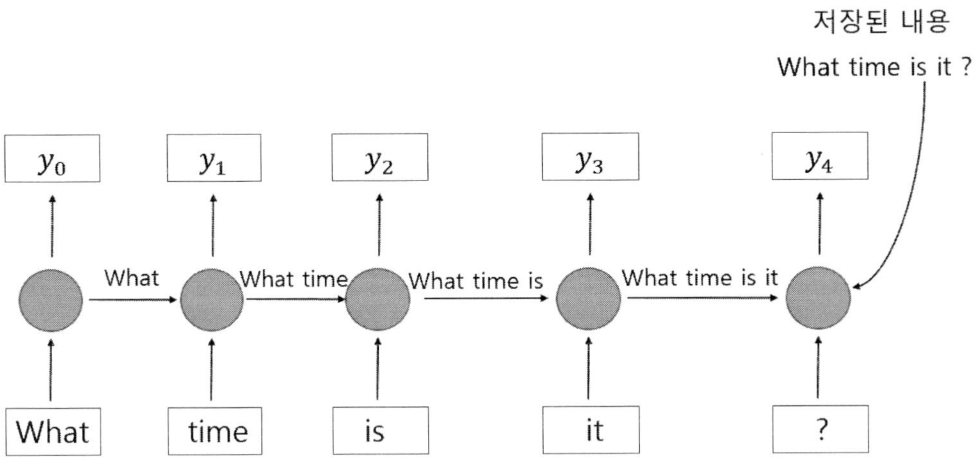

그림 9.5 RNN의 처리 방식

그림 9.5의 RNN의 처리 방식을 단계별로 설명하면 다음과 같다.

- Step 1 : 'What'을 RNN에 입력한다. 그리고 셀을 거쳐 출력과 은닉상태(hidden state)를 반환한다. 여기서 출력은 생략할 수 있다.
- Step 2 : 'time'을 RNN에 입력한다. 그리고 셀을 거쳐 출력과 은닉상태를 반환한다.

여기서 셀은 'What'과 'time'의 단어에 대한 정보를 갖고 있다.

- Step 3 : 모든 단어에 대해 위의 과정을 반복한다. 여기서 마지막 셀은 "What", "time", "is", "it", "?" 단어에 대한 정보를 갖고 있다.

(3) RNN 구현

케라스에서 simpleRNN( ) 함수는 기본적인 RNN 모델을 구현한다. 다음은 simpleRNN ( ) 함수의 사용형식이다.

```
keras.layers.SimpleRNN(
    units,
    activation='tanh',
    use_bias=True,
    return_sequences=False
)
```

- units : 은닉층의 유닛(혹은 노드), 즉 은닉상태(hidden state)의 크기를 나타낸다.
- activation : 활성화 함수를 지정하고 디폴트는 activation='tanh'이다.
- use_bias : 바이어스 사용 여부를 지정하고 디폴트는 use_bias=True이므로 바이어스를 고려한다.
- return_sequences : 모든 시점의 은닉상태를 출력할지 아니면 마지막 시점의 은닉상태만을 출력할지 지정한다. 디폴트는 return_sequences=False이므로 마지막 시점의 은닉상태만을 출력한다.

SimpleRNN( ) 함수의 입력 형태는 다음과 같다. 즉, 기본적인 RNN 층은 다음과 같이 3D 텐서의 형태를 입력으로 받는다.

```
Input shape : (batch size, time steps, input_dim )
```

여기서 batch size는 한 번에 학습하는 데이터의 개수, time steps은 배치 당 시점의 수, 혹은 배치 당 입력 시퀀스의 길이(input_length), 그리고 input_dim은 입력 시퀀스의 차원을 나타낸다.

혹은 SimpleRNN( ) 함수는 입력 형태를 input_shape 매개변수를 사용하여 지정할 수 있다. 이 경우, RNN 층은 다음과 같이 2D 텐서의 형태를 입력으로 받는다.

```
input_shape : (time steps, input_shape )
```

SimpleRNN( ) 함수의 출력 형태는 다음과 같다. 즉, RNN 층은 return_sequences = False, True에 따라 다음과 같이 2D 혹은 3D 텐서의 형태를 출력한다.

```
Output shape : (batch size, units),  if return_sequences = False
Output shape : (batch size, time steps, units), if return_sequences = True
```

위에서 보는 것처럼, return_sequences = False이면 2D 텐서의 형태를 출력하고, return_sequences = True이면 3D 텐서의 형태를 출력한다.

예제 9.1

정규난수를 발생하여 SimpleRNN( ) 함수의 입력으로 사용하고자 한다. SimpleRNN( ) 함수의 입력 형태에서 input_shape 매개변수를 사용하는 경우, SimpleRNN( ) 함수의 출력 형태에서 return_sequences= False, True 지정하는 경우에 대해 살펴보고자 한다. 여기서 RNN은 4개의 은닉층의 노드를 사용한다.

풀이

[코드 9.1.1]

(a) SimpleRNN( ) 함수의 input_shape 매개변수를 사용하지 않는 경우, 즉 다음과 같이 은닉층의 노드, 여기서는 4를 지정한다.

SimpleRNN(4)

```
import tensorflow as tf
from tensorflow.keras.layers import SimpleRNN
import numpy as np

# fix random seed for reproducibility
seed = 1234
np.random.seed(seed)
tf.random.set_seed(seed)

x = tf.random.normal((1, 3, 2))
print("x = \n", x)
print("input.shape = ", x.shape)

layer = SimpleRNN(4)
output = layer(x)

print("output.shape =", output.shape)
# (1, 4)
```

```
x =
 tf.Tensor(
[[[ 0.8369314  -0.7342977 ]
  [ 1.0402943   0.04035992]
  [-0.7218659   1.0794858 ]]], shape=(1, 3, 2), dtype=float32)
input.shape =  (1, 3, 2)
output.shape = (1, 4)
```

→ SimpleRNN( ) 함수의 입력 형태는 정규난수 x의 형태 (1, 3, 2)인 3D 형태이다. 여기서 batch size=1, input_length=3, input_dim=2이다. SimpleRNN( ) 함수의 출력 형태는 (1, 4)인 2D 형태이다. 여기서 batch size=1, units=4이다.

(b) SimpleRNN( ) 함수의 input_shape 매개변수를 사용하는 경우, 즉 다음과 같이 은닉층의 노드, 여기서는 4와 input_shape=(3, 2)를 지정한다.

SimpleRNN(4, input_shape=(3, 2))

```
import tensorflow as tf
from tensorflow.keras.layers import SimpleRNN
import numpy as np

# fix random seed for reproducibility
seed = 1234
np.random.seed(seed)
tf.random.set_seed(seed)

x = tf.random.normal((1, 3, 2))
print("x = \n", x)
print("input.shape = ", x.shape)

layer = SimpleRNN(4, input_shape=(3, 2))
output = layer(x)

print("output.shape =", output.shape)
# (1, 4)
```

```
x =
 tf.Tensor(
[[[ 0.8369314  -0.7342977 ]
  [ 1.0402943   0.04035992]
  [-0.7218659   1.0794858 ]]], shape=(1, 3, 2), dtype=float32)
input.shape =  (1, 3, 2)
output.shape = (1, 4)
```

→ SimpleRNN( ) 함수의 입력 형태는 정규난수 x의 형태 (1, 3, 2)인 3D 형태이다. 여기서 batch size=1, input_length=3, input_dim=2이다. SimpleRNN( ) 함수의 출력형태는 (1, 4)인 2D 형태이다. 여기서 batch size=1, units=4이다.

(c) SimpleRNN( ) 함수의 매개변수 return_sequences= True인 경우 즉, 다음과 같이 은닉층의 노드, 여기서는 4와 input_shape=(3, 2) 그리고 return_sequences =True를 지정한다.

SimpleRNN(4, input_shape=(3, 2),return_sequences = True)

```
import tensorflow as tf
from tensorflow.keras.layers import SimpleRNN
import numpy as np

# fix random seed for reproducibility
```

```
seed = 1234
np.random.seed(seed)
tf.random.set_seed(seed)

x = tf.random.normal((1, 3, 2))
print("x = \n", x)
print("input.shape = ", x.shape)

layer = SimpleRNN(4, input_shape=(3, 2),return_sequences = True)
output = layer(x)

print("output.shape =", output.shape)
# (1, 4)
```

```
x =
 tf.Tensor(
[[[ 0.8369314  -0.7342977 ]
  [ 1.0402943   0.04035992]
  [-0.7218659   1.0794858 ]]], shape=(1, 3, 2), dtype=float32)
input.shape =  (1, 3, 2)
output.shape = (1, 3, 4)
```

→ SimpleRNN( ) 함수의 입력 형태는 (1, 3, 2)인 3D 형태이고 출력 형태도 (1, 3, 4)인 3D 형태이다. 여기서 batch size=1, time steps=3, units=4이다.

SimpleRNN( ) 함수에 대한 이해를 돕기 위해 "What time is it ?"이라는 텍스트를 RNN에서 처리한다고 가정한다. 여기서는 단순하게 워드 인베딩을 사용하여 단어들은 다음과 같이 2개의 벡터로 표현될 수 있다고 가정한다.

word	e1	e2
What	0.5	0.4
time	0.3	0.1
is	0.4	0.3
it	0.7	0.5
?	0.1	0.1

이 단어들을 RNN 층에 입력하기 위해 사용된 SimpleRNN( ) 함수는 다음과 같다.

SimpleRNN(3, input_shape=(5,2))

여기서 input_length=5, input_dim=2이다. 이를 그림으로 시각화하면 그림 9.6과 같다.

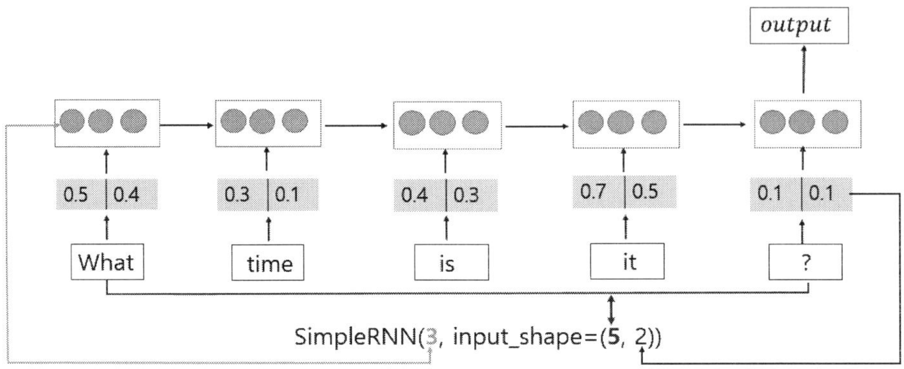

그림 9.6 SimpleRNN( ) 함수의 시각화

그림 9.6에서 각 단어를 타임 스텝(time step)으로 간주하고 임베딩을 피쳐(feature) 혹은 입력 시퀀스의 차원(input_dim)으로 간주한다. SimpleRNN(3,) 함수에서 은닉층에는 3개의 유닛을 가지고 있다. 따라서, 현재의 RNN 셀은 이전 RNN 셀로부터 은닉상태의 값이 3개를 전달받는다. 예를 들면, 각 타임 스텝에서 은닉상태의 값은 다음과 같다.

[0,0,0]→[0.4,0.2,0.2]→[0.1,0.4,0.5]→[0.8,0.4,0.5]→[0.5,0.5,0.6]→[0.5,0.5,0.6]

여기서 첫 번째 타임 스텝에서는 이전 출력값이 없기 때문에 이전 은닉상태의 값은 [0, 0, 0]으로 설정하였고, 마지막 은닉상태의 값은 [0.5, 0.5, 0.6]이다.

예제 9.2

아래 데이터를 SimpleRNN( ) 함수의 입력으로 사용하여 출력값을 생성하고자 한다.

[1, 2, 3, 4, 5]

[2, 3, 4, 5, 6]

[3, 4, 5, 6, 7]

[4, 5, 6, 7, 8]

위의 데이터는 4개의 시점이 존재하고, 각 시점마다 입력시퀀스의 차원이 5인 단어 벡터가 있다고 가정한다. 즉, time steps=4, input_dim=5이다. 이를 그림으로 시각화하면

그림 9.7과 같다.

이 데이터를 처리하기 위해 SimpleRNN() 함수에서 은닉상태의 크기는 3으로 지정한다. 그리고 마지막 시점의 은닉상태의 값만 출력한다. 즉, SimpleRNN() 함수의 사용은 다음과 같다.

$$\text{SimpleRNN(3)}$$

이는 SimpleRNN(3, return_sequences=False)와 동일하다.

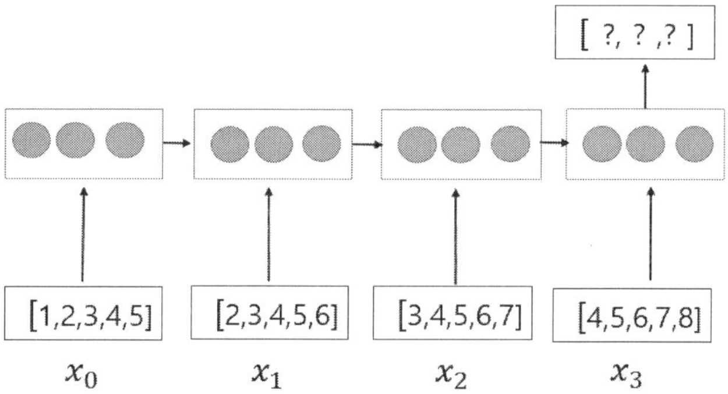

그림 9.7 [예제 9.2]를 위한 RNN 모델 구조

풀이

[코드 9.1.2]

```
import numpy as np
x = [[[1, 2, 3, 4, 5],
      [2, 3, 4, 5, 6],
      [3, 4, 5, 6, 7],
      [4, 5, 6, 7, 8]]]

x = np.array(x, dtype=np.float32)
## (batch_size, timesteps, input_dim) = (1, 4, 5)
print("x = \n", x)
print("x.shape = ", x.shape)
```

```
x =
 [[[1. 2. 3. 4. 5.]
  [2. 3. 4. 5. 6.]
  [3. 4. 5. 6. 7.]
  [4. 5. 6. 7. 8.]]]
x.shape =  (1, 4, 5)
```

```
import tensorflow as tf
from keras.layers import SimpleRNN

# fix random seed for reproducibility
seed = 1234
np.random.seed(seed)
tf.random.set_seed(seed)

model = SimpleRNN(3) # SimpleRNN(3, return_sequences=False)와 동일.
output = model(x)
print(output)
```

```
tf.Tensor([[ 0.36342883 -0.9999982   0.9997691 ]], shape=(1, 3), dtype=float32)
```

위에서 마지막 시점의 은닉상태의 값이 출력된다. 즉, (1, 3) 크기의 텐서가 반환된다.

예제 9.3

[예제 9.1]에서는 마지막 시점의 은닉상태의 값만 출력하였다. 여기서는 그림 9.8과 같이 모든 시점의 은닉상태의 값을 출력하고자 한다. 이를 위해 SimpleRNN( ) 함수의 매개변수 return_ sequences=True로 설정한다. 즉,

SimpleRNN(3, return_sequences=True)

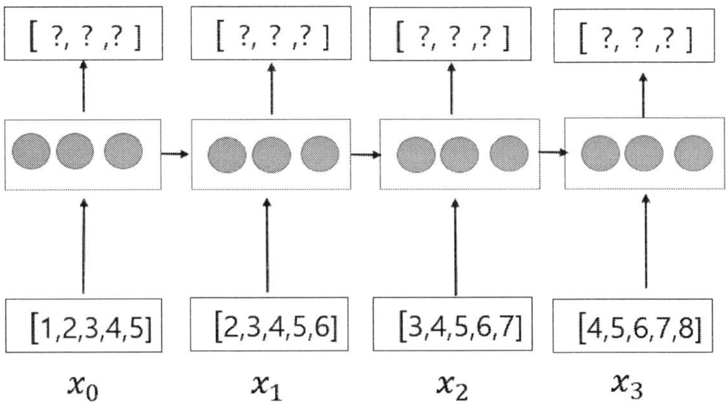

그림 9.8 [예제 9.2]를 위한 RNN 모델 구조

풀이

[코드 9.1.3]

```
import numpy as np
x = [[[1, 2, 3, 4, 5],
          [2, 3, 4, 5, 6],
          [3, 4, 5, 6, 7],
          [4, 5, 6, 7, 8]]]

x = np.array(x, dtype=np.float32)
## (batch_size, timesteps, input_dim) = (1, 4, 5)
print("x = \n", x)
print("x.shape = ", x.shape)
```

```
x =
 [[[1. 2. 3. 4. 5.]
  [2. 3. 4. 5. 6.]
  [3. 4. 5. 6. 7.]
  [4. 5. 6. 7. 8.]]]
x.shape =  (1, 4, 5)
```

```
import tensorflow as tf
from keras.layers import SimpleRNN

# fix random seed for reproducibility
seed = 1234
np.random.seed(seed)
tf.random.set_seed(seed)

model = SimpleRNN(3,return_sequences=True )
output = model(x)
print(output)
```

```
tf.Tensor(
[[[ 0.51079744 -0.99810565  0.9810272 ]
  [ 0.5091282  -0.9999158   0.9731161 ]
  [ 0.46125516 -0.99998784  0.9975018 ]
  [ 0.36342883 -0.9999982   0.9997691 ]]], shape=(1, 4, 3), dtype=float32)
```

위에서 모든 시점의 은닉상태의 값이 출력된다. 즉, (1, 4, 3) 크기의 텐서가 반환된다.

예제 9.4

5개의 숫자로부터 다음 숫자를 예측하고자 한다. train 데이터로서 5개의 숫자와 다음 숫자는 다음과 같다.

[1, 2, 3, 4, 5] → [6]

[2, 3, 4, 5, 6] → [7]

[3, 4, 5, 6, 7] → [8]

[4, 5, 6, 7, 8] → [9]

생성된 모델을 이용하여 예측하는데 사용되는 test 데이터는 다음과 같다.

[5, 6, 7, 8, 9] → [?]

그림 9.9는 이에 대한 RNN 모델 구조를 나타낸다.

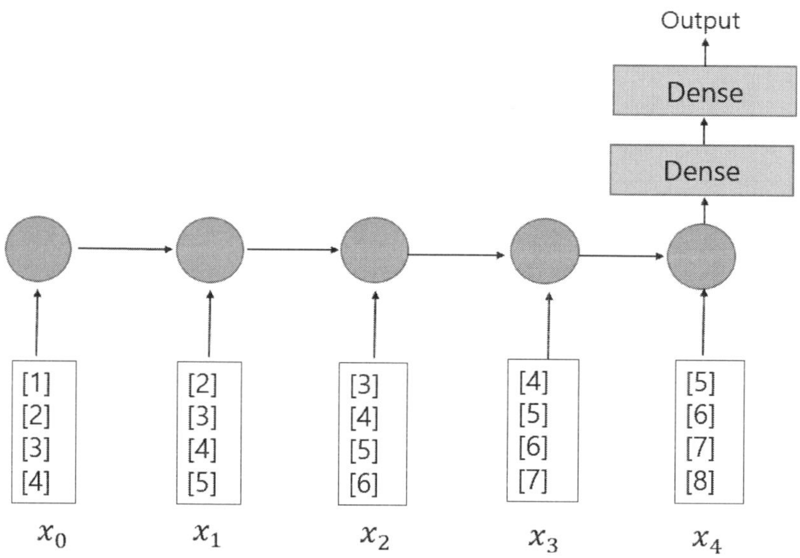

그림 9.9 [예제 9.4]를 위한 RNN 모델 구조

그림 9.9의 RNN 모델은 다음과 같이 Sequential 방법에 의해 층을 추가한다.

SimpleRNN(7, input_shape = (5, 1), activation = 'relu') → Dense(4) → Dense(1)

풀이

[코드 9.1.4]

```
# 1. 데이터
import numpy as np
x_train = np.array([[1,2,3,4,5],[2,3,4,5,6],[3,4,5,6,7],[4,5,6,7,8]])
y_train = np.array([6,7,8,9])
print("x_train.shape : ", x_train.shape) #(4,5)
print("y_train.shape : ", y_train.shape) #(4,)

x_train = x_train.reshape(x_train.shape[0], x_train.shape[1],1)
y_train = y_train.reshape( y_train.shape[0],1)
print("x_train.shape : ", x_train.shape) #(4,5,1)
print("y_train.shape : ", y_train.shape) #(4,1)

# fix random seed for reproducibility
import tensorflow as tf
seed = 1234
np.random.seed(seed)
tf.random.set_seed(seed)

# 2. 모델 구성
from keras.models import Sequential
from keras.layers import Dense, SimpleRNN
model = Sequential()

model.add(SimpleRNN(7, input_shape = (5, 1), activation = 'relu'))
model.add(Dense(4))
model.add(Dense(1))

model.summary()

# 3. 모델 컴파일 및 학습
model.compile(loss='mse', optimizer='adam', metrics=['mse'])
history=model.fit(x_train, y_train, epochs=1000, batch_size=4)
```

```
# 4. 예측
x_predict = np.array([[5,6,7,8,9]])
print(x_predict.shape) #(1,5)
x_predict = x_predict.reshape(x_predict.shape[0],x_predict.shape[1], 1)
print("x_predict.shape : ", x_predict.shape) # (1,5,1)
```

```
y_predict = model.predict(x_predict)
print("예측값 :\n", y_predict)
```

```
(1, 5)
x_predict.shape :  (1, 5, 1)
예측값 :
 [[9.957387]]
```

그림 9.10은 RNN 모델에서 에포크 증가에 따른 손실함수 그래프이다.

```
# 5. 손실함수 그래프
import matplotlib.pyplot as plt

# summarize history for loss
plt.plot(history.history['loss'])
plt.title('model loss')
plt.ylabel('loss')
plt.xlabel('epoch')
plt.show()
```

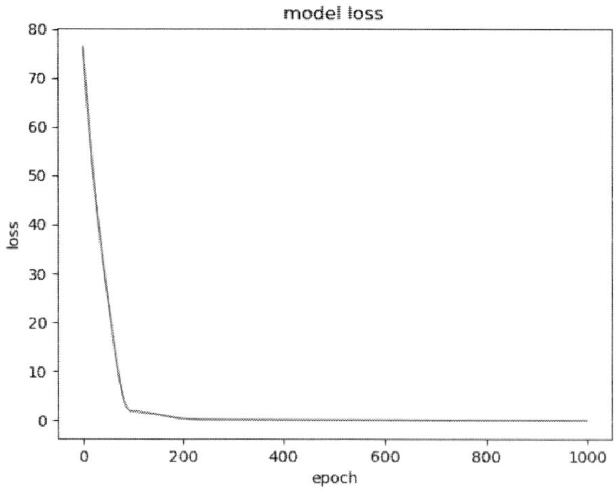

그림 9.10 손실함수 그래프

[코드 9.1.4 설명]

① 데이터 생성

원래 데이터 형태 (4, 5)인 2D 형태를 (4, 5, 1)인 3D 형태로 변경한다. 여기서 batch

size=4, time steps=5, input_dim=1이다.

```
# 1. 데이터 생성
import numpy as np
x_train = np.array([[1,2,3,4,5],[2,3,4,5,6],[3,4,5,6,7],[4,5,6,7,8]])
y_train = np.array([6,7,8,9])
print("x_train.shape : ", x_train.shape) #(4,5)
print("y_train.shape : ", y_train.shape) #(4,)

x_train = x_train.reshape(x_train.shape[0], x_train.shape[1],1)
y_train = y_train.reshape( y_train.shape[0],1)
print("x_train.shape : ", x_train.shape) #(4,5,1)
print("y_train.shape : ", y_train.shape) #(4,1)
```

```
x_train.shape :  (4, 5)
y_train.shape :  (4,)
x_train.shape :  (4, 5, 1)
y_train.shape :  (4, 1)
```

② 모델 구성

Sequential 방법에 의해 순차적으로 모델을 구성한다. 여기서는 SimpleRNN(7) → Dense(4) → Dense(1) 순으로 모델을 구성한다.

```
# fix random seed for reproducibility
import tensorflow as tf
seed = 1234
np.random.seed(seed)
tf.random.set_seed(seed)

# 2. 모델 구성
from keras.models import Sequential
from keras.layers import Dense, SimpleRNN
model = Sequential()

model.add(SimpleRNN(7, input_shape = (5, 1), activation = 'relu'))
model.add(Dense(4))
model.add(Dense(1))

model.summary()
```

```
Model: "sequential_18"
_________________________________________________________________
 Layer (type)                Output Shape              Param #
=================================================================
 simple_rnn_26 (SimpleRNN)   (None, 7)                 63

 dense_31 (Dense)            (None, 4)                 32

 dense_32 (Dense)            (None, 1)                 5

=================================================================
Total params: 100
Trainable params: 100
Non-trainable params: 0
_________________________________________________________________
```

③ 모델 컴파일 및 학습

모델 학습에서 입력 데이터 형태가 (4, 5, 1)이므로 batch_size=4로 지정한다.

```
# 3. 모델 컴파일 및 학습
model.compile(loss='mse', optimizer='adam', metrics=['mse'])
history=model.fit(x_train, y_train, epochs=1000, batch_size=4)
```

```
Epoch 1/1000
1/1 [==============================] - 0s 461ms/step - loss: 83.0043 - mse: 83.0043
Epoch 2/1000
1/1 [==============================] - 0s 2ms/step - loss: 82.2758 - mse: 82.2758
Epoch 3/1000
1/1 [==============================] - 0s 2ms/step - loss: 81.5517 - mse: 81.5517
Epoch 4/1000
1/1 [==============================] - 0s 3ms/step - loss: 80.8322 - mse: 80.8322
Epoch 5/1000
1/1 [==============================] - 0s 3ms/step - loss: 80.1171 - mse: 80.1171
......................................................................................
Epoch 996/1000
1/1 [==============================] - 0s 3ms/step - loss: 0.0063 - mse: 0.0063
Epoch 997/1000
1/1 [==============================] - 0s 2ms/step - loss: 0.0063 - mse: 0.0063
Epoch 998/1000
1/1 [==============================] - 0s 3ms/step - loss: 0.0063 - mse: 0.0063
Epoch 999/1000
```

```
1/1 [==============================] - 0s 2ms/step - loss: 0.0063 - mse: 0.0063
Epoch 1000/1000
1/1 [==============================] - 0s 2ms/step - loss: 0.0063 - mse: 0.0063
```

→ 에포크 1000일 때 train 데이터에서 손실함수 loss: 0.0063, mse: 0.0063이다.

④ 모델 예측

새로운 데이터, 즉 [5, 6, 7, 8, 9]에 대한 다음 숫자를 predict( ) 함수를 이용하여 예측한다.

```
# 4. 모델 예측
x_predict = np.array([[5, 6, 7, 8, 9]])
print(x_predict.shape) #(1,5)
x_predict = x_predict.reshape(x_predict.shape[0],x_predict.shape[1], 1)
print("x_predict.shape : ", x_predict.shape) # (1,5,1)

y_predict = model.predict(x_predict)
print("예측값 :\n", y_predict)
```

```
(1, 5)
x_predict.shape :  (1, 5, 1)
예측값 :
 [[9.957387]]
```

→ [5, 6, 7, 8, 9] 다음 숫자는 [9.957387]로 예측하였다.

예제 9.5

IMDB 데이터 셋에서 RNN을 이용하여 영화리뷰에 대해 긍정 혹은 부정으로 감성 분석하고자 한다. 모델은 Sequential 방법에 의해 순차적으로 다음과 같이 구성한다.

Embedding(max_features, 32) → SimpleRNN(32) → Dense(1)

[코드 9.1.5]

```
import numpy as np
import tensorflow as tf
```

```
from keras.datasets import imdb
from keras.preprocessing import sequence
from keras.models import Sequential
from keras.layers import Embedding, SimpleRNN, Dense

max_features = 10000
max_length = 500
batch_size = 32

# print('Loading data...')
(input_train, y_train), (input_test, y_test) = imdb.load_data(num_words=max_features)
# print(len(input_train), 'train sequences')
# print(len(input_test), 'test sequences')

# print('Pad sequences (samples x time)')
input_train = sequence.pad_sequences(input_train, maxlen=max_length)
input_test = sequence.pad_sequences(input_test, maxlen=max_length)
#print('input_train shape:', input_train.shape)
# print('input_test shape:', input_test.shape)

import tensorflow as tf
seed = 1234
np.random.seed(seed)
tf.random.set_seed(seed)

model = Sequential()
model.add(Embedding(max_features, 32))
model.add(SimpleRNN(32))
model.add(Dense(1, activation='sigmoid'))

model.compile(optimizer='rmsprop', loss='binary_crossentropy', metrics=['acc'])
history = model.fit(input_train, y_train, epochs=10, batch_size=128, validation_split=0.2)
```

```
Epoch 1/10
157/157 [==============================] - 10s 59ms/step - loss: 0.6144 - acc: 0.6482
- val_loss: 0.5673 - val_acc: 0.7020
Epoch 2/10
157/157 [==============================] - 9s 58ms/step - loss: 0.3783 - acc: 0.8411 -
val_loss: 0.4460 - val_acc: 0.7922
Epoch 3/10
157/157 [==============================] - 9s 57ms/step - loss: 0.2816 - acc: 0.8887 -
val_loss: 0.3716 - val_acc: 0.8432
```

```
Epoch 4/10
157/157 [==============================] - 9s 58ms/step - loss: 0.2161 - acc: 0.9178 -
val_loss: 0.3492 - val_acc: 0.8628
Epoch 5/10
157/157 [==============================] - 9s 57ms/step - loss: 0.1437 - acc: 0.9466 -
val_loss: 0.4308 - val_acc: 0.8660
Epoch 6/10
157/157 [==============================] - 9s 58ms/step - loss: 0.0902 - acc: 0.9704 -
val_loss: 0.4946 - val_acc: 0.8178
Epoch 7/10
157/157 [==============================] - 9s 58ms/step - loss: 0.0573 - acc: 0.9822 -
val_loss: 0.5871 - val_acc: 0.8018
Epoch 8/10
157/157 [==============================] - 9s 58ms/step - loss: 0.0363 - acc: 0.9894 -
val_loss: 0.7296 - val_acc: 0.7552
Epoch 9/10
157/157 [==============================] - 9s 57ms/step - loss: 0.0377 - acc: 0.9880 -
val_loss: 0.6307 - val_acc: 0.8048
Epoch 10/10
157/157 [==============================] - 9s 58ms/step - loss: 0.0190 - acc: 0.9945 -
val_loss: 0.7853 - val_acc: 0.7824
```

→ 에포크 10일 때 train 데이터에서 손실함수가 loss: 0.0190, 정확도가 acc: 0.9945 그리고 test 데이터에서 손실함수가 val_loss: 0.7853, 정확도가 val_acc: 0.7824이다.

그림 9.11과 그림 9.12는 IMDB 데이터 셋의 train 데이터와 test 데이터에서 RNN 모델에 대한 각각 손실함수 그래프와 정확도 그래프를 나타내고 있다.

```
import matplotlib.pyplot as plt

acc = history.history['acc']
val_acc = history.history['val_acc']
loss = history.history['loss']
val_loss = history.history['val_loss']

epochs = range(1, len(acc) + 1)

plt.plot(epochs, loss, 'bo', label='Training loss')
plt.plot(epochs, val_loss, 'b', label='Validation loss')
plt.title('Training and validation loss')
plt.legend()
```

```
plt.figure()

plt.plot(epochs, acc, 'bo', label='Training acc')
plt.plot(epochs, val_acc, 'b', label='Validation acc')
plt.title('Training and validation accuracy')
plt.legend()

plt.show()
```

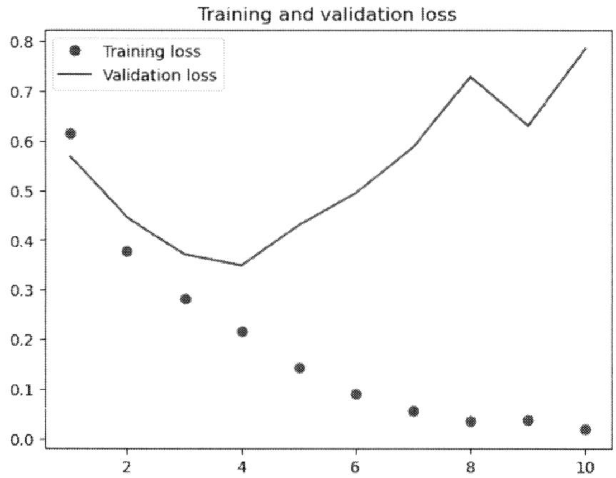

그림 9.11 RNN 모델의 손실함수 그래프

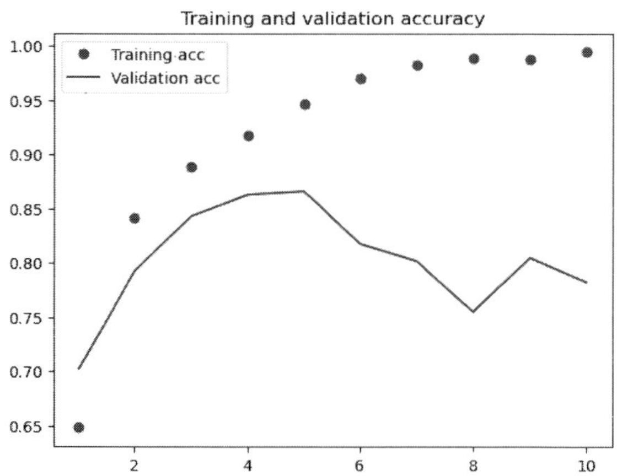

그림 9.12 RNN 모델의 정확도 그래프

그림 9.11의 손실함수 그래프에서 보면, train 데이터와 test 데이터 간 손실함수의 차이가 에포크가 증가할수록 너무 크고, 그림 9.12 정확도 그래프에서도 train 데이터와

test 데이터 간 정확도의 차이가 에포크가 증가할수록 너무 큰 것을 알 수 있다. 이것은 오버피팅 현상이다.

[코드 9.1.5 설명]

IMDB 데이터 셋은 25,000개의 train 데이터와 25,000개의 test 데이터로 구성되어 있다. imdb 모듈의 load_data( ) 함수를 이용하여 데이터 로딩한다. 여기서 num_word 인수를 10000으로 설정하여 자주 등장하는 단어를 10,000개만 사용하고자 한다.

imdb.load_data(num_words=max_features)

로딩된 데이터를 pad_sequences( ) 함수를 이용하여 패딩한다.

```
max_features = 10000
max_length = 500
batch_size = 32

print('Loading data...')
(input_train, y_train), (input_test, y_test) = imdb.load_data(num_words=max_features)
print(len(input_train), 'train sequences')
print(len(input_test), 'test sequences')

print('Pad sequences (samples x time)')
input_train = sequence.pad_sequences(input_train, maxlen=max_length)
input_test = sequence.pad_sequences(input_test, maxlen=max_length)
print('input_train shape:', input_train.shape)
print('input_test shape:', input_test.shape)
```

```
Loading data...
25000 train sequences
25000 test sequences
Pad sequences (samples x time)
input_train shape: (25000, 500)
input_test shape: (25000, 500)
```

Sequential 방법으로 모델을 구성하고자 한다. 여기서 첫 번째 층은 임베딩 층, 그리고 RNN 층, 마지막으로 Dense 층을 모델을 구성한다.

```
model = Sequential()
model.add(Embedding(max_features, 32))
```

```
model.add(SimpleRNN(32))
model.add(Dense(1, activation='sigmoid'))
model.summary()
```

```
Model: "sequential_4"
_________________________________________________________________
 Layer (type)                Output Shape              Param #
=================================================================
 embedding_4 (Embedding)     (None, None, 32)          320000

 simple_rnn_4 (SimpleRNN)    (None, 32)                2080

 dense_3 (Dense)             (None, 1)                 33

=================================================================
Total params: 322,113
Trainable params: 322,113
Non-trainable params: 0
```

- Embedding( ) 함수는 임베딩 층(embedding layer)을 만드는 역할을 한다. 즉, 정수 인코딩이 된 단어들을 입력을 받아서 임베딩을 수행한다. Embedding( ) 함수의 사용형식은 다음과 같다.

Embedding(number of samples, input_length)

여기서 number of samples은 가능한 토큰의 개수(여기서는 10,000으로 단어 인덱스 최댓값 + 1이다)이고 input_length은 임베딩 차원(여기서는 32)이다. 예를 들면, 다음과 같다.

embedding_layer = Embedding(10000, 32)

이 embedding은 단어를 벡터의 형태로 바꾸는 것으로 10,000개의 단어가 들어오며 단어 하나는 32의 크기를 가지는 벡터로 바꾼다는 것이다.
Embedding( ) 함수는 워드 임베딩 작업을 수행하고 (number of samples, input_length, embedding word dimensionality)인 3D 텐서를 반환한다.

• SimpleRNN( ) 함수를 사용하여 RNN 층을 구현한다. 여기서는 은닉상태의 값이 32개인 RNN 층을 구성한다.

SimpleRNN(32)

• Dense( ) 함수를 이용하여 감성 분류한다. 여기서는 시그모이드 활성화 함수를 사용한다.

Dense(1, activation='sigmoid')

■ RNN의 문제점

기존의 RNN 모델은 입력 문장의 길이가 길어질수록, 즉 타임 스텝이 길어질수록 앞의 정보가 뒤로 충분히 전달되지 못하였다. 긴 문장이 입력으로 들어왔을 때, 앞쪽에 위치하는 단어들은 아무리 중요한 단어라고 해도 멀리 떨어진 단어를 예측하는 데 거의 영향을 주지 못한다. 이렇게 모델이 충분한 기억력을 갖지 못하는 문제를 장기 의존성 문제(Long-Term Dependency problem)라고 한다. 장기 의존성 문제는 은닉층의 과거의 정보가 마지막까지 전달되지 못하는 현상을 의미한다.

그림 9.13에서 RNN을 이용하여 미래의 $t+1$ 타임 스텝에서 상태 h_{t+1}을 예측하는 경우 입력 x_0에 대한 정보가 소실된다.

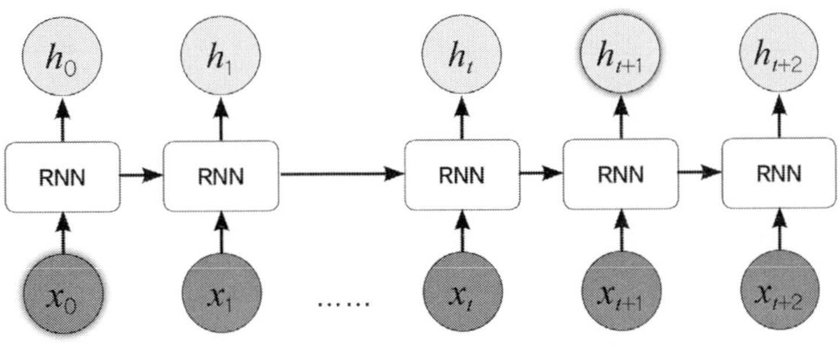

그림 9.13 RNN의 장기 의존성 문제

따라서 RNN 모델은 장기 의존성 문제로 인해 실제 잘 사용하지 않는다.

9.2 LSTM 모델

(1) LSTM 모델이란?

LSTM(long-short term memory)은 RNN 모델의 단점인 장기 의존성 문제를 해결하기 위해 고안된 모델로서 오늘날 시계열이나 자연어 처리에 널리 사용되고 있다. 예를 들어, 다음과 같은 영어문장을 생각해 보자.

"The man who wore a wig on his head went inside."

위 문장은 "inside(안으로)"로 가는 "man(사람)"에 대한 문장이지 "wig(가발)"에 대한 문장이 아니다. 번역하자면

"그 사람은 머리에 가발을 쓰고 안으로 들어갔다."

여기서 안으로 들어간 것은 무엇인가에 대한 답은 가발이 아니고 사람이다. 그런데 RNN은 문장이 긴 경우 앞의 문장에 대한 기억을 할 수 없어 가발로 답을 할 수 있다.

또 다른 예로서, 마지막 문장에서 어느 나라의 언어인지를 예측하는 문장이다.

"나는 한국(Korea)에서 자랐고...나는 *를 유창하게 한다."

위 문장에서 "나는 한국(korea)에서 자랐고"라는 문장과 "나는 *를 유창하게 한다."라는 문장 사이의 거리가 멀면 RNN을 사용하여 "한국어(Korean)"라는 단어를 예측하기가 쉽지 않다. 이는 "한국어(Korean)"를 유추하기 위해서는 한국(korea)이란 단어를 찾아야 하는데, 두 단어 사이의 거리가 멀면 "한국어(Korean)"라는 단어를 유추하는 데 어려움이 있다. 이처럼 RNN은 타임 스텝이 길어질수록, 즉 기억해야 할 정보가 많아질수록 과거의 정보가 희미해져 마지막 노드까지 전달되지 못하는 장기 의존성 문제가 발생하기 때문에 긴 문장을 학습하기에 적합하지 않다.

LSTM의 핵심 아이디어는 이전 단계의 정보를 메모리 셀(memory cell)에 저장하여 흘려보내는 것이다. 현재 시점의 정보를 바탕으로 과거의 불필요한 내용을 삭제하고, 그 결과에 현재의 정보를 더해서 다음 시점으로 정보를 전달한다.

(2) LSTM 구조

LSTM의 핵심은 이전 단계의 정보를 메모리 셀(memory cell)에서 어느 정도 저장하고, 삭제해야 하는 데이터 양을 조절하는 것이다. 현재 시점의 정보를 바탕으로 과거의 내용을 얼마나 잊을지 곱해주고, 그 결과에 현재의 정보를 더해서 다음 시점으로 정보를 전달한다. 그러면 어떤 값을 곱하고 어떤 값을 더해주는지에 대한 살펴보고자 한다. 이를 위해 그림 9.14의 LSTM 메모리 셀(memory cell)에 대한 이해가 필요하다. LSTM 셀은 RNN의 은닉상태(hidden state) h_t에 셀 상태(cell state) C_t을 추가한 구조이다. 즉, LSTM 셀은 h_t와 C_t로 나눈다.

h_t : 단기 상태(short-term state)

C_t : 장기 상태(long-term state)

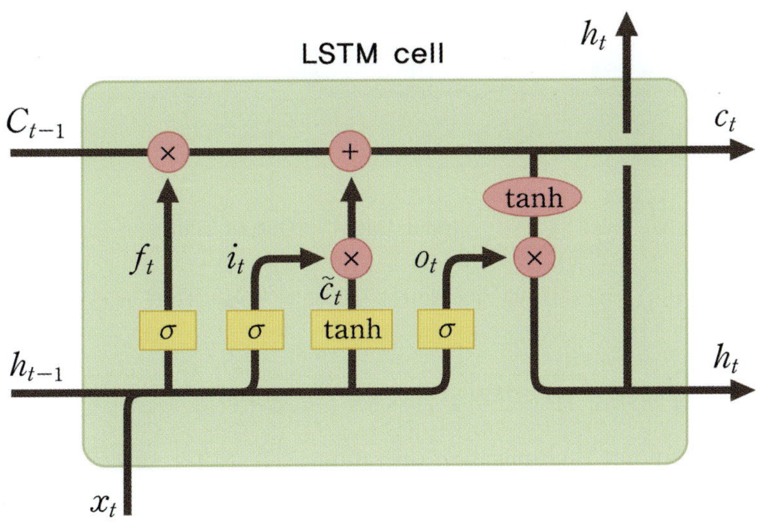

그림 9.14 LSTM cell

RNN은 단지 은닉상태(hidden state)만을 갖고 있다. 즉, 셀 상태(cell state)를 갖고 있지 않다. 따라서 RNN은 장기간의 정보를 기억할 수 없다. LSTM에서 은닉상태와 셀 상태가 출력된다. 은닉상태는 예측(prediction)을 위해 사용되고, 셀 상태는 장기간의 정보를 기억하는 역할을 한다.

셀 상태 C_t는 이전 노드에서 발생한 정보를 전달하는 일종의 컨베이어 벨트와 같다. 셀 상태 C_t을 통해 전달되는 정보는 약간의 사소한 선형 상호작용(Linear Interaction)만을 가지고 크게 변형되지 않은 채로 전달된다. LSTM은 게이트(gate)라고 하는 구조에 의해서 셀 상태 C_t의 정보를 제거하거나 추가할 수 있는 기능이 있다. 그림 9.15과 같이 셀 상태는 세 개의 게이트(gate)인 input 게이트, forget 게이트, output 게이트 들을 이용하여 정보의 반영 여부를 결정해 준다.

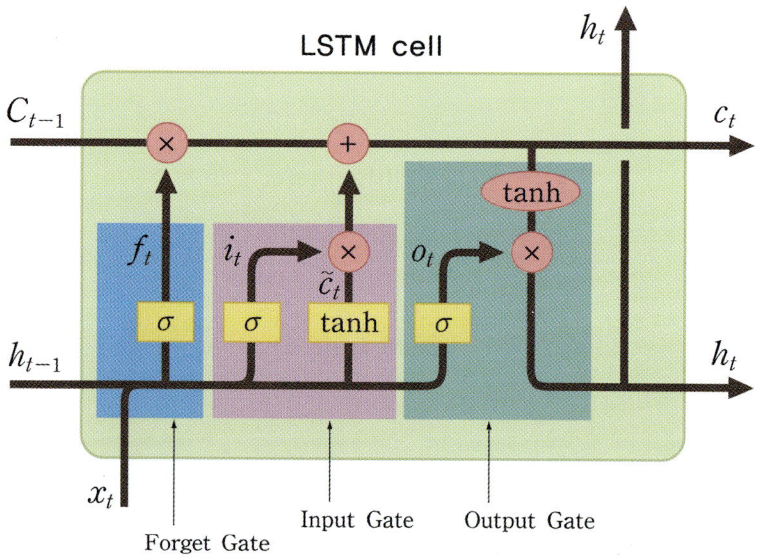

그림 9.15 LSTM cell의 세 개의 게이트:input 게이트, forget 게이트, output 게이트

그림 9.15에서 셀 상태는 셀의 왼쪽에서 오른쪽으로 통과하게 되는데, 이전 상태 C_{t-1} 은 곱셈연산(point-by-point multiplication operation, 기호 ⊗)과 덧셈연산(point-by-point addition operation, 기호 ⊕)을 거쳐 새로운 셀 상태 C_t 로 업데이트된다. 즉, 이전 상태 C_{t-1} 은 ⊗ 연산에 의해 forget 벡터 f_t와 곱한다. 그 결과 0이면 정보를 완전히 잃어버린다. 다음 ⊕ 연산에 의해 input 벡터 i_t와 덧셈한 결과값이 새로운 셀 상태 C_t 가 된다.

그리고 새로운 셀 상태 C_t 는 복사되고 tanh 함수로 전달되어 ⊗ 연산에 의해 output 벡터와 곱한 결과가 은닉상태 h_t가 된다.

지금부터 forget 게이트, input 게이트, output 게이트가 어떻게 동작하는지에 대해 자세히 살펴보고자 한다.

- **forget 게이트**

forget 게이트 f_t는 이전 셀 상태 C_{t-1} 의 정보가 필요한지 혹은 무시할 것인가를 결정하는 게이트이다. 그림 9.16에서 보는 것처럼 현재 입력 x_t와 은닉상태 h_{t-1}의 정보가 sigmoid 함수 σ을 통해 전달된다. σ의 출력 범위는 (0, 1)이다. f_t는 나중에 셀 상태 C_{t-1} 와 $\otimes$ 연산을 수행한다. 따라서 f_t가 0에 가깝다면 이전 상태의 정보는 많이 무시하고, f_t가 1에 가깝다면 이전 상태의 정보는 많이 활용할 것이다. 수식으로 정리하면 다음과 같다.

$$f_t = \sigma(U_f x_t + W_f h_{t-1})$$

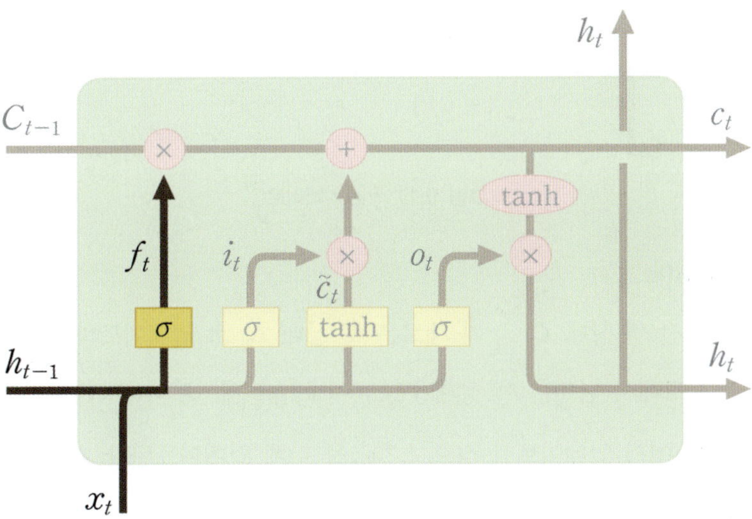

그림 9.16 forget 게이트

- **input 게이트**

input 게이트 i_t은 셀 상태를 어느 정도 업데이트할 것인가를 결정하는 게이트이다. 그림 9.17에서 보는 것처럼 먼저, 현재 입력 x_t와 은닉상태 h_{t-1}의 정보가 sigmoid 함수 σ을 통해 전달된다. σ의 출력 범위는 (0, 1)이다. 따라서 sigmoid 함수는 어느 정도 업데이트할지 결정하는 역할을 한다. 다음, 현재 입력 x_t와 은닉상태 h_{t-1}의 정보가 tanh 함수를 통해 전달된다. tanh의 출력 범위는 (-1, 1)이다. tanh 함수에서는 셀 상태에 추가할 값들의 벡터 $\widetilde{C}_t$ 을 생성한다. 수식으로 정리하면 다음과 같다.

$$i_t = \sigma(U_i x_t + W_i h_{t-1})$$

$$\widetilde{C}_t = \tanh(U_C x_t + W_C h_{t-1})$$

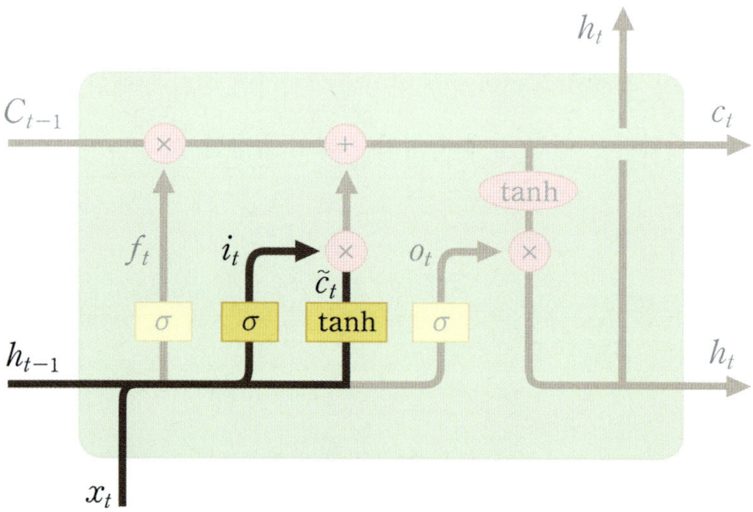

그림 9.17 input 게이트

• 셀 상태 업데이트

그림 9.18은 이전 셀 상태 C_{t-1} 가 새로운 셀 상태 C_t 로 업데이트하는 과정을 나타내고 있다. 이전 노드에서 넘어온 셀 상태 C_{t-1} 에 forget 게이트의 출력값인 f_t 을 곱한다. 다음 input 게이트에서 업데이트할 정보 $i_t * \widetilde{C}_t$을 더해 업데이트된다. 수식으로 정리하면 다음과 같다.

$$C_t = f_t * C_{t-1} + i_t * \widetilde{C}_t$$

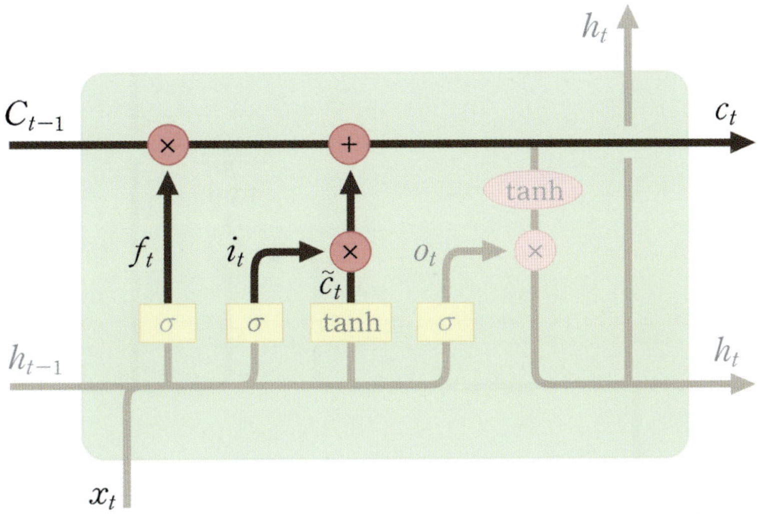

그림 9.18 셀 상태 업데이트 과정

- output **게이트**

output 게이트 o_t는 다음 은닉상태 h_t을 결정하기 위한 게이트이다. 그림 9.19에서 보는 것처럼 먼저, 현재 입력 x_t와 은닉상태 h_{t-1}의 정보가 sigmoid 함수 σ을 통해 전달된다. 그리고 새로운 셀 상태 C_t 의 tanh 함수를 통해 전달된다. 전달된 두 값의 ⊗ 연산을 수행한다. 따라서 셀 상태의 어느 정도를 출력할지 정한다. 다음 셀 상태를 tanh에 의해 -1과 1 사이의 값으로 만든 뒤에 방금 전에 계산한 sigmoid gate의 output과 곱해준다. 그렇게 하면 우리가 output으로 보내고자 하는 부분만 내보낼 수 있게 된다. 수식으로 정리하면 다음과 같다.

$$o_t = \sigma(U_o x_t + W_o h_{t-1})$$
$$h_t = o_t * \tanh(C_t)$$

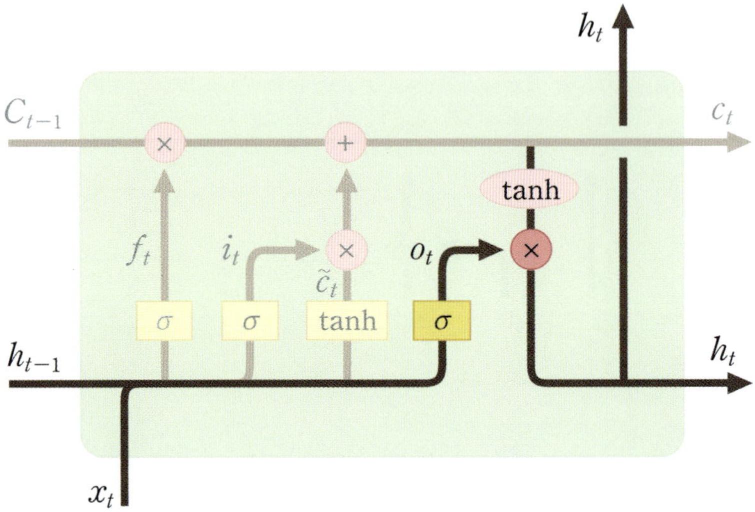

그림 9.19 output 게이트

(3) LSTM 구현

케라스에서 LSTM() 함수는 LSTM 모델을 구현하는 데 사용한다. 다음은 LSTM() 함수의 사용형식이다.

```
keras.layers.LSTM(
    units,
    activation='tanh',
    use_bias=True,
    return_sequences=False,
    return_state=False
)
```

- units : 은닉 상태의 크기를 나타낸다.
- activation : 활성화 함수를 지정하고 디폴트는 activation='tanh'이다.
- use_bias : 바이어스 사용 여부를 나타내고 use_bias=True이다.
- return_sequences : 모든 시점의 은닉상태를 출력할지 아니면 마지막 시점의 은닉상태만을 출력할지 결정한다. 디폴트는 return_sequences=False이므로 마지막 시점의 은닉

상태만을 출력한다.

- return_state: 은닉상태 출력과 함께 셀 상태(cell state)를 출력할지 결정한다. 디폴트는 return_state=False이므로 셀 상태를 출력하지 않는다.

LSTM() 함수의 입력 형태는 다음과 같다. 즉, LSTM 층은 다음과 같이 3D 텐서의 형태를 입력으로 받는다.

```
Input shape: (batch size, time steps, input_dim )
```

여기서 batch size는 한 번에 학습하는 데이터의 개수, time steps은 배치 당 시점의 수, 배치 당 입력 시퀀스의 길이(input_length), (time steps), input_dim은 입력 시퀀스의 차원을 나타낸다.

혹은 LSTM() 함수는 입력 형태를 input_shape 매개변수를 사용하여 지정할 수 있다. 이 경우 다음의 최소 2개의 매개변수를 설정해주어야 한다.

```
input_shape= (time steps, input_dim )
```

LSTM() 함수의 출력 형태는 다음과 같다. 즉, LSTM 층은 return_sequences= False, True에 따라 다음과 같이 2D 혹은 3D 텐서의 형태를 출력한다.

```
Output shape: (batch size, units),  if return_sequences = False
Output shape: (batch size, time steps, units), if return_sequences = True
```

예제 9.6

LSTM( ) 함수의 입력으로 아래의 데이터를 사용하여 출력값을 생성하고자 한다.

[1, 2, 3, 4, 5]

[2, 3, 4, 5, 6]

[3, 4, 5, 6, 7]

[4, 5, 6, 7, 8]

위의 데이터는 4개의 시점이 존재하고, 각 시점마다 입력시퀀스의 차원이 5인 단어 벡터가 있다고 가정한다. 즉, time steps=4, input_dim=5이다.

이 데이터를 처리하기 위한 LSTM() 함수에서 은닉상태의 크기는 3으로 지정한다.

LSTM() 함수의 매개변수 return_sequences와 return_state 지정에 대한 LSTM() 함수의 출력값을 살펴보고자 한다.

풀이

[코드 9.2.1]

```
import numpy as np
x = [[[1, 2, 3, 4, 5],
          [2, 3, 4, 5, 6],
          [3, 4, 5, 6, 7],
          [4, 5, 6, 7, 8]]]

x = np.array(x, dtype=np.float32)
## (batch_size, timesteps, input_dim) = (1, 4, 5)
print("x = \n", x)
print("x.shape = ", x.shape)
```

```
x =
 [[[1. 2. 3. 4. 5.]
  [2. 3. 4. 5. 6.]
  [3. 4. 5. 6. 7.]
  [4. 5. 6. 7. 8.]]]
x.shape =  (1, 4, 5)
```

→ LSTM( ) 함수에 입력될 데이터 형태는 (1, 4, 5)인 3D 형태이다.

(a) LSTM() 함수에서 다음과 같이 은닉층의 노드, 여기서는 3을 지정한다.

LSTM(units=3)

이는 LSTM(units=3, return_sequences=False, return_state=False)와 동일하다.

```
from keras.layers import LSTM
# seed 값 설정
seed = 1234
np.random.seed(seed)
tf.random.set_seed(seed)

lstm = LSTM(units=3)
#lstm = LSTM(units=3, return_sequences=False, return_state=False)
out = lstm(x)
print(out)
print(out.shape)
```

```
tf.Tensor([[-0.03837904  0.26319385  0.20715825]], shape=(1, 3), dtype=float32)
(1, 3)
```

→ LSTM( ) 함수의 return_sequences=False, return_state=False에 의해 마지막 시점의 은닉상태의 값이 출력된다. return_state=False에 의해 셀 상태값은 출력하지 않는다. 따라서, 은닉상태의 값은 다음과 같으며, 출력 데이터 형태는 (1, 3)인 2D 형태이다.

```
[-0.03837904  0.26319385  0.20715825]
```

(b) LSTM() 함수에서 다음과 같이 은닉층의 노드, 여기서는 3과 return_state=True를 지정한다.

LSTM(units=3,return_state=True)

```
from keras.layers import LSTM
# seed 값 설정
seed = 1234
np.random.seed(seed)
tf.random.set_seed(seed)

lstm = LSTM(units=3, return_state=True)
#lstm = LSTM(units=3, return_sequences=False, return_state=False)
out = lstm(x)
print(out)
```

```
[<tf.Tensor: shape=(1, 3), dtype=float32, numpy=array([[-0.03837904, 0.26319385, 0.20715825]],
dtype=float32)>, <tf.Tensor: shape=(1, 3), dtype=float32, numpy=array([[-0.03837904,
0.26319385,  0.20715825]], dtype=float32)>, <tf.Tensor: shape=(1, 3), dtype=float32,
numpy=array([[-0.6259314,  0.2697562,  0.2703985]], dtype=float32)>]
```

→ LSTM( ) 함수의 return_state=True이면, 셀 상태값을 추가로 출력한다. 따라서, 원래 출력값 즉, return_sequences=False, return_state=False 인 경우 출력되는 값

```
<tf.Tensor: shape=(1, 3), dtype=float32, numpy=array([[-0.03837904, 0.26319385,
0.20715825]], dtype=float32)>
```

외에 셀 상태값이 은닉상태값과 함께 출력된다.

```
<tf.Tensor: shape=(1, 3), dtype=float32, numpy=array([[-0.03837904, 0.26319385,
0.20715825]], dtype=float32)>, <tf.Tensor: shape=(1, 3), dtype=float32,
numpy=array([[-0.6259314, 0.2697562, 0.2703985]], dtype=float32)>
```

(c) LSTM() 함수에서 다음과 같이 은닉층의 노드, 여기서는 3과 return_sequences=True, 그리고 return_state=True를 지정한다.

LSTM(units=3, return_sequences=True, return_state=True)

```
from keras.layers import LSTM
# seed 값 설정
seed = 1234
np.random.seed(seed)
tf.random.set_seed(seed)

lstm = LSTM(units=3, return_sequences=True, return_state=True)
out = lstm(x)
print(out)
```

```
[<tf.Tensor: shape=(1, 4, 3), dtype=float32, numpy=
array([[[-0.04428615, 0.13682947, 0.1514329 ],
        [-0.05339992, 0.21190235, 0.21816334],
        [-0.04808046, 0.24737978, 0.22621815],
        [-0.03837904, 0.26319385, 0.20715825]]], dtype=float32)>, <tf.Tensor: shape=(1,
3), dtype=float32, numpy=array([[-0.03837904, 0.26319385, 0.20715825]], dtype=float32)>,
<tf.Tensor: shape=(1, 3), dtype=float32, numpy=array([[-0.6259314, 0.2697562, 0.2703985]],
dtype=float32)>]
```

→ LSTM() 함수의 return_state=True이면, 셀 상태값을 추가로 출력한다. 따라서, 원래 출력값 즉, return_sequences=True, return_state=False인 경우 출력되는 값

```
<tf.Tensor: shape=(1, 4, 3), dtype=float32, numpy=
array([[[-0.04428615, 0.13682947, 0.1514329 ],
        [-0.05339992, 0.21190235, 0.21816334],
        [-0.04808046, 0.24737978, 0.22621815],
        [-0.03837904, 0.26319385, 0.20715825]]], dtype=float32)>
```

외에 셀 상태값이 은닉상태값과 함께 출력된다.

```
<tf.Tensor: shape=(1, 3), dtype=float32, numpy=array([[-0.03837904, 0.26319385,
0.20715825]], dtype=float32)>, <tf.Tensor: shape=(1, 3), dtype=float32,
numpy=array([[-0.6259314, 0.2697562, 0.2703985]], dtype=float32)>
```

예제 9.7

5개의 숫자로부터 다음 숫자를 예측하기 위한 LSTM 모델을 생성하고자 한다. 여기서 5개의 숫자와 다음 숫자는 다음과 같다.

$$[1, 2, 3, 4, 5] \rightarrow [6]$$
$$[2, 3, 4, 5, 6] \rightarrow [7]$$
$$[3, 4, 5, 6, 7] \rightarrow [8]$$
$$[4, 5, 6, 7, 8] \rightarrow [9]$$

생성된 모델을 이용하여 다음의 5개의 숫자에 대한 다음 숫자를 예측하고자 한다.

$$[5, 6, 7, 8, 9] \rightarrow [?]$$

LSTM 모델은 Sequential 방법에 의해 다음과 같이 순차적으로 층을 구성한다.

LSTM(7, input_shape = (5, 1), activation = 'relu') → Dense(4) → Dense(1)

풀이

[코드 9.2.2]

```
# 1. 데이터
import numpy as np
x_train = np.array([[1,2,3,4,5],[2,3,4,5,6],[3,4,5,6,7],[4,5,6,7,8]])
y_train = np.array([6,7,8,9])
print("x_train.shape : ", x_train.shape) #(4,5)
print("y_train.shape : ", y_train.shape) #(4,)

x_train = x_train.reshape(x_train.shape[0], x_train.shape[1],1)
y_train = y_train.reshape( y_train.shape[0],1)
print("x_train.shape : ", x_train.shape) #(4,5,1)
print("y_train.shape : ", y_train.shape) #(4,1)
```

```
# fix random seed for reproducibility
import tensorflow as tf
seed = 1234
np.random.seed(seed)
tf.random.set_seed(seed)

# 2. 모델 구성
from keras.models import Sequential
from keras.layers import Dense, LSTM
model = Sequential()

model.add(LSTM(7, input_shape = (5, 1), activation = 'relu'))
model.add(Dense(4))
model.add(Dense(1))
model.summary()

# 3. 모델 컴파일 및 학습
model.compile(loss='mse', optimizer='adam', metrics=['mse'])
history=model.fit(x_train, y_train, epochs=1000, batch_size=4)
```

```
# 4. 모델예측
x_predict = np.array([[5,6,7,8,9]])
#print(x_predict.shape) #(1,5)
x_predict = x_predict.reshape(x_predict.shape[0],x_predict.shape[1], 1)
#print("x_predict.shape : ", x_predict.shape) # (1,5,1)

y_predict = model.predict(x_predict)
print("예측값 :\n", y_predict)
```

```
예측값 :
 [[10.22046]]
```

그림 9.20은 LSTM 모델의 손실함수 그래프를 나타낸다.

```
# 5. 손실함수 그래프
import matplotlib.pyplot as plt

# summarize history for loss
plt.plot(history.history['loss'])
plt.title('model loss')
plt.ylabel('loss')
plt.xlabel('epoch')
plt.show()
```

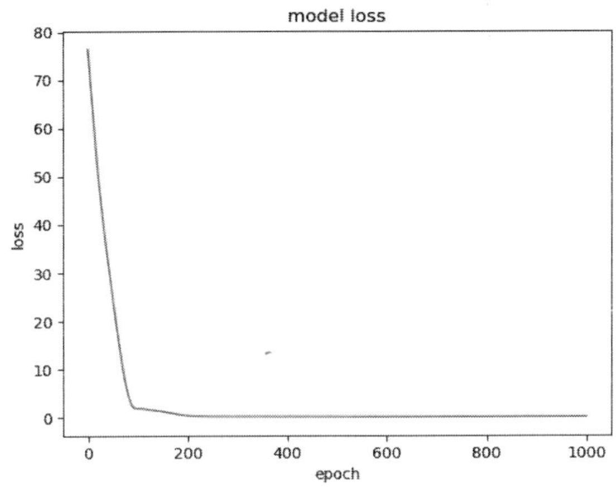

그림 9.20 LSTM 모델의 손실함수 그래프

예제 9.8

IMDB 데이터 셋에서 LSTM을 이용하여 영화 리뷰에 대해 긍정 혹은 부정으로 감성 분석하고자 한다. 모델은 Sequential 방법에 의해 순차적으로 다음과 같이 구성한다.

$$\text{Embedding(max\_features, 32)} \rightarrow \text{LSTM(32)} \rightarrow \text{Dense(1)}$$

풀이

[코드 9.2.3]

```
import numpy as np
import tensorflow as tf
from keras.datasets import imdb
from keras.preprocessing import sequence
from keras.models import Sequential
from keras.layers import Embedding, SimpleRNN, Dense

max_features = 10000
max_length = 500
batch_size = 32

#print('Loading data...')
```

```
(input_train, y_train), (input_test, y_test) = imdb.load_data(num_words=max_features)
#print(len(input_train), 'train sequences')
#print(len(input_test), 'test sequences')

#print('Pad sequences (samples x time)')
input_train = sequence.pad_sequences(input_train, maxlen=max_length)
input_test = sequence.pad_sequences(input_test, maxlen=max_length)
#print('input_train shape:', input_train.shape)
#print('input_test shape:', input_test.shape)

import tensorflow as tf
seed = 1234
np.random.seed(seed)
tf.random.set_seed(seed)

model = Sequential()
model.add(Embedding(max_features, 32))
model.add(LSTM(32))
model.add(Dense(1, activation='sigmoid'))

model.compile(optimizer='rmsprop', loss='binary_crossentropy', metrics=['acc'])
history = model.fit(input_train, y_train, epochs=10, batch_size=128, validation_split=0.2)
```

```
Epoch 1/10
157/157 [==============================] - 22s 132ms/step - loss: 0.5125 - acc: 0.7610
- val_loss: 0.6278 - val_acc: 0.6990
Epoch 2/10
157/157 [==============================] - 21s 134ms/step - loss: 0.2976 - acc: 0.8828
- val_loss: 0.3216 - val_acc: 0.8638
Epoch 3/10
157/157 [==============================] - 21s 135ms/step - loss: 0.2352 - acc: 0.9122
- val_loss: 0.3816 - val_acc: 0.8714
Epoch 4/10
157/157 [==============================] - 21s 134ms/step - loss: 0.1997 - acc: 0.9263
- val_loss: 0.4377 - val_acc: 0.8674
Epoch 5/10
157/157 [==============================] - 21s 132ms/step - loss: 0.1744 - acc: 0.9364
- val_loss: 0.2942 - val_acc: 0.8842
Epoch 6/10
157/157 [==============================] - 21s 133ms/step - loss: 0.1570 - acc: 0.9431
- val_loss: 0.3066 - val_acc: 0.8900
Epoch 7/10
```

```
157/157 [==============================] - 21s 133ms/step - loss: 0.1401 - acc: 0.9516
- val_loss: 0.3725 - val_acc: 0.8430
Epoch 8/10
157/157 [==============================] - 21s 132ms/step - loss: 0.1325 - acc: 0.9532
- val_loss: 0.3284 - val_acc: 0.8772
Epoch 9/10
157/157 [==============================] - 21s 132ms/step - loss: 0.1187 - acc: 0.9582
- val_loss: 0.3660 - val_acc: 0.8858
Epoch 10/10
157/157 [==============================] - 21s 131ms/step - loss: 0.1066 - acc: 0.9635
- val_loss: 0.3717 - val_acc: 0.8826
```

→ 에포크 10일 때 train 데이터에서 손실함수가 loss:0.1066, 정확도가 acc:0.9635 그리고 test 데이터에서 손실함수가 val_loss: 0.3717, 정확도가 val_acc: 0.8826이다.

그림 9.21과 그림 9.22는 IMDB 데이터 셋의 train 데이터와 test 데이터에서 LSTM 모델에 대한 각각의 손실함수 그래프와 정확도 그래프를 나타내고 있다.

```
import matplotlib.pyplot as plt

acc = history.history['acc']
val_acc = history.history['val_acc']
loss = history.history['loss']
val_loss = history.history['val_loss']

epochs = range(1, len(acc) + 1)

plt.plot(epochs, loss, 'bo', label='Training loss')
plt.plot(epochs, val_loss, 'b', label='Validation loss')
plt.title('Training and validation loss')
plt.legend()

plt.figure()

plt.plot(epochs, acc, 'bo', label='Training acc')
plt.plot(epochs, val_acc, 'b', label='Validation acc')
plt.title('Training and validation accuracy')
plt.legend()

plt.show()
```

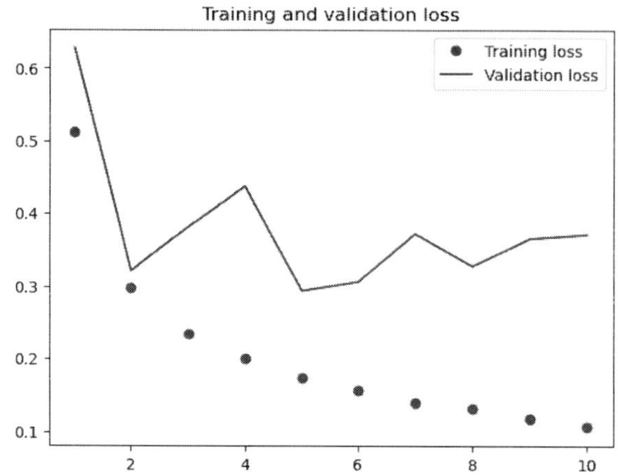

그림 9.21 RNN 모델의 손실함수 그래프

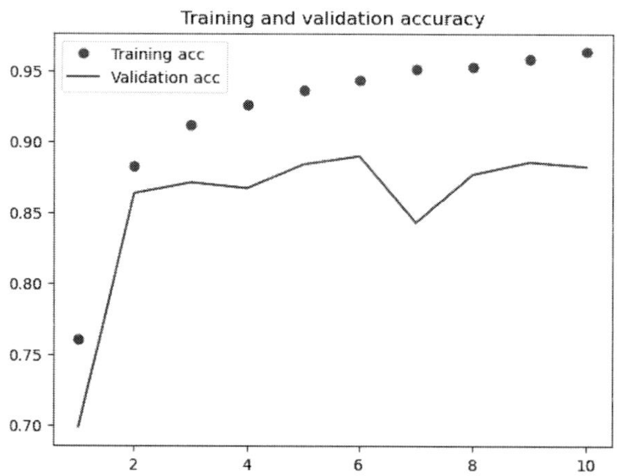

그림 9.22 RNN 모델의 정확도 그래프

그림 9.21의 손실함수 그래프에서 보면, train 데이터와 test 데이터 간 손실함수의 차이가 그림 9.11에 주어진 RNN 모델의 손실함수 그래프와 비교하여 크지 않는 것을 알 수 있다. 그림 9.22의 정확도 그래프에서도 그림 9.12에 주어진 RNN 모델에서 정확도 그래프와 비교하여 train 데이터와 test 데이터 간 정확도의 차이가 크지 않는 것을 알 수 있다.

예제 9.9

Yahoo Finance에 있는 애플(apple, APPL)의 주가 데이터를 다운로드하여 LSTM을 이용하여 주가 예측하고자 한다. 여기서는 2010-01-08부터 2021-01-08의 데이터를 다운로드받는다. 그림 9.23은 AAPL 데이터의 일부를 나타내고 있다.

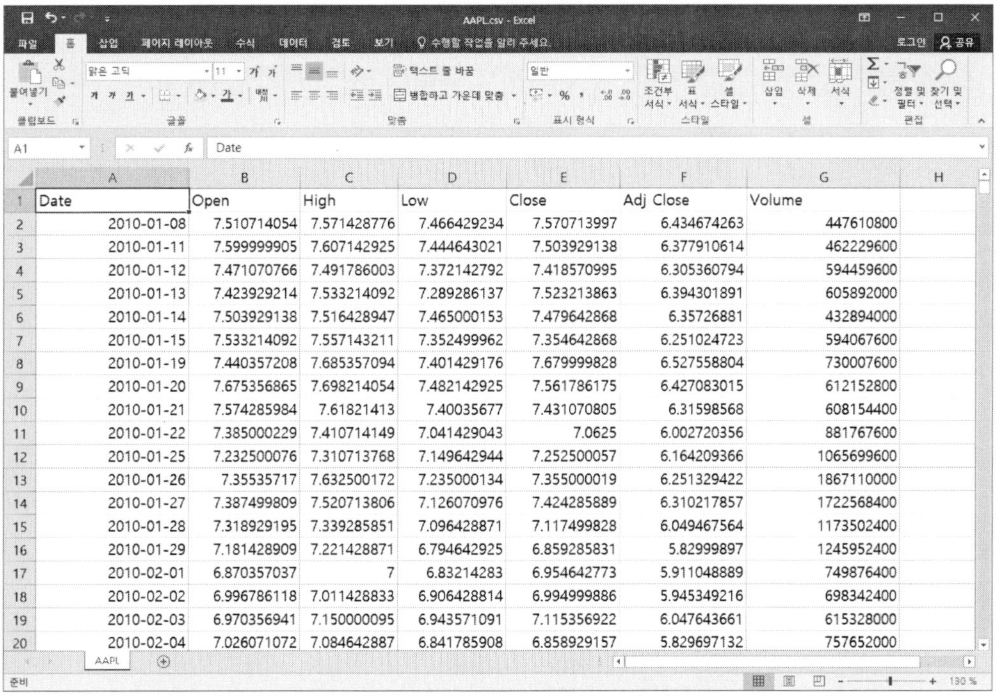

	A	B	C	D	E	F	G
1	Date	Open	High	Low	Close	Adj Close	Volume
2	2010-01-08	7.510714054	7.571428776	7.466429234	7.570713997	6.434674263	447610800
3	2010-01-11	7.599999905	7.607142925	7.444643021	7.503929138	6.377910614	462229600
4	2010-01-12	7.471070766	7.491786003	7.372142792	7.418570995	6.305360794	594459600
5	2010-01-13	7.423929214	7.533214092	7.289286137	7.523213863	6.394301891	605892000
6	2010-01-14	7.503929138	7.516428947	7.465000153	7.479642868	6.35726881	432894000
7	2010-01-15	7.533214092	7.557143211	7.352499962	7.354642868	6.251024723	594067600
8	2010-01-19	7.440357208	7.685357094	7.401429176	7.679999828	6.527558804	730007600
9	2010-01-20	7.675356865	7.698214054	7.482142925	7.561786175	6.427083015	612152800
10	2010-01-21	7.574285984	7.61821413	7.40035677	7.431070805	6.31598568	608154400
11	2010-01-22	7.385000229	7.410714149	7.041429043	7.0625	6.002720356	881767600
12	2010-01-25	7.232500076	7.310713768	7.149642944	7.252500057	6.164209366	1065699600
13	2010-01-26	7.35535717	7.632500172	7.235000134	7.355000019	6.251329422	1867110000
14	2010-01-27	7.387499809	7.520713806	7.126070976	7.424285889	6.310217857	1722568400
15	2010-01-28	7.318929195	7.339285851	7.096428871	7.117499828	6.049467564	1173502400
16	2010-01-29	7.181428909	7.221428871	6.794642925	6.859285831	5.82999897	1245952400
17	2010-02-01	6.870357037	7	6.83214283	6.954642773	5.911048889	749876400
18	2010-02-02	6.996786118	7.011428833	6.906428814	6.994999886	5.945349216	698342400
19	2010-02-03	6.970356941	7.150000095	6.943571091	7.115356922	6.047643661	615328000
20	2010-02-04	7.026071072	7.084642887	6.841785908	6.858929157	5.829697132	757652000

그림 9.23 AAPL 데이터 (파일이름: AAPL.csv)

그림 9.23에서 Date은 거래 일시, Open은 시작가, High는 장중 최고가, Low는 장중 최저가, CLose는 종가, Adj Close는 배당이나 배분 및 분배금을 반영한 조정 종가, Volume은 거래량을 나타낸다. 여기서는 "Close"에 대해서 분석하고자 한다. 여기서는 과거 60일을 기준으로 그 다음날의 데이터를 예측하고자 한다.

풀이

[코드 9.2.4]

```
import pandas as pd
import numpy as np
```

```
import matplotlib.pyplot as plt
from tensorflow.keras.models import Sequential
from tensorflow.keras.layers import LSTM,Dropout,Dense
from sklearn.preprocessing import MinMaxScaler

import yfinance as yf
df = yf.download('AAPL','2010-01-08','2021-01-08')
df.to_csv("AAPL.csv")

df=pd.read_csv("AAPL.csv")
df["Date"]=pd.to_datetime(df.Date,format="%Y-%m-%d")
df.index=df['Date']
# Preprocess the data
scaler = MinMaxScaler()
df_scaled = scaler.fit_transform(df['Close'].values.reshape(-1, 1))

# Define the training and testing data
train_size = int(len(df_scaled) * 0.8)
train_data = df_scaled[:train_size, :]
test_data = df_scaled[train_size:, :]

# Define the function to create a sliding window dataset
def create_dataset(dataset, time_steps=1):
    x_data, y_data = [], []
    for i in range(len(dataset)-time_steps-1):
        x_data.append(dataset[i:(i+time_steps), 0])
        y_data.append(dataset[i + time_steps, 0])
    return np.array(x_data), np.array(y_data)

# Define the time steps and create the sliding window dataset
time_steps = 60
x_train, y_train = create_dataset(train_data, time_steps)
x_test, y_test = create_dataset(test_data, time_steps)

# Reshape the data for LSTM input
x_train = np.reshape(x_train, (x_train.shape[0], x_train.shape[1], 1))
x_test = np.reshape(x_test, (x_test.shape[0], x_test.shape[1], 1))

import tensorflow as tf
seed = 1234
np.random.seed(seed)
tf.random.set_seed(seed)
# Define the LSTM model architecture
```

```
model = Sequential()
model.add(LSTM(units=64, return_sequences=True, input_shape=(x_train.shape[1], 1)))
model.add(Dropout(0.2))
model.add(LSTM(units=64, return_sequences=True))
model.add(Dropout(0.2))
model.add(LSTM(units=64, return_sequences=False))
model.add(Dropout(0.2))
model.add(Dense(units=1))

# Compile the model
model.compile(optimizer='adam', loss='mean_squared_error')

# Train the model
model.fit(x_train, y_train, epochs=10, batch_size=64, validation_data=(x_test, y_test),
verbose=1)
# Make predictions
y_pred = model.predict(x_test)
#print(y_pred)
# Inverse transform the predicted and actual values
inverse_y_pred = scaler.inverse_transform(y_pred)
y_test = y_test.reshape(inverse_y_pred.shape[0], 1)
inverse_y_test = scaler.inverse_transform(y_test)
```

```
# Evaluate the model
from sklearn.metrics import mean_squared_error,mean_absolute_error,r2_score

mse = mean_squared_error(inverse_y_test, inverse_y_pred)
mae = mean_absolute_error(inverse_y_test, inverse_y_pred)
r2 = r2_score(inverse_y_test, inverse_y_pred)

print('MSE: ', mse)
print('MAE: ', mae)
print('R-squared: ', r2)
```

```
MSE:  27.104535762557084
MAE:  3.9226262013278674
R-squared:  0.9633068893962411
```

[코드 9.2.4 설명]

① 필요한 패키지를 불러온다.

```
import pandas as pd
import numpy as np

import matplotlib.pyplot as plt
from tensorflow.keras.models import Sequential
from tensorflow.keras.layers import LSTM,Dropout,Dense


from sklearn.preprocessing import MinMaxScaler
```

② Yahoo Finance에서 APPL의 주가 데이터를 다운로드한다.

APPL 주가의 데이터를 Yahoo Finance 모듈에서 불러온다. 이를 위해 yfinance 모듈을 설치하고, download( ) 함수를 이용하여 애플의 종목명인 'AAPL'와 데이터의 시작지점인 '2010-01-08'과 종료시점인 '2021-01-08'을 지정한다. 다운로드한 파일은 to_csv() 함수를 이용하여 CSV 파일로 저장한다.

```
!pip install yfinance
import yfinance as yf
df = yf.download('AAPL','2010-01-08','2021-01-08')
df.to_csv("AAPL.csv")
```

```
[*********************100%***********************]  1 of 1 completed
```

③ 판다스의 read_csv( ) 함수를 이용하여 데이터를 읽는다.

```
df=pd.read_csv("AAPL.csv")
print(df.info())
```

```
<class 'pandas.core.frame.DataFrame'>
RangeIndex: 2769 entries, 0 to 2768
Data columns (total 7 columns):
 #   Column     Non-Null Count  Dtype
---  ------     --------------  -----
 0   Date       2769 non-null   object
 1   Open       2769 non-null   float64
 2   High       2769 non-null   float64
```

```
 3   Low        2769 non-null   float64
 4   Close      2769 non-null   float64
 5   Adj Close  2769 non-null   float64
 6   Volume     2769 non-null   int64
dtypes: float64(5), int64(1), object(1)
memory usage: 151.6+ KB
None
```

→ 변수 중에서 Date는 object 형이고 나머지 변수들은 숫자형(float64, int64) 변수들이다.

```
print(df.head())
```

```
         Date      Open      High       Low     Close  Adj Close     Volume
0  2010-01-08  7.510714  7.571429  7.466429  7.570714   6.434674  447610800
1  2010-01-11  7.600000  7.607143  7.444643  7.503929   6.377911  462229600
2  2010-01-12  7.471071  7.491786  7.372143  7.418571   6.305361  594459600
3  2010-01-13  7.423929  7.533214  7.289286  7.523214   6.394302  605892000
4  2010-01-14  7.503929  7.516429  7.465000  7.479643   6.357269  432894000
```

④ 변수 Date를 데이터 타입이 datetime 형으로 전환한다.

Date에 대한 데이터형이 object인 경우 다루기가 어렵다. 따라서 pd.to_datetime() 함수를 이용하여 object 데이터형을 datetime 데이터형으로 전환한다.

```
df["Date"]=pd.to_datetime(df.Date,format="%Y-%m-%d")
print(df["Date"])
```

```
0       2010-01-08
1       2010-01-11
2       2010-01-12
3       2010-01-13
4       2010-01-14
           ...
2764    2020-12-31
2765    2021-01-04
2766    2021-01-05
2767    2021-01-06
2768    2021-01-07
Name: Date, Length: 2769, dtype: datetime64[ns]
```

→ 변수 Date의 데이터형은 원래 object 형이었는데 pd.to_datetime() 함수에 의해 datetime 형으로 변환된 것을 알 수 있다.

⑤ 변수 '종가'에 대한 그래프 출력

변수 Date를 인덱스(index)로 처리해준 다음 종가에 대한 그림 9.24와 같은 그래프를 출력한다.

```
df.index=df['Date']
plt.plot(df.index, df["Close"],label='Close Price history')
```

그림 9.24 변수 '종가'에 대한 그래프 출력

⑥ 데이터 스케일링

scikit-learn 패키지의 MinMaxScaler 클래스로부터 객체를 생성한 후 fit_transform( ) 함수를 사용해서 데이터 스케일링을 수행한다. 여기서는 0과 1 사이의 값으로 변환하기 위해 min-max scalar를 사용한다.

```
import numpy as np
from sklearn.preprocessing import MinMaxScaler

scaler = MinMaxScaler()
df_scaled = scaler.fit_transform(df['Close'].values.reshape(-1, 1))
print('df_scaled.shape :', df_scaled.shape)
```

```
df_scaled.shape : (2769, 1)
```

⑦ 데이터 분할

train 데이터와 test 데이터의 비율을 80:20으로 분할한다.

```
# Define the training and testing data
train_size = int(len(df_scaled) * 0.8)
train_data = df_scaled[:train_size, :]
test_data = df_scaled[train_size:, :]
print('train_data.shape :',train_data.shape)
print('test_data.shape :',test_data.shape)
```

```
train_data.shape : (2215, 1)
test_data.shape : (554, 1)
```

⑧ 슬라이딩 윈도우 데이터 셋 생성

시계열 예측을 위해 데이터의 일정한 길이의 입력 윈도우(input window)와 출력 윈도우(output window)를 설정하고, 데이터의 처음 부분부터 끝부분까지 슬라이딩(sliding)시켜서 데이터 셋을 생성한다. 여기서는 입력 윈도우의 길이를 60으로 정한다. 이 경우 처음 60개의 데이터를 x_data, 처음 61번째 데이터를 y_data로 정한다.

```
# Define the function to create a sliding window dataset
def create_dataset(dataset, time_steps=1):
    x_data, y_data = [], []
    for i in range(len(dataset)-time_steps-1):
        x_data.append(dataset[i:(i+time_steps), 0])
        y_data.append(dataset[i + time_steps, 0])
    return np.array(x_data), np.array(y_data)
```

```
# Define the time steps and create the sliding window dataset
time_steps = 60
x_train, y_train = create_dataset(train_data, time_steps)
x_test, y_test = create_dataset(test_data, time_steps)
print('x_train.shape :',x_train.shape)
print('y_train.shape :',y_train.shape)
print('x_test.shape :',x_test.shape)
print('y_test.shape :',y_test.shape)
```

```
x_train.shape : (2154, 60)
y_train.shape : (2154,)
x_test.shape : (493, 60)
y_test.shape : (493,)
```

슬라이딩 윈도우 데이터 셋에서 첫 입력 윈도우 데이터와 첫 출력 윈도우 데이터를 알기위한 문장은 다음과 같다.

print(x_train[0],y_train[0])

그리고 두 번째 입력 윈도우 데이터와 출력 윈도우 데이터를 알기 위한 문장은 다음과 같다.

print(x_train[1],y_train[1])

```
print(x_train[0],y_train[0])
print(x_train[1],y_train[1])
```

```
[5.48239202e-03 4.96799391e-03 4.31053849e-03 5.11653096e-03
 4.78093337e-03 3.81814383e-03 6.32414606e-03 5.41362711e-03
 4.40681597e-03 1.56796703e-03 3.03140758e-03 3.82089472e-03
 4.35455640e-03 1.99159311e-03 2.74721748e-06 7.37216546e-04
 1.04805980e-03 1.97508777e-03 0.00000000e+00 9.38024188e-04
 5.69415915e-04 1.13883917e-03 8.44497592e-04 1.82104159e-03
 2.29143647e-03 3.12218696e-03 2.88836864e-03 2.99289512e-03
 2.64629030e-03 2.30243636e-03 1.37815928e-03 2.36846140e-03
 2.73706967e-03 3.45778455e-03 4.65990155e-03 4.62138908e-03
 4.75342080e-03 5.13303630e-03 7.39972211e-03 7.43548368e-03
 8.51930872e-03 9.01995606e-03 9.20150747e-03 9.50410539e-03
 8.74487805e-03 8.91267501e-03 8.82189930e-03 8.96769281e-03
 8.30749385e-03 8.99520172e-03 9.98824738e-03 1.02660836e-02
 9.51785617e-03 1.06869662e-02 1.10968304e-02 1.20486164e-02
 1.18147944e-02 1.20816271e-02 1.27748368e-02 1.30636766e-02] 0.013355263572287328
[4.96799391e-03 4.31053849e-03 5.11653096e-03 4.78093337e-03
 3.81814383e-03 6.32414606e-03 5.41362711e-03 4.40681597e-03
 1.56796703e-03 3.03140758e-03 3.82089472e-03 4.35455640e-03
 1.99159311e-03 2.74721748e-06 7.37216546e-04 1.04805980e-03
 1.97508777e-03 0.00000000e+00 9.38024188e-04 5.69415915e-04
 1.13883917e-03 8.44497592e-04 1.82104159e-03 2.29143647e-03
 3.12218696e-03 2.88836864e-03 2.99289512e-03 2.64629030e-03
 2.30243636e-03 1.37815928e-03 2.36846140e-03 2.73706967e-03
 3.45778455e-03 4.65990155e-03 4.62138908e-03 4.75342080e-03
 5.13303630e-03 7.39972211e-03 7.43548368e-03 8.51930872e-03
 9.01995606e-03 9.20150747e-03 9.50410539e-03 8.74487805e-03
 8.91267501e-03 8.82189930e-03 8.96769281e-03 8.30749385e-03
 8.99520172e-03 9.98824738e-03 1.02660836e-02 9.51785617e-03
 1.06869662e-02 1.10968304e-02 1.20486164e-02 1.18147944e-02
 1.20816271e-02 1.27748368e-02 1.30636766e-02 1.33552636e-02] 0.01317645937986451
```

→ 첫 출력 윈도우 데이터는 다음과 같다.

0.013355263572287328

그리고 두 번째 출력 윈도우 데이터는 다음과 같다.

0.01317645937986451

⑨ LSTM 입력을 위한 데이터 변형

2차원 데이터형을 3차원 데이터형으로 변형한다.

```
# Reshape the data for LSTM input
x_train = np.reshape(x_train, (x_train.shape[0], x_train.shape[1], 1))
x_test = np.reshape(x_test, (x_test.shape[0], x_test.shape[1], 1))
print('x_train.shape :',x_train.shape)
print('y_train.shape :',y_train.shape)
print('x_test.shape :',x_test.shape)
print('y_test.shape :',y_test.shape)
```

```
x_train.shape : (2154, 60, 1)
y_train.shape : (2154,)
x_test.shape : (493, 60, 1)
y_test.shape : (493,)
```

⑩ LSTM 모델 구성

```
# Define the LSTM model architecture
model = Sequential()
model.add(LSTM(units=64, return_sequences=True, input_shape=(x_train.shape[1], 1)))
model.add(Dropout(0.2))
model.add(LSTM(units=64, return_sequences=True))
model.add(Dropout(0.2))
model.add(LSTM(units=64, return_sequences=False))
model.add(Dropout(0.2))
model.add(Dense(units=1))
```

→ LSTM( ) 함수는 입력 형태를 input_shape 매개변수를 사용하여 지정할 수 있다. 이 경우 다음의 최소 2개의 매개변수를 설정해주어야 한다.

```
input_shape= (time steps, input_dim )
```

여기서는 input_shape=(x_train.shape[1], 1)이다. 즉, x_train.shape[1]=60이다.

⑪ 역변환(inverse transformation)

우리는 정규화에 의해 원래의 값을 일정 범위의 값으로 스켈링하였다. 여기서는 스케일된 값을 원래의 값으로 변환, 즉 역변환이 필요한 경우 inverse_transform( ) 함수를 사용한다.

```
inverse_y_predict = scaler.inverse_transform(y_predict)
inverse_y_data = scaler.inverse_transform(y_data)
```

다음은 역변환을 위해 inverse_transform() 함수의 사용 예이다.

```
from sklearn import preprocessing
data = [[100,200],[300,400],[1,2],[3,50]]
scaler = preprocessing.MinMaxScaler(feature_range=(0.0, 1.0))
new_data = scaler.fit_transform(data)
print(new_data)
inverse_data = scaler.inverse_transform(new_data)
print(inverse_data)
```

```
[[0.33110368 0.49748744]
 [1.         1.        ]
 [0.         0.        ]
 [0.00668896 0.12060302]]
[[100. 200.]
 [300. 400.]
 [  1.   2.]
 [  3.  50.]]
```

여기서 스케일된 데이터는 다음과 같다.

```
[[0.33110368  0.49748744]
 [1.          1.        ]
 [0.          0.        ]
 [0.00668896  0.12060302]]
```

원래 값으로 변환 즉, 역변환된 데이터는 다음과 같다.

[[100. 200.]
 [300. 400.]
 [1.   2.]
 [3.   50.]]

⑫ 실제 데이터와 예측한 데이터 시각화

시계열 그래프에서 x축을 변수 Date로 나타내기 위해 다음과 같이 지정한다. 여기서는 test 데이터의 길이를 inverse_y_test.shape[0]로 나타내었다.

df.index[0:inverse_y_test.shape[0]]

그림 9.25는 AAPL 데이터에서 실제값과 예측값에 대한 시계열 그래프이다.

```
# Plot the predicted vs actual values
plt.figure(figsize=(10, 6))
plt.plot(df.index[0:inverse_y_test.shape[0]],inverse_y_test, label='Actual', linewidth =
3, alpha = 0.4)
plt.plot(df.index[0:inverse_y_pred.shape[0]],inverse_y_pred, label='Predicted', linewidth
= 1.5)
plt.xlabel('Date')
plt.ylabel('Stock Price')
plt.title('AAPL Stock Price Prediction')
plt.legend()
plt.show()
```

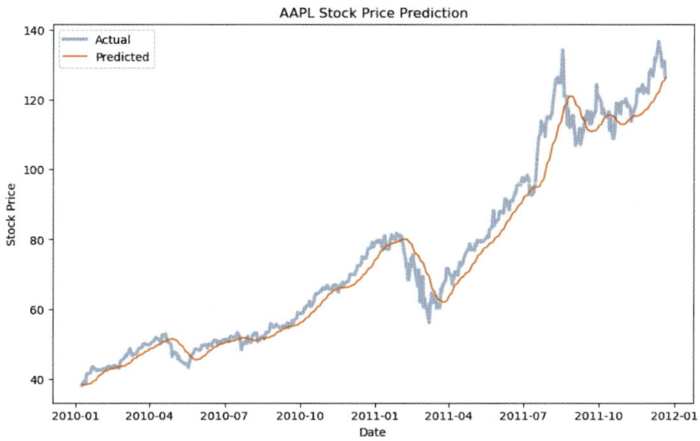

그림 9.25 시계열 그래프 출력하기

→ 그래프의 x축은 Date 변수의 값들로 이루어진 것을 알 수 있다. LSTM 모델을 이용한 예측값은 실제 데이터와 어느 정도 비슷함을 알 수 있다.

참고로 시계열 그래프에서 x축을 별도로 지정하지 않는 경우 그래프를 출력하고자 한다. 그림 9.26은 그림 9.25에서 x축을 별도로 지정하지 않는 경우의 시계열 그래프이다.

```
# Plot the predicted vs actual values
plt.figure(figsize=(10, 6))
plt.plot(inverse_y_test, label='Actual', linewidth = 3, alpha = 0.4)
plt.plot(inverse_y_pred, label='Predicted', linewidth = 1.5)
plt.xlabel('Date')
plt.ylabel('Stock Price')
plt.title('AAPL Stock Price Prediction')
plt.legend()
plt.show()
```

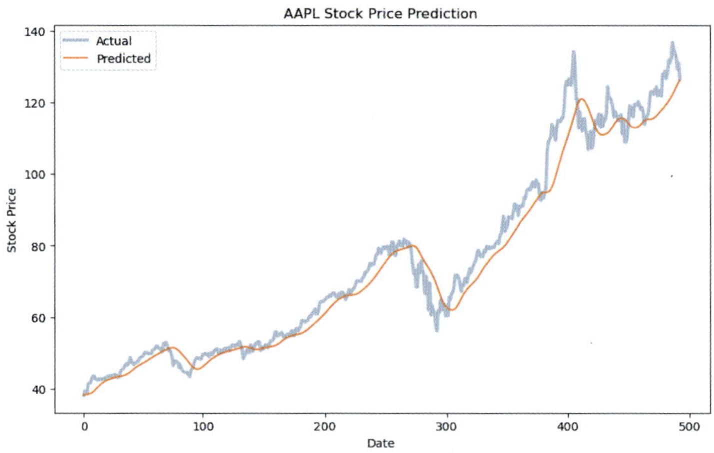

그림 9.26 시계열 그래프 출력하기

→ 그래프의 x축은 인덱스 0부터 번호가 붙어있는 것을 알 수 있다.

연습문제

9-1 IMDB 데이터 셋에서 Stacked RNN, 즉 여러 개의 RNN 층을 사용하여 영화 리뷰에 대해 긍정 혹은 부정으로 감성 분석하고자 한다.

9-1 IMDB 데이터 셋에서 Stacked LSTM, 즉 여러 개의 LSTM 층을 사용하여 영화 리뷰에 대해 긍정 혹은 부정으로 감성 분석하고자 한다.

9-3 Yahoo Finance에 있는 삼성전자의 주가 데이터를 다운로드하여 기본 RNN을 이용하여 주가 예측하고자 한다. 우리는 일자, 시가, 고가, 저가, 거래량을 토대로 미래의 주가인 "종가"를 예측하고자 한다. 여기서는 과거 20일을 기준으로 그 다음날의 데이터를 예측한다.

9-4 Yahoo Finance에 있는 삼성전자의 주가 데이터를 다운로드하여 Stacked RNN, 즉 여러 개의 RNN층을 사용하여 주가 예측하고자 한다. 우리는 일자, 시가, 고가, 저가, 거래량을 토대로 미래의 주가인 "종가"를 예측하고자 한다. 여기서는 과거 20일을 기준으로 그 다음날의 데이터를 예측한다.

9-5 Yahoo Finance에 있는 삼성전자의 주가 데이터를 다운로드하여 LSTM을 이용하여 주가 예측하고자 한다. 우리는 일자, 시가, 고가, 저가, 거래량을 토대로 미래의 주가인 "종가"를 예측하고자 한다. 여기서는 과거 20일을 기준으로 그 다음날의 데이터를 예측한다.

10장

GAN 모델

10.1 GAN 모델이란?

GAN(Generative Adversarial Network, 생성적 적대 모델)은 생성자(Generator)와 판별자(Discriminator, 식별자)가 서로 경쟁(Adversarial)하며 판단이 어려운 수준, 즉 '진짜 같이 보이는 가짜'를 생성(Generative)해내는 딥러닝 기법이다. GAN의 첫 단어인 'Generative'는 GAN이 생성적 모델(generative model)이라는 것을 뜻한다. 생성적 모델이란 임의의 노이즈(random noise)(혹은 잠재 변수(latent variable))들로 이루어진 잠재 공간(latent space)에서 노이즈 벡터(noise vector)(혹은 잠재벡터(latent vector))를 추출하여 '그럴듯한 가짜'를 만들어내는 모델이다. 그림 10.1과 같이 언뜻 보면 진짜 같은 가짜 사람의 얼굴 사진을 만들어 내거나 실제로 있을 법한 고양이 사진을 만들어내는 것이 생성적 모델의 예이다.

그림 10.1 GAN을 통해 생성된 허구의 인물
출처: 엔비디아

GAN의 두 번째 단어인 'Adversarial'은 GAN이 두 개의 모델을 적대적(adversarial, 대립적)으로 경쟁시키며 발전시킨다는 것을 뜻한다. 두 개의 모델인 생성자와 판별자는 서로 적대적으로 경쟁하면서 서로의 성능을 점차 개선해 나가는 쪽으로 학습이 진행된다.

판별자의 목표는 생성자가 만든 가짜 데이터를 학습 데이터 셋에 있는 실제 데이터와 구별하는 것이다. 생성자의 목표는 판별자가 구분하지 못하는 데이터를 생성하는 것이다. 생성자와 판별자는 서로를 속이려고 경쟁을 지속한다. 생성자가 진짜 같은 가짜 데이터를 생성할수록 판별자 역시 가짜와 진짜를 구별하는 능력이 탁월해 진다.

(1) GAN의 아이디어

GAN을 가장 쉽게 설명해주는 예시가 위조지폐범과 경찰의 관계이다. 이 둘은 적대적 경쟁 관계에 있다. 위조지폐범은 경찰의 눈을 피해 진짜 같은 위조지폐를 만들기 위해 노력하고, 경찰은 정교하게 만든 위조지폐를 판별하기 위해 더욱 더 정교한 판별 기법을 개발하기 위해 노력할 것이다. 바로 이것이 GAN의 핵심이다. 그림 10.2에서 보는 것처럼 GAN은 위조지폐범 역할을 하는 생성자와 경찰 역할을 하는 판별자를 경쟁적으로 학습시킨다. 생성자의 목적은 그럴듯한 가짜 데이터를 만들어서 판별자를 속이는 것이며, 판별자의 목적은 생성자가 만든 가짜 데이터와 진짜 데이터를 구분하는 것이다. 이 둘을 적대적으로 학습시키며 진짜 데이터와 비슷한 가짜 데이터를 생성한다. 이것이 GAN의 핵심적인 아이디어인 적대적 학습(Adversarial Training)이다.

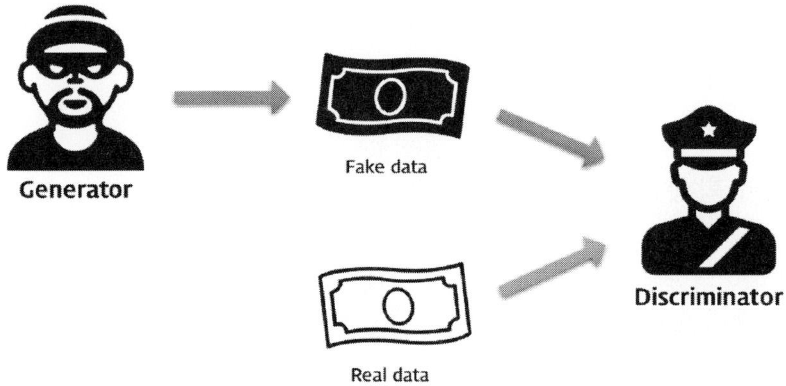

그림 10.2 GAN에서 위조지폐범과 경찰의 관계
출처: m.blog.naver.com

그림 10.3은 가짜 와인 위조범(wine forger)과 가게주인(shop owner)의 관계를 설명하고 있다. 가짜 와인 위조범은 돈을 벌기 위해 진품(Real wine)과 같은 가짜 와인(Fake wine)을 가게에 팔려고 할 것이고 가게주인은 가짜 와인 위조범이 제조한 가짜 와인과 진품을 구분하려 할 것이다. 이 둘은 적대적인 경쟁 관계이다.

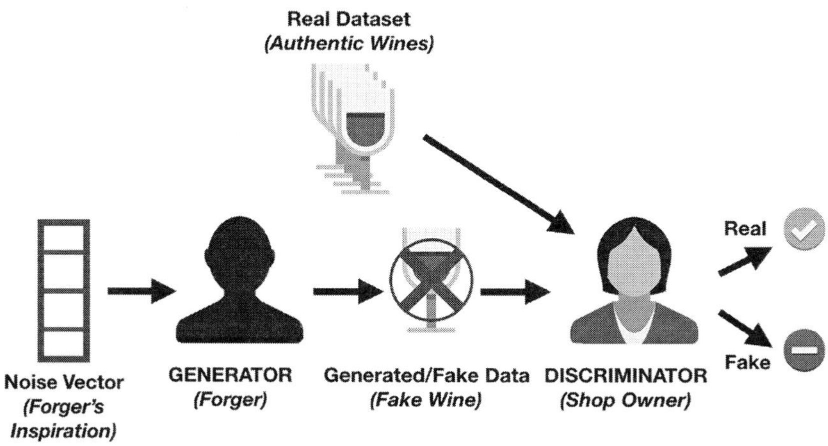

그림 10.3 GAN에서 가짜 와인 위조범과 가게주인의 관계
출처: www.datacamp.com

여기서 가짜 와인 위조범의 목표는 진품과 구별이 안 되는 와인을 만드는 것이고, 가게주인의 목표는 와인이 진짜인지 가짜인지 정확하게 구별하는 것이다. 그림 10.3에서 보는 것처럼 GAN은 가짜 와인 위조범에 해당하는 생성자(Generator)와 가게주인에 해당하는 판별자(Discriminator)를 경쟁적으로 학습시킨다. 가짜 와인 위조범과 위조를 구분해내려는 가게주인의 경쟁이 GAN의 기본 아이디어이다.

(2) GAN의 학습 방법

GAN의 아이디어에 대해 이해하였다면, GAN의 학습 방법에 대해 살펴보고자 한다. GAN에서 생성자와 판별자는 서로 상반된 입장을 가지고 있다. GAN에서 생성자는 판별자를 속이려고 하고, 판별자는 속지 않으려고 하는 방식으로 학습이 된다. 기본적인 GAN 학습 방법은 생성자는 정답이 없는 상태에서 진행됨으로 비지도 학습(unsupervised learning)이고, 판별자는 진짜 데이터(Real data)와 가짜 데이터(Fake data)를 비교해서 구분하므로 지도학습(supervised learning)에 해당된다. 그림 10.4는 GAN의 학습 방법을 나타내고 있다.

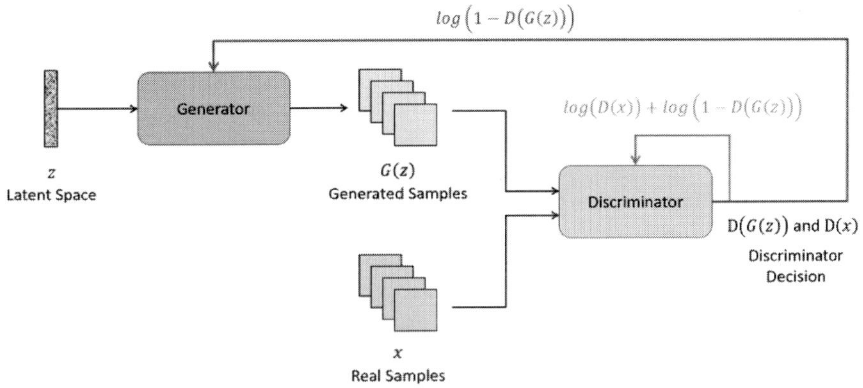

그림 10.4 GAN의 학습 방법
출처: medium.com

먼저, 판별자의 입장에서 살펴보면, 판별자는 sample data가 학습 데이터 셋에 있는 Real sample x이면 라벨 1을 주고, 생성자가 만든 Fake data이면 라벨 0을 준다. 즉, 최적의 판별자 D는 다음의 값을 가질 것이다.

$$D(x) = 1,\ D(G(z)) = 0$$

여기서 $D(x)$, $1 - D(G(z))$값이 0에서 1로 커질수록 판별자가 원하는 좋은 상황이다. 이는 $log(D(x))$, $log(1 - D(G(z)))$값이 $-\infty$에서 0으로 커질수록 원하는 좋은 상황이다. 즉, $log(D(x)) + log(1 - D(G(z)))$의 최대화가 판별자가 원하는 상황이다. 다시 말하면, $log(D(x)) + log(1 - D(G(z)))$을 최대화하도록 판별자 D을 학습시킨다. 이를 수식으로 표현하면 다음과 같다.

$$\max_D \{log(D(x)) + log(1 - D(G(z)))\} \tag{10.1}$$

다음으로 생성자의 입장에서 살펴보면, 생성자는 판별자를 속이고 싶어 한다. 즉, 생성자가 만든 Fake data에 대한 판별자의 확률, $D(G(z))$값이 1이 되기를 원한다. 여기서 $1 - D(G(z))$값이 1에서 0으로 작아질수록 생성자가 원하는 좋은 상황이다. 이는 $log(1 - D(G(z)))$값이 0에서 $-\infty$로 작아질수록 생성자가 원하는 좋은 상황이다. 즉, $log(1 - D(G(z)))$의 최소화가 생성자가 원하는 상황이다. 다시 말하면, $log(1 - D(G(z)))$을 최소화하도록 생성자 G을 학습시킨다. 이를 수식으로 표현하면 다음과 같다.

$$\min_G log(1 - D(G(z))) \tag{10.2}$$

GAN에서 판별자 D와 생성자 G가 원하는 목적을 수식으로 표현한 식 (10.1)과 식 (10.2)을 동시에 만족시키기 위해 목적함수를 식 (10.3)과 같이 나타낼 수 있다. 이것이 바로 GAN의 손실함수(GAN loss)이다.

$$\min_G \max_D V(D, G) = E_{x \sim P_{data}(x)}[log D(x)] + E_{z \sim P_z(z)}[log(1 - D(G(z)))] \tag{10.3}$$

여기서 E는 기댓값 연산을 의미한다. P_{data}와 P_z은 각각 실제 데이터의 분포와 잠재변수에 대한 분포이다. GAN의 손실함수는 판별자 D와 생성자 G의 항으로 구성되어 있고 log 값들의 기댓값들의 합으로 구성되어 있다. 결국, 판별자 D는 $V(D, G)$라는 함수를 최대화(maximization)시키는 방향으로 학습하고, 생성자 G는 $V(D, G)$라는 함수를 최소화(minimization)시키는 방향으로 학습을 진행한다.

식 (10.3)과 같이 주어진 이런 문제를 "minimax problem"이라 하고, 생성자와 판별자에 대한 "minimax two-player game"이 된다. GAN에서 생성자와 판별자는 서로 반대되는 목적을 갖고 어느 한쪽이 이득이 보면 다른 한쪽이 손해를 보는 구조이기 때문에 판별자와 생성자를 동시에 학습시키지 않고 따로따로 학습을 시킨다.

실제 GAN 학습은 두 단계로 이루어진다.

- STEP 1 : 생성자를 고정시키고, 판별자를 학습시킨다.
  그림 10.5와 같이 생성자의 파라미터를 고정시키고, Real data와 Fake data를 넣어 판별자를 학습시킨다.

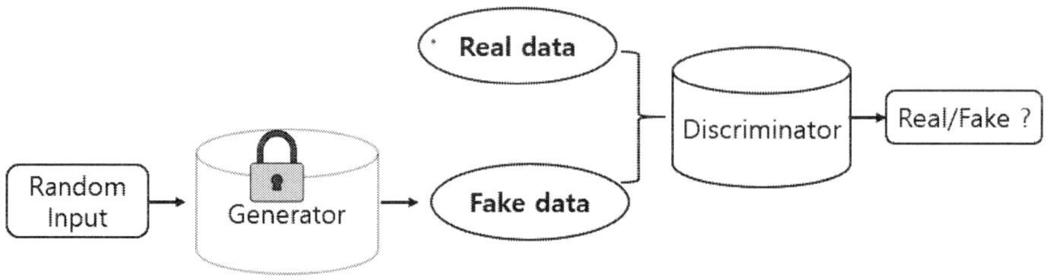

그림 10.5 생성자 고정 하에 GAN 학습

• STEP 2 : 판별자를 고정시키고, 생성자를 학습시킨다.

그림 10.6과 같이 판별자의 파라미터를 고정시키고, Fake data를 판별자에 넣은 값을 이용해 생성자를 학습시킨다. 이때 Real data는 생성자에 영향을 주지 않으므로 굳이 넣지 않는다.

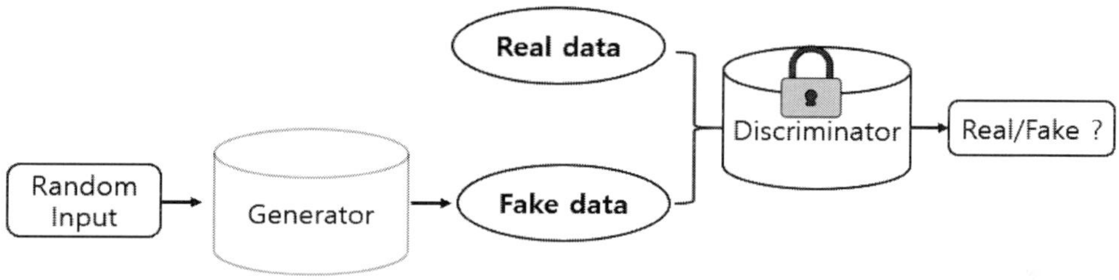

그림 10.6 판별자 고정 하에 GAN 학습

위 STEP 1과 STEP 2의 과정을 반복하면서 학습을 진행한다.

10.2 MNIST 데이터에서 GAN 구현

그림 10.7은 MNIST 데이터에서 GAN의 모델 구조를 보여주고 있다. MNIST 데이터에서 판별자의 목표는 Real 영상, 혹은 Fake 영상을 제대로 분류해내는 것이고, 생성자의 목표는 판별자가 완벽하게 구분 못 하도록 Real 영상과 유사한 Fake 영상을 생성하는 것이다.

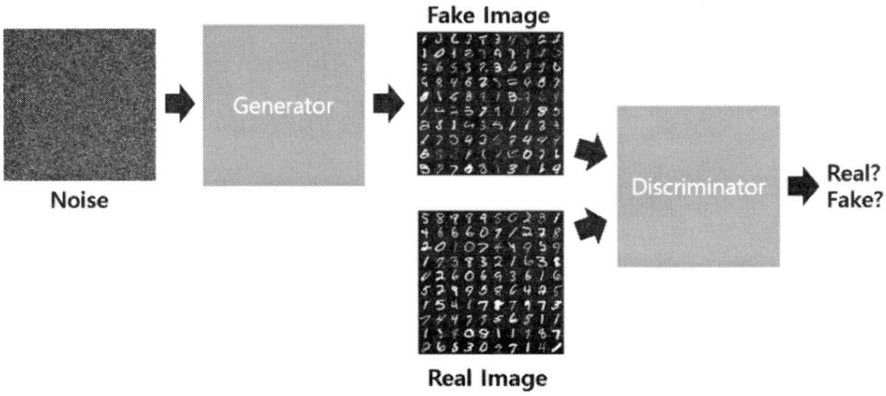

그림 10.7 MNIST 데이터에서 GAN의 모델 구조

[코드 10.2.1]

```
from tensorflow.keras.datasets import mnist
from tensorflow.keras.layers import Dense, LeakyReLU, Dropout, Input
from tensorflow.keras.models import Sequential, Model
from tensorflow.keras.optimizers import Adam
import numpy as np
import matplotlib.pyplot as plt
import tensorflow as tf
```

```
# seed 값 설정
seed = 10
np.random.seed(seed)
tf.random.set_seed(seed)
```

```
# Loading the data
(x_train, y_train), (x_test, y_test) = mnist.load_data()
# summarize the shape of the dataset
print('Train :', x_train.shape, y_train.shape)
print('Test  :', x_test.shape, y_test.shape)
```

```
Train : (60000, 28, 28) (60000,)
Test  : (10000, 28, 28) (10000,)
```

그림 10.8은 train 데이터로부터 MNIST 샘플영상을 출력하고 있다.

```
# plot images from the training dataset
for i in range(24):
# define subplot
    plt.subplot(4, 6, i+1)
    plt.xticks([])
    plt.yticks([])
    plt.grid(False)
    plt.imshow(x_train[i], cmap='gray_r')
plt.show()
```

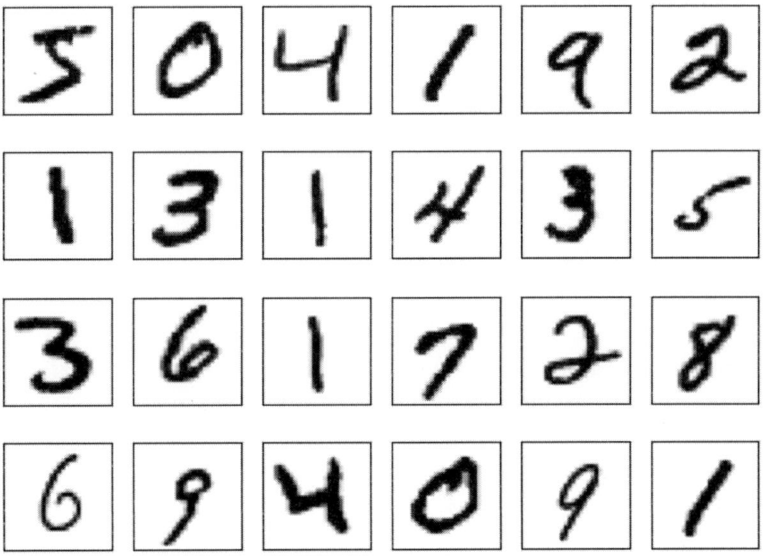

그림 10.8 MNIST 샘플영상 출력

```
# Nomralizing the data so that it is from -1 to 1. NNs converge faster this way
x_train = (x_train.astype(np.float32) - 127.5) / 127.5
x_test = (x_test.astype(np.float32) - 127.5) / 127.5
```

```
# convert x_train with a shape of (60000, 28, 28) to (60000, 784) so we have 784 columns
per row
x_train = x_train.reshape(-1, 784)
print(x_train.shape)
```

```
(60000, 784)
```

```
random_dim = 100
batch_size = 128
epochs= 50
steps_per_epoch = int(np.ceil(len(x_train) / batch_size))
#print("Number of batches", steps_per_epoch )
```

```
def get_optimizer():
    optimizer= Adam(learning_rate=0.0002, beta_1=0.5)
    return optimizer
```

```
# Generator 만들기
def create_generator():
    generator = Sequential()

    generator.add(Dense(256, input_dim=random_dim))
    generator.add(LeakyReLU(0.2))

    generator.add(Dense(512))
    generator.add(LeakyReLU(0.2))

    generator.add(Dense(1024))
    generator.add(LeakyReLU(0.2))

    generator.add(Dense(784, activation='tanh'))
    return generator
```

```
# Discriminator 만들기
def create_discriminator(optimizer):
    discriminator = Sequential()

    discriminator.add(Dense(1024, input_shape=(784,)))
    discriminator.add(LeakyReLU(0.2))
    discriminator.add(Dropout(0.3))

    discriminator.add(Dense(512))
    discriminator.add(LeakyReLU(0.2))
    discriminator.add(Dropout(0.3))
```

```
    discriminator.add(Dense(256))
    discriminator.add(LeakyReLU(0.2))
    discriminator.add(Dropout(0.3))

    discriminator.add(Dense(1, activation='sigmoid'))
    discriminator.compile(loss='binary_crossentropy', optimizer = optimizer )
    return discriminator
```

```
# Combined model
def get_gan_network(discriminator,  generator,random_dim, optimizer):

# We initially set trainable to False since we only want to train either the
# generator or discriminator at a time
    discriminator.trainable = False

# gan input (noise) will be 100-dimensional vectors
    gan_input = Input(shape=(random_dim,))
    fake_data = generator(inputs=gan_input)
    gan_output = discriminator(fake_data)
    # Discriminator의 결과는 fake_data가 real인지 fake인지에 대한 확률
    gan = Model(inputs=gan_input, outputs=gan_output)
    gan.compile(loss='binary_crossentropy', optimizer=optimizer)
    return gan
```

```
def show_images(noise):
    noise = np.random.normal(loc=0, scale=1, size=(24, random_dim))
    generated_images = generator.predict(noise)
    generated_images = generated_images.reshape(-1, 28, 28)

    plt.figure(figsize=(8, 4))

    for i in range(generated_images.shape[0]):
        plt.subplot(4, 6, i+1)
        plt.imshow(generated_images[i], interpolation='nearest', cmap='gray')
        plt.axis('off')
    plt.tight_layout()
    plt.show()
```

```
def plot_loss(D_losses, G_losses):
    # 오차에 대한 시각화
    plt.figure(figsize=(8, 4))
    plt.plot(D_losses, label='Discriminator Loss')
    plt.plot(G_losses, label='Generatror Loss')
    plt.xlabel('Epoch')
    plt.ylabel('Loss')
    plt.legend()
    plt.show()
```

```
# Training the GAN
optimizer = get_optimizer()
discriminator = create_discriminator(optimizer)  #Creating the discriminator using the function
generator = create_generator()
gan = get_gan_network(discriminator, generator,  random_dim, optimizer)

# for plotting at the end
D_losses = []
G_losses = []

for epoch in range(1, epochs + 1):  #iterate the dataset for the number of epochs
        # 각 배치별 학습
    for batch in range(steps_per_epoch): #for the number of batches we wanted to create
        # 입력으로 사용할 정규 노이즈와 Real_data를 가져온다.
        noise = np.random.normal(loc=0, scale=1, size=(batch_size, random_dim))

        # Fake_data 생성
        fake_data = generator.predict(noise)

        # Real_data 생성
        real_data = x_train[np.random.randint(low=0, high=x_train.shape[0], size=batch_size)]
#We won't use all real images from our dataset at once, we will only select a random sample of
images

        # combined_images 생성
        combined_data = np.concatenate((real_data, fake_data))   #making the x dataset for
the discriminator. This includes a mix of real and fake examples for the discriminator to
correctly classify

        # Assemble labels discriminating real from fake images
        # one-sided label smoothing
```

```
        labels = np.zeros(2*batch_size)
        labels[:batch_size] = 0.9
#         labels = np.concatenate([np.ones((batch_size, 1)),
#                                  np.zeros((batch_size, 1))])

        # Train discriminator
        discriminator.trainable = True
        D_loss = discriminator.train_on_batch(combined_data, labels)

        # Train generator
        y_gen = np.ones(batch_size)
        discriminator.trainable = False
        G_loss = gan.train_on_batch(noise, y_gen)


#    print('Epoch: %d,' %epoch, 'Discriminator Loss: %.4f,' %D_loss, 'Generator Loss: %.4f,'
%G_loss)
    print(f"Epoch: {epoch}, Discriminator Loss: {D_loss:.4f}, Generator Loss: {G_loss:.4f}")

    D_losses.append(D_loss)
    G_losses.append(G_loss)

    if epoch==1 or epoch % 10 == 0:
        show_images(noise)

# if  epoch % 10 == 0:
plot_loss(D_losses, G_losses)
```

[코드 10.2.1 실행 결과]

Epoch : 1, Discriminator Loss: 0.4471, Generator Loss: 1.5951

그림 10.9는 에포크 1일 때 생성자가 생성한 Fake 영상이다.

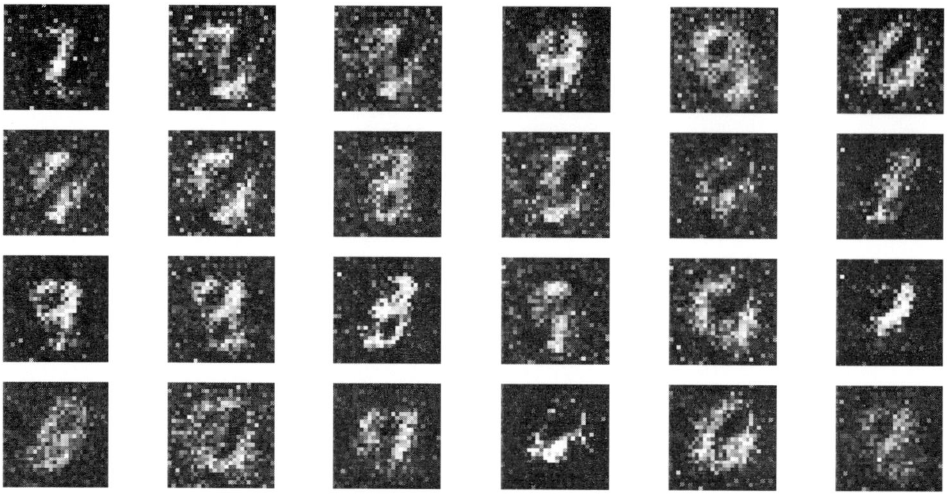

그림 10.9 에포크 1일 때 Fake 영상

에포크 1일 때 Fake 영상은 어떤 숫자 형태인지 전혀 알 수 없다.

```
Epoch: 2, Discriminator Loss: 0.5551, Generator Loss: 1.8892
Epoch: 3, Discriminator Loss: 0.5042, Generator Loss: 1.5872
Epoch: 4, Discriminator Loss: 0.4676, Generator Loss: 1.6697
Epoch: 5, Discriminator Loss: 0.5205, Generator Loss: 2.0457
Epoch: 6, Discriminator Loss: 0.5749, Generator Loss: 1.3049
Epoch: 7, Discriminator Loss: 0.5636, Generator Loss: 1.3977
Epoch: 8, Discriminator Loss: 0.6173, Generator Loss: 1.2726
Epoch: 9, Discriminator Loss: 0.5968, Generator Loss: 1.2244
Epoch: 10, Discriminator Loss: 0.6069, Generator Loss: 1.4334
```

그림 10.10은 에포크 10일 때 생성자가 생성한 Fake 영상이다.

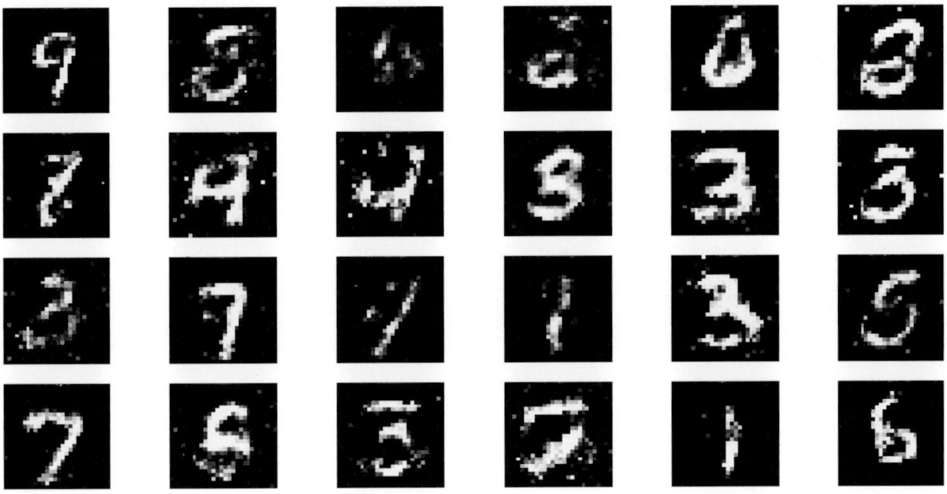

그림 10.10 에포크 10일 때 Fake 영상

에포크 10일 때 Fake 영상은 희미하게 숫자 영상 정도 짐작할 수 있다.

```
<생략>
Epoch: 41, Discriminator Loss: 0.6346, Generator Loss: 1.1275
Epoch: 42, Discriminator Loss: 0.6425, Generator Loss: 0.9832
Epoch: 43, Discriminator Loss: 0.6282, Generator Loss: 1.0384
Epoch: 44, Discriminator Loss: 0.6484, Generator Loss: 1.0191
Epoch: 45, Discriminator Loss: 0.6063, Generator Loss: 1.0211
Epoch: 46, Discriminator Loss: 0.6489, Generator Loss: 1.1549
Epoch: 47, Discriminator Loss: 0.6599, Generator Loss: 1.0542
Epoch: 48, Discriminator Loss: 0.6484, Generator Loss: 0.9847
Epoch: 49, Discriminator Loss: 0.6566, Generator Loss: 0.9668
Epoch: 50, Discriminator Loss: 0.6248, Generator Loss: 1.0186
```

그림 10.11은 에포크 50일 때 생성자가 생성한 Fake 영상이다.

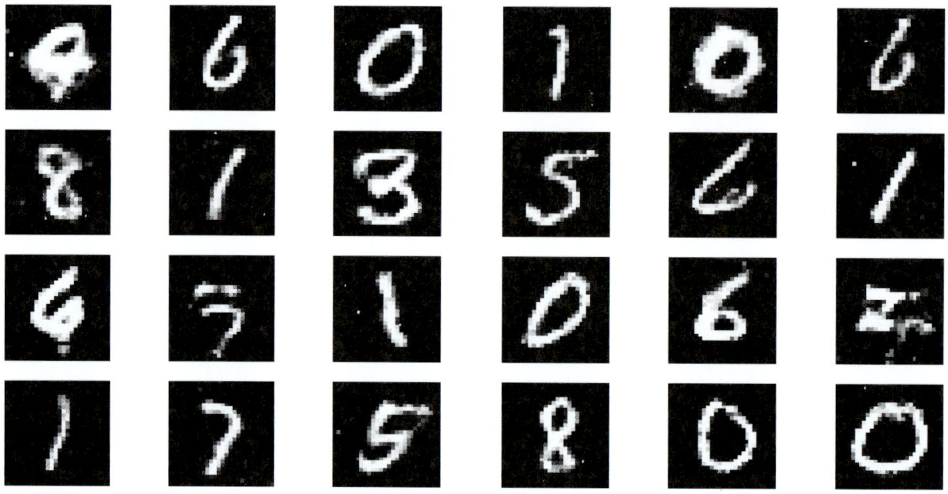

그림 10.11 에포크 50일 때 Fake 영상

에포크 50일 때 Fake 영상은 MNIST 영상과 유사함을 알 수 있다.

그림 10.12는 에포크 증가에 따른 생성자와 판별자의 손실함수를 나타내고 있다.

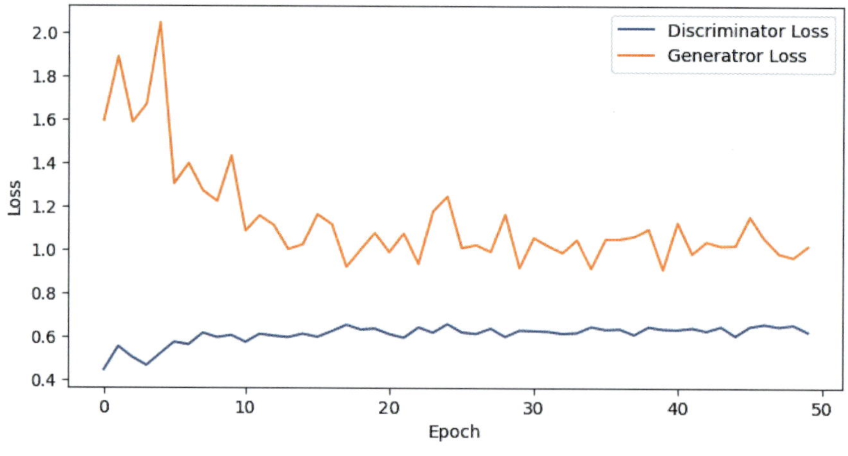

그림 10.12 생성자와 판별자의 손실함수

그림 10.12로부터 생성자와 판별자 모두 에포크 증가함에 따라 손실함수의 값이 일정한 값에 수렴함을 보인다.

[코드 10.2.1 설명]

① 생성자 구현

생성자는 임의의 노이즈로부터 MNIST 데이터의 Real 영상과 유사한 Fake 영상을 생성하는 것을 목표로 한다. 생성자의 구조를 그림으로 나타내면 그림 10.13과 같다.

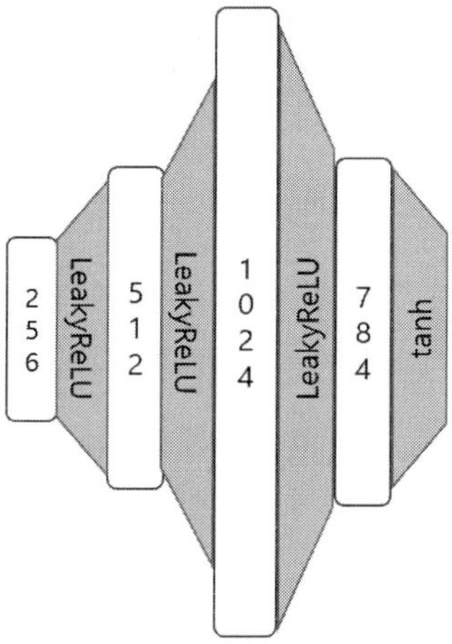

그림 10.13 생성자 구조

생성자는 입력층에 4개의 Dense 층을 추가하여 총 5개의 층으로 구성되어 있다. 각 층에서 활성화 함수는 마지막 출력층에 tanh 함수를 제외하고 LeakyReLU 함수를 사용한다. 그림 10.14는 ReLU 함수와 LeakyReLU 함수를 비교하는 그림이다.

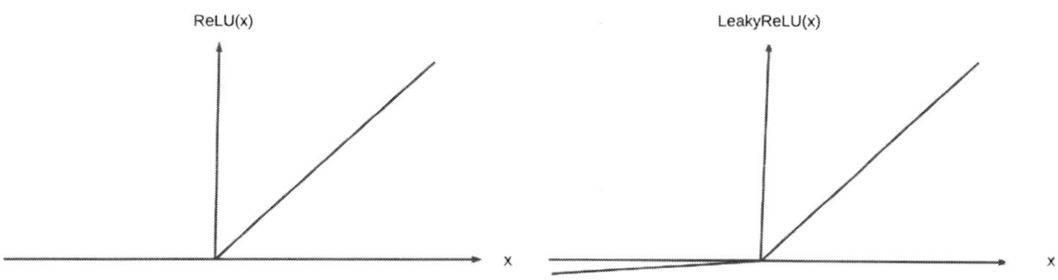

그림 10.14 ReLU 함수와 LeakyReLU 함수

LeakyReLU 활성화 함수는 ReLU 함수와 거의 비슷한 형태이고, 입력값이 음수일 때 완만한 선형 함수를 갖고 있다. LeakyReLU 함수를 수식으로 표현하면 다음과 같다.

$$f(x) = \begin{cases} x & , x > 0 \\ \alpha x & , x \leq 0 \end{cases}$$

출력층은 784개 출력 노드로 구성되어 있고 tanh 활성화 함수를 사용한다. 여기서 출력층에서 784개 출력 노드를 사용한 이유는 판별자의 입력으로 사용되는 Real 영상의 크기가 28 × 28(= 784)이기 때문이다. 그리고 tanh 활성화 함수를 사용한 이유는 판별자의 입력으로 Real 영상을 -1과 +1 사이로 변환하기 때문이다.

그림 10.13의 생성자 모델에 대한 코드는 다음과 같다.

```
# Generator 만들기
def create_generator():
    generator = Sequential()

    generator.add(Dense(256, input_dim=random_dim))
    generator.add(LeakyReLU(0.2))

    generator.add(Dense(512))
    generator.add(LeakyReLU(0.2))

    generator.add(Dense(1024))
    generator.add(LeakyReLU(0.2))

    generator.add(Dense(784, activation='tanh'))
    return generator
```

```
generator = create_generator()
generator.summary()
```

```
Model: "sequential"
_________________________________________________________________
 Layer (type)                Output Shape              Param #
=================================================================
 dense (Dense)               (None, 256)               25856

 leaky_re_lu (LeakyReLU)     (None, 256)               0

 dense_1 (Dense)             (None, 512)               131584
```

```
 leaky_re_lu_1 (LeakyReLU)   (None, 512)              0

 dense_2 (Dense)             (None, 1024)             525312

 leaky_re_lu_2 (LeakyReLU)   (None, 1024)             0

 dense_3 (Dense)             (None, 784)              803600

=================================================================
Total params: 1,486,352
Trainable params: 1,486,352
Non-trainable params: 0
_________________________________________________________________
```

② 판별자 구현

판별자의 목표는 생성자가 생성한 Fake 영상에 대해 Real 인지 혹은 Fake 인지를 이진 분류하는 데 있다. 여기서 판별자의 입력은 28 × 28 영상이고 출력은 시그모이드 함수를 사용하여 이 함수는 0과 1 사이의 값을 출력한다. 판별자의 구조를 그림으로 나타내면 그림 10.15과 같다.

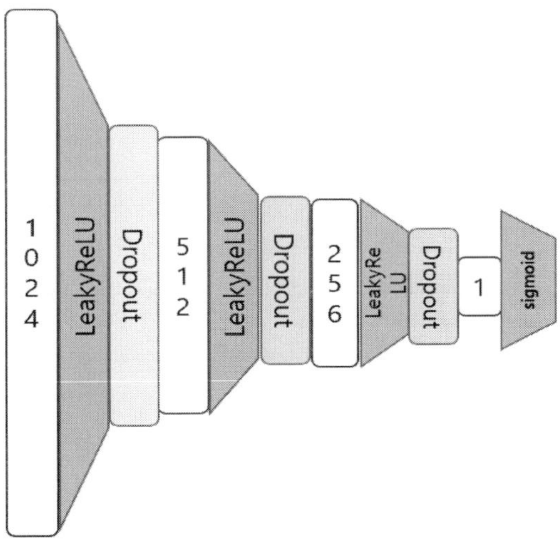

그림 10.15 판별자 구조

판별자는 4개의 Dense 층으로 구성되어 있다. 각 층에서 활성화 함수는 마지막 출력층에 시그모이드 함수를 제외하고 LeakyReLU 함수를 사용한다. 그림 10.15의 판별자 모델에 대한 코드는 다음과 같다.

```
# Discriminator 만들기
def create_discriminator(optimizer):
    discriminator = Sequential()

    discriminator.add(Dense(1024, input_shape=(784,)))
    discriminator.add(LeakyReLU(0.2))
    discriminator.add(Dropout(0.3))

    discriminator.add(Dense(512))
    discriminator.add(LeakyReLU(0.2))
    discriminator.add(Dropout(0.3))

    discriminator.add(Dense(256))
    discriminator.add(LeakyReLU(0.2))
    discriminator.add(Dropout(0.3))

    discriminator.add(Dense(1, activation='sigmoid'))
    discriminator.compile(loss='binary_crossentropy', optimizer = optimizer )      return
discriminator
```

```
optimizer = get_optimizer()
discriminator=create_discriminator()
discriminator.summary()
```

```
Model: "sequential_2"
_________________________________________________________________
 Layer (type)                Output Shape              Param #
=================================================================
 dense_8 (Dense)             (None, 1024)              803840

 leaky_re_lu_6 (LeakyReLU)   (None, 1024)              0

 dropout_3 (Dropout)         (None, 1024)              0

 dense_9 (Dense)             (None, 512)               524800
```

```
leaky_re_lu_7 (LeakyReLU)   (None, 512)          0

dropout_4 (Dropout)         (None, 512)          0

dense_10 (Dense)            (None, 256)          131328

leaky_re_lu_8 (LeakyReLU)   (None, 256)          0

dropout_5 (Dropout)         (None, 256)          0

dense_11 (Dense)            (None, 1)            257

=================================================================
Total params: 1,460,225
Trainable params: 1,460,225
Non-trainable params: 0
_________________________________________________________________
```

③ GAN 모델 구현 : 판별자와 생성자의 결합 모델 구현

앞에서 만든 판별자와 생성자를 결합하여 GAN 모델을 구성한다. GAN은 임의 노이즈 벡터로부터 Real 영상과 유사한 Fake 영상을 만드는 것이 주목적임으로 결합 모델은 (판별자가 고정된 상태에서) 생성자를 학습시키기 위한 모델이라 생각하면 된다. 즉, GAN 모델에서는 생성자만 학습하도록 하고, 판별자는 학습을 하지 않도록 한다. 이를 위해, 생성자와 판별자의 결합 모델에서 판별자를 동결(freezing, 고정)시킨 상태에서 생성자를 학습시킨다. 판별자를 동결시키기 위해 다음과 같이 판별자의 옵션을 trainable = False로 하면 설정한다.

discriminator.trainable = False

케라스에서는 레이어(layer) 혹은 모델을 동결시키기 위해 trainable 속성을 False로 설정한다. 여기서 동결(freezing)은 훈련하는 동안 가중치가 업데이트되지 않도록 막는 것을 의미한다.

Functional API를 이용하여 모델을 구성하고 모델의 컴파일 과정으로 손실함수와 최적화 방법을 설정한다.

Tip! Functional API를 이용한 모델 구성

- Input( ) 함수에 입력의 크기를 정의한다.
- 이전 층(혹은 모델)을 다음 층(혹은 모델) 함수의 입력으로 사용하고, 변수에 할당한다.
- Model( ) 함수에 입력과 출력을 정의한다.

(예) model = Model(inputs=inputs, outputs=output)

```
# Building the GAN
def get_gan_network(discriminator, generator, random_dim, optimizer):

# We initially set trainable to False since we only want to train either the
# generator or discriminator at a time
    discriminator.trainable = False

    gan_input = Input(shape=(random_dim,))
    fake_data = generator(inputs=gan_input)
    gan_output = discriminator(fake_data)
    # Discriminator의 결과는 Fake_data가 Real인지 Fake인지에 대한 확률
    gan = Model(inputs=gan_input, outputs=gan_output)
    gan.compile(loss='binary_crossentropy', optimizer=optimizer)
    return gan
```

④ train_on_batch( ) 함수를 이용한 판별자 학습

보통, 모델을 학습할 때 fit( ) 함수를 사용하여 모델을 학습시킨다. 다음은 fit() 함수의 사용 예시이다.

model.fit(x, y, batch_size=128, epochs=100)

이 경우는 처음부터 주어진 데이터 x, y에 대해 batch_size와 epochs에 따라 학습이 이루어진다. fit( ) 함수 사용하여 학습 결과 에포크별 스텝(Steps per Epoch)의 평균값을 계산하여 진행률 표시줄에 다음과 같이 표시된다.

```
Epoch 1/100
469/469 [==============================] - 0s 3ms/step - loss: 1.3927 - accuracy: 0.6010
```

```
Epoch 2/100
469/469 [==============================] - 0s 1ms/step - loss: 0.9426 - accuracy: 0.5651
Epoch 3/100
469/469 [==============================] - 0s 1ms/step - loss: 0.8315 - accuracy: 0.5733
Epoch 4/100
469/469 [==============================] - 0s 1ms/step - loss: 0.7761 - accuracy: 0.5782
......................................
```

여기서 에포크별 스텝(Steps per Epoch)은 다음과 같이 계산된다.

Steps per Epoch = (number of training samples) / (batch size)

예를 들면,

$$\begin{aligned}\text{Steps per Epoch} &= \text{(number of training samples) / (batch size)} \\ &= 60{,}000 \ / \ 128 \\ &= 468.75 \\ &\approx 469\end{aligned}$$

이다. 쉽게 말하면, 에포크별 스텝은 배치를 몇 번 학습시킬 것인가이다.

train_on_batch( ) 함수는 배치 별 즉, 배치 단위로 학습을 시킬 때 사용하는 함수이다. GAN에서는 보통 fit( ) 함수 대신 train_on_batch() 함수를 사용하여 모델을 학습시킨다. fit( ) 함수는 처음부터 모든 데이터가 고정되어 있는 상태에서 학습시키는 반면, train_on_batch( ) 함수는 배치마다 학습 데이터가 변화는 경우 사용한다. GAN에서는 배치 단위마다 생성자가 생성하는 변화된 데이터를 전달받아 판별자의 학습이 이루어지므로 train_on_batch( ) 함수를 사용하는 것이 합당하다. 다음은 train_on_batch( ) 함수의 사용형식이다.

```
model.train_on_batch(x_batch, y_batch)
```

위 코드는 하나의 배치 데이터 (x_batch, y_batch)에 대해 모델을 학습시키고 있다. 다음은 train_on_batch() 함수를 이용한 판별자의 학습 예이다.

```
# Train discriminator
combined_data = np.concatenate((real_data, fake_data))
labels = np.zeros(2*batch_size)
labels[:batch_size] = 0.9
discriminator.trainable = True
D_loss = discriminator.train_on_batch(combined_data, labels)
```

• **concatenate( ) 함수를 이용한 배열 합치기**

Numpy 배열 ndarray를 결합(연결)하기 위한 다양한 함수가 있다. 여기서는 numpy.concatenate( ) 함수를 이용하여 기존의 축(차원)에 따라 결합(연결)한다. numpy.concatenate( ) 함수의 사용형식은 다음과 같다.

```
numpy.concatenate((a1, a2, ...), axis=0)
```

여기서 axis=0은 행(위→아래) 방향을 의미한다.

Tip! numpy.concatenate( ) 함수의 사용 예

```
import numpy as np

A=np.array([ [1,2],[10,20] ])
print('A =\n', A)
B=np.array([ [4,5],[40,50] ])
print('B =\n', B)
C=np.concatenate((A,B),axis=0)
print('concat =\n', C)

A =
 [[ 1  2]
 [10 20]]
B =
 [[ 4  5]
 [40 50]]
concat =
 [[ 1  2]
 [10 20]
 [ 4  5]
 [40 50]]
```

GAN에서 128 × 784 크기의 Real data와 128 × 784 크기의 Fake data를 concatenate() 함수를 이용하여 하나의 배열로 합치고자 한다.

combined_data = np.concatenate((real_data, fake_data))

여기서 combined_data는 256 × 784 크기이다.

- **레이블 스무딩**

레이블 스무딩(Label Smoothing)은 하드 레이블(Hard label)을 소프트 레이블(Soft label)로 변환하는 것을 말한다. 하드 레이블은 단순히 이진값(binary value)으로 이루어진 원-핫 벡터(One-hot vector), 즉 하나의 값만 레이블 1, 나머지는 레이블 0으로 나타내는 것을 말한다. 소프트 레이블은 원-핫 벡터(One-hot vector)를 스무딩(smoothing)하여 0과 1 사이의 실수값으로 나타내는 것을 말한다. 레이블 스무딩을 통해 모델의 일반화 성능을 높여주는 경향이 있다. 레이블 스무딩, 즉 하드 레이블에서 소프트 레이블로 변환할 때 레이블 1을 0.9 혹은 0.8로 스무딩하는 것을 "one-sided label smoothing"이라 한다. 이를 위한 코드는 다음과 같다.

labels = np.zeros(2*batch_size)
labels[:batch_size] = 0.9

- 판별자만 학습시키고자 하는 경우 앞에서 동결(freezing, 고정)된 판별자를 해제해 주어야 한다. 이를 위해 판별자의 trainable 속성을 True로 설정한다. 즉,

discriminator.trainable = True

- train_on_batch( ) 함수를 이용한 결합 모델 GAN 학습

```
# Train generator
noise = np.random.normal(loc=0, scale=1, size=(batch_size, random_dim))
discriminator.trainable = False
G_loss = gan.train_on_batch(noise, y_gen)
```

여기서 생성자와 판별자의 결합 모델 GAN을 학습시키기 위해 판별자를 동결(freezing)시킨 상태에서 학습시킨다. 즉,

discriminator.trainable = False

10.3 DCGAN 모델

DCGAN(Deep Convolutional GAN)은 2016년 Radford 등에 의해 고안된 GAN의 확장 모델로서 최근 대부분의 GAN 모델들은 DCGAN 기반으로 개발되고 있다. DCGAN은 GAN의 생성자와 판별자 구조에 CNN을 적용한 것이다. 좀 더 구체적으로 설명하면, DCGAN은 GAN의 생성자와 판별자 구조에서 완전 연결 층(fully connected layers) 대신 영상 특징을 추출하기 위해 사용되는 컨볼루션 층(convolutional layer)을 사용함으로써 기본 GAN보다 성능이 탁월하다. DCGAN은 그림 10.16에서 보는 것처럼 생성자와 판별자에 각각 역컨볼루션 층(deconvolutional layer, transposed convolution layer)과 컨볼루션 층을 사용한다.

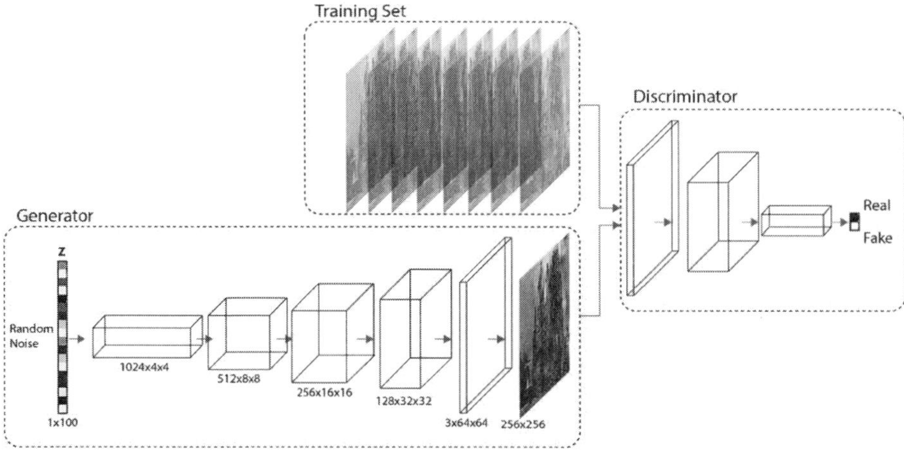

그림 10.16 DCGAN의 구조

그림 10.16에서 생성자는 임의 노이즈 벡터를 입력받아 여러 번의 업샘플링(up-sampling)과 역컨볼루션을 반복 사용하여 가짜 영상을 생성한다. 그리고 판별자는 생성된 영상이 진짜 영상인지 가짜 영상인지 식별하기 위해 여러 번의 다운샘플링(down-sampling)과 컨볼루션을 반복 사용하여 이진 분류한다. 이처럼 DCGAN은 영상 특징 추출하는데 CNN의 컨벌루션 층을 사용함으로써 기존 완전 연결 층으로 구성된 기존 GAN보다 안정적으로 학습이 이루어지고 성능 면에서도 뛰어난 것으로 알려져 있다.

10.4 MNIST 데이터에서 DCGAN 구현

DCGAN 구현을 위해 GAN을 구현하는 데 사용했던 MNIST 손글씨 숫자 데이터 셋을 다시 사용하고자 한다. 그림 10.17은 MNIST에서 DCGAN 구조를 나타내고 있다.

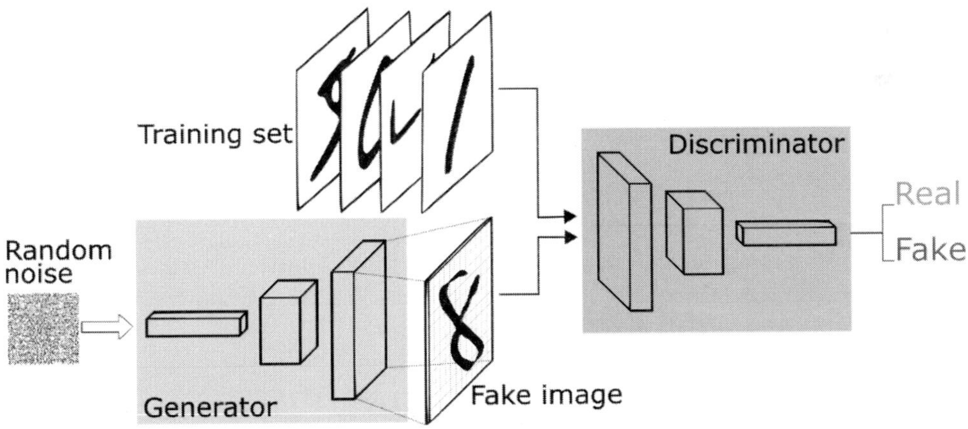

그림 10.17 MNIST 데이터에서 DCGAN의 구조
출처: wiki.pathmind.com

그림 10.17에서 보는 것처럼, 생성자와 판별자에 각각 CNN의 역컨볼루션 층과 컨볼루션 층을 사용한 것을 알 수 있다.

예제 10.1

MNIST 데이터 셋을 가지고 DCGAN의 구조에서 그림 10.18의 생성자와 그림 10.19의 판별자를 이용하여 영상을 생성하고자 한다.

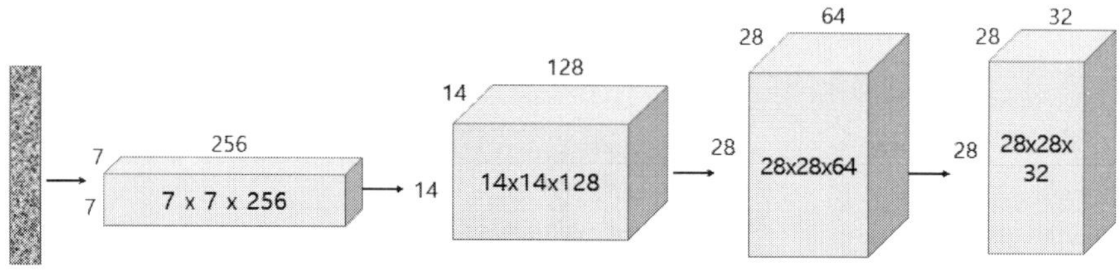

그림 10.18 생성자 모델

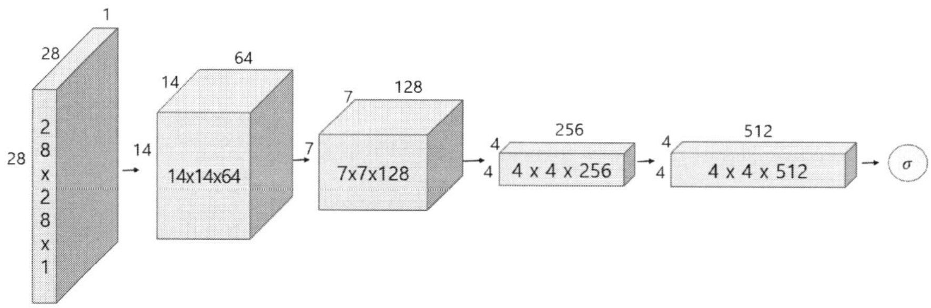

그림 10.19 판별자 모델

풀이

[코드 10.4.1]

```
from tensorflow.keras.datasets import mnist
from tensorflow.keras.layers import Input, Activation, Dense, LeakyReLU,Flatten,
Reshape, Conv2D, Conv2DTranspose, Dropout, BatchNormalization, UpSampling2D
from tensorflow.keras.models import Model, Sequential
from tensorflow.keras.optimizers import Adam
import numpy as np
import matplotlib.pyplot as plt
import tensorflow as tf
```

```
# seed 값 설정
seed = 10
np.random.seed(seed)
tf.random.set_seed(seed)
```

```
# Loading the data
(x_train, y_train), (x_test, y_test) = mnist.load_data()
# summarize the shape of the dataset
print('Train :', x_train.shape, y_train.shape)
print('Test  :', x_test.shape, y_test.shape)
```

```
Train : (60000, 28, 28) (60000,)
Test  : (10000, 28, 28) (10000,)
```

그림 10.20은 train 데이터로부터 MNIST 샘플영상을 출력하고 있다.

```
# plot images from the training dataset
for i in range(24):
# define subplot
    plt.subplot(4, 6, i+1)
    plt.xticks([])
    plt.yticks([])
    plt.grid(False)
    plt.imshow(x_train[i], cmap='gray_r')
plt.show()
```

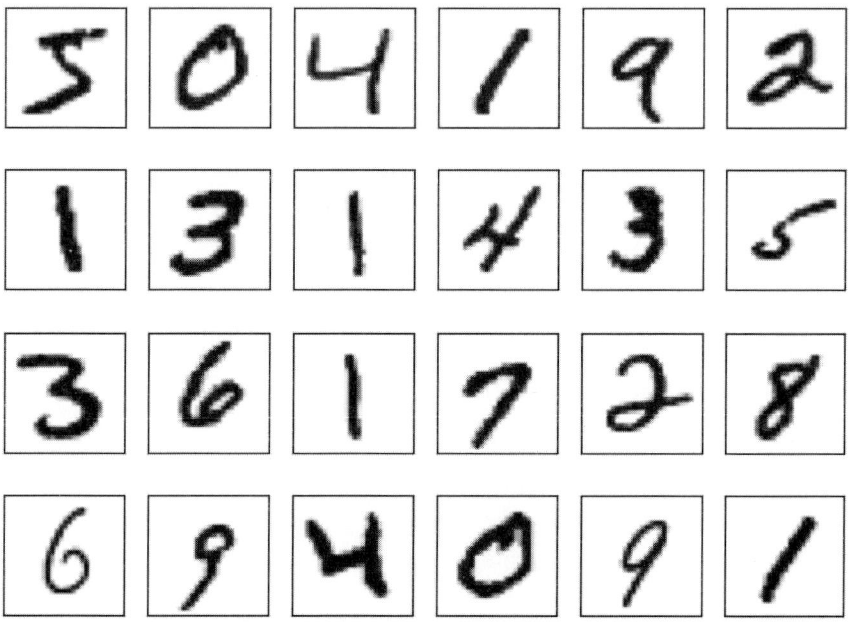

그림 10.20 MNIST 샘플영상 출력

```
# Nomralizing the data so that it is from -1 to 1. NNs converge faster this way
x_train = (x_train.astype(np.float32) - 127.5) / 127.5
x_test = (x_test.astype(np.float32) - 127.5) / 127.5
```

```
# convert x_train with a shape of (60000, 28, 28) to (60000, 784) so we have 784 columns
per row
x_train = x_train.reshape(-1, 784)
print(x_train.shape)
```

```
(60000, 784)
```

```
random_dim = 100
batch_size = 128
epochs= 50
steps_per_epoch = int(np.ceil(len(x_train) / batch_size))
#print("Number of batches", steps_per_epoch )
```

```
def get_optimizer():
    optimizer= Adam(learning_rate=0.0002, beta_1=0.5)
    return optimizer
```

```
def create_generator():
    generator=Sequential()

    generator.add(Dense(256 * 7 * 7,input_dim=100))  # 완전 연결 층을 사용해 입력을
7x7x256 크기 텐서로 바꾼다
    generator.add(Reshape((7,7,256)))

    generator.add(Conv2DTranspose(128,kernel_size=3,strides=2,padding='same'))
  # 7x7x256 에서 14x14x128 크기 텐서로 바꾸는 전치 합성곱 층
    generator.add(BatchNormalization()) # 배치 정규화
    generator.add(LeakyReLU(alpha=0.01)) # LeakyReLU 활성화 함수

    generator.add(Conv2DTranspose(64,kernel_size=3,strides=1,padding='same'))
  # 14x14x128에서 28x28x64 크기 텐서로 바꾸는 전치 합성곱 층
```

```
    generator.add(BatchNormalization())
    generator.add(LeakyReLU(alpha=0.01))

    generator.add(Conv2DTranspose(32,kernel_size=3,strides=1,padding='same'))
  # 14x14x128에서 14x14x64 크기 텐서로 바꾸는 전치 합성곱 층
    generator.add(BatchNormalization())
    generator.add(LeakyReLU(alpha=0.01))

    generator.add(Conv2DTranspose(1,kernel_size=3,strides=2,padding='same'))
  # 14x14x64 에서 28x28x1 크기 텐서로 바꾸는 전치 합성곱 층

    generator.add(Activation('tanh'))

    return generator
```

```
# Discriminator 만들기
def create_discriminator(optimizer):

    discriminator = Sequential()
    input_shape = (28, 28, 1)

    discriminator.add(Conv2D(64, 5, strides=2, input_shape=input_shape, padding='same'))
    discriminator.add(LeakyReLU(alpha=0.2))
    discriminator.add(Dropout(0.40))

    discriminator.add(Conv2D(128, 5, strides=2, padding='same'))
    discriminator.add(LeakyReLU(alpha=0.2))
    discriminator.add(Dropout(0.40))

    discriminator.add(Conv2D(256, 5, strides=2, padding='same'))
    discriminator.add(LeakyReLU(alpha=0.2))
    discriminator.add(Dropout(0.40))

    discriminator.add(Conv2D(512, 5, strides=1, padding='same'))
    discriminator.add(LeakyReLU(alpha=0.2))
    discriminator.add(Dropout(0.40))

    discriminator.add(Flatten())
    discriminator.add(Dense(1))
    discriminator.add(Activation('sigmoid'))
    discriminator.compile(loss='binary_crossentropy', optimizer = optimizer )
    return discriminator
```

```
# Combined model
def get_gan_network(discriminator,  generator,random_dim, optimizer):

# We initially set trainable to False since we only want to train either the
# generator or discriminator at a time
    discriminator.trainable = False

#  gan input (noise) will be 100-dimensional vectors
    gan_input = Input(shape=(random_dim,))
    fake_data = generator(inputs=gan_input)
    gan_output = discriminator(fake_data)
    # Discriminator의 결과는 fake_data가 real인지 fake인지에 대한 확률
    gan = Model(inputs=gan_input, outputs=gan_output)
    gan.compile(loss='binary_crossentropy', optimizer=optimizer)
    return gan
```

```
def show_images(noise):
    noise = np.random.normal(loc=0, scale=1, size=(24, random_dim))
    generated_images = generator.predict(noise)
    generated_images = generated_images.reshape(-1, 28, 28)

    plt.figure(figsize=(8, 4))

    for i in range(generated_images.shape[0]):
        plt.subplot(4, 6, i+1)
        plt.imshow(generated_images[i], interpolation='nearest', cmap='gray')
        plt.axis('off')
    plt.tight_layout()
    plt.show()
```

```
def plot_loss(D_losses, G_losses):
    # 오차에 대한 시각화
    plt.figure(figsize=(8, 4))
    plt.plot(D_losses, label='Discriminator Loss')
    plt.plot(G_losses, label='Generatror Loss')
    plt.xlabel('Epoch')
    plt.ylabel('Loss')
    plt.legend()
    plt.show()
```

```
optimizer = get_optimizer()
discriminator = create_discriminator(optimizer)  #Creating the discriminator using the
function
generator = create_generator()
gan = get_gan_network(discriminator, generator,  random_dim, optimizer)

# for plotting at the end
D_losses = []
G_losses = []


for epoch in range(1, epochs + 1):  #iterate the dataset for the number of epochs
        # 각 배치별 학습

    for batch in range(steps_per_epoch): #for the number of batches we wanted to create
        # 입력으로 사용할 정규 노이즈와 Real_data를 가져온다.
        noise = np.random.normal(loc=0, scale=1, size=(batch_size, random_dim))

        # Fake_data 생성
        fake_data = generator.predict(noise)
        # Real_data 생성
        real_data  =  x_train[np.random.randint(low=0,  high=x_train.shape[0],  size=
batch_size)] #We won't use all real images from our dataset at once, we will only select
a random sample of images
        real_data =real_data.reshape(-1,28,28,1)

        # combined_images생성
        combined_data = np.concatenate((real_data, fake_data))   #making the x dataset
for the discriminator. This includes a mix of real and fake examples for the discriminator
to correctly classify

        # Assemble labels discriminating real from fake images
        #one-sided label smoothing
        labels = np.zeros(2*batch_size)
        labels[:batch_size] = 0.9
#        labels = np.concatenate([np.ones((batch_size, 1)),
#                                np.zeros((batch_size, 1))])

        # Train discriminator
        discriminator.trainable = True
        D_loss = discriminator.train_on_batch(combined_data, labels)
```

```
        # Train generator
        y_gen = np.ones(batch_size)
        discriminator.trainable = False
        G_loss = gan.train_on_batch(noise, y_gen)


#    print('Epoch: %d,' %epoch, 'Discriminator Loss: %.4f,' %D_loss, 'Generator Loss: %.4f,' %G_loss)
    print(f"Epoch: {epoch}, Discriminator Loss: {D_loss:.4f}, Generator Loss: {G_loss:.4f}")

    D_losses.append(D_loss)
    G_losses.append(G_loss)

    if epoch==1 or epoch % 10 == 0:
        show_images(noise)

# if  epoch % 10 == 0:
plot_loss(D_losses, G_losses)
```

[코드 10.4.1 실행 결과]

Epoch : 1, Discriminator Loss: 0.4938, Generator Loss: 1.3615

그림 10.21은 에포크 1일 때 생성자가 생성한 Fake 영상이다.

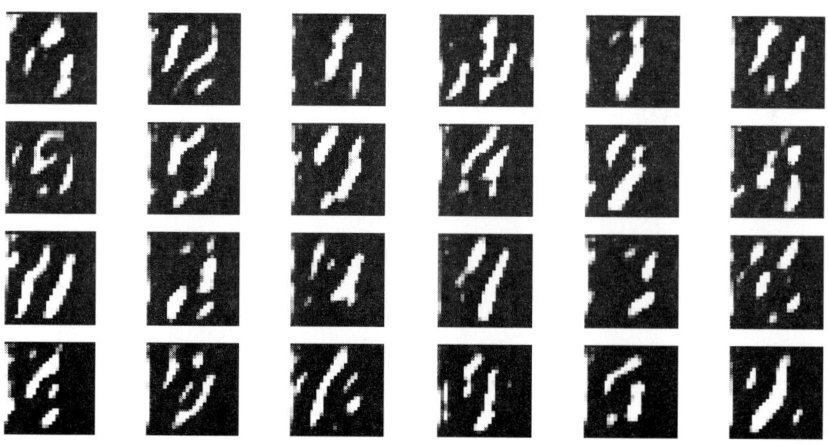

그림 10.21 에포크 1일 때 Fake 영상

에포크 1일 때 Fake 영상은 어떤 숫자인지 전혀 알 수 없는 형태를 보인다.

Epoch: 2, Discriminator Loss: 0.6249, Generator Loss: 1.0981

Epoch: 3, Discriminator Loss: 0.6420, Generator Loss: 1.0679

Epoch: 4, Discriminator Loss: 0.6491, Generator Loss: 1.0500

Epoch: 5, Discriminator Loss: 0.6349, Generator Loss: 1.0856

Epoch: 6, Discriminator Loss: 0.6682, Generator Loss: 0.9518

Epoch: 7, Discriminator Loss: 0.6552, Generator Loss: 0.9763

Epoch: 8, Discriminator Loss: 0.6656, Generator Loss: 0.9854

Epoch: 9, Discriminator Loss: 0.6468, Generator Loss: 0.9755

Epoch: 10, Discriminator Loss: 0.6459, Generator Loss: 0.9846

그림 10.22는 에포크 10일 때 생성자가 생성한 Fake 영상이다.

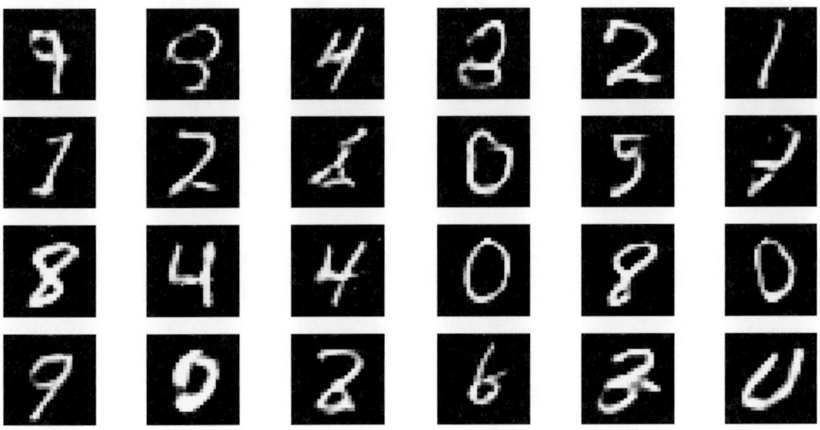

그림 10.22 에포크 10일 때 Fake 영상

에포크 10일 때 Fake 영상은 MNIST 영상보다 덜 유사함을 보인다.

<생략>

Epoch: 41, Discriminator Loss: 0.6684, Generator Loss: 0.9738

Epoch: 42, Discriminator Loss: 0.6449, Generator Loss: 0.9545

Epoch: 43, Discriminator Loss: 0.6423, Generator Loss: 0.9145

Epoch: 44, Discriminator Loss: 0.6572, Generator Loss: 0.9653

Epoch: 45, Discriminator Loss: 0.6480, Generator Loss: 0.9448

Epoch: 46, Discriminator Loss: 0.6663, Generator Loss: 0.9545

Epoch: 47, Discriminator Loss: 0.6920, Generator Loss: 0.9529

Epoch: 48, Discriminator Loss: 0.6379, Generator Loss: 0.9606

Epoch: 49, Discriminator Loss: 0.6485, Generator Loss: 0.8756

Epoch: 50, Discriminator Loss: 0.6625, Generator Loss: 0.9240

그림 10.23은 에포크 50일 때 생성자가 생성한 Fake 영상이다.

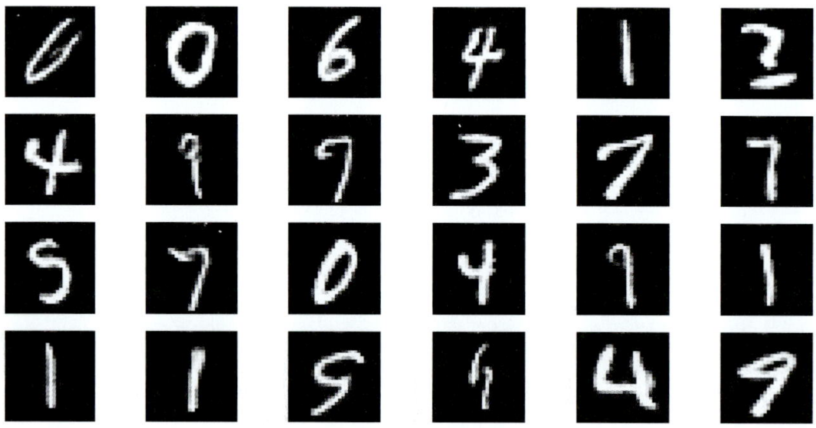

그림 10.23 에포크 50일 때 Fake 영상

에포크 50일 때 Fake 영상은 MNIST 영상과 유사함을 보인다.

그림 10.24는 에포크 증가에 따른 생성자와 판별자의 손실함수를 나타내고 있다.

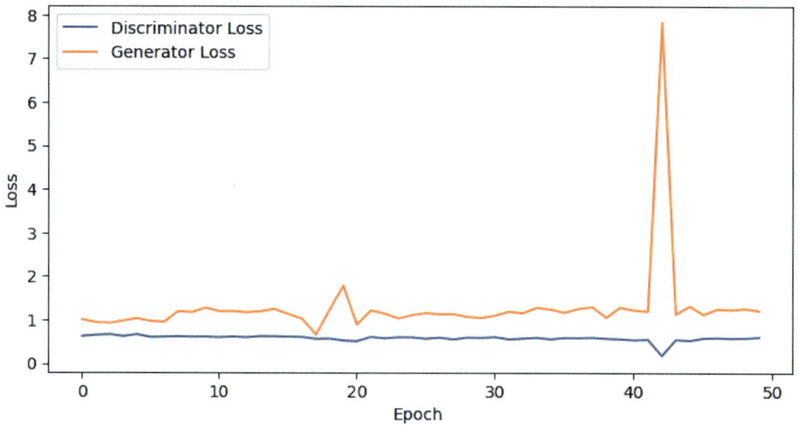

그림 10.24 생성자와 판별자의 손실함수

[코드 10.4.1 설명]

① 생성자 구현

생성자는 랜덤 노이즈 데이터로부터 MNIST Real 영상과 유사한 Fake 영상을 생성하는 것을 목표로 한다.

그림 10.18 생성자 모델에 대한 코드는 다음과 같다.

```
def create_generator():
    generator=Sequential()

    generator.add(Dense(256 * 7 * 7,input_dim=100))   # 완전 연결 층을 사용해 입력을 
7x7x256 크기 텐서로 바꾼다
    generator.add(Reshape((7,7,256)))

    generator.add(Conv2DTranspose(128,kernel_size=3,strides=2,padding='same'))
  # 7x7x256 에서 14x14x128 크기 텐서로 바꾸는 전치 합성곱 층
    generator.add(BatchNormalization())  # 배치 정규화
    generator.add(LeakyReLU(alpha=0.01))  # LeakyReLU 활성화 함수

    generator.add(Conv2DTranspose(64,kernel_size=3,strides=2,padding='same'))
  # 14x14x128에서 28x28x64 크기 텐서로 바꾸는 전치 합성곱 층
    generator.add(BatchNormalization())
    generator.add(LeakyReLU(alpha=0.01))

    generator.add(Conv2DTranspose(32,kernel_size=3,strides=1,padding='same'))
  # 28x28x64에서 28x28x32 크기 텐서로 바꾸는 전치 합성곱 층
    generator.add(BatchNormalization())
    generator.add(LeakyReLU(alpha=0.01))

    generator.add(Conv2DTranspose(1,kernel_size=3,strides=1,padding='same'))
  # 28x28x32에서 28x28x1 크기 텐서로 바꾸는 전치 합성곱 층

    generator.add(Activation('tanh'))

    return generator
```

생성자는 랜덤한 잡음 벡터를 입력으로 받아 $28 \times 28 \times 1$ 크기의 영상을 생성한다. 역컨벌루션 층을 여러 번, 여기서는 4번 사용하여 이 과정을 처리한다. 일반적인 컨벌루션 층은 전형적으로 깊이를 늘리면서 입력 너비와 높이를 줄이기 위해 사용하고, 역컨벌루션

층은 컨벌루션 층과 반대로 깊이를 줄이면서 너비와 높이를 늘이기 위해 사용한다. 다음 3개 층으로 구성된 기본적인 블록을 형성하여 3번 사용하고 있다.

Conv2DTranspose( ) → BatchNormalization( ) → LeakyReLU( )

출력층은 tanh 활성화 함수를 사용한다. 여기서 출력층에서 784개 출력 노드를 사용한 이유는 판별자의 입력으로 사용되는 real 영상의 크기가 28 × 28(=784)이기 때문이다. 그리고 tanh 활성화 함수를 사용한 이유는 판별자의 입력으로 real 영상을 -1과 +1 사이로 변환하기 때문이다.

② 판별자 구현

판별자는 생성자가 생성한 Fake 영상에 대해 Real 인지 Fake 인지를 이진 분류하는데 있다. 여기서 판별자의 입력은 28×28 영상이고 출력은 시그모이드 함수를 사용하여 0과 1 사이값을 출력한다. 그림 10.19의 판별자 모델에 대한 코드는 다음과 같다.

```
# Discriminator 만들기
def create_discriminator(optimizer):

    discriminator = Sequential()
    input_shape = (28, 28, 1)

    discriminator.add(Conv2D(64, 3, strides=2, input_shape=input_shape, padding='same'))
    # 28x28x1에서 14x14x64 크기 텐서로 바꾸는 합성곱 층
    discriminator.add(LeakyReLU(alpha=0.01))
    discriminator.add(Dropout(0.40))

    discriminator.add(Conv2D(128, 3, strides=2, padding='same'))
    # 14x14x64에서 7x7x128 크기 텐서로 바꾸는 합성곱 층
    discriminator.add(LeakyReLU(alpha=0.01))
    discriminator.add(Dropout(0.40))

    discriminator.add(Conv2D(256, 3, strides=2, padding='same'))
    # 7x7x128에서 4x4x256 크기 텐서로 바꾸는 합성곱 층
    discriminator.add(LeakyReLU(alpha=0.01))
    discriminator.add(Dropout(0.40))

    discriminator.add(Conv2D(512, 3, strides=1, padding='same'))
    # 4x4x256에서 4x4x512 크기 텐서로 바꾸는 합성곱 층
```

```
    discriminator.add(LeakyReLU(alpha=0.01))
    discriminator.add(Dropout(0.40))

    discriminator.add(Flatten())
    discriminator.add(Dense(1))
    discriminator.add(Activation('sigmoid'))
    discriminator.compile(loss='binary_crossentropy', optimizer = optimizer )
    return discriminator
```

컨벌루션 층을 여러 번, 여기서는 4번 사용하여 영상의 크기와 깊이를 조절하고 있다. 여기서는 영상의 크기는 줄어들고 영상의 깊이는 커지고 있다.

③ GAN 모델 구현 : 판별자와 생성자의 결합 모델 구현

앞에서 만든 판별자와 생성자를 결합하여 GAN 모델을 구성한다. GAN 모델에서는 생성자만 학습하도록 하고, 판별자는 학습을 하지 않도록 한다. 판별자를 동결시키기 위해 판별자의 옵션을 trainable = False로 설정한 다음과 같이 GAN 모델을 학습시킨다.

```
    gan_input = Input(shape=(random_dim,))
    fake_data = generator(inputs=gan_input)
    gan_output = discriminator(fake_data)
    # Discriminator의 결과는 fake_data가 real인지 fake인지에 대한 확률
    gan = Model(inputs=gan_input, outputs=gan_output)
    gan.compile(loss='binary_crossentropy', optimizer=optimizer)
```

연습문제

10-1 GAN을 통해 그림 10.25의 Fashion-MNIST 데이터로부터 영상을 생성하고자 한다. 여기서 Fashion-MNIST 데이터는 다음의 사이트로부터 다운로드할 수 있다.

https://www.kaggle.com/zalando-research/fashionmnist

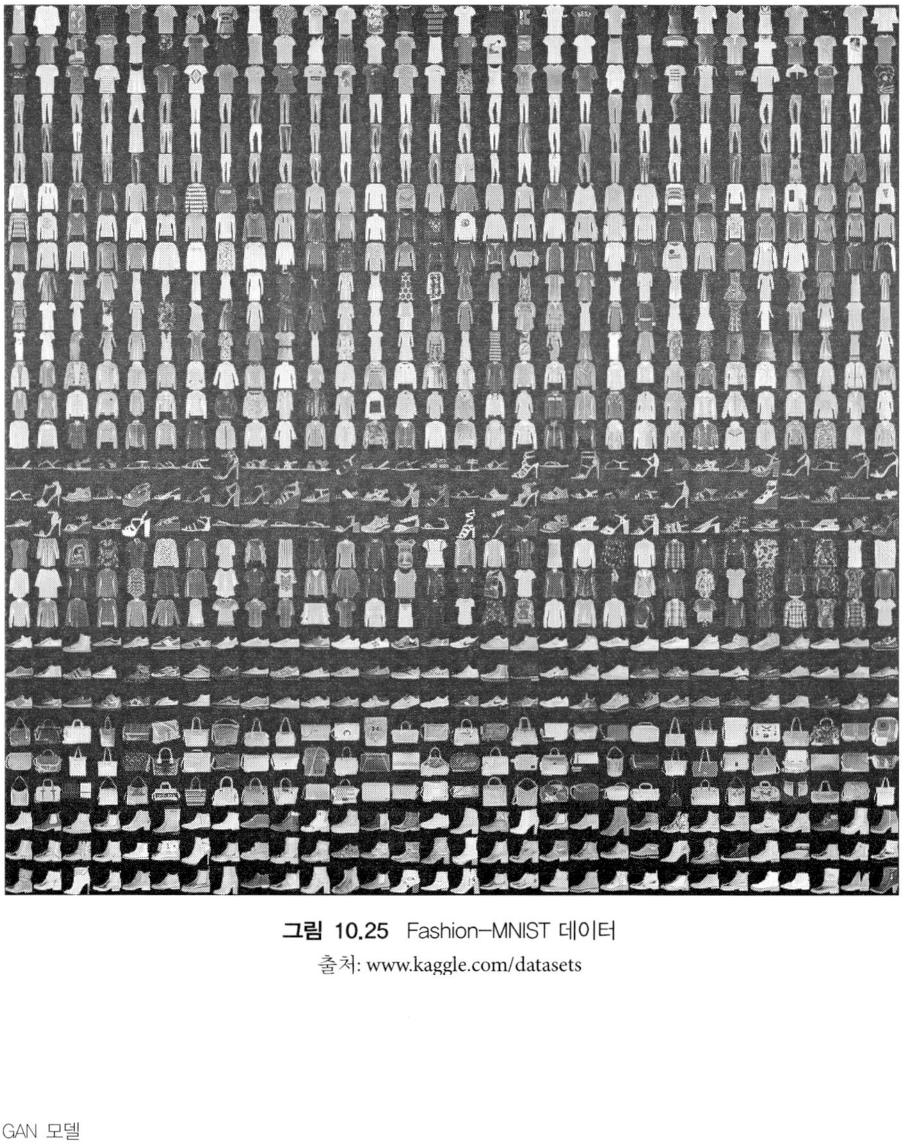

그림 10.25 Fashion-MNIST 데이터
출처: www.kaggle.com/datasets

10-2 [문제 10-1]의 Fashion-MNIST 데이터로 DCGAN를 이용하여 영상을 생성하고자 한다.

10-3 GAN을 통해 그림 10.26의 Cat Faces 데이터로부터 영상을 생성하고자 한다. 여기서 Cat Faces 데이터는 다음의 사이트로부터 다운로드할 수 있다.

https://www.kaggle.com/spandan2/cats-faces-64x64-for-generative-models

그림 10.26 Cat Faces 데이터
출처: towardatascience.com

10-4 MNIST 데이터 셋을 가지고 DCGAN의 구조에서 그림 10.27의 생성자와 그림 10.28의 판별자를 이용하여 영상을 생성하고자 한다.

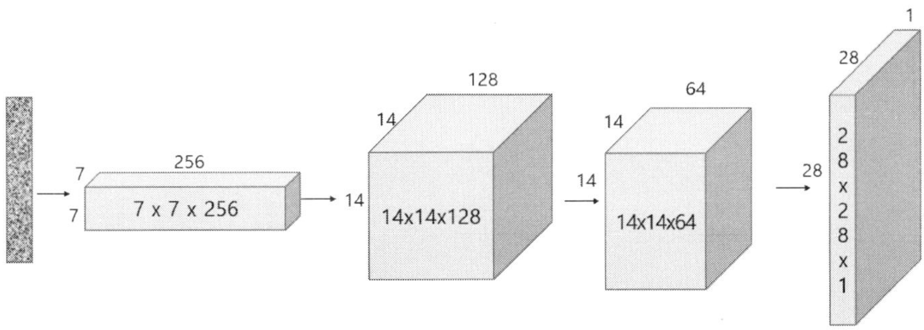

그림 10.27 생성자의 구조

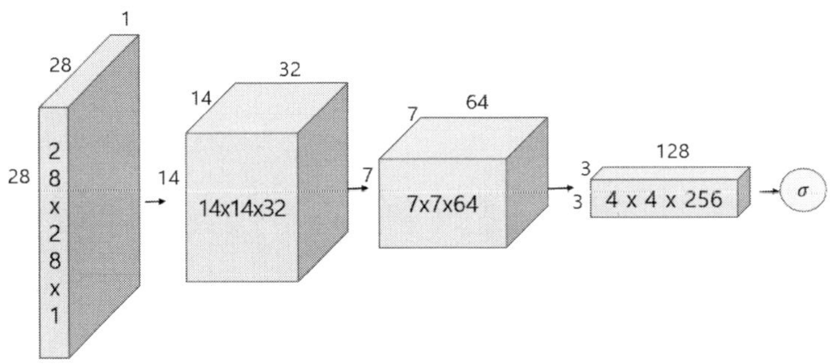

그림 10.28 판별자의 구조

찾아보기

저자 소개

임동훈

부산대학교 계산통계학과 졸업(이학사)
부산대학교 대학원 계산통계학과 졸업(이학석사)
부산대학교 대학원 통계학과 졸업(이학박사)
미국 오하이오 주립대학교(Post-Doc)
현) 경상대학교 정보통계학과 교수
연구분야: 딥러닝, 빅데이터, 영상처리, 통계학

저서

딥러닝, 파이토치를 만나다 (자유아카데미, 2022)
빅데이터 분석: 그것이 R고 싶다 (자유아카데미, 2020)
통계학: 그것이 R고 싶다 (자유아카데미, 2020)
리눅스에서 R과 하둡을 이용한 빅데이터 처리 분석 (자유아카데미, 2018)
AMOS 24 구조방정식 모형 (자유아카데미, 2017)
R을 이용한 빅데이터 분석 (자유아카데미, 2015)
OpenCV를 이용한 영상처리 (자유아카데미, 2014)
AMOS를 이용한 구조방정식 모형 (자유아카데미, 2014)
R을 이용한 통계학 (자유아카데미, 2013)
R을 이용한 비모수 통계학 (자유아카데미, 2010)
초보자를 위한 비주얼 C++6.0 프로그래밍 (자유아카데미, 2008)
초보자를 위한 OpenCV를 이용한 영상처리 (자유아카데미, 2008)
초보자를 위한 XML 프로그래밍 (내하출판사, 2006)

딥러닝 with 텐서플로와 케라스

저　　자　임동훈
발 행 인　김지영
발 행 처　자유아카데미
주　　소　경기도 파주시 회동길 37-42
　　　　　파주출판도시
전　　화　031-955-1321
팩　　스　031-955-1322
홈페이지　www.freeaca.com
전자우편　main@freeaca.com (대표)
　　　　　editor@freeaca.com (편집)
　　　　　crm@freeaca.com (영업)
등　　록　제406-2003-017호, 1980. 7. 12
제1판1쇄　2023년 12월 15일 발행

저자와의 협의하에 인지생략

ISBN 979-11-5808-538-4 93000